RESEARCH METHODS
FOR SOCIAL WORK

2016 修訂版

社會工作研究法

簡春安　鄒平儀──著

巨流圖書公司印行

社會工作研究法
（2016 修訂版）

國家圖書館出版品預行編目（CIP）資料

社會工作研究法／簡春安，鄒平儀著. --
三版. -- 高雄市：巨流，2016.08
面；　公分

ISBN 978-957-732-526-6（平裝）

1. 社會工作　2. 研究方法

547.031　　　　　　　　　　105014110

著　　　者 簡春安、鄒平儀
責任編輯 邱仕弘
封面設計 Lucas

發　行　人 楊曉華
總　編　輯 蔡國彬

出　　　版 巨流圖書股份有限公司
　　　　　 80252 高雄市苓雅區五福一路57號2樓之2
　　　　　 電話：07-2265267
　　　　　 傳眞：07-2233073
　　　　　 e-mail: chuliu@liwen.com.tw
　　　　　 網址：http://www.liwen.com.tw

編　輯　部 100003 臺北市中正區重慶南路一段57號10樓之12
　　　　　 電話：02-29222396
　　　　　 傳眞：02-29220464

劃撥帳號 01002323 巨流圖書股份有限公司
購書專線 07-2265267 轉236

法律顧問 林廷隆律師
　　　　　 電話：02-29658212

出版登記證 局版台業字第1045號

ISBN／978-957-732-526-6（平裝）
三版一刷‧2016年8月
三版六刷‧2023年9月

定價：550元

作者簡歷

簡春安　Chun-an Chien

學歷　東海大學社會學系法學士（1971）

美國夏威夷大學（University of Hawaii）社會工作碩士（MSW）（1976）

East West Center Scholarship Grantee

美國凱斯威斯頓大學（Case Western Reserve University）Ph.D.（1983）社會工作博士

Fulbright Scholarship Grantee

經歷　台中市生命線協會主任（1984-1986）

東海大學幸福家庭研究推廣中心主任（1987-1991）

東海大學社會工作系主任暨研究所所長（1988-1993）

東海大學勞作教育指導長（1993）

東海大學主任秘書（1994）

中華民國社會工作人員協會理事長（1993-1997）

基督教中台神學院董事長（1994-2000）

長榮管理學院（大學）校長（1997-2000）

中華聯合勸募協會（United Way）理事長（2002-2008）

陽光社會福利基金會董事（2008-2015）

麥當勞叔叔之家基金會董事（2013-）

花蓮門諾社會福利基金會董事（2015-）

現職　東海大學社會工作系教授（1991-2013）退休

中信月刊（台灣地區）發行人（1994-）

基督教（台灣區）中國信徒佈道會董事長（2007-）

榮譽　社會工作金駝獎（1994）：台灣省政府社會處頒發
　　　高等教育領導獎（1998）：美國華美學術與專業人員協會頒發
　　　社會工作貢獻獎（1999）：國際社會福利協會中華民國總會頒發
　　　社會工作人員特殊貢獻獎（2002）：內政部頒發
　　　社會福利學術貢獻獎（2012）：台灣社會福利政策協會頒發

通訊處　E-Mail: chunan@thu.edu.tw
　　　　Cell phone: 0932-648-426
　　　　Office: 886-2-8512-4242
　　　　Home: 886-4-2359-3603

鄒平儀　Ping-yi Tzou

學歷　輔仁大學社會工作系學士（1978-1982）
　　　東海大學社會工作碩士（1983-1985）
　　　東海大學社會工作博士（1994-1999）

經歷　實踐管理學院社工系兼任講師（1990-1992）
　　　輔仁大學社工系兼任講師（1990-1993）
　　　中興大學社會系社工組兼任講師（1992-1994）
　　　東吳大學社工系兼任講師（1992-1997）
　　　東海大學社工系兼任講師（1996-1998）
　　　暨南國際大學兼任助理教授（2000-2002）
　　　台北榮總社工室社會工作員（1985-2000）
　　　台北榮總社工室代理組長（2000-2003）

現職　台北榮民總醫院社會工作室組長（2003-）
　　　陽明大學公共衛生學科暨研究所兼任臨床副教授（2007-）
　　　台灣大學社會工作學系兼任助理教授（2006-）
　　　東吳大學社會工作學系兼任助理教授（2001-）

2016 修訂版序

用淺白的文詞，來寫一般人輕易就可以看懂的研究法教科書，是我多年來的心願，1998 年出版的時候如此，2004 修訂時如此，2013 年退休離開教職，2016 進行最後一次修訂，亦復如是，算是對社會工作學術界的告別。

把研究法的書寫得簡單易懂，雖然得到很多讀者的歡迎，但寫作過程卻也因此艱辛，因為把理論與抽象的概念寫成白話，甚至用生活上的例子來說明時，馬上就失去了文詞表達的安全空間；而研究法裡一些至今仍模稜兩可的定義、見仁見智的說法、就算能說得淺白，也難表達得淋漓盡致。用這個方式來寫書需要不小的勇氣。所幸，這個勇氣仍然存在，年青剛教書時如此，現在退休了，仍然如此。

謝謝鄒平儀博士在本書第十三章的貢獻，把社會工作實務同仁平日所懼怕的統計簡要的作了介紹。也謝謝高雄醫學大學的陳政智教授在文獻探討中，對如何在網際網路蒐集資料，作了很實用的說明，但願對社工伙伴們在準備考試或自己作研究時有實質的幫助。更重要的，他對本書的教學 PPT 的製作耗費了不少心力，若因此讓更多學校老師更願意採用本書，這將是陳政智老師的貢獻。

1998 年本書初版時，有助理方婷像天使般的協助。2013 退休了，我沒有助理，試著孤軍奮鬥，因此所造成的瑕疵或編排上的錯誤，在所難免，請讀者們諒察。謝謝東海研究所的學生在上課時所給我的意見，謝謝東海社工系同仁在書目格式單元中不少的建議，使本書增色不少。

再一次把本書獻給在實務界不斷付出的社工朋友們，若能因此對各位的進修，升學或考社工師有所助益，那將是我最大的喜樂。也期待社工學生們，把研究法讀好，研究時不離實務，實務工作時不忘研究，讓社工更進步，讓一代勝過一代。

簡春安

序於東海大學宿舍　May 25, 2016

Chapter 1

社會工作與研究法

─────── **摘 要** ───────

　　社會工作者必須作研究，因為研究是一種求知的過程，透過研究可以讓我們達到敘述、解釋、預測、干預、處置、比較與評估等目標，使社會工作者能更有效的做好實務。社會工作的研究與其他學科研究法不同，因為社會工作研究法強調與社工實務的關聯，取自實務，用之於實務。所以在研究的領域裡，社會工作最少扮演著研究的使用者、知識的創造者與傳播者、對各學科的知識分享者三種角色。

　　社會工作強調專業化，但往往受到社會工作機構責信、評估、研究市場、敵對環境、財力資源、倫理議題等因素的影響，而影響到研究的進行與發展，讀者不可不慎。此外，有關研究時間的架構、研究的分析單位都要注意到，千萬不要落入區位謬誤典化約主義兩大陷阱，以免影響到研究結果的準確性。

第一節　前　言

　　「知識就是力量」，每個人應當竭力充實知識。但知識若不準確，那麼即使知識再多，也只是徒然使人愈不明理而已。所以，追求知識固然重要，獲取正確的知識更重要。研究法的目的就是要使人以較正確的態度與方法來獲取知識。

　　社會工作者為什麼要作研究？因為社會工作不僅是助人的專業，也是科學方法在實務上的應用；社會工作者是真理（正確知識）的追尋者，也是真理的實踐者。社會工作者要有助人的熱誠、專業的訓練，還要有科學的薰陶，好讓社工專業可以成長、可以突破。然而，社會工作者應該先瞭解，在專業實務中，我們容易在哪裡犯錯。

　　為什麼我們會犯錯？求知的過程之所以會犯錯有幾個原因（Babbie, 1992）：

（一）不正確的觀察（inaccurate observation）

　　　　在觀察時，人不是像自己想像中那麼聰明。有時可能是漫

不經心，讓我們忽略了觀察時應注意的重點；可能是感官系統有限，使我們無法看到或聽到想要觀察的；也可能是因為不同的觀察角度，使人容易以偏概全，這些因素都會造成錯誤的觀察。

（二）太過於大而化之（over generalization）

對於事物尚未徹底瞭解時，我們的報告一定會大而化之，以減少破綻。大而化之是保護自己的無知最好的方法。大而化之的另一種現象是過度泛化我們的觀察與瞭解，有意或誇大我們的瞭解與發現，這也是一種自大的行為，一樣是犯錯。

（三）選擇性的觀察（selective observation）

人有選擇看自己想要看、而故意忽略不想看的事物的本能，就如正在熱戀中的人，所看到盡是對方的優點，而對愛人的缺點卻視而不見，充耳不聞（在認知上，也故意選擇自己比較喜歡的結論），他們彼此之間的觀察當然無法準確。

（四）捏造訊息（made-up information）

為了使自己的說詞減少破綻，以便使論點能自圓其說，也是人的脆弱本質之一。例如一直說黑人很可怕，而當有一天黑人救你一命時，你如何自圓其說？說不定你會說那個黑人是特別的族群，是受過較高的教育的……反正就是要使你的說詞能夠繼續延續。

（五）不合邏輯的推理（illogical reasoning）

情感遇到挫折就說天下男人沒有一個是好東西，這是錯誤的邏輯推論。其它情形，如所觀察的事務過度牽涉私人的利益或情緒時（ego involvement in understanding）；還沒看清事實就遽然下定論，甚至還拒絕新的資料或事實時（the premature closure of inquiry）；用神秘（mystification）的方式來解釋種種我們所不知道的事情時；無法客觀理性的去

面對各種複雜及不可知的未來時……都會使我們在求知的
過程中犯錯，而用自己想要的結論來自圓其說。人本來就
容易犯錯（to err is human），我們固然不必太自責，但體
驗到常常一件事情並不是像我們想像中那麼的簡單時，這
是很好的求知態度。社會工作者以助人爲專業，學習以正
確的過程來求知，以科學的研究態度來判斷，加上系統化
的專業訓練，才能使知識不致產生大錯。

第二節　科學與研究

社會工作是一種專業，就如 Ernest Greenwood 所指出的，因爲社
會工作有一套系統的理論體系、它有專業的權威、它被社區認可、它
有共同信守的工作道德守則、它也有一套專業文化……所以社會工作
是個專業（白秀雄，1992）。社會工作專業若要使之更「科學化」，它
的專業本質、它的理論內容、它探索眞理的態度、步驟與方法，都必
須符合科學的特質，否則其科學性就不高，未來的專業競爭力也就不
大。

一、科學的特質

（一）科學的內容是「可驗證的」

一種專業要成爲科學，先要看它的資料本身是不是「確
實」。若是資料的來源不確實，任憑分析的方法再精密，
結果也一定會偏差。然而，確實與否不能光靠一個人主觀
的認定即可，嚴格的說，科學必須讓大多數人承認它不
是一己之見，而是眾人客觀的認定。科學的東西最好讓人
看得見，讓人可以理解出它的作用與能力。科學的東西說
得出它的出處來源，它的發展過程，以及未來發展的方
向。科學的內容絕對不是空穴來風，科學的過程也不能來
無影、去無蹤，它不僅應該「有根有據」，最重要的，它

必須經得起考證與實驗。換言之，科學的東西，可以讓別人按照原來的方法、步驟，「依樣畫葫蘆」的實驗，就應該可以得到同樣的結果。所以當資料本身是確實的、客觀的、看得見的、有根據的，而且可實證時，這種資料也才算是「可驗證的」。

（二）科學的知識是「暫時的」

科學的內容不是「偏方」，科學的過程也不是「秘笈」，科學的結果更不是「教條」，科學知識的事實只是「在某種情況下才成立的暫時、片斷的部分真理」。很多人會對這麼「謙虛」的科學失望，其實，科學的可愛就在這裡。科學基本上是一種研究的「態度」，「科學」知道自己的分寸，清楚自己的極限，它不吹噓，它容許被挑戰、被指正，它堅持本身所可以堅持的，卻更知道在什麼狀況中可以放棄應該被放棄的，換句話說，科學知道本身的「暫時性」。所以，科學並不是「信仰」，科學不能唯我獨尊，科學隨時接受考驗，科學隨時預備被更換，因此科學的內容才能愈來愈純淨、愈精練，科學經得起空間、時間的考驗，科學是一種「有多少證據才能說多少話」的謙虛態度。

（三）科學的過程是「公開的」

科學是獲得知識的公開方法：它的研究過程公開、研究成果公開，連被評估或評估他人的方法與步驟也是公開的。科學不應有「見不得人」的隱藏空間，科學當然希望可以求「美」，其實它的先決條件是求「真」，在是否真實的挑戰中，它公開一切的過程與結果，包括它的缺點及不足。公開不僅是指過程與結果的顯露，更是與世人「共享」的態度。科學家應該有造福社會的胸懷，因為他已比別人多瞭解事實的真相；科學家應抱持著先天下之憂而憂的心，公開科學的不足及所可能造成的危害；他也有後天下之樂

而樂的心，把科學對人類與社會所可能帶來的福祉，不加
保留的奉獻給社會。

二、科學的基本假定

瞭解科學是什麼更可以從它的基本假定來著手。一般而言，科
學的基本假定如下（Frankfor-Nachmias & Nachmias, 2001）：

（一）自然是井然有序的（nature is orderly）

科學的任務就是對看似複雜、奧秘的現象或物體，分析其
成分，研究其來龍去脈，並把其組織、動向等理出一個頭
緒。換句話說，自然界既是井然有序的，科學在探討種種
現象的奧秘後，所整理出來的論點當然也是井然有序的。

（二）我們可以瞭解自然（we can know nature）

既然自然界是井然有序的，當然就可以被瞭解。我們甚至
可以說：凡有規律的事務或事物應該都可以被瞭解。人類
追求智慧的過程中，事實上就是試圖去探討種種有規律的
事物。

（三）所有的自然現象都是其來有自的（all natural phenomena have natural causes）

凡事必有因，有其因，必有果。東西不會莫明其妙的就擺
在那邊，也不會不明究理的亂成一團。每件事物都是其來
有自的，而科學就是把這其來有自的事物指出它的因由，
這也就是探討眞理的過程。

（四）無不言可喻之事（nothing is self-evident）

科學的本質既然有因有果，而且有其條理。科學的任務當
然就是把事物的來龍去脈說清楚。科學的呈現在邏輯上應
該條分縷析，秩序井然，一環扣著一環。任何我們自以爲
瞭解的事物，卻又說不出所以然時，就是我們仍未瞭解。
科學求眞的過程就是把事情說出個所以然。

（五）知識萃取自經驗（knowledge is derived from the acquisition of experience）

科學必須有所依據，科學的智識應立基於經驗上可觀察的假定，但是科學反對只單憑個體的天賦或只依據個體的純推理就產生的知識。我們都知道感官的經驗很重要，但是很多事物無法直接被經歷或觀察，也因此經驗的累積必然有深淺、優劣、或層次上的差異，這些差異與個體在經驗後的學習方式的差異有關。情感上受過挫折的人，對男女之愛的認知，一定與總是走得很順遂的人，有很大的不同，因爲他們的經驗不同。（按：從哲學的角度來看，經驗與知識之間的關係，質性研究者與量化研究者或有不同的看法。）

（六）知識勝於無知（knowledge is superior to ignorance）

科學的任務固然在探討眞理，但並不意味著所有的眞理都可依科學的方法被探討。科學也假定所有的知識都是暫時的，而且是持續在變化的，科學雖非萬能，但科學的求知態度總比無知好，這是謙虛與務實的態度。處於無知時，我們不能安之若素，更不能沾沾自喜，甚或引以爲榮。

三、科學的目標

具體而言，科學的目標主要是去解釋現象、去預測未來、以及理解眞相，分述如下（Frankfort-Nachmias & Nachmias, 2001）：

（一）解釋現象

解釋現象當然不能眾說紛紛、人云亦云，最好有「科學的解釋」。而科學的解釋有兩種類別：一是演繹性解釋（deductive explanation），先根據一個普遍的法則，把這個法則的條件做一陳述，這陳述去解釋某個事件，再講出這個事件與法則之間的邏輯規則，這就是演繹的解釋。例如 S—R 是行爲主義的重要法則，有刺激必有反應。

我們用刺激與反應的關係去解釋某個工廠的部門鬥毆現象，發現是因為管理者為了提高生產，採用了零和（zero-sum）方式的比賽，贏的得大獎，輸的倒大霉，致使兩個部門形同水火。這個解釋用刺激反應法則來解釋部門鬥爭，是一種演繹性解釋。另一個解釋的方法是或然性解釋（probabilistic explanation），或稱歸納性解釋（inductive explanation）。我們看到某個地方有街頭暴動，解釋其原因可能是因為近兩年來的經濟不景氣，連中上階級都受到影響；加上當地的某間工廠惡性倒閉，使許多勞工付出勞力卻分文未得；不幸又碰上法院又正查封某個欠稅者的房屋……當我們把這些可能原因都列出來，說明一切問題都是因為經濟不景氣時，這是歸納性解釋。歸納性解釋最常被社會科學的專家採用，用以解釋種種社會現象，或然性或歸納性的缺點是常常缺少確定的結論，經常只是在事後推測哪種可能而已。

（二）預測（prediction）

科學的另一個目標是能提出正確的預測。所謂預測是預知未來，而不是老在事情發生以後才去做「先知」。科學的預測絕對不是信口開河，隨便講些連自己都不懂的話唬唬人就算數。預測必然要根據科學的法則，例如，若有人說「麻雀吃稻米是壞鳥，把牠們全部抓光不就得了」，生物科學家一定馬上可以預測說抓光了麻雀會破壞大自然的生物鏈，少了雀鳥一定會多了昆蟲，一樣是危害農作物，所以抓光雀鳥萬萬不可行……這就是根據科學所做的預測。同樣的，社會工作者根據理論亦可以提出預測。例如：幼稚教育從四歲降低為三歲時，根據弗洛依德的理論，四歲前是幼童在家裡接受父母親角色認同以及潛意識發展很重要的階段，快了一年進幼稚園等於少了一年在家與父母親相處，孩子成長後的適應性應會受影響，這也是預測。

（三）理解（understanding）

科學對過去所發生的事提出解釋；對未來可能發生的事提出預測；對現今的事物則應有理解的能力。理解有詮釋主義式的理解，也有經驗主義式的理解。德國社會學家韋伯認為要瞭解任何個體或團體，一定要將自己投入於主題的情境中，社會學家必須對研究對象的實際觀點、他們所採用的符號、以及其價值與態度等等，事先就進行理解。這種方式就是詮釋主義式的理解，亦可稱為同理心的理解（verstehen 德語）。經驗主義式的理解則認為我們可以運用與自然科學相同方法，來研究社會科學，透過觀察與驗證，或藉由經驗，來確定我們對事物是否真正的理解，這種理解是經驗主義式的理解。

四、知識的取得

研究既然是求知的過程，那知識取得的過程研究者不可不察。

知識的取得，最好是經由科學的驗證而來，有科學的準則為基礎，經由科學的驗證，這種知識當然較為可靠，問題是這我們的知識的來源不可能都是這麼「清純」。

第一種知識源自理性。第二種知識則源自科學的實驗或驗證。理性知識與科學驗證而來的知識不同。理性主義認為人的心靈可以瞭解世界，瞭解的對象不僅限於可觀察的世界，連看不見的事物亦可憑理性的認知而獲得。知識形式的存在與我們個人的經驗無關，只要理論上是真實的，只要在邏輯上是成立的，它就是知識。理性主義的極端形式是抽象的和純數學的，其命題只要合乎邏輯的形式，即可認定這個知識就是真的，此即所謂的套套邏輯（tautological knowledge），雖然也因此難免看起來像是「文法上的同義反覆」。

第三種是權威或神秘的知識。有很多知識事實上是來自權威，

對人的影響有時比科學知識還要大。例如以前中國動亂時的毛語錄，不僅人手一冊，而且奉行不渝。宗教的經典也是來自權威。有的知識的來源頗為神秘，如占卦，或來自某宣稱是先知的大師的「開示」。

第四種是一般的常識或媒體報導。就如電視順口溜：「沒有知識也應該有常識，沒有常識也應該看電視。」很可惜確是很多人的知識來源寫照。

個人經驗是第五種來源，經驗很容易內化於當事者。但是個人經驗很容易發生四種錯誤：（1）容易過度通則化（overgeneralization），常會把經驗得來的知識推論到遠超過證據有效的範圍內；（2）選擇性的觀察（selective observation）是每個人常犯的錯誤，人總想看自己以為重要的，輕忽所不懂或不想看的，知識的形成就造成偏差；（3）個人的經驗也會使該人過早妄下斷語（premature closure），只憑一兩次的經驗或觀察，就確定問題就是那樣，難免失之主觀；（4）月暈效應（halo effect）也值得注意，月暈效應又稱光環效應。每個人常會以偏概全，若標明一個人是好的，他就會被一種積極肯定的光環籠罩，會被賦予一切都是好的。我們若對一個人有好印象，就會覺得他一切都是好的。

第六種知識來源是直覺。我們必須承認，人都有其直覺，直覺也有其作用與功能，尤其在人文與藝術的領域中，直覺有其必要性。然而，直覺有時候好像很準，但是卻不見得與事實相吻合；直覺更因人而異，直覺會使個人容易迷信，太多的直覺反而會使事實更混亂、更有偏誤。社會工作者在與案主相處時，難免會有直覺的反應與運作，我們固然不必去排除（事實上也排除不了），但是我們應該隨時警惕，分辨出兩者的差異。

五、科學的社會屬性討論

在理念上，科學的精神與原則固然是一絲不苟、明明白白、清清楚楚，但在社會科學及行為科學的場合中，我們不可忽略它的複雜性，因為社會不是實驗室，在實驗室視之為理所當然的東西，有時在社會上卻是格格不入。有幾個議題（issues）值得我們去思考

（一）客觀與主觀之間

一談到科學，我們馬上與「客觀」劃上等號，而立即與「主觀」劃清界限，認為客觀才是科學，科學就是客觀。因為主觀的經驗會影響我們對新知識的接受，主觀常使我們對某些事物都認為理所當然。哪知，我們主觀認為理所當然的事物，對另外一些人而言，卻是不可思議，絲毫無法接受。所以基本上，「科學」體系裡，必須排除主觀的因素。

然而，從人類的思維過程來分析，主觀也有其功能。試想，當牛頓被掉下來的蘋果打中時，他是不是「主觀的」就傾向於思考他平日就很有興趣的地心引力？發現新大陸的哥倫布在茫茫大海中是不是「主觀的」認為「印度群島」就在前頭？顯然，在這些偉大的科學家的心靈裡，一定有不少主觀的論點，他們的腦海裡，也藏著不少聳人聽聞、幾乎不可能證明的假設。可見，所謂「客觀」，事實上也與主觀的信仰、動機、態度與價值有關，主觀也是人類心靈的資產，沒有人能完全的去除，重點是我們應該如何的處理這些「主觀」。

處理主觀最好的方法是瞭解自己的不可能完全客觀。人的思維情緒、喜怒哀樂等經常離不開主觀的因素，所以當我們瞭解自己在本質上是無法免除主觀時，才是使自己較為客觀的第一步。從同理心的角度來看，容許別人有其主觀

的權利，則是處理自己的主觀很有效的方法。在溝通與互動中，在協談或輔導中，在人際關係的處理與運作中，甚或是在問題的處理過程中，能省察自我的主觀傾向，又能容許對方有主觀的權利的人一定是較為「客觀」的人。所以說：經由主觀的交互衝擊才能得到客觀的知識。社會工作實務中，經常被強調的「同理心」，用新的角度來說，也就是「社會工作者瞭解案主的主觀，接納案主的主觀感覺時，所說出來的話語」。

主觀與客觀之間的爭執其實也牽動了量化研究與質性研究之間的差距。一般的共識是量化研究是在做客觀的研究，從它如何確定要研究的變項開始，變項的操作化，如何測量，如何分析，如何確定變項與變項之間的關係等，在在都是設法使整個研究客觀化的步驟。質性研究卻完全相反，它不僅認為每個個體的主觀性根本不可能排除，更認為每個個體的主觀性更是探索該個體的心靈世界的重要根據。所以質性研究便以研究個案主觀的心靈世界為職志（連研究者本身的主觀的看法或意見也是研究上的重要資產），這種研究態度我們不能因為它對主觀的接納就認定它不科學。（質性研究詳見第五章）。

（二）科學與社會之間的關聯性

科學經常是實驗室裡不斷的操作與努力的結晶，但是科學的關聯性絕對不只限於實驗室，科學與外界「社會」息息相關。試想原子彈可是實驗室（或科學城裡）的集體產物而已？它所產生的影響何止是幾條人命？核子武器在軍事、政治、經濟、社會，甚或是文化上所產生的震撼，可以說是排山倒海無遠弗屆。進化論的產生當然也不是生物學上的一個理論或派別而已，它幾乎對一個人的價值、面對人生的態度、對未來的信仰與生活的概念、對文化、

藝術等都有超乎想像的關聯、甚至還牽引出殖民主義的正
當性論點。所以說科學是一種社會建構：科學與個體、社
會，甚或是國家都是生命共同體。這也難怪，科學研究過
程中的程序與技巧，都會遭致社會的干預或影響整個社會
的重建。

（三）科學與專業

一般而言，所謂「專業」應該是各行各業追求科學化過程
中時，成員之間的組合。雖然不同行業科學化的層次各不
相同，追求科學化的態度也不一，但是與科學之間的關聯
則是必然的趨勢，在此不必贅言。因此，科學會導引專業
的互動，每種具有共通性的科學都會形成一個集團，如社
會工作專業協會、社工師工會、醫師公會、律師公會等。
在每個集團中當然會產生對話與溝通，也會產生社會化和
社會控制。較相近的專業集團，彼此之間可能會用較相同
的語言，甚至會形成「典範」（paradigm），共同遵守。當
然，專業集團自己內部間也可能會有爭執，但有時仍能激
發一些科學改革，新的典範也將因此產生。總之，科學與
專業亦有相當的關聯性。

六、科學社群的規範

所謂科學社群是指受到一組共同的規範，其研究的行為與態度
均受約束，以維持科學思潮的一群人。之所以稱為社群是因為
這是由互動的成員所組成的團體，他們有共同的典範，共享一
套道德標準、信仰、價值、技術、訓練、甚至於他們的職業生
涯路徑。科學社群的規範，大致如下（Neuman, 2000）：

（一）一視同仁

以科學的價值判斷為最高準則，而不管是誰做的研究，是
在哪裡做的研究，是以研究的成果與品質，而不是根據研
究者的地位或年齡來做判準。

（二）組織化的懷疑論

在科學的領域裡，所有的證據都應該接受挑戰與懷疑，都必須經歷嚴格的批判與審查。對理論有基本上的懷疑，對理論一步步的加之以驗證的態度即為「組織化的懷疑論」。

（三）不偏不倚

面對科學的非預期的觀察或新的知識與觀念，科學社群的成員應該嚴守中立與公正的立場，也保持著敏銳的態度，來檢視新知識。

（四）共享主義

研究是公有財，開放給所有的人使用，所以研究的過程必須被描述，而且必須經過一種特殊的形式與規格公開發表，否則不會被科學社群的人接受。這是為什麼研究法必須教導何謂正確的格式，從文章的次序、寫法、應有的內涵等均有規範，科學社群的成員必須據之以行。

（五）誠實

誠實本來就是一般的規範，但在科學社群裡更被強調。社會工作研究者應瞭解並遵行科學社群的規範，以便能在科學的探尋與研究的成果中得到應有的尊重。一方面面對真理時的渴望；追求真理時的執著；學習別人研究成果時的不卑不亢，發表自己看法時的條理井然，如此才能在科學社群中與別人分享、競爭、砥礪、成長。

第三節　社會工作與研究

在英文的字根中 "re" 意指著再一遍、重新再一次（again, anew, over again）的意思。"search" 則指仔細精密的檢查、測試與調查。所以我們可以說，研究有三大內涵：（1）對許多知識做仔細、系統的研究，以建立一些事實的原理原則；（2）研究者重複的運用客觀、嚴格及系統的程序，把研究的對象操作化或測量化（measurement）；

（3）對所觀察事實的假設驗證化（verifiability），使研究的結果有代表性（representative）（Middleman, 1984）。總之，透過研究，我們才有機會去證實一些重要的理論是否準確，才能開發一些結構尚未完整或仍在摸索階段的理念，也才能使理論愈加有實務的應用性（Babbie, 1992）。社會工作同仁應被訓練，使之有能力進行研究、能測量其資料、能證實其論點，也使研究的成果有代表性。

研究的類別很多，由於研究方法、應用性、使用場合以及經費來源的不同，研究有不少的風貌。Beach 與 Alvager（1992）指出：從研究方法來區分，研究可分為實證性研究（empirical research）與理論性研究（theoretical research）；依應用的程度而言，可分為基礎性研究（basic research）與應用性研究（applied research）；從使用場合來看，可分學術性研究（university research）與非學術性研究（non-university research），再從經費來源來看，也可分為公眾研究（官方研究）（public research）與私人性研究（private research）。國內的社會工作研究狀況依當事者的背景而有差異，有實證性研究，也有理論性研究；有學術性的，也有實務性的；有官方的，也有私人的，但以社會工作的本質來看，經常以應用性研究居多。

社會工作者必須作研究，藉著研究去驗證理論的真偽；去開發新的知識領域；再把研究結果應用到實務工作裡，如此，對社會工作專業的發展，才會有所幫助。

一、求知的目的

社會工作者為什麼要作研究？眾所皆知，社會工作專業非常重視實務，所以我們強調助人的重要性與技巧的專業性。其實，社會工作也是一種求真與求知的過程，為了要更有效的做好實務，我們必須懂得更多相關知識與科學知識，以便使專業做得更好。而懂得更多、更真的方法就是做好研究。換言之，研究基本上就是一種求知的過程，而求知可以讓我們達到下列的目

標（the purpose of knowing）:

（一）敘述（description）

一個好的研究可以使我們更能客觀的敘述事實的真相、情境、現象、過程與結果。能清楚的敘述問題是研究者（社會工作者）最起碼的基本訓練。

（二）解釋（explanation）

除了敘述事物的現象外，更進一層的敘述是可以給予解釋。敘述只指出發生了什麼事（what happen?），但是解釋則更進一步，它還要說出所以然（why it happen?），告訴讀者為什麼會如此發生？事情的前因後果是什麼？比敘述問題更進一步，社會工作者，應該有解釋事情始末的能力。

（三）預測（prediction）

解釋只是講出事情的始末，一般而言，它講解的是過去所發生的種種緣由，但是它不能講到未來。能準確的判斷未來所可能發生的事就是「預測」。所謂的預測不是江湖術士所談的未卜先知，而是藉著數據、經驗、理論等預測未來所可能產生的結果。當科學的程度愈嚴謹時，預測的能力必將愈高。自然科學的預測能力遠比行為科學要大，行為科學又比人文科學要強。社會工作藉著更嚴謹的訓練與研究，對社會上發生的各種問題與現象，不僅敘述、解釋，還要能預測。

（四）處遇、處置（treatment or intervention）

社會工作與其它社會科學和行為科學較大的差異，是除了分析問題如何產生以外，還必須對問題提供解決的方案。社會工作教育的訓練重點就是教導學生面對個人、團體與社區所產生的種種問題時，能夠予以處置，減少問題所可能造成的傷害，這是社會工作相當重要的特質。但是要證明處遇是否必要、在何種狀況最為有效等問題時，就需研

究來佐證。

（五）比較與評估（comparison & evaluation）

就算社會工作者能分析問題，甚至於提供解決問題的方法，而且身體力行，奉獻付出，努力去實踐，但是他仍然要有比較與評估的能力。在實務中，比較處置的前後有多少差異？這些差異是否顯著？評估我們的方案是不是有效？與所付出的時間、人力、資源成不成比率？這些比較與評估的技巧，在研究法的訓練中不可或缺。

二、社會工作研究法的特質

為什麼要有社會工作研究法？它與別的相關學科的研究法到底有何不同？基本上，我們都知道社會科學有多種研究方法，都是大同小異，例如有關研究的邏輯、抽樣的原則、資料的蒐集與分析、以及統計方法的運用，甚或是參考資料的整理與呈現等，基本上大致雷同。但是仔細的比較各種專業的特質時，我們仍然可以看出一些角度的差異，而社會工作研究法與別的社會科學研究法到底有哪些差異呢？我們可以從社會工作研究法的特質來分析：

（一）研究與社會工作相關的主題

社會工作研究法當然主要是研究與社會工作相關的主題。舉凡有關社會工作的方法有關之主題：如個案工作方法、團體工作方法，以及社區發展與組織等；社會福利有關的對象與人口也是我們研究中很重要的主題，如：兒童、婦女、家庭、勞工、殘障及各種弱勢團體等；至於有關行政、政策等間接服務方面的問題，我們也不可忽略。社會工作的範圍堪稱廣泛，社會工作所涵蓋的層面更是繁多，所以社會工作的研究範疇當然也就豐富多樣，大有發展的空間，更可符合各類各樣社工專業的需求。

（二）從社會工作的角度探討別的領域的問題

社會工作專業與很多學科有密切的關聯，如心理學、教育學、社會學、政治學，甚或是生理、精神醫學等，所牽涉的範圍頗爲廣泛。有時候，社會工作也有必要對別的相關學科作探討，如愛滋病患及家屬的心理需求或社會需求，全民健保對低收入戶的影響，逃學青少年的心理、社會分析等題目，乍看之下，並不是社會工作的主題，但是針對這些問題，由社會工作的角度去切入，勢在必行，因此社會工作遇到此種問題時，也是責無旁貸。

（三）以 "Do" 的角度來評價社工的創新、修正與實驗

基本上，社會工作較偏向於實務，因爲社會工作的精神不只是針對各類的社會問題提出分析，更要針對這些問題提出處置，以解決其問題，至少可以使問題的傷害減到最低限度。若只爲分析問題，或只瞭解眞相所做的研究是 "Be" 的研究；當研究的目標是解決問題、改善解決問題的技巧、增進輔導功效，或評估處置是否得當、是否合乎效益、是否眞的對案主有所幫助、其它所衍生的問題在哪裡等⋯⋯所做的研究則可稱爲 "Do" 的研究，當我們對「所做所爲」負起責任，自行評估、反省，在研究上下工夫，並把研究的成果回饋到專業時，對於社工專業的提升一定有最起碼的貢獻。

（四）強調與社工實務的關聯，取自實務，用之於實務

社會工作研究不應該只是學院內社工教授、老師們的專利，從社會工作的本質來說，社會工作應該取自於實務，用之於實務。學院內的教授應該熟悉實務、瞭解實務，他們更應該把各類的理論實務化、本土化，而這種實務化、本土化的任務都必須透過研究的管道才能達成。從另一個角度來說，社會工作實務工作者不應該懼怕研究、排斥研究，他們應該更加敏感於實務上所產生的問題；這種瞭

解實務問題、分析問題，進而設法解決問題的過程，說穿了，也是研究方法的應用。透過研究，不僅理論可以實務化，實務也才可以理論化，如此，社會工作專業的水平才能提升，社會工作專業的未來才有前途。

三、社會工作研究與社會工作實務

從以上的分析，社會工作員不僅是實務工作者，他也應該是個研究者。社工實務的陶冶是要社工同仁有一顆溫暖的心，社會工作研究法的訓練卻是要求社工同仁必須要有冷靜的頭腦。他是實務工作者，也是研究者（practitioner / researcher）。但如何達到這種境界呢（Siegel, 1984）：

（一）運用研究方法，重新審視實務的內涵

實務應該透過研究方法的考核，乍聽之下，似乎太讓實務工作者喘不過氣來。70 年代時，Joe Fisher 的 "Is Case Work Effective?"（個案工作有效嗎？）（作者用「實證」的方法檢視社工研究裡個案工作是否有效，結果卻是沒效。）對社工實務者無疑是造成了震撼，當時也引起了社工界很大的辯論，對如何才是客觀的社會工作實務評估可以說是見仁見智，也引起了量化研究與質性研究孰優孰劣的思考。其實，把研究法用到實務工作裡並不是就要對實務工作評估，研究法除了評估以外還有很多的用途。但是實務工作者每日忙碌於如何助人時，花一些時間冷靜的思考所做所爲是否達到預期的功能、用較大的企圖心去考量如何擴大我們服務的效果時，也是理所當然、義不容辭的。研究法用之於社會工作實務應該是利多於弊。

（二）在干預過程中，需蒐集資料，以審視干預之效果

實務工作者在服務案主時，應隨時蒐集資料，觀察案主本身及各種情境，來考量我們對案主所提供的干預是否得到預期的效果。如何蒐集資料？何種資料是重要的資料？資

料如何量化？如何探索無法量化的資料？ 在社會工作研究法的訓練中益形重要，實務工作者對這些任務與挑戰應早日學習去因應。

（三）以研究的方法、技術與工具，審核干預的效果

研究法的領域中，包含著各式各樣的研究類型與研究設計，每一種類型與設計都有其優缺點，各適用於不同的領域與問題。當實務工作者有良好的研究方法訓練時，他將不再畏懼於各種研究類型如何應用，也不擔心統計方法如何實施，他更可以掌握各類研究方法的技術與工具，如此在審核干預或處置的效果時，才能不失之於偏頗。

（四）以具體、可觀察、可測量的項目去描述案主系統性的問題，干預的過程、目標及結果

測量（measurement）在研究法訓練的過程中是相當重要的單元，當研究者要界定案主有什麼樣的問題，決定要處理哪個問題時，研究者的首要任務是瞭解他的問題有多嚴重，而界定問題的嚴重性時，便必須以客觀的態度來衡量，所以在研究法中，一般都是以案主具體、可觀察、可測量的問題來當作我們處置、干預的目標與對象。而干預或處置完成時，更重要的任務是：我們怎麼知道我們的處遇是有效的？在計算是否有效時，仍然針對案主具體、可觀察、可測量的問題項目去評估，跟還未進行處遇前的方式一模一樣，如此一比較，再用統計的方法去分析時，大體上我們就可以判斷處遇是否達到預期的效果。

（五）當提出社工的實務內涵時，需合乎邏輯規則

邏輯（logic）、理則學（science of reasoning）等，乃理性之科學，意指正確的理論與推理。換言之，藉著演繹（deductive）與歸納（inductive）的方法，使抽象的理論與具體的實務間，可以循環不息。在研究的過程中，什麼問題是我們應該拿出來探討的？問題的關鍵是在哪裡？問題

應該如何進行探討？什麼才是客觀的評估與測量？在界定這些主題時，需要合理的推理才能使研究合乎中道。而所謂合理的推理當然也就是指研究是不是合乎邏輯？實務的提供是不是言之成理？研究的步驟是不是能說服別人？實務的提供是不是針對問題？是不是能做到「有識者亦若是」的能力了。實務工作如此，研究工作亦然。

（六）需瞭解研究和實務都是應用邏輯的一種方式

從邏輯的觀點來看，演繹和歸納並不是對立，而是相輔相成。從社會工作的角度來分析，實務與研究仍然是一體，相互依賴，共存共亡。沒有社會工作實務，哪來社會工作研究的主題？沒有社會工作研究，社會工作實務哪能提升？從研究和實務的本質來分析，事實上兩者都是理性科學的過程，一樣都是邏輯的應用。從理論到實務的演繹過程，加上從實務到理論的歸納步驟，全然都應該是邏輯，都應該相存共依。

（七）在定義案主的問題、蒐集資料、評估各種訊息時，須輔以研究的方法、技術和工具，且透過此法去導引出干預的策略

研究時，不僅過程需嚴格謹守研究法中的原則、技巧與方法，使問題的定義適中、資料的蒐集周延、測量上客觀合理，分析時又能準確詳實；更重要的，當研究的結果被分析探討後，處遇的策略與方法，應該馬上擬定、安排。研究從實務而來，有了結果以後，就要回到實務去，社工專業才能有效的結合在一起。

（八）瞭解研究與實務是問題解決的一連串過程

社會工作是助人的專業，它是解決各類個人問題、家庭問題與社區問題最直接、最有效的工具。社會工作的本質是解決問題，因為社會工作實務也好，研究也好，都是一種邏輯的演繹與歸納，都是問題解決的一連串過程。

四、社工研究、社工實務、與問題解決

社會工作研究基本上是一個問題解決（problem solving）過程。一提到問題解決，社會工作中有問題解決派個案工作、團體工作；社會工作各種理論中對問題解決的定義、技巧，有很多探討與分析。但是基本上，所謂的問題解決，不外下列一些步驟：（1）定義問題，找出什麼是問題；（2）選擇可處遇的問題，因為問題可能很多，不是一時可以處理完畢，所以必須先選擇可干預、所要干預的問題是什麼；（3）進行干預，擬定策略，設定可行辦法，對問題進行處遇；（4）評估結果，處遇一結束，馬上進行評估，確定處遇是否達到預期的效果（Urban & Ford, 1978）。

提倡實用主義與思考（pragmatism & thinking）的杜威（John Dewey），對於什麼是問題解決有很清楚的敘述，他認為問題解決包括五個步驟：（1）界定問題，知道問題的所在及問題的程度；（2）分析問題，把問題的前因後果分析清楚，並藉著問題的分析，把問題特殊化；（3）找出所有可能解決問題的方法，因為問題的解決一定不只一個方法，在確定何者最佳、最適合時，必須把可能的方法列出，並仔細分析各種方法的優劣長短；（4）選擇一個最好的方法，根據各種方法的比較分析，找出一個最好（最適合）的方法；（5）執行、評估，把方法落實，確實去實施，實施完成後，並給予評估，計算出到底有沒有達到效果。

這些方法的每一個步驟，我們雖然都是耳熟能詳，但明晰合理，而且具體實在。杜威的分析與上面所談的四個步驟其實也是異曲同工、大同小異，都能成為我們解決各式問題時的參考。

若再仔細分析，這些解決方法的步驟，與我們所謂的社會工作實務、社會工作研究，又何嘗不是「如出一轍」？若我們把社

會工作的問題解決理念當作「經」，問題解決、社會工作研究、社會工作實務當作「緯」來比較分析時，可以得到較爲清楚的輪廓，也可以發現很大的相似性：

步驟一、問題的界定、定義與特殊化（problem identification, definition, & specialization）

- 問題解決：瞭解問題的存在
- 社工研究：確定研究的問題
- 社工實務：診斷與評定

步驟二、選擇可干預的策略（generation of alternatives and selection of strategies for problem solution）

- 問題解決：建議解決問題的可能方法
- 社工研究：成立假設並設定研究設計
- 社工實務：選擇並計畫干預

步驟三、施行（implementation）

- 問題解決：執行所選擇的解決方法
- 社工研究：執行研究設計
- 社工實務：執行所選擇的干預策略

步驟四、評估與普及研究發現（evaluation and dissemination of finding）

- 問題解決：對所選用方法的結果評估
- 社工研究：分析、解釋與報告發現
- 社工實務：評估案主的進展與結案

從以上四個步驟來分析，我們發現，社會工作是助人的專業，也是問題解決的過程。社會工作研究不僅與社會工作實務唇齒相依，二者也是解決問題的必要步驟，社會工作同仁對研究與實務這二大主題都應該好好掌握。

五、社會工作者的研究角色

經過以上的分析,我們可以肯定的說,社會工作者不僅能從事社會工作的實務,他也是一個研究者,有能力進行社會工作相關的研究。具體而言,在研究的領域裡,社會工作最少有三種角色:

(一) 研究的使用者 (research consumer)

社會工作者是研究的使用者,所謂「使用」基本上有兩個意義:(1) 社會工作者有能力作研究。他知道研究的步驟與過程,他清楚研究的方法與要訣,他能進行資料的蒐集與分析,也能夠從研究的發現中給予詮釋和應用,他是十足的研究者。(2) 社會工作者知道如何應用研究。萬一他雖不一定有能力進行研究,但是他有能力研判該研究的優缺點,清楚抽樣過程的好壞與代表性是否足夠,他當然對研究所使用的統計分析也一目了然,不會對數字與統計渾然無知。基本上,社會工作者至少應該知道如何應用研究,當然,他最好也能進行研究。

(二) 知識的創造者與傳播者 (knowledge creator and disseminator)

知識的創造有頗多來源,有的是傳言,是由街坊間穿鑿附會而來;有的則是經過印證與考驗,有根有據。有些知識純屬個人意見,由其個人的經驗、理念或是幻想臆測而來,有的則是經過嚴格的驗證、調查、研究、討論,甚或是批判、爭執而來。此地所謂的「知識創造者」應該是指社會工作者經由假設、調查、分析所得來的「發現」(finding),這些發現必須經由研究的步驟與考驗才能存在,所以藉著研究,社會工作研究者便創造了知識。而所謂「知識的傳播者」,是指社會工作者不僅對各種已獲證實,並且符合社會工作精神與原則的知識的應用、介紹,更應是在研究領域上的交流,以較嚴肅的態度,以不同的

角度與立論，相互之間的分享與批判。如此，專業的知識、經過驗證並應用過的理論，才能適當的被傳遞。

（三）**對各學科的知識分享者**（contributing partner）

20 世紀的科學發展特徵是科技整合，各行各業都不能單獨發展，必須與相關學科相互配合、相互應用，該專業的立論根基才會更紮實，專業知識的使用性才會更高。社會工作的理論與知識有不少是由相關的學科而來，如心理學、教育學、社會學或諮商與輔導等。理所當然的，社會工作的經驗、研究、理論等也不能孤芳自賞，它必須與其它相關專業交流、分享，甚或尋求他們的批判與意見，如此才能去蕪存菁。在不久的將來，可以預見，社會工作專業會在知識的領域裡，扮演更積極、更活躍的「分享者」的角色。

六、影響社會工作研究的一些因素

為了使社會工作更加的專業化，社會工作研究勢在必行。但是社會工作研究的發展仍然受到許多因素的影響。專業的本質、機構的特性，加上實務工作者個人的因素都會干擾到研究的發展。茲分析如下：

（一）**社會工作機構**

機構本身當然是影響研究可否進行、如何進行的最主要因素。理由有下列幾項：

1. 責信的問題（accountability concerns）

公營的社會福利機構當然都有其主管單位。民營的社會福利機構大體上都是非營利的單位，一切的行政費用、人事開支，以及方案的執行經費都有「財源單位」在支持。不管公營或民營，既然都是受委託的單位，為了表示負責任，就必須有責信的考慮，以便使別人「信得過去」。為了達到此目標，社工單位就必須針對所做服務

的效果、工作的效率，以及經費上的花費提出報告，以便讓外界可以信服。而效果評估、效率的考慮，以及經費上的計算等，都會直接或間接的影響是否要進行研究。責信就是我們對消費者的產品保證，對案主說明方案的功能與方法，也是告知社會，我們負起保證工作品質的責任。

2. 評估的潛在問題（evaluative potential）

機構對評估的態度也會影響研究是否要進行的決策。對從事實務的機構而言，研究難免會帶來壓力與焦慮，不僅是因為懷疑本身是否有研究的能力，有時候更是擔心研究的結果會不會影響業務的推廣的焦慮。常常因為個人觀點的不同，對是否要進行研究、要如何進行研究等都會有不同的意見與看法，當然會使研究能否順利進行產生影響。

3. 研究的市場（market for research）

以目前時代的發展取向來看，研究有其愈來愈寬廣的市場，因為研究已是一個時代趨向。事實上，社會工作專業應該妥善運用研究和評估，因為若運用得當，評估可對機構的運作產生有利的幫助，使社會大眾對社工專業更加的信服。藉著研究也可以使社會工作專業愈來愈重視組織系統，比較能夠從整體的角度來看問題。因為進行研究，所以在思維的考慮上，我們會愈來愈邏輯化，也會因此愈來愈強調效率，並且也會考慮到公共利益與私人利益如何兼顧。如此一來，研究的市場當然會愈加寬廣。此外，時下企業界所流行的 "PPBS": planning, programming, budget systems（計畫、方案，與預算體制）；"PERT": program evaluation review techniques（方案評核）等，其實都是研究的應用，而這種趨向勢必要擴大，而且肯定會延續。

談到研究的市場，難免會有研究主題的爭執與困擾。是
不是我們為了成本效益的考慮，所以會對高成本而效果
不彰的案主服務逐漸予以排斥？社會工作的發展方向或
好壞的判斷，難道都應該以成本的計算或現實的利益得
失為我們最主要的考慮因素？答案當然是不盡然，但也
因此可看出研究與市場關係之間的奧妙與複雜。

4. **敵對的環境**（hostile environment）

社會工作的環境有時頗為複雜。主要原因是普遍對社會
工作的無知或誤解，以為社會工作是任何人只要憑愛心
就可以去完成，或以為社會工作是花錢的、毫無生產能
力的，只會對經濟造成負擔的專業。他們往往忽略了社
會工作（社會福利）在問題的預防與解決上所得到的經
濟利益、在資源的整合與運用上所帶來的好處、以及對
社會整體的安定上所帶來的貢獻。在這種環境中，克服
這種困難最有效的方法就是藉著客觀的研究，藉著合理
的數據與成果來說明、說服社會大眾。

5. **缺乏財力資源**（scarce financial resources）

對機構而言，理論上當然要做好評估與研究，但實際上
卻有它的困難，最主要的因素是經費上的問題。社會福
利事業普遍缺乏經費，研究上的花費在次序上當然不是
優先項目。改善此狀況的方法，除了政府單位的補助、
民間財團的支持外，藉研究設計與規劃減低研究的支出
與預算，或對研究題目的斟酌與改進等技巧，讓財主單
位瞭解研究的好處，樂意提供研究經費，也是一途。

6. **個案資料**（client files）**被研究時所面臨的倫理問題**

案主的資料用來研究時，我們必須要考慮是否違反專業
倫理，因為這馬上牽涉到「隱密性」原則的考慮，在
「個資法」愈被重視時，研究千萬不要觸及法律問題。
從研究技巧的層面來看，個案紀錄如果不能標準化，記

載上即不完全，格式上也很難一致，都會造成研究過程上的困擾，這些因素也都需加以考慮。

（二）社工專業（the social work profession）

社工專業本身也會影響研究的進行。首先，研究所面臨的是價值和倫理的問題。社會工作者在從事研究時，他應該對所研究對象的權益加以保護，不僅是他的隱私，更要考慮他的感受與情緒，因為研究固然要進行，受訪者的自尊也要顧及。

研究進行時，經常都要有適當的研究設計，因此，有關實驗組與控制組的安排所衍生的問題非常嚴重，而且很難避免。譬如，當我們有新的處置方案時，為了要證明方案的有效性，我們必須把受訪者分成實驗組（採用新的處置方案者）和控制組（維持原來的處置方式者）；到底哪些人要安排入實驗組？哪些人屬於控制組？如果實驗本身牽涉到某些處遇上的福利，那麼控制組的人一定會抗議；如果實驗本身效果難卜，而且可能會有某些副作用，實驗組的人有可能被當作白老鼠，那實驗組的人更會忿怒，為何把他們當實驗品？若是讓他們選擇，則實驗的本質就會受到干擾，造成了抽樣偏差及代表性的問題。這些問題對社會工作的研究都是難題。

從社會工作的倫理和價值觀念的角度來看，有時與偏向實證的「研究法」來對照時，兩者之間也可能會有格格不入的現象。不僅是實驗組與控制組之間的調配問題，更是理念的問題。如社會工作實務的過程甚或是處遇的結果果真可以用量表來測嗎？現在有效，或短期內馬上驟效，就真的是有效嗎？我們用多一點的時間來幫助案主、訓練案主自決、自我肯定，在調查過程中，能量得出這種改變嗎？若量不出來，就可以一口咬定是社工人員的處置能力有問

題嗎？以效率或效益掛帥的評估研究，對生存條件本就不良的弱勢族群而言，公平嗎？當我們興致勃勃的要進行研究時，若愈注意社會工作的本質與理念，就愈會發現研究所要考慮的問題並不是那麼的單純。

（三）社會工作實務者（the social work practitioners）

社會工作實務者本身的特質也會影響研究。每個人都有個別的特質，有的重理性，有的重感性；有的條理井然才能辦事；有的則是在混雜交錯不堪時，才能獲得靈感，把事情辦好。每種專業的特質也不盡相同，有的以物體爲對象，實驗室是其歸宿；有的重動態的關係創造，公關企業是他施展才華的場所；有的以助人爲本，關懷人的心靈、情緒，以及生活適應才是他的工作目標。一般而言，社會工作是以人爲取向（people orientation），它的工作重點不是物體或某項任務。社會工作以實務爲主，所重視的是社會工作的理念與原則是否能夠運用與施展，它較不重視數字或成本效益等「現實」的問題。所以，這種背景或心態也會影響到研究工作的進行。

第四節　社會工作研究的倫理考量

一、研究時所需注意的議題

（一）研究員在參與研究中，必須小心顧及所可能產生的後果

不用諱言的，有些研究的主題或方法比較容易引起倫理上的爭議，有些則較單純，不致於造成倫理上的困擾。但是，不管研究的性質如何，社會工作者在進行研究之前，必須好好深思、考慮，小心顧及所可能產生的後果，並事先預防問題的產生則是相當的必要，而非冒然進行，造成問題、產生傷害後才後悔道歉。

（二）研究過程中應徵求案主的同意，對拒絕參加的案主不能有任何的剝削或懲罰，並要注意案主的自尊和隱私

當社會工作者決定要進行研究時，他當然希望一切都能夠順利的推展，他期待著每個相關的人員都能夠全力配合，最重要的當然是案主答應接受訪談及調查。但是不管研究是否多麼安全，不管我們對案主有多大的保證，並且允諾不會對案主造成傷害，有些案主就是不能全然放心，不願意接受調查，也因此使研究不能順利進行。此時，研究者難免會失望、不悅，比較把持不住的研究者，說不定會有報復或懲罰的舉動，這些都是社工倫理所不容，也不是成熟的社會工作者所當為。社會工作者對拒絕接受調查的案主不能有任何的剝削或懲罰。在進行調查的過程中，我們更要注意案主的自尊與隱私。

（三）應當保護案主，避免案主受到心理或生理的傷害

在社會工作研究中，有時只是選一個人當作研究的樣本，就可能對案主造成傷害。例如，在離婚者的生活適應研究中，有些較敏感的受訪者會為自己成為受訪者而耿耿於懷，以為成為受訪者是極不名譽之事。有時，會只因為題目不合受訪者的口味，而認為研究者看不起他……這類事情在研究的過程中，常常都會產生，社會工作同仁在進行調查研究時，不可不慎。

（四）社工員參與評估時，應站在專業目的上，讓受評估者有表達的餘地

近年來，評估研究逐漸較被看重，而且也愈來愈普遍。因為評估研究對受評估者而言，難免是一種壓力，也可能影響他的基本權利（會因為評估的優劣而影響了他的升遷或待遇），所以，社工員在參與評估時，應站在專業的目的上，讓受評估者有表達、解釋的機會與餘地。

（五）研究中所得的有關案主的消息，應視為機密

某些研究難免會涉及個人的隱私，在調查的過程中，社工員苦口婆心的解釋、想盡辦法的保證，一定不會對受訪者造成任何的不利，但是等到資料蒐集完畢後，甚或是研究分析結束後，卻會因一時的大意，而忘掉了先前對受訪者的承諾。其實要視為機密的事，不是我們一般所謂的「涉及個人隱私」的事，才算機密；廣義的解釋應該是，有關受訪者在回答問題時所透露的消息，都應該被視為機密。研究者應該養成習慣，不把案主的任何消息隨便的洩露。

（六）研究者應將功勞歸於對研究不斷努力的態度、求真的動機，與所有有貢獻的人，不管是直接的還是間接的

俗語常用「一將功成萬骨枯」來形容戰爭的現實與無奈，其實在調查研究中未嘗不是如此。戰爭一結束，升官的是長官，而犧牲性命的卻是小兵。調查研究完成時，除了研究者「滿心歡喜」外，受訪者到底又得到什麼好處？從研究的另一個角度來看，今天研究之所以能夠進行，是多少先前的相關研究在打前鋒？個人再大的創見與成果，哪一樣不是別人心血的累積？所以當研究結束時，研究者應該把功勞歸於對研究不斷努力，對求真不遺餘力等各種有貢獻的人，不管這些人是直接或間接，是志願或非志願。

二、社會工作研究中常見的難題

雖然我們無心傷害別人，不願意在研究的進行中讓任何人難過，我們也隨時隨地都在注意著，不使研究違反社會工作的倫理與精神，但是在現實的環境中，一旦要進行研究，小心也好，無意也好，總有一些有關研究方面的難題，會使我們的研究產生困擾，這些困擾有的已在上文中探討過，茲歸納如下：

（一）有些研究的主題會妨害到案主的權益

研究的目的就是要挖掘真相，但對某些案主而言，真相對

他們來說卻是痛苦不堪。在某些靜態的研究中（例如個案紀錄的整理與分析），我們無法找到這些在紀錄中的案主，但是在分析時，沒有經過這些人的同意，就把他們當初以為是絕對機密的資料拿來作研究，當然這種行為已經嚴重違反到案主的權益……，其它的場合中，若是我們心思敏銳，在進行研究時，難免都會有危及案主權益的事情發生，這些事當然必須事先預防，否則，也應設法使傷害減到最低。

（二）案主是否同意的問題（voluntary and informed consent）

從倫理的角度來看，要進行研究，一定要事先獲得案主的同意。但是所謂同意，是必須在事先給案主充分消息，包括所需負擔的時間、活動，所需揭發的事情與可能有的危機與利益，有權在研究結束時毀滅其個人資料……等等，當受訪者得到這些消息後，若他欣然同意當然最好（受訪者有權拒絕全部或部分研究），而萬一案主拒絕時，研究員也應保證對他們的服務與利益不會有任何影響。理念上，相信社工同仁一定可以接受這個前提，但實際進行研究時，你所需要的受訪者不接受你的訪談時，說你沒有情緒上的反應那是很難的。

（三）對案主生理與心理的安全保護（protection from physical and mental harm）

為了要達到保護案主的目標，研究員在蒐集資料、使用研究或測量工具，或分析資料時應顧及社會工作方面的倫理，以保護案主生理與心理方面的安全。因此，研究員在測量時要客觀，不可先入為主，基本的態度上更要小心，避免對種族、文化以及殘障等弱勢團體有所偏見。研究同仁在分析資料時要小心隱藏特殊資料，避免負向解釋。若研究態度能如此敏感，並且多方面顧及到案主的權益時，才能對案主的生理與心理有所保障。

（四）隱密性（confidentiality）

社會工作員在蒐集資料或與案主溝通時，雖然有很大的特權，但應小心應用，不可大意而洩露案主的秘密。除了對調查時有關的資料絕對保密外，我們還需注意研究的場地是否對案主有安全及隱密性的保障；有關該案主的個性與特性、調查時的紀錄以及有關紀錄的保存等，我們都不應疏忽。研究員也應公私分明，不要把案主的情況帶回家，不和家人或朋友討論細節，以尊重案主，也因此可以保護研究員的工作情緒，畢竟太多的情緒介入（感情介入），對社工員或研究者而言，都不是好事。在研究進行中，或分析完成時，若有第三集團要知道過程與詳情，研究員都應該予以回絕。

（五）成果的貢獻者（credit in scholarly and research endeavors）

研究者的能力再強，所花的心血再大，一個研究的「完成」總有不少的貢獻，從文獻的累積、研究過程的摸索、調查時多人的參與與配合、分析時的協助與幫忙等等，都是經由多方的努力才能完成，絕對不是一己之功，因此研究的榮譽應與多人分享。若研究是多人共同協力完成時，在決定著作群的排名次序與貢獻的數量排行時，應由開會決定，不能只因為職位的高低，或是年紀的大小來當作唯一的考慮因素。

三、實務工作者在研究上所面臨的問題

多年來，社會工作一直被認為是個頗富愛心、努力從事實務的「工作者」而已。這種「地位」當然沒有什麼不好，但是我們不能以此為滿足。為了未來在實務工作中，我們可以做得更好，社會工作研究勢在必行，所以社工實務者的研究能力必須提升。然而，很多實務工作者在研究上總會有一些心理上的問題先要設法去克服：

（一）觀念上覺得研究很複雜、很難

從問題的擬定、文獻的蒐集、研究的設計、統計的分析或電腦的使用等，從頭難到尾。當然，研究需要訓練，但是絕對不是像想像中那麼高不可攀，只要有正規的訓練，心理不要畏懼，穩紮穩打，一步一步來，總是會水到渠成。

（二）對統計的畏縮

或因先天因素，對數字常有反感；或因在校時訓練不佳，面對統計心生畏懼等也是對研究裹足不前的原因。事實上，不會「計算」統計跟「看不懂」統計不一樣。學會計算，是要下點功夫，但是看得懂統計應該不難，只要虛心學習，抓住要訣，或藉著電腦套裝軟體的應用，實務工作者不應被統計嚇倒。

（三）不知從何著手，手忙腳亂

研究不難，但對新手而言，卻常有無從著手的苦衷。事實上，研究有其步驟與方法。若能先從自己有興趣的主題開始，把相關的研究文獻作一流覽，再找出研究的問題（若有人可以協助，諮詢一下該題是否可作，如何作），抓住主要的變項，再商榷一下什麼研究設計最適合，確定以後，再把變項操作化，接下來，就是資料的調查、蒐集，然後用電腦軟體去分析⋯⋯。乍聽之下，彷彿千頭萬緒，使人怯步，但是讀者應該可以發現，這些步驟都是固定的，而且幾乎都是一成不變，只要多做，必然可以駕輕就熟，絕對不會永遠的手忙腳亂。

（四）面對壓力的脆弱與不成熟

研究的過程中多少都會碰到瓶頸，或因時間、經費上的限制，壓力不可謂不大。但是致使研究裹足不前，或使應可進行的研究胎死腹中的主要原因，往往不是研究的難度問題，而是研究者的心理適應的能力問題。換句話說，研究的主要障礙不是研究本身，而是研究者面對壓力的能

力、處理挫折的能力，或是人格成熟度等因素。針對以上
種種的研究困境，實務工作者必須在心態上作一修正，以
爲因應。

首先，他必須瞭解，研究不是金錢的問題，而是觀念的問
題。千萬不要以爲所謂研究是「已經」申請到一筆研究
經費，所以必須去進行研究。研究乃是一種心思、一種
概念，更是一種態度。實務工作者爲了解決實務上所面臨
的問題，或是使實務的心得得以證實，一定要作研究。其
次，研究不是時間的問題，而是毅力的問題。很多實務工
作者常以工作太忙無法從事研究，當作不能從事研究的藉
口。事實上，研究也是一種習慣，研究不見得一定得勞師
動眾、轟轟烈烈。只要有研究的觀念，可以從實務上的資
料持之以恆、日積月累，相信假以時日也可以做一個很有
深度的研究。第三，不是統計的問題，而是做事態度的問
題。統計再難，別人可以幫忙，電腦的處理更是簡單。願
意作研究的人不會以統計不懂當作藉口，相反的，他會從
一邊作研究，一邊學電腦與統計的過程中，得到學習的喜
悅，也因此，使實務更具體，也使數字更有意義。總歸一
句，研究的進行與否，不是會不會的問題，而是願不願意
的問題，只要你願意，一切的難題也可逐一迎刃而解。

第五節　研究的時間架構

研究需要多少時間來完成是很重要的問題，這牽連到研究的問題
需要多少時間去回答，從現在到未來？或從現在回溯以往？所作的觀
察是在同一時段或是不同時段？一般而言，研究時間的架構可分爲下
列幾種（Babbie, 1992: 99-102）：

一、橫斷性研究（cross-sectional studies）

研究某一特殊定點時間內的社會事實與現象。以目前社會工作界的碩博士論文內容來看，幾乎都是這種橫斷性的研究。是以進行研究的那段特定時間點的現象爲主，在該段時間範圍內，找出兩個變項之間的關係。這種研究所牽連的時間較爲單純，時間的消耗也較短，當然在經費上也自會較爲經濟。

二、縱貫性研究（longitudinal studies）

Leon 指出縱貫性的研究，其資料的蒐集跨越單一定點時間，而以一段期間來進行者稱之，爲的是要從不同的時間點中，來看現象的變化，此類研究由於牽涉到不同時間的受訪對象可能差異，可分爲下列幾種（Babbie, 1992: 102; Baker, 1994: 106-108）：

（一）趨勢研究（trend study）

研究社會現象變遷與發展的趨勢，通常爲五年、十年或是更久，所以它是相關主題、不同時間、不同樣本的研究，如近十年中移民與死亡率的發展研究，不同時間點所調查的對象也不相同。不同時間、不同樣本的研究可看出現象變化的趨勢。

（二）族群研究（cohort study）

研究相同主題、特殊族群（specific sub-population）在經過一段相當時間後（五年或更久），其行爲或現象的改變，故研究對象來自同一母全體、相同性質，卻非原本的樣本。如：五年前15-19歲青少年抽古柯鹼的比例，五年後調查20-24歲青年吸食古柯鹼的比例，以比較其行爲的變化，但五年後的調查並非同一群人。

（三）同組研究（panel study）

研究相同主題、相同樣本在不同時期內的變化情形，如在

上例中20-24歲青年組的研究，仍為五年前的15-19歲的同一族群的人。此類研究本容易流失，較不可行。

第六節　研究計畫

一、研究的步驟

Beach 及 Alvager（1992: 25-28）指出：所謂科學的步驟是從研讀（study）與討論（discuss）開始，這是研究的第零步（step number zero）。因為從研讀中，研究者知道了某些問題被探討到何種程度的真相；在討論中，研究者從老師、同學、會議中的討論，知道問題與思潮的發展傾向，也因此可以獲得某些靈感，對一些問題與變項特別的有興趣，也因此可以產生研究的動機或企圖，雖然什麼都還沒有作出來，但是已經蘊育了進行研究的種子，所以可以說是研究的第零步。

隨後，藉著更多的資料蒐集與思考，必須逐漸的認知可能的問題是什麼（recognize possible problem），這是科學研究的第一步。

接著，研究者必須蒐集更多資料，對問題範圍做大略的觀察，並且設法做些口頭或字面的敘述（collect information, observe, and describe）（如果研究者自己都講不清楚有關問題是怎麼一回事時，表示研究者對該問題的初步認知都還未搞清楚，也表示思考得還不夠）。

第三步驟是澄清問題，並且把問題分割成一些小問題（clarify problem, divide into sub-problems）；一個問題一旦進入研究的階段，必然的，在經過思考以後，研究者一定可以把這個問題切割為一些小問題，當問題切割得愈仔細時，日後分析問題的角度就可以愈周全。

第四個步驟是設定假設（hypothesize）。假設的設定就是對研究的變項處理設定一個方向，不僅告知該變項與何種變項有關？還要預測它們會是何種關聯？研究說穿了其實就是要證明這些假設是否為真而已。

為了讓這些假設得到證實，一定會牽涉到研究概念的演繹（deduce consequence）、研究變項之間關係的預測（make predictions），也因此還需做好實驗設計（design experiments），所以概念演繹、關係預測，以及設計實驗方式就是研究的第五個步驟。

第六個步驟則是實驗的進行、資料的分析、進行每一個假設的測試（experiment, analyze results, test hypothesis）。當第六個步驟逐一完成後，研究者必須把這些研究結果加以整理，看看是否能發展出一套理論，然後將它出版，公諸於世（develop theory, publish result），研究到此就算大功告成了。

Babbie（1992: 110）指出，研究計畫（research proposal）的元素有：問題敘述或研究目標、文獻探討、樣本介紹、測量、資料蒐集方法、分析、日程規劃，以及預算編列等。若請同學參考本書的第十四章——論文的寫作時，研究計畫其實就是整個研究計畫的前三章：問題敘述、文獻探討，以及方法論等，在最後面則把該研究計畫需要多少時間，以及多少預算等也能編列進去，則一個像樣的研究計畫書就出爐了。

二、研究的時間與進度

一個研究到底要花多少時間，其實沒有標準答案。一般還得看是什麼樣的研究、有多少經費、時間是否緊急而定。Leedy（1989）；Hawkins（1985）等認為，通常需要一到四個月的時間去確定研究的主題（deciding on a research project），四個月的時間去寫好研究計畫（writing a research proposal）；碩士論文要九

個月到一年的時間去蒐集並分析資料（research work）；博士論文則要二年到三年；兩個月到半年的時間則專心於論文的寫作並完成論文的口試（completing and defending the thesis）（Beach & Alvager, 1992: 14-18）。國內碩士班的平均畢業年限大約在兩年半到三年之間，博士學位可能需要五年以上。論文各個單元所需要的時間大概大同小異。在校生可依照自己的生涯規劃以及個人的家庭或工作狀況，來決定論文的大略進度。

三、研究計畫書

在學校進修、為了畢業所準備的論文，與畢業以後，為了學術或實務的用途所進行的研究不盡相同。碩博士論文牽涉到能否畢業的問題，主要的關鍵在於指導老師以及口試委員是否同意。在工作場合中，為了升遷、上級命令、個人嗜好，或實務需求等所做的研究，則主要考慮到能否申請到研究經費的問題，關鍵則在於你所寫的研究計畫書（research proposal）能否得到支持經費單位的認可。但是碩博士論文也好，向支持經費單位申請研究計畫也好，所面臨到的共同問題是：如何把研究計畫書寫好。Babbie（1992）指出一般的研究計畫書應該包括如下的一些內容：

（一）問題敘述與研究宗旨（problem or objective）

在一些研究中，以分析問題或問題的處理為主要目標，則該計畫書的起頭應該先把該問題的嚴重性說明清楚，以便讓研究的支持單位瞭解該問題是亟需探討，否則受害人口會急劇增多。若研究不是問題取向的，則應將該研究的主旨或目標有交代；國內官方單位的研究方案經常是屬於此類。

（二）文獻探討（literature review）

說明該問題先前已有多少研究，其結果又如何？文獻探討一方面可預防研究工作的重複，避免浪費人力；另一方面

更可藉研究經驗累積，使研究結果更加的精準。

（三）說明研究的對象是誰（subjects for study）

對抽樣的過程及受訪者的背景有所解釋。要調查誰？調查他們的什麼？他們的一般屬性是哪些？告知如何接觸這些受訪者？並把抽樣的過程作些說明，對抽樣過程中所面臨的困境與問題，更應據實以報。

（四）測量工具（measurement）

研究的主要變項是什麼？如何定義這些變項？如何測量？該測量是否與先前研究的測量大同小異？是否抄襲自他們？做了哪些變更？這些細節都應該在研究計畫書中交代，而且應該把問卷表放在論文計畫書的後面，當作附件供讀者參考。

（五）資料蒐集方法說明（data-collection methods）

研究的資料到底是如何蒐集的？研究的類型是哪一種？是一般的調查研究？或是實驗研究？抑或資料的再次分析研究？把這資料蒐集的過程詳細交代後，讀者才能「放心」的閱讀研究的分析與報告。

（六）分析方法（analysis）

研究用了哪些方法來分析所獲得的資料？是逐步迴歸抑或單因子變異數分析？把採用這些方法的邏輯與理由也說清楚。若是用質性研究法，則原因又是什麼？分析的方法與策略又如何？分析方法的差異可能會使研究的結果有很大的差別。

（七）進度表（schedule）

把整個研究進度列成一個表格，一般通稱為甘特圖（gante chart）。列出進度表後，可以使經費支持單位瞭解何時研究可以完成，也可使研究者自己掌握進度。

（八）預算表（budget）

從學術的觀點來看，預算表的編列最令研究者頭痛；從經

費支持單位的角度來看，預算表的編列則最為重要。爭執最多的是何種花費應該充裕，何種花費能省就省，研究者與行政者之間會有很大的差距。最令研究者不知所措的是要浮報寬編然後讓行政單位去刪呢？還是據實以報，該多少就寫多少？其實這種事沒有標準答案，端看研究者對行政單位的瞭解程度與準確度而定了。

若說研究很難，不如說研究的規矩很多，你必須按照規矩來作研究。但比較起各個專業，你會發現研究的規矩還算是最少的。說穿了，一旦掌握住研究的原則後，你到哪裡都行得通。日常生活瑣事的處理，可以用到研究法；事業的評估與發展，也是研究法的運用。請讀者就耐著性子，去掌握研究法的規矩，你會愈來愈順手的。

🔑 關鍵名詞

化約主義（reductionism）：研究者或因過於執著本身的觀點與看法，不知不覺中，會過份武斷的強化他的研究發現，而且也過份簡化了產生一件問題的複雜性，或將複雜的社會現象歸因於單一的因素，會有解釋錯誤的可能。

同組研究（panel study）：研究相同主題、相同樣本在不同時期內的變化情形。

區位謬誤（ecological fallacy）：研究的分析單位與研究結果的判斷單位有時會有不對稱、不一致的現象，而冒昧的下結論，會有解釋錯誤的可能。

族群研究（cohort study）：研究相同主題、特殊族群，在經過一段相當時間後，其行為或現象的改變，故研究對象來自同一母全體、相同性質，卻非原本的樣本。

橫斷性研究（cross-sectional studies）：研究某一特殊定點時間內的社會事實與現象。

縱貫性研究（longitudinal studies）：即資料的蒐集跨越單一定點時間，而以一段期間來推行者稱之。

趨勢研究（trend study）：研究社會現象雙邊與發展的趨勢，通常為五年、十年或是更久，所以它是相關主題、不同時間、不同樣本的研究，如近十年中移民與死亡率的發展研究。

☼ 習題

1. 你認為社會工作實務者應該作研究嗎？它會有什麼好處？會有何種限制？如何克服？
2. 實務工作者在社會工作研究中，至少可以扮演哪三種角色？
3. 試述社會工作研究的目的、特質及其功能為何？
4. 試述影響社會工作者進行研究的原因有哪些？
5. 試比較 trend study、cohort study、panel study 之間的差異？

Chapter **2**

理論、概念與變項

──── **摘 要** ────

所謂「研究」，最簡單的定義就是要找出兩個變項或兩個概念之間是什麼樣的關係：因果也好，關聯也罷。但是變項之間的關係型態，變項與其它變項之間所牽涉的關聯層次，卻又是相當的複雜，所以本章從理論、概念、變項等三部分加以說明。

1. 理論就是對某種現象作有系統的解釋，理論愈「強」時，它所能解釋的範圍就愈廣。理論的層次當然不一而是，有的是開創型理論，有的只是理論的衍化而已。分析理論的建構時，我們可以從其演繹式的理論和歸納式的理論看出，「理論」與「研究」事實上是一體的兩面。即由研究歸納而成的理論、由理論演繹而進行研究，都是研究領域中重要的訓練，讀者更不應忽視其差異所在。

2. 概念是一個被賦予一些特別語意學之意義的詞句，可以從想像、經驗、專業的憲章、規則與其它的概念轉化而來。

3. 變項是一種特質，可以賦與一個以上的價值。變項是由概念演化而來。從抽象層次來看，概念較抽象，變項則較具體。其中，變項又可分為外加變項、內含變項、中介變項、前導變項、抑制變項、曲解變項等六種，都將在本章做詳細說明。

第一節　科學知識

研究就是探求科學知識的過程。若不藉著研究，我們也可憑著直覺、經驗或是觀察等，同樣很輕易的找到我們所期待的答案。但是光靠人的直覺、經驗、觀察時，資料經常會有偏差，並非科學的知識。

有時候，就是經過理性的推理過程仍然會犯錯，因為可能在推理時，當事者已有太多先入為主的概念與背景存在，會使推理產生偏頗。就算推理的過程相當客觀持平，但是萬一時間不多，而草率作結論時，所得的結論也常漏洞百出。有時當事實未及全部呈現在研究者

面前，而研究者就急著作分析或結論時，一樣會使推理的過程與結果產生偏差。科學知識需要藉嚴謹的過程、更客觀的態度，經過比較與考驗，方復可得。

社會工作研究法的目標就是幫助從事社會工作實務的同仁，能順利的轉換實務經驗爲科學知識，也使科學知識能落實，能在實務工作中被引用。因此，在探索社會工作與科學知識之間的關係時，我們必須對何謂科學知識有所認識。

一、科學知識的特質

何謂科學？科學從何而來？科學不是最近才被發現的新東西。早期的文獻裡已經有很好的定義。Wilson（1952）謂「科學始於對自然的觀察」；Goldstein（1979）則深信「科學是一種良好的觀察，而藉著觀察，每個問題均將找到答案」。Beveridge（1957）更認爲科學應有預測的能力，科學更能解決問題。Baker（1994）則認爲科學是在一些變項中建構其模型或尋找其關聯的過程，也是確定自變項與依變項之間的關係的步驟。整體而言，科學知識或可定義爲「藉由對自然有組織的觀察，探索變項與變項之間的關係，以建構模型、關聯，及系統知識的過程。」具體而言，科學知識有下列三種特質：

（一）抽象性

所謂「抽象性」，就是可以不受時間與空間的限制（independence of time and space）。在日常生活中，若我們談論「某人很富有」，是在這個時間、這個地點、針對這個特殊的個體來談，是屬於具體的事實，抽象程度當然不高。但我們談「收入」二字時，我們就可以以這個「變項」來形容不同時間、不同空間、不同個體，或是任何時間、任何空間、任何個體的經濟狀況，所以「收入」比「某人很富有」的抽象性要高。科學知識的累積過程中，必須對於生活中的種種瑣碎事務逐漸予以抽象層次的研究，否則

就無法與其它的概念產生關聯，所以抽象化是科學知識的第一個特質。社會工作的特質是實務性太強，若要社工專業發展愈加穩固，就必須加強抽象化的能力，把具體的實務逐漸形成概念，可能的話建構其理論，當抽象程度愈高時，其涵蓋面必然更廣。

(二) 互通性

科學知識中所涉及的概念與理論，不是一家之說，更不能各說各話。科學知識中所談的理論、概念或變項，必須可以被別人瞭解、被接納（agreement about meaning among relevant scientists），起碼相同領域之間的人（或是在相同典範之下探討新知的人），對該理論、概念、變項也是同樣的定義，所以兩者可以相通、互動、批判、互補，甚或再予開發、探討，以便形成不同的概念或理論，此其科學知識的互通性。

(三) 與實證相關

科學知識不能人云亦云，更不可道聽塗說。科學知識所涉及的種種現象、事物都可以拿來被檢驗，看是否存在？是如何存在？科學所研究的事物與其它事物有否關聯？如何關聯？科學知識可以拿來與其它的驗證相比較（can be compared to empirical findings），也因此，這些經過驗證、可拿來驗證的資料才稱為科學知識。

總而言之，科學知識是抽象的，是可以互通的，而且它是可以被驗證的。我們再從因果的概念中來探討科學知識的本質。

二、因果關係的三條件

科學知識其實就是證實事件因果關係的過程，「因果」是很重要的概念。Lazarsfeld（1959）指出因果關係的三個條件（Babbie, 1992; Baker, 1994）：

（一）因與果在時間上有前後關係

從時間系列來說，「因」一定要在「果」之前，是因爲有了因，才有果；是因才造成了果，若兩者之間的前後次序不清，就不是因果。

（二）因與果彼此之間有關聯

「因」、「果」兩者必定彼此關聯，且此關聯是可證實的。第一條件只講出了前後的次序，但是有前後次序的事件，不一定有關聯，可能是其它變項所造成的而已。所以，要成爲因果，除了前後關係，還必須有相關聯的關係。

（三）因果關係要能排除不相干的關係

二者之間的相關，必須被證明非由其它因素的影響所造成。因爲兩個變項之間的關聯，很可能是由第三個因素所造成，這個第三因素必須排除，否則不能稱因果關係。所以若要說兩件事情有因果關係，必須也能證實這種相關只存在於這兩個變項之間。

科學知識就是界定種種變項之間的因果現象，找出什麼因素會影響哪些因素，當因果的分析日加清楚時，一些概念將被釐清，事實的說明也將更加明朗。雖是簡單的三個條件，卻是科學本質的基本線索，自然科學如此，社會科學或可往這方向去努力。

三、充分因素與必要因素（Babbie, 1992; Hirschi & Selvin, 1973）

把因果關係從或然率的角度來解釋時，也必須分辨出何謂必要條件、何謂充分條件。必要因素指某種情況有了「因」以後，必然的會產生影響（effect）。例如：一個人若要懷孕的話，必要條件是必須是個女人，因此女人是懷孕的必要條件。若那個人不是女人，則他便不可能懷孕。在現象的陳述中，我們若能

找出這「若不是 X……便不可能 Y」的敘述時，必要條件就可建立。例如：「若不是大學畢業，就不能申請這項工作」，大學學位是找那份工作的必要條件。有了必要條件不能就保證所期待的結果一定會產生，不是大學畢業一定就可以找到那種工作，若要得到那工作必須考試前五名方可，這「前五名」就是找到那份工作的充分條件。充分條件指當某種情況中，有了那個「條件（因）」時，就會有很大的可能性會使「影響」也產生。當然若有一個人是大學畢業，考試成績又在前五名，有了必要條件，又有了充分條件，那他找到工作的可能性就很高了。總而言之，在現象的陳述中，若有了「若不是 X……便不可能 Y」時 X 就是產生 Y 的必要條件的陳述；若是「有了 X，便有極大的可能產生 Y」時，X 便是 Y 的充分條件。

我們用吸煙與肺癌的關係來解釋。吸煙那麼不好，為什麼世界各國的政府不把吸煙當毒品來禁？原因是吸煙與肺癌之間的關係尚未達到具備必要條件又是充分條件的境界。我們無法說「只要不吸煙，就肯定不會有肺癌」，問題是很多人不吸煙，卻有了肺癌，所以吸煙不是肺癌的必要條件。但是我們可以說「若是你吸煙，就很有可能患肺癌」，所以吸煙與肺癌的關係是在充分條件的關係而已。

當某種社會問題產生時，我們不禁會問，為什麼會產生這些問題，如：為何青少年吸毒案件會增加？或離婚率為何「與日俱增」？研究者會找好多變項來解釋，並且形成假設，設法去驗證，一旦驗證成功，有了顯著的差異時，研究者不免沾沾自喜，以為有了重大的突破與發現。殊不知，有時兩種變項的關係，就算有了因果，也可能是某些充分條件而已，看不出有必要條件的關係存在，這就是為什麼社會科學的「科學層次」一直沒有自然科學高（我們不必以這種狀況為恥，起碼告訴我們社會科學還有很大的發展空間）。社會工作者主要以社會問題或

社會現象爲研究的著眼點，這種充分條件或必要條件的概念也應注意。

四、科學知識如何使之更為有用

社會工作是科學也是藝術，社會工作具有其理論，更顯見於實務工作中。在面對種種與社會工作專業有關的科學知識時，社會工作者應該有使科學知識實務化、使科學知識更爲有用的企圖與努力。如何使科學知識更爲有用呢？有一些方法可供參考：

（一）類別化

把東西（things）組織或歸類就是類別化。當我們觀察社會現象，分析種種問題，甚或是試圖要解釋發生問題的原因時，最簡單有效的科學方法就是將它類別化。當我們觀察某種現象時，馬上就問自己：「這個現象有幾種類別？」；「它產生了幾種問題？」；「解決此些問題有哪些方法？」這些都是類別化。我們發現，類別化的過程很簡單，卻是頗爲實用。但是在類別化的過程中，我們必須注意它的條件，一個好的類別化有三個條件：

1. 周延性（exhaustive）

要把東西或事物分類，最重要的是，該有的類別是否都涵蓋了？例如，若把台灣的區域類別化，我們若分爲北區與南區時，周延性可能就不足，因爲中區就比較難歸屬，不知要放在北區或是南區，若把中區也加進來（甚至把東區也納入），如此以北、中、南、東四區來當作區域的類別時，周延性顯然較佳（當然澎湖及其它離島的歸類就必須在定義上說明清楚了）。

2. 互斥性（exclusive）

分類時，我們必須注意是否類別與類別之間彼此不重疊，項目與項目之間彼此互相排斥，此稱爲互斥性。把

東西分為北、中、南、東固然有其周延性,但是各區到底各包括哪些縣市則必須釐清。例如:苗栗是屬於北區或中區?嘉義又應在哪個類別?宜蘭又歸屬哪區?若能事先規劃清楚,則這些類別間的互斥性就高。

3. **一致性**(consistent)

以區域來說,北、中、南、東四區在概念上是同一個層次,它們在概念上的一致性高,若除了這四區外,又加上一個蘭嶼當作第五類,那蘭嶼與其它四區的概念層次就比較不一致,不如用「其它」類來當作第五個項目,如此與其它四區來比較時,還顯得較為自然。

(二) 預測未來與解釋過去

從社會工作實務的眼光來看,科學不是象牙塔,它應該對事物與問題如何發生,提出解釋,它也應該有能力預測事物與問題的未來,告知大眾可能的走向。解釋過去時,這些科學知識必然是合乎邏輯的,使公眾因此更能瞭解事情產生的原因,其實這根本就是因果關係的陳述。預測未來時,並不是未卜先知,科學的預測未來應該是下列的陳述:

「在某種狀況中,若改變一個變項,則會導致另外一個變項的改變。」(Under certain conditions a change in one variable is followed by a change in another variable.)

換言之,把科學的知識用來解釋過去所發生的事,更把科學的概念引用到日常生活當中,指出某種變項的改變(如婦女所受的教育程度愈高),將會導致另外一個變項的改變(如婦女自主性提高,獨立能力增加,因此婚姻或家庭方面的決策能力也因而提高)。若解釋任何事物時,都能用此因果的方式來陳述,則該陳述必然是有用的知識。

（三）可被瞭解

很多科學知識固然極其深奧，但要使科學知識更為有用的話，必須使它能被瞭解，若科學知識能被瞭解，甚至於很容易的就可以應用到日常生活當中時，它的實用性就更高。科學知識要被瞭解時，須注意其邏輯性，其因、其果、為何如此產生、什麼狀況產生何種結果……等問題都應該被解釋清楚，如此其未來的實用性勢必增加。此外，當科學知識被用來解釋生活中的眾多事物時，一定可以發現其普遍存在的法則性，意即狀況雖各有其異，但是通則卻是一致，有其軌道與方向可循。任何事物一旦深奧得無法說出因果，則科學性就低，要提高科學性必然的就要增強其解釋性。

（四）對事件有控制能力

科學之成為科學乃在其準確性，科學之所以有其功能，在其對事件有其控制的能力，因為科學瞭解問題的成因，科學也應能處理問題的後果，因為它瞭解其重要的相關變項。顯而易見的，自然科學的控制能力顯然比社會科學要佳，因為人的複雜性，社會互動的交叉性都比自然科學所研究的事物還具挑戰性。愈精準的科學，其控制性必然愈高。把人送往外太空，又能在預定的時間、地點、與方式讓他回來，當然必須要有準確的科學，這種科學知識當然非常有用。

第二節　理論與典範

一、研究的演繹與歸納

簡單的說，理論就是對某種現象作有系統的解釋，理論愈「強」（powerful）時，它所能解釋的範圍就愈廣。不同的領域有不同

的理論去解釋。我們可以說精神分析理論是強勢的理論，因為它的解釋範圍涵蓋了人從幼兒有到老年的行為，包含了意識與潛意識的探討，對正常的行為作分析，也對反常的行為提出合理的解釋。

通常，理論是由一些通律（generalizations）組合而成，這個通律在物理科學裡稱為「律」（law），在社會科學或可稱為命題（proposition）。通律則是對兩個或兩個以上的現象或事件（events）之間的關係的敘述，也因此，通律有預測（predict）的功能（Beach & Alvager, 1992）。例如，智商被證明與小學生的學業成就有關，所以小學學童的智商愈高時，我們就可以預測他的學業成就將會愈好。

一般人的瞭解，「研究」大體上就是我們對某社會問題關心，針對該問題蒐集資料，進而分析，以發現其事實的過程。為了蒐集相關的資料，我們針對所欲瞭解的問題加以操作，並藉此設計出問卷，並訪問有代表性的樣本，將其結果分析、研判，再從其調查的結果作結論，與其它的研究相比較，看是否可以藉之歸納為某些概念，並因此聚之為某種理論，或因此擴充其理論，這種蒐集資料、分析、研判、理論化的過程就是「歸納」的過程。

從另外一個角度來說，當我們針對某種問題有其興趣，並願意進行研究時，我們必須也從這個問題的理論層面去進行瞭解，探討理論如何探索這個現象，理論如何解釋這個問題，相關的研究又如何解釋這種現象，而把這些理論拿來與我們要研究的問題聯貫在一起時，我們必須把這些理論操作化，把理論化為一些概念，再把這些概念轉化為一些變項，有了變項以後，我們就可以設計問卷，並進行研究。這種由理論而概念，由概念而變項的過程則是一種「演繹」的過程。

所以研究法的科學性便在此，它有其演繹性，也有其歸納性，使

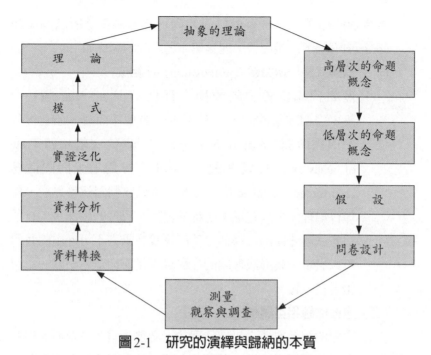

圖2-1　研究的演繹與歸納的本質

資料取材自：Beveridge, W. I. B., 1950; Glock, et al., 1967; Wallace, 1971; Baker, 1994

理論可以落實在實際的事務中，也可以使個體的特質融入理論的洪流裡，由圖2-1中，我們可以看出其關係：

二、理論與命題

研究的起源是對問題的探討，藉著有關該類問題的理論，我們在各種命題中，發展出變項，並且對這些變項之間的關係，用各種假設去考驗，然後藉由實地的資料蒐集，資料分析，我們發現某些變項有些連結，而且通過了統計的測試，因而有所發現（findings）。藉著更多的研究，對有關的現象有更深、更廣的瞭解時，這些發現之間會產生某些通則，而到較成熟的地步時，某些概念與概念間，或是變項與變項之間的關係

會特別的顯著，而且有概括的方向可尋，這就是所謂的命題（proposition）。一般而言，理論與命題之間的關係如下：

（一）理論就是一組命題（proposition）所組成

例如行為主義中的的操作行為（operant behavior）理論，這個理論的背後是有不少命題襯托而成，如：行為的成因命題（form of behavior）；行為的次數命題（rate of behavior）；獎賞命題（reward）；行為增強間隔命題（reinforcement schedule）等等，所以我們固然可以說，操作行為理論可以包括上述種種命題，另外的說法是：有了這些命題才能形成操作行為的理論亦未嘗不可。由此我們可以發現，要形成理論的先決條件是要把這些相關的命題組合在一起。

（二）這些命題相互關聯

命題的組合要使之能成為理論，必須是這些命題彼此相互關聯。要講行為增強間隔的命題必須是與獎賞命題有關，獎賞的定義又必須從行為主義中對行為的解釋而來，如此一個命題扣緊一個命題，一個概念聯繫著另一個相關的概念，彼此都有關聯時，理論才能形成。

（三）某些命題是可以證實的

要使命題之間彼此有所關聯，最好的方法不是從文詞的解釋，也不是彼此的對談與辯論，而是要以實證的方法來證實這些命題的成立。任何人對該理論有興趣時，都可以以實證的方法來考驗這些命題是否為真。若是相關的命題都可以用實證的方法來考驗其真實性時，這個理論自然而然的也就是一個真實性高的理論。

三、孔恩的典範說

理論到處都是，這些理論也或多或少有一些命題，這些命題也不能說毫無相關，但是我們分析這些命題或研讀這些理論時，

我們一定可以發現，他們彼此之間的嚴謹度不同，影響程度
不一，層次與境界也甚有差異。三、四十年來，在自然科學
界、社會科學界、與行為科學界間常被廣泛討論的概念是孔恩
（Thomas Kuhn）的典範（Paradigm）說。

孔恩係 1944 年美國哈佛大學物理學博士，曾任麻省理工學院
語言學與哲學系洛克菲勒講座教授，是當代科學史、科學社會
學、科學的哲學名家，其大作《科學革命的結構》（*The Structure
of Scientific Revolutions*），對典範的優先性、危機與新理論的建
構，以及科學史與科學哲學之間的關係等多所解析。

孔恩在當研究生時偶而得到一個機會，要講授十七世紀力學的
起源，他開始讀了一些中世紀物理學的大作（包括當時亞里斯
多德的物理學），很快的他就發現當時的物理學絕大部分是錯誤
的。問題是這些錯誤的理論在當時卻被奉之為金科玉律，幾乎
人人採行、信之不渝。所以孔恩認為每個時代的科學理論都不
是一成不變的「真理」，科學理論只是在那個時間、那個空間、
針對那些問題的解釋，它們可稱之為那個時期的「典範」。

依孔恩本身對典範所作的定義，典範指的是「公認的科學成就，
在某一段期間內，它們對於科學家社群而言，是研究工作所要
解決問題的解答的範例。」從這個定義來看，一個要稱為典範
的理論，它的條件是：（1）一種公認的科學成就；（2）在那個
專業中，該理論對某種問題提供了解答；（3）對該問題而言，
該理論的解決方式，已被公認為是一範例；（4）典範的作用並
不是萬古不朽，而是指特定時間之內而已。從這個定義來看，
典範雖然不是真理，但卻也是一種科學成就，這個科學成就可
以在那個專業裡的某段時期，面對種種問題提供解答，這種解
答可謂為範例或標準答案。

換個方式來說：典範的定義是：「當時所公認的科學成就，在某
段期間內，它們對科學家的社群而言，是研究工作所要解決問

題與疑難解答的範例，也是在當時要進行研究時被公認的科學的基礎。」（請讀者特別注意「當時」二字。）任何在這社群要作研究的學者，都必須從它的典範著手，經由相同的模式習得這門科學的基礎，信守這套相同的研究規則標準。典範一旦成立，它便限制自己社群內的科學家，與使用別的典範的別的社群區隔，在研究的問題亦予以劃分，只有自己的科學社群承認的問題，才會鼓勵它的成員來研究，其它問題均被排除。

典範並非一成不變的。在不同時間與空間中，典範有時無法解釋所發生的異常現象。當異常現象愈來愈多，而本來被奉之爲金科玉律的典範無法做到令人滿意的解釋與回答而窘境畢露時，這個典範就會碰到危機。典範一碰到危機當然會力圖振作，略加修正以應付新局，此時新的理論、新的解釋也會逐漸興起，但舊典範的修正仍然無法有效解決問題，甚至表現比新的解釋或新的理論還差時，典範就會產生革命，新理論推翻舊理論，新理論逐漸建立新典範。這就是科學的歷史，從孔恩的口氣來說，科學史事實上就是典範變遷的過程。

四、理論的形式

理論的本質有層次之分，理論的呈現也有形式之別。

（一）從邏輯的推理方向來分

1. 演繹式理論（deductive approach theory）

從一個合乎邏輯但較爲抽象的理論或概念開始，逐漸具體化到具體的實證證據當中。研讀該理論時，開始一定在很抽象的概念中打轉，然後逐漸到具體的實務中。例如宇宙的爆炸論，先從能量的爆炸概念去定義，然後找些具體的天體事實來佐證，此爲演繹式理論。

2. 歸納式理論（inductive approach theory）

從仔細觀察這個世界的具體實務開始，找出該事物的現

象是否有其規則，然後朝向更爲抽象的通則、概念或理
論前進。例如從一個人在街道上往某個方向觀望，大概
可以逐漸聚集一些人群，找出這類行爲現象的通則，或
許可以逐步發展出「團體盲目行爲」的理論。

（二）從解釋社會事實的層次來分

1. 微觀層次理論（micro-level theory）

思索微觀層次的實相，也就是每日生活細節所能觀察得
到的個體，在有限的空間、時間、與數量所得到的結
果。這些概念經常不會很抽象，卻是很詳盡。

2. 鉅觀層次理論（macro-level theory）

所探討的是大型的事物、團體，例如社會制度、文化體
系、甚或是整個體制的運作，在這種理論中難免會運用
較爲抽象的概念，理論本身所涵蓋的範圍、時間、空間
等均較龐大。

3. 中介層次理論（mezzo-level theory）

顧名思義是介於微觀與鉅觀之間的理論，說小，但探討
的範疇比微觀理論還大，說大，卻談不上是探討整個大
社會的文化與制度。不是評析個體的內心世界，但也不
是評述整個文化的制度與運作，可能只是某個社區鄰里
的某些現象，或可謂之爲中介層次的理論。

（三）從理論的結構來區分

林南（1976）在其《社會研究的基礎》（*Foundation of Social
Research*）一書中指出，理論從其結構而言有三種：聚
合式理論（convergent theory）；散發式理論（divergent
theory）；因果式理論（causal-effectual theory），這種分析
理論結構的方法與上述理論的形式有異曲同工之處。

1. 聚合式理論（convergent theory）

林南指出這種理論的重點在它的前提（antecedents）
以及每個概念（concept）中的潛在成因（potential

cause），換句話說，這種理論的成立取決於早已存在的某個前提（可能是早經證實或已被廣泛接納的理論），有關形成這個理論的概念或變項的成因也早已被瞭解，當研究者把這些有關的前提或概念組合，針對某特定的問題提出說明或論點，甚或形成理論時，我們可以說這是聚合式的理論。

2. 散發式理論（divergent theory）

散發式理論則與命題衍化式的理論（the axiomatic theory）雷同。散發式理論強調其後果，及其潛在的影響。它的重點不是前提，不是是否有已經被證實的命題或理論，而是在前提所造成的後果或影響性。在衍化式的理論中，我們也不是看理論如何組合，而是在理論本身如何形成命題或如何再度的衍化，也因此理論就可以解釋更多實務與現象。

3. 因果結構式的理論（causal-effectual structure theory）

此形式的理論不僅重視前提，也重視後果，針對特定的問題與現象做因果式的說明，例如，解釋青少年犯罪的原因時，壓力理論（strain theory）認為當一個人合法的需求或慾望沒被滿足時，青少年就會用非法的手段來完成。控制理論（control theory）中認為，當青少年與正規的支持網絡的連結不夠時，就比較容易造成犯罪（Baker, 1994: 49）。反正有果必有因，有因必有果，這種理論是因果形式理論（the causal process form）。

（四）從理論的實質程度來區分（Kahmijn,1991; Neuman, 1997）

1. 實質理論（substantive theory）

指對某種特定領域的社會關懷發展出來的理論，如研究不良幫派理論或研究種族關係的理論，這些都是針對社會上存在的問題所發展出來的理論，可謂言之有物，而非只是一些抽象的概念或空中樓閣而已。

2. 形式理論（formal theory）

指針對某個理論內某個廣泛的概念領域做觀念上的探討與分析而發展出來的理論，例如針對何謂「偏差」、或何謂「社會化」、或權力理論等，均為抽象的形式理論，你知道在觀念上它們存在，在實質上卻又摸不到，我們稱之為形式理論。

五、理論的模式（model）

理論不僅有形式、層次之分，亦有模式之別。Beach 及 Alvoger（1992: 171）對系統與模式均賦以定義，並且將模式分為六個類型。他們認為理論彷彿是一個系統（system），是由一組元素（elements）或零件（parts）所構成，而藉著這些元素之間的規則性互動，可以形成某種功能，並且自成一個單元。模式（model）基本上是系統的呈現（a representation of a system），要把系統約略的表現出來，因為在現實生活中，系統都非常的複雜，模式不可能把系統的每一個細節都清楚的交代，然而模式卻可以讓人一目瞭然，雖然不是巨細靡遺，卻也掌握住了整個架構。

（一）自然科學一般的理論模式有下列六種

1. 敘述模式（descriptive model）

指整個系統用方塊或圖形加上一些文字來敘述。

2. 數學模式（mathematical model）

把整個理論用數學的符號與概念來表達。

3. 實證模式（empirical model）

只有可觀察並被計數的才納入實驗的範圍。

4. 理論模式（theoretical model）

理論模式不僅陳述可直接觀察的實證資料，也可以把較抽象的概念作較詳盡的敘述。

5. 電腦模式（computer model）

用電腦程式與語言來陳述某種概念與步驟。

6. **物理模式**（physical model）

把現實生活中的真正物品，用精細比例的方式以圖形加上文字來說明。

（二）社會科學的理論模式

社會科學理論的呈現方法不盡相同，林南（Lin, 1976）則把理論的模式歸納為下列幾種：

1. **類別模式**（classificatory〔classification〕model）

若理論的呈現特別注重某些現象的價值、類別或等級時，則為類別模式。例如，弗洛依德把「我」歸類為「本我、自我、超我」（id, ego, superego），這三種我就是類別的模式。這種類別可從概念化的過程（conceptualization）而來（弗洛依德的三種我就是他概念化的過程），也可以從實證的觀察（empirical observation）而來，例如精神醫學中的種種精神症狀，都是在臨床的觀察經驗而得知。類別模式理論的好壞，依 Hempel 所指出，有兩大條件：互斥性（exclusive）與周延性（exhaustive）。類別與類別之間必須彼此互斥，兩個類別之間不能有重疊；概念與概念間應該釐清，不能有灰色地帶，此為類別的互斥性。當全部的類別加在一起時，則應該把該現象所有的可能性都涵蓋，不可以有遺漏，此即為周延性。

2. **類型模式**（typological model）

當我們把兩個（或兩個以上）的類型交叉分析比對時（cross distribution of two or more concepts），就可以在概念上創造新的類型。例如，依人的財富狀況，我們把人分為富人、窮人；依人的好壞，我們也分為好人、壞人，當我們把這兩組類別交叉配對分析時，可以創造新的類型：

	富人	窮人
好人	大善士	安份者
壞人	惡霸	小混混

依財富狀況可分富人與窮人，依品德狀況可分好人與壞人，這是簡單的 2X2 的雙變項交叉表，卻因此可創造出四個類別出來。在社會科學的研究中，把兩個或兩個以上的變項，依其互動的功能，有效簡單的陳列出來，是很實用的訓練。當四種變項而每個變項各有四種類別放在一起交叉分析時，會有更複雜、更豐富的結果。此些模式可稱之為類型模式。

3. 列聯模式（contingency model）

所謂列聯（contingency）在字面上的意義是指偶發的不確實的狀態。在保險的制度中，則指作為給付對象之事故。在統計上我們有列聯相關（contingency correlation），有列聯相關係數（contingency coefficient），或列聯表。兩個變項之間存在著一種函數之間的關係，但在本章中，我們指其理論的「關聯性」，即是從一個理論衍化出來，形成另外一種理論者。這種理論大體包括兩個以上的概念，該理論並指出這兩種概念彼此之間的關係（如犯罪學中指出環境如何的影響青少年犯罪行為）；該理論有預測的功能，指出一個變項如何牽動著另外一個變項（在某種狀況下，環境如何影響著青少年的犯罪），這種理論的概念之間因此就成立了命題結構的過程。

4. 共變模式（association model）

指在理論內的類別變項之間，有其線性的趨向，不僅指明彼此之間的交叉分布（cross distribution），而且指出各類別觀察後的各種可能的共同性，這些概念間有其共

變關係，但只限於線性（直行）關係（或正，或負，或 0 的關係而已）。例如國民的年平均收入愈高，離婚率也就愈高，這兩個變項是線性的關聯，但是年平均收入高到一個地步時，離婚率可能會停滯在一定的程度，這種理論雖然明確的指出兩個變項之間的關係是正，或負，或是無關（0），但卻不能清楚的告知在多少劑量的自變項下一定會造成多少程度的依變項反應，我們可把這類的理論稱之為共變模式的理論。

5. 功能模式（functional model）

這種理論不僅能指出兩種變項的線性關係，更可指出類別或概念間的一對一的關係（for each given value of x, there is one and only one corresponding value of y），我們可以說這兩種變項之間是曲線的關係，因為它所指出的不只是一個大略的方向，更是告知每一個曲折點。因此若有一個理論指出社會工作員的工作年資與士氣的高低有關聯——工作年資愈多，工作士氣卻愈低，而且經過統計分析，假設也被接納。這種理論言之似乎成理，但若再用更精細的統計方法，訪問更多的樣本時，我們發現結果可能會改變，因為士氣低落可能是工作年資在五年之內的，才會有這種現象，當社會工作員的工作經歷超過五年時，士氣不僅沒有再低落，反而有略微攀升的現象（請讀者注意，以上的敘述非由研究報告所得，僅係作者「舉例」供說明之用而已）。用這個例子來分析時，我們可以藉此看出理論的功能有所不同，好的（精緻的）理論不僅可以大略講出年資與士氣之間關係的方向，更能指出詳細的年資與士氣之間的關係。因此功能模式的理論其預測能力較高，因為每個自變項的一個層次（level）（如年資是三年還是七年），只能帶動依變項的某一個層次（士氣的低落或是平穩）。

六、理論與研究之間的關係

分析理論的建構時，我們從其演繹式的理論和歸納式的理論，可以看出，「理論」與「研究」事實上是一體的兩面。一般用研究而後形成理論，或是理論後再進行研究來敘述。

(一) 由研究歸納而成的理論 (research-then-theory)

可以由下列一些步驟來進行：(1) 選擇我們有興趣的某一現象或問題，並且盡量把此現象的所有特質陳列出來。(2) 使用各種方法 (愈多愈好)，把此現象在不同的狀況中所有的特質予以測量 (measure)。(3) 分析所測量的結果，看看是否有「系統的模式」(systematic pattern) 現象，值得我們日後更多的注意。若測量中我們發現其系統或模式時，表示某些共通的特質業已存在。(4) 若是結果很明顯，就把此發現正規化或形式化 (formalization)，並用理論的敘述，將之陳列出來，一個理論也因此逐漸的形成。當然，在測量的過程中要注意，測量的變項不要太多，最好愈簡單愈好。若能在研究中，發現一些現象有顯著存在的因果關係，則理論的準確性與精密性就更高。但是這種情況不易達成，因為社會科學領域中的變項常常很複雜，常會有掛一而漏萬的現象產生，因此，說明兩個概念間有其關聯不難，但要指出其因果關係，則大大不易。從另一個角度來說，若一些現象的因果關係太多、太複雜，要把它們作系統的分析與解釋相當不易，則理論的簡潔性就不高。

在從事由研究而形成理論的過程中，我們必須要瞭解，我們所形成的理論是自然界中所存在的事實，我們看得到、感受得到，或是被這種事實影響得到。因而由對這事實所做的研究而得到的理論才是一個有事實為基礎的理論，而不純粹是一些概念無謂的組合而已。此外，我們更應有警

覺的態度；科學知識固然可以被組成一套理論來說明「事實」，但是真正的事實有這麼容易就被一些字句所組合的理論來說明清楚嗎？我們必須承認，在作研究時，我們無法列出所有與事實有關的變項，我們也很難周全的考慮所有變項之間的潛在關係，研究的結果固然可藉著各種統計的技巧，使研究所列的假設一一得到證實，但是不可否認的，我們的研究與真正的事實之間難免還存在著一些距離。

（二）由理論演繹而進行研究（theory-than-research）

把一個我們所熟悉也頗為具體的理論，用衍化的形式，把這個理論轉化成概念，甚或用更具體的變項來說明。例如，小團體理論中有：「若權力集中，則團體行為會產生一致性」的敘述，我們可以把這個概念用到家庭的管教方式與親子關係方面。在概念上，我們把「權力集中」衍化為家庭的管教方式「愈權威化」，把「一致性」衍化為「順服性愈高」，所以由小團體理論演繹而成的研究於焉而成，該研究的假設如下：「家庭管教愈權威化的家庭，其子女對父母的順服性愈高」，這個研究是否能支持原來的理論，不得而知；若研究的結果與原來的理論相符合，那原有的理論就得到更多的支持。我們可以再以「順服性愈高的子女，其在學校的學業成就愈高」的研究，使原有的小團體理論能擴展到其它的領域裡。我們也可以把管教權威化再與大學生的社會行為的順服性一起來探討，若又能得到支持，則該理論的適用性就愈高；若不能得到證實，則該理論就必須予以修正。若這些研究的假設一一得到印證，則這個理論的涵蓋層面當然就愈來愈廣了。

（三）兩種策略的比較

由研究而理論也好，由理論而研究也好，都是研究領域中重要的訓練，社工同仁一方面不能偏廢，另一方面更應知

道其不同之處。其差異之處如下：

1. 不同的假設

由研究而理論是歸納的過程，他們假設自然界中有眞正的事實與眞理（real），科學的目的就是要把這些事實與眞理找出來。由理論而研究是演繹的過程，他們認爲科學的任務是對眞理與現象的描述，科學家應該把科學的理論落實到日常生活當中，以增加科學的實用性，所以他們的假設比較重視研究現象的描述。

2. 不同的哲學觀

由研究而理論的科學家們無法找出可以測量任何現象的變項，他們也無法在變項與變項之間那麼多的可能的關係中，逐一去斷定變項與變項之間的因果關係，研究者只選擇有興趣的部分來測量，分析時也只找可能顯著的部分，這是「選擇眞理式」的哲學觀。由理論而研究的科學家們，不斷的把理論演繹到日常生活事務中，他們也不斷設法從理論中去假設、設法去證實，希望理論的普及面愈廣愈好，除非研究得到證實，否則理論就不能衍化與擴充，這是「普及眞理式」的哲學觀。

3. 效率方面

由研究而理論者：在各類型的研究中，相同的資料可以被整合，而成爲一組定律（科學知識或理論有「組合而成定理」的形式〔set of laws form〕），因此只要所組成的研究夠多，相同性也高時，其彼此之間的整合也較容易，形成理論的速度當然也較快，所以效率也較高。由理論而研究者：可以不斷的用一些小型的研究設計，使其應用在不同的生活實務中，藉著每個計畫的完成可以使理論擴充、修訂或改善，以便在下一個研究中再來測試，不管這類的研究作了多少，我們永遠無法知道是否業已完成普及的工作，效率上自不及前者。

第三節　概　念

一、概　念

概念（concept）是一個被賦予一些特別語意學之意義的詞句（a concept is a term which has been assigned some specific semantic meaning.）（Lin, 1976）。Hempel（1952）指出，人必須以某種方式傳達他的想法，運用書寫的語言是傳達與接受訊息唯一可以被接受的方式。而這書寫的語言則必須被賦予特別的意義，才能達到傳達的目的。當我們形容某一事實或現象時，我們會用一些語詞去形容。若是一般泛泛之談，我們只用通常所用的詞彙，而一般人，只要語言相通，就能瞭解其中的內容。但在專業領域中，各行各業都有其特殊的用詞，這些用詞都與該專業特殊的概念有關。當我們用這些特殊的用詞來解釋時，其實就是在使用這些概念來敘述現象與事實。不同的理論所用的語詞也不盡相同，因爲不同的理論所衍出的概念也有差異（Lazarsfeld & Rosenberg, 1955; Wallace, 1971）。

因此當我們用特殊的用詞來解釋某些現象時，其實就是在用這些概念來敘述現象與事實。概念是具體而微的，它是某種意義的象徵，它指出現象的本質，也指出行爲的特徵。概念是構思的一部分，是一個結構，卻不能用肉眼直接或間接的觀察，因爲概念是人類所創造出來的。

二、概念的來源

概念可以從下列一些方式來形成：

（一）由想像而來的概念

爲了有效形容某些比較抽象的事實或現象，我們必須創造一些語詞來處理。這些東西可以說是憑空杜撰的，例如，四度空間的「度」（dimension），我們知道這件事觀念上言之成理，但在物質上我們無法掌握。職業階層（rank）也

是由想像而來的概念，我們可以在概念上排出職位的高低，這種高低的階層是存在於觀念中，而不是實體上。其它如職業聲望（job prestige）或社會經濟地位（SES）等，也都是由想像而來的概念。

（二）由經驗而來的概念

實務經驗中也會形成概念。例如，實務工作中我們會有「工作滿足感」「成就感」、「倦怠感」，這些概念均是由工作的經驗而來。在社會工作處遇的經驗中，我們也經常可以遇到一些難題，例如，案主不一定會與實務工作人員配合，所以「案主的順服性」（compliance）的概念就自然形成。若某種經驗是多人所共同體會過的，則概念的形成或被接納的程度就會愈高。

（三）由專業的憲章、規則而來

在專業中總有較具權威的組織、期刊、協會，或較為世人所尊重的字典、專業手冊等，廣為會員或該專業有關的人員所使用。某些概念甚至已變成全世界週知的名詞，例如弱勢團體、族群（minority）這個字，在概念上已是頗為清楚。代溝（generation gap）的概念在最近一、二十年也已經變成公認的概念，在專業的文獻中也已經有明確的定義。

（四）由其它的概念轉化而來

例如社經地位（SES）這個概念，指一個人在社會上的地位是由其經濟與社會地位兩個主要的因素所構成，此概念普遍的被大家所接受。但是把這概念應用到實際的場合時，我們會發現社經地位有時不能妥善的解釋一些狀況，例如有人社會地位高，但是經濟地位卻低（如大學教授），相反的，有人經濟地位相當好，社會地位卻不被看重（如色情行業的暴發戶），這種經濟地位與社會地位不相稱的狀況就是「地位不一致」（status inconsistency），由此分

析，「地位不一致」的概念純粹是由社經地位的概念轉化
而來。

三、概念間的關係類別

研究的用意經常是去調查變項與變項、或是概念與概念之間的相
關。變項之間，或是概念之間的關係類別可以用下列幾種型態來說
明：

（一）關聯關係與因果關係

兩個概念之間雖然「有關」，但是很難斷定是哪個概念在
影響另一個概念，找不出其時間上的先後次序，也看不出
在作用上的因果關係，這種現象是關聯，而不是因果。在
社會科學中要確定概念之間的因果事實上頗為不易。再用
簡單的禁煙問題為例，明知抽煙有害健康，為何不馬上禁
絕？要做出這種決策，除了以前我們所談及的必要條件與
充分條件的分析外，我們必須確定一些事：（1）凡是抽煙
的人必然會罹患肺癌；（2）凡是患有肺癌的人必然是因為
他抽了煙。而現今社會中，有些人抽了煙卻未罹患肺癌；
有些人患有肺癌卻未曾抽過煙。如此我們縱使知道抽煙與
肺癌之間有關聯，卻不能斷定抽煙是因、肺癌是果。所以
抽煙與肺癌之間仍是關聯的關係，而不是因果關係。
在婚姻問題中，我們發現夫妻溝通不良會影響婚姻的品
質，彷彿夫妻溝通不良是因，婚姻品質必然是果。但是
卻也有婚姻品質是因，溝通不良才是果的說法出現，這
兩種說法都有其論點，也有其佐證，莫衷一是。所以溝
通與婚姻品質這兩個變項之間，我們最好說有其關聯，
而不要太肯定的說是有其因果。因果關係的定義是：當
某個概念有了某方向的改變時，必然會使另一個概念作
某一方向的改變（causal relation: change is one concept in a
certain direction cause a change in another concept in a certain

direction.）在自然科學的實驗室中，找出兩個元素之間的因果或許不難，但在社會科學中，找出兩個概念間的因果關係會是較大的挑戰。

（二）因果關係與關聯關係二者間的種種變異困惑

概念與概念之間，不管是因果或是關聯，有時看似單純，詳細分析時，卻會變得很複雜，會造成我們的困惑，如下例以父親教育與兒子的職業為例：

1. A → B（不同學校社工系學生→對社工職場會有不同的選擇）

2. A → B → C（不同學校→不同職場選擇→就業士氣高低不同）

3. A → C → B（不同學校→就業士氣高低不同→不同職場選擇）

4. A
　　↘
　　　B　　如
　C↗

　不同學校
　　　　　↘
　　　　　　不同職場選擇
　就業士氣↗

　是 A 與 C 共同影響 B，A 與 C 之間彼此沒有前後的因果關係

5. A
　　↘
　　　D → B　　如
　C↗

　不同學校
　　　　　↘
　　　　　　專業順服程度→不同職場
　就業士氣↗

6. A
　　↘
　　　B → D　　如
　C↗

　不同學校
　　　　　↘
　　　　　　不同職場→不同專業順服
　就業士氣↗

從以上不同學校的社工教育訓練、就業士氣與不同專業順服程度之間的關係，若考慮詳盡時，各種可能的關係就會一一出現，有的是關聯性的，有的卻是因果性的，可見社會科學的複雜性高，挑戰性也大，值得我們再接再勵。

第四節　變項及其類別

一、變項的來源與定義

變項（variables）是一種特質，可以賦有一個以上的價值。變項是由概念演化而來。從抽象層次來看，概念較抽象，變項則較具體。雖然很多時候，在某個研究的變項是另外一個研究的概念，很難具體的定義某些屬於概念，其它則屬於變項，但是變項的重要特質是：它可以負有一個以上的價值。以「教育程度」的變項為例，教育程度可擁有：不識字、小學、國中、高中、大學、研究所以上等價值（value）（或可稱水平 level）。

若要測量某種概念或觀察某種概念所敘述的現象，如疏離感（alienation），我們便必須把概念化為變項，如 Nachmias（2001）對疏離感所作的研究中，把疏離感這個概念定義為：（1）無力感（預期自己的行為將無法影響結果）；（2）無意義感（認為無法理解週遭的決定或事件）；（3）無規範感（預期必須採取他人無法接受的行為）；（4）隔離感（因拒絕社會所設定目標而有孤立感）；（5）自我否定感（否定一般社會對自我所界定的形象）等。因此當他要測量疏離感時，就根據所演化出來的五個變項，每個變項再設計一些題目，組合成一個問卷表去進行調查研究。當他再把這些變項設法去測量時，這就是操作化的過程。

如無力感可用：（1）意見表達被採行的程度；（2）參與決策的機會多少；（3）執行政策與貫徹政策的可行性高低等題目來測量。當該概念的每個變項都被測量，而且可以量化為一些分數或數字時，就可以進行問卷調查的步驟了。

二、變項的類別

從研究的角度來看，變項主要分成三類：自變項、依變項與控制變項等三大類：

(一) 自變項 (independent variable)

或 可 稱 為 解 釋 變 項 (explanatory variable) 或 預 測 變 項 (predictor variable)。主要是因為所有的研究都是要去探討自變項到底對依變項會產生何種作用，所以自變項又稱為解釋變項。而自變項與依變項的關係明確，方向清楚時，有多少 X，就可以預估 Y 會變成什麼樣子，所以自變項亦可稱為預測變項。

(二) 依變項 (dependent variable)

依變項故名思義是「依」著自變項而來，亦可稱之為準則變項 (criterion)，因為依變項的變化完全靠著自變項的變化而定，依變項本身沒有自己變化的能力，而變化的方向與強度也是因著自變項的方向與強度而定，故稱之為準則變項。

(三) 控制變項 (control variable)

在實證研究中，依變項所產生的變化並不全然可歸因於自變項，自變項與依變項的關係可能是虛假的 (spurious relationship)，依變項所產生的變化除了自變項的作用以外，可能還有別的變項，所以科學家便採用控制變項來降低過份誇大的自變項的解析能力的風險。換言之，在確定自變項對依變項到底產生多少影響以前，所有其它變項的影響都應當被控制或消除。比較起自然科學的研究，社會科學研究最大的難題便是這些控制變項的難以掌握，一方面你不知道到底有多少該控制的變項，二方面就算你知道，有很多應該控制的變項你也無從控制，因此社會科學研究者應該用更謙虛的心來解釋從研究中所得到的種種發現。

(四) 連續變項 (continuous variable) 與間斷變項 (discrete variable)

當變項沒有最小的單位量時，亦無最大單位量的限制，或無明顯的切割點時便為連續變項。例如長度，從它的最小

量到最大量幾乎是無法計數的，它的本質亦是無法切割分段的（奈米時代的來臨，我們發現何謂長度或厚度之間的「小」，幾乎無法明定），此為連續變項。反之，若變項有最小量或最大量的限制，而且可以明顯切割者，則為間斷變項。如以家庭的子女數為變項來考量時，有的家庭子女數是0，但你不能說有0.6個；有的家庭子女眾多，十幾個、廿幾個，但你不能說有上百上千個，此即為間斷變項。

三、Rosenberg 的分類

有關變項的研究，Rosenberg 在其《調查分析的邏輯》一書中，有極其詳盡的分析與傑出的貢獻（中文譯本為徐正光、黃順二譯，國立編譯館主編，黎明出版），茲簡介如下：

(一) 外加變項（extraneous variable）

1. 定義

   表面上看似自變項X，造成了依變項Y。事實上是由於Z變項加入，使原本X、Y關係不存在。真正造成Y變項的是Z變項，此Z變項為外加變項。

2. 圖形

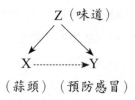

3. 例子

   若有人說蒜頭（X）可以預防感冒（Y），其實真正的原因是蒜頭產生了味道（Z），使別人不敢接近，因而可以預防感冒所致。所以真正預防感冒的因素是味道（Z），而不是蒜頭（X）。

（二）內含變項（component variable）

1. 定義

在一個複雜且具涵蓋性的自變項中，對於影響 Y 變項最
具決定性要素的稱為內含變項。

2. 圖形

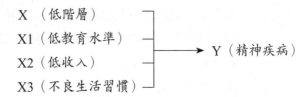

```
X （低階層）
X1（低教育水準）
X2（低收入）              ➤ Y（精神疾病）
X3（不良生活習慣）
```

3. 例子

造成精神疾病的因素很多，有低階層因素、教育、收入
或不良生活習慣等因素。在這些因素中，若我們發現低
階層之因素乃為主因，因為低階層變項可以涵蓋以上所
列之各種因素，則我們可以稱低階層之變項為內含變
項。

（三）中介變項（intervening variable）

1. 定義

Z 變項是 X 變項的結果，是 Y 變項的因。此 X、Y、Z
三者確有非對稱關係。控制 Z 後，X、Y 的關係消失，
則 Z 為中介變項。

2. 圖形

```
X  ⟶  Z  ⟶  Y
（宗教 ⟶ 整合 ⟶ 自殺率）
```

3. 例子

以涂爾幹的自殺研究為例，一般以為基督徒比天主教徒
有更高的自殺率，因此以為不同的宗教（X）與自殺率
（Y）有關，其實真正影響自殺的主要因素不是宗教派
別，而是其整合的程度。天主教徒生活上的整合程度較

基督教爲高，也因此造成不同的自殺率，所以整合程度爲中介變項。

（四）前導變項（antecedent variable）

1. 定義

前導變項的主要作用是要找出因果關係的次序。前導變項乃是一個眞正有效的影響力，它並非使自變項與依變項的關係消失，而是澄清先於這個關係的一些影響力。Z 變項眞正有效的影響力並非使 X 與 Y 的關係消失，而是澄清先前的 X、Y 關係之影響力。

2. 圖形

$$Z \longrightarrow X \longrightarrow Y$$

父親階級 $\longrightarrow$ 個人教育 $\longrightarrow$ 個人政治知識

3. 例子

一般都以爲個人的教育程度（X）會影響該人的政治知識（Y）。但是個人的教育程度（在歐洲）可能深深的受到父親的階級程度的影響，是父親的階級（Z）決定了該人的教育，然後才影響了該人的政治知識。當然我們也會再追問下去，那父親階級又是受到何種因素所影響……可能又會有一個前導變項存在，不在本文所分析的範圍之內。

（五）抑制變項（suppressor variable）

1. 定義

抑制變項是那些能減弱一種關係，隱藏其眞正力量的變項。在一項分析調查時，由於存在著某種變項的效應，而使得原來存在的關係無法明顯，甚至消失，是因爲這變項考慮進去，使得眞正的關係無法出現，此種變項便是抑制變項。

2. 圖形

$$X \dashrightarrow Y$$
$$Z$$
$$X \longrightarrow Y$$

3. 例子

調查得知種族（X）與文化疏離（Y）無關，這是受教育（Z）這個抑制變項影響的結果。若我們把教育變項控制好時（如從相同的教育程度的樣本中去比較他們的種族背景與文化疏離之間的關係），就可以發現種族與文化疏離其實是有關聯的。

（六）**曲解變項**（distorter variable）

1. 定義

一個曲解變項可以使我們知道正確的解釋恰恰是原始資料所提供的反面，亦即由於在原來的分析下，加入曲解變項的考慮，使得原來的正向（負向）關係變成負向（正向）關係。

2. 圖形

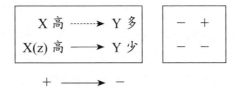

3. 例子

若婚姻狀況（X）與自殺（Y）有關聯，已婚的人自殺率較高。但經過仔細分析，可能是由於年齡（Z）這個因素曲解了，若有人說已婚的人自殺率較高，而且結婚年數愈多，自殺率就愈高。但仔細分析以後，發現是年齡的因素在作怪，因此控制年齡因素以後，已婚者的自殺率反而比未婚者要低。

第五節 結 論

　　所謂「研究」，最簡單的定義就是要找出兩個變項或兩個概念之間是什麼樣的關係，因果也好，關聯也罷。但是變項之間的關係型態，變項與其它變項之間所牽涉的關聯層次，卻又是相當的複雜，所謂研究的能力不僅是把兩個變項之間的關係作個定位，更是對週遭變項的控制與處理（在現實社會中這是相當不容易的事，因爲社會科學的準確度不若自然科學的準確度高，若把本來就不清楚的東西硬說得那麼清楚，其實也是謬誤）。社工是助人的專業，助人之前更應該把因素與因素之間的可能相關確定清楚，否則便無法有效的協助與輔導。

🔑 關鍵名詞

中介變項（intervening variable）：Z 變項是 X 變項的結果，是 Y 變項的因。此 X、Y、Z 三者確有非對稱關係。控制 Z 後，X、Y 的關係消失，則 Z 為中介雙項。

內含變項（component variable）：在一個複雜且具涵蓋性的自變項中，對於影響 Y 雙項最具決定性要素的稱為內含變項。

外加變項（extraneous variable）：表面上看似自變項 X，造成了依變項 Y。事實上是由於 Z 變項加入，使原本 X、Y 關係不存在。真正造成 Y 變項的是 Z 變項，此 Z 變項為外加變項。

曲解變項（distorter variable）：一個曲解變項可以使我們知道正確的解釋恰恰是原始資料所提供的反面，亦即由於在原來的分析下，加入曲解變項的考慮，使得原來的正向（負向）關係變成負向（正向）關係。

抑制變項（suppressor variable）：抑制變項是那些能減弱一種關係，隱藏其真正力量的變項。在一項分析調查時，由於存在著某種變項的效應，而使得原來存在的關係無法明顯，甚至消失，是因為這變項考

處進去，使得真正的關係無法出現，此某種變項便是抑制變項。

典範（paradigm）：是一種公認的科學成就，在某一段期間內，它們對於科學家而言，是研究工作所要解決問題解答的範例。

前導變項（antecedent variable）：前導變項的主要作用是要找出因果關係的次序。前導變項乃是一個真正有效的影響力，它並非使自變項與依變項的關係消失，而是澄清先於這個關係的一些影響力。Z 變項真正有效的影響力並非使 X 與 Y 的關係消失，而是澄清先前的 X、Y 關係之影響力。

理論（theory）：由一組交互關聯的概念、命題所組成，藉著確定變項之間的關係，以對現象做有系統的解釋。

概念（concept）：是一個被賦予一些特別語義學之意義的詞句。

變項（variable）：依不同數值或類別出現或變動的一種屬性。

💡 習題

1. 若把「工作壓力」當作是一個概念（concept），請依據此一項概念發展出三個（或以上）的變項（variable）。

2. 試述理論、概念與變項之涵義，並說明三者的關聯。

3. 試解釋「典範」的意義？

4. 何謂外加變項、內含變項、中介變項、曲解變項？並分別舉例說明之。

5. 試述概念的種類及在社會工作研究上的判斷標準？

6. 試述概念的意義、功能及主要來源？

7. 科學研究中的因果關係，通常有哪三種基本評斷的準則？

8. 何謂充分條件？何謂必要條件？試舉例說明之。

9. 在設計每個變項時，使其妥善分類，應注意哪些問題？

Chapter 3

問題敘述與假設

──────── 摘 要 ────────

　　做好研究，是否有適合的主題相當的重要，一般而言，研究主題的來源不外乎下列幾種：個人的興趣、生活中經常事務、困擾事務、生活經驗的研究、研究資料的啓發、他人的研究資料等都可以是研究的主題。而在確定研究的主題後，再試著參考一些研究的相關指標，從研究的現實面加以考量，並從中觀察、討論、蒐集資料、澄清問題，以解決問題。

　　在進行「問題敘述」的寫作時，應指出該事的重要性、強調問題的嚴重性、釐清研究的宗旨與目標、把研究用問題的格式寫出，並指明所要尋求的答案是什麼？讀者也要注意問題敘述好壞的判斷標準，才能撰寫更佳的問題敘述。

　　此外，不宜忽略研究假設的功能、形式、優劣標準等，這些都將在本章中加以介紹。

　　要進行研究，當然先要確定研究什麼？研究必須有個主題，研究者才可以在這個主題中，集中注意力，匯集全部精神，探討它、分析它、瞭解它的前因後果、並確定它與各類事物之間的關係。但是，研究的目標是探索真相，它的研究範圍不是愈大愈好，研究的項目也不是愈多愈妙，它必須恰到好處。換言之，要做好研究，是否有合適的主題相當重要。

第一節　如何尋找研究主題

　　一般而言，研究主題的來源，不外下列幾種：

一、個人的興趣使然

　　實務工作者雖然都是一樣受社會工作的正規訓練，但是每個人的嗜好不同、特質不同、感受互異，對所認爲有趣的人、事、物，也都會有彼此之間的差異。有些人偏好兒童福利，有些人

獨情老人安養；有些人對殘障福利刻苦銘心，有的人則只對婦女的成長與「解放」有興趣。這些人與人彼此之間特長與興趣的不同，正是上天給我們最好的禮物，使研究者能各自發揮所長，彼此互補、互通，而使專業更加周全與完備。這也是每個研究者的責任，必須把他最擅長的、感受比別人深刻的才華施展出來。研究多少都會碰到難題，而克服難題時最重要的力量來源，經常是因為當事者對那個主題有濃厚的興趣所致，所以研究者最好在自己喜歡的主題上下功夫。

二、對生活中經常事務的研究

實務工作者每天面對個案，每天處理問題，也難免因為日久成習，把很多事視為理所當然。一個敏銳心智的社會工作者除了每天忙碌著各種個案的處理以外，也應該對其週遭的事務付出一些關懷，把最常見的事務理出一些頭緒，一方面可以使生活中事務有條有理、不致紊亂，更能使實務與理論之間有所關聯，不致在實務工作中知其然，而不知所以然。這種生活態度可以避免職業的困倦，也可以成為進行研究的主要動力。

三、對生活中困擾事務的研究

生活中有什麼困擾？社工實務中面臨到哪些難題？理論的應用中哪些與事實不大吻合？國外的研究結果中，哪些似乎與國情格格不入？這些問題與困擾都是實務工作者要進行研究時的好題材。若是實務工作者對所面臨的問題，不失其敏感的心，並且鍥而不捨的去思考、去研究，假以時日，一定會有重大的發現或突破，不僅對日後實務工作的改進有很大的幫助，也必定對社工專業的內涵有所貢獻。

四、主要的生活經驗是什麼

工作者的實務經驗，不應如落花流水，隨著時間而消失。實務

工作者的經驗應該被敘述、被歸類、被瞭解、被討論，甚至被批評。若不如此，實務工作者實務上所面臨的問題將會不斷的重複，實務的內涵也將很難有所進展，實務的品質更無法提升。不同的工作經驗會有不同的研究靈感，從另一個角度來看，經驗的長短也會使實務工作者獲得不同的研究心得。「前事不忘，後事之師」，有了研究，實務工作者的血汗才不致無謂的浪費。

五、研究資料的啓發

對別人的研究資料詳讀，更是我們尋找研究題目很重要的資源。在正規的研究報告中，作者在苦心的完成研究、艱難的寫出研究的發現時，按照「規矩」，他都會把研究的限制講清楚，坦白敘述他的研究不足之處。他也會打鐵趁熱的在研究報告的討論與建議部分，善意告訴對這個題目有興趣的研究者，如何再進行這類的研究。研究者對業已付印的資料，如學術性的期刊、雜誌、新聞專欄或書本等，從不同的作者如何設計他的研究，如何衡量他的概念與變項得到一些靈感。其它如別人正在進行中的研究計畫也是研究題目的來源之一，研究者可以看別人如何探索問題，如何釐清理念，使自己的研究得到幫助。所以各類的學術會議、官方或私人所蒐集的資料（尤其是人口統計資料），或傑出研究論文的附錄資料等，都是幫助我們訂定研究題目的重要資源。

六、他人的研究資料亦可以是研究的主題

有時候，別人所做過的研究，我們也可以拿來再使用。有些研究的題目本身就已經很複雜，能用的資料也很豐富，可以分析的角度也不侷限一隅，研究者藉著不同的分析方法，也可以重新得到很好的發現。例如，某些題目可以用再次分析法或內容分析法，重新予以分析，也可以成爲很好的研究。不同的研究

者，因為使用不同的研究方法，不同的分析角度，就算是用了相同的資料，也可能會有不同的結果。其它如歷史分析法、非干擾性分析法等，也可以使被研究過的資料以另一個面貌來展現。

第二節　如何確定研究的主題

經過上述的階段，我們找到一個似乎可以進行研究的主題（方向）後，有一些細節仍然需要注意，免得在進行研究時又到處碰壁，考量這些因素後，研究的主題方得確定。

一、參考一些研究的相關指標

首先，要注意研究主題的可行性。很多時候，很多好題目，卻不大適合作研究。例如：「雛妓的心態調查」這個題目，新鮮度足、挑戰性高，但是現實的問題是如何找到這些個案？如何得到這些個案的合作？如何瞭解到她們的心聲？例如：「外勞的生活適應研究」，題目雖然符合社會需要，但是語文問題如何克服？調查人員如何訓練？這些現實上一定會馬上遇到的問題，都應該事先予以克服。否則，題目好但卻又無法進行，則研究的可行性就低。

其次，研究主題是否反映了自己的興趣。若是研究者只貪圖題目好作，或只為了服從指導教授的心意，而勉強進行一項與自己的興趣完全不符的題目時，不僅研究的過程會有氣無力，碰到障礙無法克服，更嚴重的是對現象不敏感，有時明明是很好的資料，只因本身興趣不濃，很草率的就作結論，甚至於還以行外人的角度在說明，完全浪費了研究的資源。

再者，研究主題應能增進對社會更進一步的瞭解。研究應有其作用與功能，它對現象的瞭解有助益，或對案主的福利有幫

助，或對專業的水準能提升……這種研究態度雖然「崇高」的使研究者望之卻步，但也是激勵研究者排除萬難時的力量來源。當這些功能愈清楚的被研究者所瞭解時，那研究的過程一定會生氣勃勃，充滿了使命感。

二、從研究的現實面去考量

當研究題目的選擇已經考慮到本身的興趣、可行性、功能性以及其它的環境因素時，我們還需考慮研究的自主性如何？若是自主性不高，例如研究的樣本來源不清楚，或每個個案都是要經過很複雜的手續才能獲得，那樣本來源的自主性就不高。又如研究經費的使用不方便，財主單位掌控太嚴，甚至還干涉研究的設計與結果的分析時，這種研究是處處仰人鼻息，做起來會很辛苦。此外，自己是不是能把問題說得很清楚也頗為重要。很多時候，研究者以為自己懂，卻又說不出所以然（或是不能用淺顯的話把理念說清楚），這代表他其實在概念上仍然不是很清楚。有時自己懂，但是別人卻很難理解（連自己的指導教授都搞不清楚時，那就不要太肯定是別人智商不夠，應該是自己在理念上仍然還有很多不合乎邏輯的地方）。以上所談都是研究預備階段中容易遇見的「現實問題」，雖然繁瑣，卻仍應注意。

三、要有與別人討論的空間與訓練

研究題目的擬定過程中，研究者應盡量避免一廂情願的邏輯。若是別人認為你的研究假設很怪異又不易瞭解時，研究者應該深自反省，不能責怪別人理念不清（除非研究的進行步驟一步一步都與你特異的假設不謀而合）。學術界裡常用的方法就是把你的研究的初步假設拿出來，與同學或老師們討論。研究與討論是科學方法中的第 0 期階段（step number zero），在此階段中，學生應與同學、師長廣泛接觸，不僅討論主題，也應該討

論類似範圍的主題。勇敢的把自己的理念說出來，聽聽別人的看法，不管這些意見中聽或不中聽。所謂討論，不光指尊重別人的意見，自己也應該有能力去為自己的理念辯護，並且設法反駁不同的意見，為的不是誰贏誰輸的面子問題，而是日後研究是否能順利的進行。有道是：進行研究前多討論，免得論文口試時多爭論。藉著與其他人員的討論，當有關研究的問題與挑戰逐一呈現時，研究者最大的關鍵在於是否有智慧去確定問題可以克服，或是決定必須趕快放棄。若再加上經費與時間的考量後，所做出來的決定必然更正確。

四、進行初步的主題文獻探索

為了提高研究水準並減少研究過程時問題的產生，題目選定以後，研究者最好能到圖書館做初步的主題文獻探索（圖書館內的文獻探討隨時隨地都要進行，但主題文獻探索是指針對主題做文獻的確認）。圖書館內對我們所要研究的主題而言，最有直接幫助的，莫過於近期內別人所研究過的論文，與國內外的期刊文章。各校的博士、碩士論文的研讀，不僅可以讓我們很快的得到有用的相關資料，更重要的，可以使我們的論文主題不要與別人所做過的重複。近年來，由於網際網路的發達，我們可以使用到國內外最新、最周全的資料，社會工作同仁應該好好使用。另外，專業光碟資料的應用也頗為有效，圖書館應已購買此些光碟，若有同一性質、主題的光碟，可以使我們在很短的時間當中得到我們所需要的資料。若這些基本的資料都付之闕如時，固然可以高興我們將成為那個主題的開創者，但更值得擔心的是這個研究將會走得很辛苦，因為根本就沒有資料可佐證，搞不好所研究的主題根本不屬於社會工作專業的研究。萬全之計是不妨去看看美國社會工作辭典（最好是近期的），若連辭典都看不到你的主題，找不到些許的幫助的話，是否仍然堅持進行此主題的研究，就要三思了。

五、接觸相關人士

任何主題，總有相關或較爲傑出的人可以請益。對該主題最有鑽研的研究者、教授或研究生等都是。研究者除了研讀他們的書面資料以外，若能當面請益或請求提供較好之資料，亦是研究者謙虛、實在的研究態度的證明。對某些非常態性的主題，如同性戀研究、雛妓研究、賭博者心態分析等，研究者多少都必須與其圈內人有所接觸，不僅可以因此抓住研究方向，更可較爲順利的找到可調查的樣本。其它，在同事中或同學裡也有很多人才可以給我們非常具體的幫助。有時，研究者無法突破的理念或障礙，可能會因爲第三者不經意說出的意見（或腦力激盪），而豁然開朗，這種經歷不是沒有。所以，研究者有時也可邀請一些頭腦靈光的夥伴，請其共同構思，並請其批判、評論，對研究亦會有實質的幫助。

六、最後的確認（是否 researchable 的考量）

研究者到了這個階段，對於所鍾愛的主題是否能進行研究（researchable）大概業已胸有成竹。Baker（1994）指出要把一個主題變成可研究的問題時，要有四個考慮：（1）思考主題的問題所在。在進行研究之前總該先預估困難與麻煩是什麼；（2）再次確定主要目標。很多時候，研究者會有見樹不見林的現象產生；（3）用一連串問題的方式把研究的主題敘述一下，研究問題問的愈細，而且可以一一回答時，研究的可行性就愈高；（4）用假設的方式來整理問題的範圍，如果這四個考慮都做了，而且順理成章的就可以敘述出來時，那該主題應該就是「可研究」的主題。

Beach 及 Alvager（1992）則從反面的方式來判定該主題值不值得做。他認爲基本的判斷原則是：「當研究者不須任何的心智努力（mental struggle）就可以讓事實顯示其眞相或意義時，就不

必作研究。」例如，我們不必爲「太陽是從哪方升起」而作研究；我們也不必爲「經濟收入與生活成就感之間的相關」太傷腦筋，因爲事實與眞相都非常清楚，不必爲作研究而作研究，用常識去判斷就可以找出答案。一個問題若要成爲「可研究」的主題，應該是經由其對所蒐集資料的分析與解釋，可以發現某種新的現象或意義，這種發現，對社會與該學術領域都將成爲一種貢獻。

第三節　研究主題與理論的連結

當變項的概念訂立以後，概念背後的理論也因此可以水到渠成。例如，夫妻衝突的變項可以以兩性衝突爲其概念，背後的理論則可以爲角色理論。「身體虐待」這個變項，可以以「肢體控制」爲其概念，其理論則可能爲「控制理論」等。在研究的過程中，爲研究的自變項與依變項找到概念與理論，最大的好處是使整個研究脈絡相承，不致支離破碎，文獻的寫作也會因此環環相扣，研究的架構與體系也就更加完整了。

由變項而概念，由概念而理論的過程，事實上，是演繹、歸納或假定的運作功夫。上述由「夫妻衝突」這個變項、「兩性衝突」的概念、「角色衝突」的理論是歸納的過程。由「受虐婦女」的變項進而爲「控制理論」的過程也是歸納。反過來，用演繹的過程也可以使研究達到同樣的境界。其步驟如下：

一、擬定理論

研究者可以先找出一個自己有興趣的理論，從理論去演繹，再與眞實的情況作一比較。例如若研究者對「認同」這個概念（或可當作理論）有興趣，他想知道社工員對「行爲改變模式」的認同程度是否會影響他的專業工作表現。

二、把理論操作化或演繹為一些敘述或前提

第一前提：改變案主的行為需要專業，使用某些改變技巧。

第二前提：社會工作者的價值觀念若與技巧的理念不同（如社工具本身不喜歡行為改變模式的論點），則在專業的服務過程中會產生不一致（in-consistence）的感覺。

第三前提：不一致會產生負面態度。

第四前提：專業服務不一致性愈高的人，專業的滿足度愈低。

研究者若把理論演繹到這種地步時，一個研究的題目很快就可以浮現了。他可以由專業認同程度這個仍然頗為抽象的理論或概念，演繹為較為具體的前提，如：

社會工作者的價值若不確認專業的改變模式時，在專業服務的過程中，會感到矛盾或不一致，這種矛盾或不一致，會造成他對專業的負面態度。

或直接由價值跳到負面態度，如

社會工作者的價值和主要理念不同時，會對專業產生負面態度，負面態度愈高，工作的滿意度愈低。

在研究主題的確認過程中，若能與理論做最好的連結，則研究結果必然會融入理論的洪流中，如此對社會工作的學術才算有所貢獻，否則研究會淪落為只是為了拿到學位所必須繳交的「作業」而已。研究結果不管是從理論來，或是實務經驗來，必然要回到理論去，如此社會工作的內涵與才能提升，社會工作的廣度才能增進。

第四節　進行「問題敘述」的寫作

當研究者心目中已經大致確定所要研究的範圍與方向，題目也頗
爲清楚，甚至可以用疑問句的方式陳述時，研究的工作馬上就可以著
手進行，而第一項要務就是寫好研究的第一章：「問題敘述」。

國內有些研究的第一章是以「研究宗旨」或「研究緣由」的方式
陳列，但依國際學術界的習慣，仍以問題敘述爲主。而問題敘述的寫
作方法，亦有下列的一些原則可供參考：

一、指出研究該主題的重要性

在前面的預備階段中，我們已對問題的方向、可研究的範圍、
有關該問題最主要的變項等，做了一些初步的探討，雖然還未
正式的敘述。所以以該問題的重要性來當作問題敘述的開始
時，從邏輯上來看，應是理所當然。例如，若以「低收入戶對
全民健保的認知與態度」爲研究主題時，開宗明義的以全民健
保的重要性，該制度在我國歷史上的獨創性，或照顧低收入戶
的急迫性來當作問題敘述的開頭，應是非常自然的寫法（Beach
& Alvager, 1992）。

二、強調該問題的嚴重性

問題既然重要，順理成章的，研究者應該把爲何要做此研究的
原委說明清楚，亦即指出該問題相當嚴重，非趕快做好研究以
便儘快解決問題不可。而強調問題的嚴重性最有效的方法，就
是用數字來呈現，若能在數據上指明問題有多嚴重，所以有多
少人受害，損失有多大，對社會影響有多麼惡劣，受害的當事
者又有多可憐，而目前的研究又有多不足等等，就可以使研究
的必要性增加。因爲問題若既不重要，也不嚴重時，那何苦需
要辛辛苦苦的去作研究呢？所以，研究者的責任，就是要說服
大家同意進行此研究的必要性。至於所謂的「數據」，最好是值

得信賴的機構所發布的數據爲宜，而且最好是近期的資料（一兩年之內的），否則說服性便會降低。

三、釐清研究的宗旨與目標

某些研究的重點或許不在問題面，而是它的宗旨與目標，尤其是官方機構所委託的研究，非得把研究的宗旨與目標說明清楚不可。「目標與宗旨」的敘述不應是官樣文章，虛應了事，而應該妥加著墨。目標與宗旨的陳述必須反應研究的方向、指出可能達到的效果、對問題的處理過程、以及在實務上所可能得到的好處與幫助等。

四、把研究用問題的格式寫出，並指明所要尋求的答案是什麼？

在題目幾乎可以確定後，研究者下個步驟就是把研究的主題，用問題敘述的方式陳列出來，如此才能把研究的方向釐清。研究者的概念再清楚，卻無法用問題的方式，一問一答的講清楚時，顯然的，就是主題仍然模糊，尚無法馬上設計研究假設，無法進行研究。例如，我們想做兒童虐待的研究，認爲兒童虐待的施虐者可能與其本身的受虐經驗有關，在這主題似乎已相當明確的研究題目中，我們的問題敘述可能如下：

> 「虐待子女的父母是否因爲本身在幼時亦曾被父母施虐過？因此他們在養育自己的子女時，亦會用以前被虐待的經驗來處理自己的子女。」本研究將要探討本身在幼時曾被施虐的父母親，在教養子女時，比一般未被施虐的父母更會用虐待的方式爲之……。

五、問題敘述的寫作

問題敘述一般而言都是在論文的第一章──緒言（introduction）

的前半段，後半段則爲文獻探討（literature review）（有的論文寫作則習慣把問題敘述或研究宗旨與目標當作第一章，而把文獻探討當作第二章）。問題敘述的好壞可從下列一些標準來判斷：

（一）清楚嗎？

好的問題敘述會把問題的主要變項作很簡明扼要的交代，讓讀者一目瞭然的知道這個研究的大致架構，對變項與變項間的關係也能瞭解其大概。此外，研究者也應當把問題的來龍去脈「點」出其關鍵，講明其嚴重性，說出其研究的原委。

（二）該問題是可以處置的嗎？可以考驗的嗎？

以兒童虐待這個範疇爲例，一般人都知道（或多少能預測出來），調查施虐父母他們的童年是否有被虐待的經驗，並不是簡單的事。因爲縱使這些家長有被虐待的經驗，他們也不會輕易的在一個陌生的調查者面前坦白的陳述出來。就算他們願意說明，但童年的經驗對一般人而言，早已不是理智層次的記憶所能客觀的涵蓋，所以準確性必然偏低，這個研究的完整性當然會大打折扣。如何避免此類問題的產生呢？可能在變項的選擇時，就必須大費周章，可能要把「受虐經驗」這個變項改成對「體罰子女」的認知與態度。如此一方面可以降低受訪者的戒心，從時間的角度來看，也比回憶早已塵封多年的兒時記憶來得可靠。

（三）應有時間的交代

所謂的時間考慮，不只是研究何時開始進行，而是表明處遇的時間長度（從何時開始干預？），說明受訪者是在什麼樣的年齡系列裡。任何研究都會有時間的影響因素，問題敘述裡應該有時間上的考慮。

（四）有特定的研究對象嗎？

研究必然要先鎖住對象，是針對哪些人口群？這些人口群

與問題之間的直接聯繫是什麼？例如，研究兒童虐待時，當然是以兒童人口為主，但若要研究施虐者是否有被虐待的經驗，在設定研究對象時，可能就要多費點心思，有時連其教育程度、區域條件，或特定年齡層等都要考慮（在臺灣光復前受過日式教育的男人，對其子女施虐的比率可能比來自大陸的男子高），部隊出身的父母，對子女的管教也可能較為嚴格，會認為體罰子女是理所當然的事。

（五）有研究的必要性與真實性嗎？

站在學術的角度而言，研究當然不是娛樂與休閒，不只是光為滿足我們的興趣或是好奇心就可以，更重要的，研究應該有其必要性與真實性。當現實生活產生了難題，必須儘快克服，而克服的方法須藉著研究來完成時，此時進行的研究就有其必要性。研究也不應是打高空，從社會工作的立場來說，所做的研究應與生活、專業有所聯繫，此即其真實性。當研究有其必要性與真實性時，它就能對研究的領域做出貢獻（fills a research gap）。

（六）是否具有其應用性或實用性

一個好的研究不僅可以在學術領域做出貢獻，更重要的是它也可以對我們的生活有所助益。好的研究應有其應用性，不只是純觀念的操作，而是藉著研究的成果，可以擬定出實務上的策略，而對我們的生活與專業實務有所幫助。

（七）寬闊專業的原則或理論

一般而言，研究應源自專業的原則與理論，當研究者在專業的實務中遇到瓶頸，或在理論的發展中發現其不明或缺陷的地方時，便因此藉研究來解決其問題，尋找其答案。一旦研究完成，不管是與研究所擬的假設相合或是違背，對專業而言都是一種經驗，多少都可以寬闊專業的原則與理論。

（八）能在有限的時間中蒐集到足夠的資料嗎？

固然在研究法中，有某些研究著重長時期的觀察與比較，來分析其間的變化與特質，這是屬於時間系列的研究方法。例如，在台中港尚未開發時，有研究者為了瞭解都市化（開發）對居民生活可能產生的影響，所以就做了時間系列的比較研究，在開發前、開發中，以及開發後分別去做實地的調查與研究，前後共用了十五年的時間才完成。但是一般的研究中，研究重點若非完全在「時間系列」上，那麼最好能在有限的時間中，去蒐集到足夠的資料，否則等到延宕多年、曠時廢日時，就算有所結果與發現，也可能會因為時間太長而造成了太多的誤失與偏差。

（九）研究問題的解答

研究總要能回答三大問題：

1. 自變項與依變項有其關聯嗎？
2. 自變項與依變項又如何產生關聯？
3. 自變項與依變項是在各種狀況中，又如何產生關聯？

在問題敘述的寫作當中，我們若能因此得知研究者回答這些問題的策略、過程、規劃與設計時，那麼問題敘述也就符合要求了。

第五節　設定研究假設

當我們確定了研究的題目，而且也已經把研究的題目用疑問句的方式呈現出來時，顯然的，這個研究題目的重要變項（自變項與依變項）大致就會很自然的浮現出來，研究者與讀者對研究的方向與架構，也因此都能大體瞭解。此時，更進一步的工作就是把研究的假設設定出來。在設定假設時，有一些細節必須予以注意：

一、建構假設

假設是要反應研究者對研究的結果所做的推測。其好處是：好的假設可以呈現一個清楚的目標，並提供研究者選擇可以達到此一目標的過程。當研究者把研究假設陳列清楚時，讀者很容易的就可以知道該研究的大概。假設是個重要的技術，它提出了一個新的實驗或觀察，並協助我們確認對象或事件的顯著性，而成為新的發現的基礎。假設的目標是使研究能有可觀察的事作比較。一般而言，假設應有理論基礎，而且要能描述變項之間的關係。假設必須包含一個自變項和依變項，而且要提防中介變項的干擾。假設也可以呈現出研究者對現象的關係或類型知覺（perception），在兩個變項之間，研究者為何把這兩個變項連結起來？為何對這些變項有這類的關係型態的預定？這些都可以顯現出該研究者的知覺類型，導致不同的研究者對相同的兩個變項，卻有不同的假設結構。

二、假設的功能

假設的擬定對研究的進行助益頗大，其功能如下：

（一）假設可提供顯著的訊息

假設不需要在被證實時，才有其價值，許多假設是因為提供顯著的訊息才顯出其價值。很多時候，當研究者對某一變項與其它現象（變項）之間，有其特殊、不比尋常的觀察與看法，因此便在假設中展現其企圖心。當研究者藉其假設找出其答案時，對研究領域的提升與發展有其意義與貢獻。

（二）假設提供考驗研究所根據的理論的機會，也因此使理論愈來愈精確

假設可以考驗研究者所根據的理論是否成立，對理論的幫助甚大（Beach & Alvager, 1992）：

1. 假設的檢驗可以寬廣知識的範圍

   當假設得到證實時，研究者所引用的理論當然就因此得到充實。

2. 假設的檢定可以測定理論的限制

   當假設不能被統計的考驗所接納時，也無形中讓我們知道理論的限制，瞭解該理論的效度只能在某一限度內。

3. 增進理論的準確性

   當現成的理論只能以一般的方式描述變項與變項之間的關係，若研究能藉著更進一步的假設規劃，把可以揭露明確的因素，所可能產生關聯的程度在假設中提出，使其接受考驗時，這些因素就更可以明確的表現現象的特徵，這是區分科學家之預測與常識預測重要的區分。

4. 假設的檢驗可使核心假定更加明確

   許多理論通常立基於未經證明且通常未經認同的假設，其準確性與關聯程度都未經證實，藉著檢驗其假設，我們可以使該理論相關的立論或假定愈加明確，也因此使該理論與其它現象間的關係逐漸成型。

三、假設的形式

假設的陳列有不同的形式（Beach & Alvager, 1992）：

（一）宣示型

研究者在假設中陳述希望變項之間出現的關係，如：

> 「教育程度較高者會比程度較低者有較好的兩性溝通能力。」

在此假設中，研究者不僅把兩個變項：教育程度、溝通能力，指明清楚，研究者並把它們彼此之間的關係也明確的宣示：教育程度高，溝通能力就強；教育程度低，溝通能力就低。這種假設的型態，我們可以稱之為「宣示型」。

宣示型的寫法亦可以分成兩種．

1. **有特別方向的**

   研究者在假設中把變項之間的關係清楚講明，是某方優於、大於另一方（如上例：教育程度高，溝通能力強）。

2. **無特別方向的**

   講兩造中有其差異，但方向不明，何方優於另一方仍屬未知。若上述的假設改寫為：教育程度不同，其溝通能力亦會有所差異。在此假設中並未講明，教育程度高者一定會比教育程度低者有較好的溝通能力。

（二）虛無型

虛無型通常陳述研究的有關變項間並沒有顯著的關係存在。以前述之例為例，虛無假設的寫法與宣示型自有所不同：

「教育程度的高低與其溝通能力的優劣並無顯著的相關。」

虛無假設並不需反應研究者的期望，其主要的使用功能是它比較適合我們的統計技術。很多虛無假設的目的是用來測量差異的發現是超過零，亦即透過統計工具來測驗這個假設，以決定所發現的差異是真的差異。有時我們會被虛無假設所混淆，因為它假設與我們的期望真正相反，其實這是沒有意義的，這是虛無假設不利的地方。解決之道是用兩個假設：研究假設（research hypothesis）和統計假設（statistical hypothesis）。研究假設反映出研究者根據先前研究及理論的期望，而統計假設是虛無假設的形式，其設立是用來評估研究假設，使之更有統計上的正確性。

（三）問題型

用問題陳述的方式也是假設陳述的另一種方法。如：

「教育程度高者與教育程度低者會在溝通的能力上顯出
其差異嗎？」

這種形式的假設簡單明瞭，對無經驗的研究者是較容易
的，因為它陳述的問題正是其研究的方向，也是研究者所
企圖回答的問題。

（四）有主要假設與次要假設之分

大體上，一般的研究都會有主要的自變項與依變項。本來
所謂的假設也應該是自變項與依變項之間的各種關係的陳
述而已，但是若仔細分析每個變項時，我們會發現其實變
項本身也是一些次級變項所結合而成。例如，「兒童虐待」
之變項可以細分為：肢體虐待、心理虐待、性虐待以及疏
忽等項目。而「父母親是否有受虐經驗」若要與「兒童虐
待」一起研究時，較為周全的方法，可能是把父親或母親
的受虐經驗，分別與對孩子的肢體虐待、心理虐待、性虐
待以及疏忽等次變項，逐一比照分析，而這些次變項與父
母親本身受虐經驗之間的假設，就是所謂的次要假設。

（五）假設的設定次序，應成為論文的分析或敘述時的主要次序

當研究資料蒐集完畢並予以分析後，研究發現的報告次序
最好與假設的次序一致，如此一來，資料分析到哪種地
步，該假設也就被解釋到何種地步，每個假設是被接納或
是被排斥，都會順理成章的呈現出來。否則，當資料分析
完成後，有的資料與研究的假設相符，有的則不然。如此
資料的解釋次序太零亂，讀者在讀完研究報告後，仍然無
法瞭解此研究到底是否回答了當初所設定的研究問題或目
標。

四、判斷假設之優劣的標準

假設擬定是好是壞，可用下列一些標準去判斷。研究者在進行

研究時，其假設的擬定也應該遵守下列的標準；

（一）概念要清楚

盡可能對每一種概念做操作性的定義，而在定義清楚以後，假設的敘述應當愈精簡愈好。

（二）實證基礎

假設的擬定是要使研究所分析的變項，及其所隱含的現象能夠被客觀的測量，這才能使研究進入實證研究的軌道內。

（三）明確化

把假設打散成各類的次假設，代表著研究的變項愈加的具體、明確，如此一來，較細微的現象與問題也才能客觀的被測量。

（四）資料的收集要有其可行性

再好的假設也必須能藉著資料去證明其真偽，若資料的收集有太大的困難，或根本不可能時，則該假設就失去其意義。

（五）與理論有關

假設係從理論來，假設也應回到理論去。

確定研究的主題是研究過程中很大的進展，再用問題敘述的方式，把研究的主軸用簡單的變項關係來呈現，更讓研究者士氣大振，接下來就是文獻探討的挑戰了。

💡 習題

1. 如何發掘研究主題，試申述之。
2. 何謂問題陳述？其功用為何？試以你參與社會工作實務經驗中覺得重要的議題，據此寫出一問題陳述。
3. 提出研究假設時應注意的事項及其功能為何？
4. 如何判斷假設的好壞，其準則為何？

Chapter **4**

文獻探討

─────────── **摘　要** ───────────

　　在問題敘述的寫作之後，就要針對所要研究的主題進行文獻探討
的工作。要做好文獻探討，是一項巨大的工程，不僅平日要把相關的
文獻多多涉獵，對於資料的整理與應用更是一大考驗。所呈現的不僅
是資料看得是否足夠，還牽涉到整理資料的技巧是否純熟？資料應用
的過程是否嚴謹？治學的態度是否誠實？絕對不是學問的層面而已，
更包含了人格的層面，絲毫疏忽不得。所以，本章即針對文獻探討的
目的、功能，以及如何進圖書館或利用網路蒐尋所要的資料。其它如
資料的整理，參考書目的撰寫，書目卡、內容卡的製作等，都將在此
加以說明。

第一節　前　言

　　文獻探討有廣義與狹義之分。廣義而言，指在學術界上求眞的過
程中，不斷蒐集相關文獻，以作爲學術上求眞、求知的探討過程。狹
義的文獻探討是指在研究論文的寫作中，針對所探討的主題作文獻上
的整理與敘述，或蒐集與研究變項相關的理論與研究資料，使之爲日
後立論的根據。有的論文把文獻探討放在第一章的緒論中，問題敘述
一結束，接著是文獻探討。國內的論文也有不少作者把問題敘述當作
第一章，而把文獻探討放在第二章，兩種皆可。

第二節　文獻探討的目的與功能

　　「在圖書館兩個鐘頭，可以使研究者減少在實驗室六個月。」
（two hours in the library can save six months in the laboratory.）這是
美國學術界中非常流行的俗語，以自然科學的狀況來說更顯得貼切
（Beach & Alvager, 1992）。社會科學的情形與自然科學固然不完全一
致，但是論文進展過程中，在圖書館中的資料蒐集相當的重要，千萬

不可小看。論文進行時，一定要做好文獻探討的工作，其目的如下：

一、使研究的計畫合乎科學的要求，融入於科學的論點中

研究是一種科學的探知過程，文獻探討使我們可以「繼往開來」，也可以使我們「鑑古知今」，一方面繼承了科學的累積，融入了科學的主流，並為科學的發展，注入新的力量。科學不是有感而發的思維，也不是毫無根據、海闊天空的長篇大論，必須有文獻的根據，經得起邏輯思維的考驗。

二、避免重複以節省人力

這是文獻探討很重要的目的，使我們知道所要研究的題目是否以前已被研究過？研究的結果如何？碰到何種難題？先前的研究對未來的研究又有何種建議？若在進行研究之前能把相關的文獻做好整理，一定可以避免不少重複的功夫，也可以節省不少人力。文獻探討不僅豐富我們的研究，排除研究的障礙，文獻探討若做得好，可以讓我們知道該變項是如何被測量，先前的測量工具是否仍然可以被引用，可讓研究者事先就確定有效的測量工具是什麼。

三、文獻探討可使研究者避免問題的重蹈覆轍

文獻探討使研究者可從別人的經驗、錯誤或前車之鑑中得到教訓，避免重蹈覆轍。若不做文獻探討，我們無從得知所要做的研究問題，是否已得到解答，亦無法得知該問題目前處理到何種地步，困難如何去克服。

文獻探討可以幫助我們確定問題的所在，也可以使研究者瞭解變項間的對立（相對）概念。例如：評估個案管理的計畫對於剛出院至社區的精神病患的成效如何？或許在尚未閱讀文獻之前，我們以為有了個案管理方案以後，會減少案主再住院的天

數，但文獻探討時，從以前的研究中發現，個案管理的結果是再住院日數的增加，所以藉著文獻探討，研究者就不必把研究的重點放在住院日數的縮短，而是放在再回歸社區的生活品質是否已經改善，免得重蹈覆轍，徒勞無功。

四、文獻探討可豐富研究者的思維

科學當然要不斷的探究新的領域與主題，文獻探討的功能就是整理、吸收先前的研究經驗與結果，作為未來更新、更好、更周詳的研究的準備。有些從事質性研究或用 ground theory 方法來建構理論之研究者，傾向延遲做文獻，以免受他人理論的影響而有先入為主的觀念，他們總覺得，文獻看得多時，受別人影響因而先入為主的觀念也愈強。但也有研究者反對此種作法，他們認為做文獻探討可以儘早瞭解目前的智識基礎和它的限制，並可以豐富我們的想像，使質性研究的內容愈加的豐富，所以及早進行文獻探討不會影響質性研究的品質。（作者以為，文獻看得多，研究問題的角度廣，分析將愈深入，會不會受別人影響是個人的問題，不應是文獻看得多寡的問題。）

五、文獻探討是研究者呈現研究邏輯的重要過程

很多人以為文獻探討就是展現本身所讀書本的數量，所以就拼命的把所讀過的資料，一五一十的、東抄西抄的，一個一個陳列出來。反正一個作者一段，如此密密麻麻的全部擺上，不可謂不壯觀，然而卻是一些資料的累積而已。稍微好一點的則是略加整理，把它分為國外文獻、國內文獻兩堆，琳瑯滿目，做簡單的分類，聊勝於無。其實文獻探討的功能不是顯示自己看書的數量，而是與前面的問題敘述，以及後面的研究架構、資料分析等脈絡相承，不可分割。文獻探討主要是釐清研究概念的層次，把和研究有關的變項作系統的介紹，使讀者對研究者的觀念、邏輯有層次上的瞭解。研究者以所研究的主題為主

軸，把相關的文獻與資料做週邊的解釋，研究者澄清本身的理論根據，把自變項、依變項有關的因素全部融會貫通。好的文獻探討在敘述時，已經在爲自變項與依變項的出現鋪路，當文獻探討結束時，自變項與依變項彷彿「圖窮匕現」般，以假設的方式出現。文獻探討會說服讀者進入作者的思維體系，使其愈發同意研究者的理論架構。

六、文獻探討使研究更精進

當然文獻探討有其陷阱，我們必須小心。因爲當研究者對其問題的知識背景不足，而花很長的時間來消化所看到的文獻時，可能會因而太依賴他人的研究和分析而減低個人的創造力。所以進行研究時，應該把文獻探討當作動態的整理過程，研究者若在研究的主題上，概念仍嫌不足時，就應該在文獻上多下功夫。若資料分析中有了新的發現，就更應該仔細分析，與先前的文獻作比較、對照，使研究發現豐富了該主題的內容，不必以爲文獻是什麼，事實必然就是什麼，畢竟研究要不斷的創新，不斷的探討，該信服的文獻要珍惜，該淘汰的文獻亦應毅然決然的拋棄。

第三節　網際網路資料的蒐集

（本節作者：高雄醫學大學醫學社會學與社會工作學系陳政智博士）

一、如何運用網路找資料

網際網路的發展一日千里，利用網路網際搜尋資料，速度快且數量多，是圖書館以外的一個極佳選擇。但也因爲它的快速與便利，相對地會讓人累積過多無用的資料。所以，如何採用正確而且有效的方法找到自己所需的資料，就必須掌握一些技巧。以下將依搜尋資料的管道、搜尋技巧及各類資料的搜尋來

源分別介紹：

（一）掌握資料蒐集的管道

想要使用網際網路來蒐集文獻資料，必須先瞭解目前比較常用的搜尋管道，包括搜尋引擎（如：Yahoo、Google等）、百科全書、報紙與新聞資料（國內、國外）、期刊資料庫、專門主題雜誌、網路線上圖書館（如：博碩士論文網）、網路書店、BBS。這些不同的管道各有其功能與特色，如下：

1. 搜尋引擎

搜尋引擎是匯集所有網站的平台，資料最具多樣性，搜尋結果有時會包含新聞資料、期刊、雜誌、圖書等。

 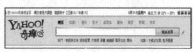

2. 百科全書

百科全書提供一些入門的基本資料，但這些資料並不完全正確，例如：維基百科，是人人可編輯的自由百科全書，因此資料可信度需再查證。但百科全書卻能提供我們初步的資料，讓我們先對想查的資料有一些概念。

3. 報紙與新聞資料

可以從各大報的網站獲得過去與最新的報紙與新聞資料，掌握我們所關心的事件，其過去與現在的發展樣貌。

4. 專門主題雜誌

針對某領域提供大量文章的網站，如天下雜誌、遠見雜誌、國家地理雜誌、牛頓科學雜誌等，均可在該網站上獲得該領域的相關資料。

5. 期刊資料庫

期刊資料庫指的是匯整多種期刊的文庫，最常見的資料庫包含 EBSCO、WILEY、臺灣全文資料庫等。除了資料庫外，也有單獨的刊物，如《社區發展季刊》，便是獨立的網站，網站中也提供全文下載。

6. 網路線上圖書館

線上圖書館與期刊資料庫相似，不過認真比較起來，網路圖書館收錄的資料不只是期刊，還包含未出版的刊物，如碩博士論文，其中最常用的網路線上圖書館便是華藝線上圖書館，以及臺灣博碩士論文知識加值系統。

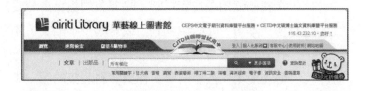

7. 網路書店

部分網路書店提供線上瀏覽的功能，許多書籍也提供簡

介或目錄，需要時還可以線上訂購。

8. BBS

界面簡單、反應快速、以鍵盤操作，而非滑鼠。目前臺灣最大的 BBS 站為台大的 PTT 網站，也被稱為「批踢踢實業坊」，擁有超過兩萬個不同主題的看板，由於上線人數眾多，因此訊息交換速度相當快速，有時更勝於新聞所提供的訊息。

（二）熟悉操作方式

在瞭解資料的搜尋管道有哪些之後，最重要的便是會使用這些管道蒐尋資料，不過事實上，每一個管道蒐尋資料的方式都大同小異，最常見的便是輸入「關鍵字」。若想知道更細緻的搜尋方式，可以看網站的簡介，一般都會提供「功能解說」與「特色介紹」（google 便提供了搜尋的秘訣與技巧 http://www.google.com/intl/zh-TW/insidesearch/tipstricks/basics.html）。我們只要試著找到一、二個使用起來比較順手的工具即可，以下我們將提供幾個搜尋資料的小技巧，讓資料蒐集更加快速、有效。

二、如何快速且有效的搜尋

（一）資料搜尋的步驟

當我們開始尋找資料時，除非我們相當清楚要找的資料是哪一本書、哪一本期刊，或是哪一本論文，才會使用「期刊資料庫」或「網路線上圖書館」，否則一開始，我們習慣先使用「搜尋引擎」作為資料收集的第一步，因為「搜尋引擎」能將所有的資料（包含相關的期刊、新聞、百科全書、雜誌、書等）都呈現，接著我們就能輕鬆的往期刊搜尋或往書籍更進一步的搜尋。

（二）搜尋原則與技巧

使用「搜尋引擎」的功能大同小異，以 google 為例，搜

查網頁時可以在搜尋方塊裡輸入想要搜尋的關鍵字。而爲
了縮小查詢範圍，快速取得精確資料，可以輸入兩個以上
關鍵字，中間以半形空白鍵分隔。輸入關鍵字之後，可以
根據您的需求，選擇僅查詢繁體中文網頁或是查詢全球網
頁。當關鍵字查無資料時，系統自動通常會進入相關網頁
查詢，網羅所有可能資訊。

在此，提供幾項原則與技巧，有助於增加使用搜尋引擎找
到資料的效率：

1. 使用句子或提供完整的描述

盡量不要只用一個詞來搜尋，否則會出現非常大量的資
料；如果能使用一個句子，則資料的數量將會大符降
低。如果要找一本書，甚至可以將整個書名作爲搜尋的
內容。如：「新管理主義」比「管理」好，而以「協助
大陸及外籍配偶的生活適應」來搜尋會比「外籍配偶」
更能找到所需的資料。

2. 精確度要高

要輸入正確的關鍵字句，以方便電腦篩選。要是輸入的
關鍵字過於空泛，搜尋結果往往數量驚人。所以，建議
以專有名詞或大家常用的詞句來搜尋，不要使用模稜兩
可或多重意義的名詞，更不要自創語句，也不宜使用字
串與字元，因爲電腦會將這些字串忽視。

3. 善用更類似的結果（more like this）

可以適時地使用「類似網頁」連結功能，自動搜尋網路
上和這項查詢結果相關的其它網頁。

4. 使用符號與文字來限定條件

（1）：用半形空白鍵，可以搜尋兩個關鍵字的交集，例
　　　　如：想搜尋「智能障礙」和「特殊教育」的共同
　　　　訊息，便可以輸入。

（2）-：減號代表不要搜尋某關鍵字，例如：想搜尋「智能障礙」的訊息，但不想搜尋到「特殊教育」，便可以輸入。

（3）OR：大寫的 OR 代表「或」，例如：想搜尋「智能障礙」或「特殊教育」，便可以輸入。

（4）" "：英文引號，可以進一步限制搜尋，只搜尋" "內的文字，過濾掉不要的內容。例如：想搜尋到「社會工作人員」這個詞彙（5 個字相連），而不想連「臺灣社會工作專業人員協會」都搜尋到，便可以輸入。

（5）pdf：在關鍵字的後方空一格，在打上 pdf，便可搜尋到該關鍵字的 pdf 檔。例如：想搜尋到「智能障礙」的 pdf 檔，便可以輸入。

（註：doc、docx、ppt 也有同樣效果。附上 google 搜尋
技巧通 http://www.ecaa.ntu.edu.tw/weifang/cea/%E5%96%
84%E7%94%A8google.htm#_Toc87766026）

5. 改變搜尋條件

我們一開始以名稱來搜尋，如果找不到，可以以相近的
詞句重新搜尋，例如：以「專業形象」來找，找不到相
關的資料，我們可以改用「組織形象」、「企業形象」等
來尋找。如果還找不到，可以考慮使用「關鍵字」的條
件來搜尋或含內文尋找。有的搜尋引擎可以先採用「包
含完整的字句」來尋找，如果找不到再以「包含全部的
字詞」來放寬搜尋條件。

此外，有一項很好用的功能就是有的搜尋引擎還會提供搜尋導
覽，當我們在任可一個查詢框中，鍵入想要找的資料關鍵字，
待查詢結果出來後，利用上方導覽列的「所有網頁」、「分類網
站」、「圖片搜尋」、「新聞媒體」、「雜誌期刊」之標籤，就可以
輕易找到同一個關鍵字的所有不同類型的資訊。上述的各種小
技巧，在不同的搜尋管道中都差不多，若能活用將可以大符提
高資料的價值，而不會出現一大堆垃圾資料。

三、蒐集資料的主要來源

文獻資料的蒐集通常非常地多元，這些現在幾乎都可以在網路
上找到。在此介紹幾類常用到的資料，並提供一些網站作為參考：

（一）搜尋引擎

1. Google　http://www.google.com.tw/

搜尋引擎龍頭，資料最多，搜尋結果包含了 PDF 檔案、
圖片、期刊、圖書等，最特別的是有獨立的「學術搜
尋」，專門尋找學術相關的資料，往往包含別處找不到
的資料。而且點閱率愈高的資料排序在愈前面，有助於

使用者判斷資料的重要性。

2. Yahoo 奇摩　http://tw.yahoo.com/

3. 蕃薯藤　http://www.yam.com/

4. 新浪網　http://home.sina.com/

5. 臺灣網際 NO.1　http://www.osaki.com.tw/

6. Lycos　http://www.lycos.com/

除了搜尋的功能外，同時也將收集到的站台加以分類，如尋人、圖片、音樂、地圖查詢等分類項目。

（二）百科全書

百科全書提供入門的基本資料，有的圖書館有光碟版的百科全書；網際網路中則有「智慧藏百科全書」（http://www.wordpedia.com/）、「中華百科全書」（http://ap6.pccu.edu.tw/Encyclopedia/SelectExample.asp），提供查詢學習之資料庫，內容豐富而且圖文並茂。例如：我們在中華百科全書典藏版以「社會工作」一詞來搜尋，得到的結果如下，非常地完整且詳細：

「這一名詞，包含了意念與本體二種意義。就意念言，個人的施捨、宗教的慈悲、德政的憐憫，構成了賑災恤貧，澤及孤寡傳統性的社會工作。迨至近代，社會的結構隨著工業化而改變，傳統的社會工作不得不隨社會的演化而蛻變。西元一九五○年的聯合國國際社會工作調查報告中說，社會工作的種類有三：一為個人的慈善；一為公私機構協助不幸者解決困難問題；一為由社工人員協助當事人發揮潛力，改善生活的專業服務。自然這三者都是社會工作，只是深度有所不同而已，近年專家們已有較為接近的看法，大家同意『社會工作是運用個人潛能與社會資源，以求協助個人調適環境的一種方法與技術』。申而言之，可以說社會工作：

一、是維護個人與社會正常關係，保障人權尊嚴，以求個人人格充分發展的知識。

二、是發展個人內在潛力，運用外來資源以求生活更好的一種技術。

三、是協助個人解決問題，並進而改善個人生活擴展到改善整體生活的一種過程。

四、是達到社會福利目標的一種專業。

由以上的引申，我們可以說現代的社會工作是具有知識、技術、過程、專業四大特性，也就因為具有這種特性，所以使各國的社會工作在專業觀念、實務方法、人才運用、功能發揮上，一方面因為文化背景、經濟狀況、人才多寡而造成差異；一方面又因透過國際會議與專業團體的溝通而使基本觀念、方法運用、項目範圍，與專業標準日趨接近，這種同中有異，異中有同的態勢，使各國社會工作益發顯得多采與繁複……」

常用的百科全書如下：

1. 維基百科　http://zh.wikipedia.org/wiki/Wikipedia:%E9%A6%96%E9%A1%B5

2. 文化部的臺灣大百科全書　http://taiwanpedia.culture.tw/

3. 智慧藏百科全書　http://www.wordpedia.com/
此百科全書整合了大英百科全書線上中文版、中國大百科全書網路版、臺灣大百科全書網路版、科學人雜誌知識庫、臺灣古蹟學習知識庫、臺灣原住民學習知識庫、智慧藏多益英檢知識庫、臺灣導演與國際生態環保之紀錄片……等等的平台。

（三）報紙與新聞資料

報章雜誌通常是時事及處境性資料的主要來源，若能善用「新聞檢索」、「新聞查詢」的搜尋引擎，不僅尋找容易；

搜尋到的資料，其深度和廣度都有一定的水準。在此推薦一些網站：

1. 今日新聞　http://www.nownews.com/

2. ETtoday 東森新聞報　http://www.ettoday.com.tw/

3. TVBS　http://www.tvbs.com.tw/index/

4. 中時電子報　http://news.chinatimes.com/

5. 聯合電子報　http://udnpaper.com/UDN/Subscribe/subscribe

6. 自由時報電子新聞網　http://www.libertytimes.com.tw/

7. 蘋果　http://www.appledaily.com.tw/realtimenews

8. 新浪　http://news.sina.com.tw/

9. CNN　http://cnn.com（資料完整、豐富、版面清楚）

此外，善用 google 的「新聞」搜尋功能，「Google 新聞」匯集了中文新聞資源，並將類似的報導歸類在一起，根據讀者的個人化興趣進行顯示。

(四) 專門主題雜誌

1. 天下雜誌　http://www.cw.com.tw/

2. 遠見雜誌　http://www.gvm.com.tw/

3. 快樂工作人雜誌　http://www.cheers.com.tw/

4. 康健雜誌　http://www.commonhealth.com.tw/

(五) 期刊資料庫

這部分是在蒐集文獻資料時最常使用的來源，利用網際網路可以找到最新及專門的資料。而期刊的尋找方法，在圖書館中會有光碟期刊索引可供查詢。此外，可先利用圖書館的網站查詢，再到圖書館的期刊架上找出該資料。而無法在圖書館中找到的期刊，則可利用購買的儲值卡直接要求文獻傳遞服務，當然費用會高一點。除此之外，還有一個非常方便的方法，尤其是國外的期刊文獻，我們可以運用上述的搜尋網站，以「關鍵字」找出期刊組織之網址，然後用網站上內建的引擎搜尋本文或相關文章。但要注意

的是，國外的許多期刊網站同樣是要付費才能取得資料。

1. 全國期刊聯合目錄資料庫　http://sticnet.stpi.narl.org.tw/
   unicatc/unicatq?35:1520814777:10:/sticnet/unicat/ttswebx.
   ini:::@SPAWN http://sowf.moi.gov.tw/19/cdj.htm

2. 社區發展季刊　http://sowf.moi.gov.tw/19/quarterly.htm

3. 臺灣全文資料庫（含臺灣社會工作學刊、臺大社會工
   作學刊、東吳社會工作學）　http://www.hyread.com.
   tw/hypage.cgi?hyqstr=aihghlkjjijehdcmpnmlcfjlphlfopkoi
   mdiknljoeqoqormghnoqfuijphokiiilmxjpiflulejhelklgjfclklk
   jjerklgjfjlhle

4. EBSCO　http://www.ebsco.com.tw/

5. WILEY　http://onlinelibrary.com/

（六）網路線上圖書館

網路圖書館雖然是虛擬的，但內容的豐富性卻不輸實體的
圖書館，而且隨著電腦軟硬體的發展，其便利性將大於實
體的圖書館，所以，未來網路圖書館的使用人口可能會超
越實體的圖書館。以下是臺灣目前比較常用的網路圖書館

1. 交通大學　http://www.lib.nctu.edu.tw/

2. 國家圖書館　http://www.ncl.edu.tw/mp.asp?mp=2

3. 華藝獻上圖書館　http://www.airitilibrary.com/

4. 臺灣博碩士論文知識加值系統　http://ndltd.ncl.edu.tw/
   cgi-bin/gs32/gsweb.cgi/login?o=dwebmge

網路圖書館的搜尋可以分成「基本型」與「智慧型」，前
者是依書刊關鍵字、作者名關鍵字、標題關鍵字、出版商
關鍵字及以上全選等限制條件來搜尋；而後者則是運用組
合查詢，即在所有欄位中輸入一個以上之查詢檢索值，例
如可於書刊名或關鍵字輸入「新管理主義」，並且於作者
欄輸入「陳政智」，則結果會是兩者的合集。使用網路圖
書館要注意的是有些網路圖書館有特殊的限制，某些功能

只允許特定對象使用，如電子期刊、光碟或數位資料庫限校內的教職員工生才可以使用；有些內容要付費才可以取得。

（七）網路書店

網路書店提供線上瀏覽的功能，許多書籍也提供簡介或目錄，需要時還可以線上訂購。在蒐集文獻資料時，若我們從別人的參考文獻中看到某一本書可能有價值，就可以使用網路書店來搜尋。目前網路書店非常多，市面上的各大書局幾乎都有提供網路書店的服務，而比較容易找到專業書籍的有下列各站：

1. 亞瑪遜網路書店中文版（http://www.pro-hoster.com/ebooks-tw/）

   全球最大的網路書局，尤其是尋找英文書籍時非常好用，搜尋功能強大。

2. 三民網路書店（http://www.sanmin.com.tw/）

   中文書目豐富，而且有政府出版品的查詢功能。

3. 金石堂網絡書店（http://www.kingstone.com.tw/）

   全省都可以到店取貨，非常方便。

4. 誠品網路書店（http://www.eslitebooks.com/default.shtml）

   全省門市可以取書。

5. 天下網路書店（http://www.cwbook.com.tw/cw/T1.jsp）

   提供「書籍總覽」服務，可以快速找到天下文化所出版的書籍。

6. 博客來網路書店（http://www.books.com.tw/）

（八）BBS

目前臺灣最大的 BBS 站為台大的 PTT 網站，因此推薦 PTT（telnet://ptt.cc）。

第四節　圖書館內的探索

撇開網際網路的資源系統不講，千百年來，研究學問最好的地點就是圖書館。好的圖書館會收藏我們所需要的各種資料，包括古今書籍、中外期刊、各類統計資料、官書以及私人捐贈之典藏。更重要的是各類資料的索引，若應用得當，可以讓使用者在短時間內得到足夠的資料。

圖書館給我們的不僅是資料的蒐集，更是讀書人的氣質培養最好的所在，它沒像網際網路那麼「炫」，卻是一步一腳印、紮紮實實的研究工夫。

在圖書館的倘佯與在電腦銀幕面前的鑽研最大的不同是：圖書館馬上讓你看到整個資料體系，是期刊，是書籍，是官書，是雜誌或是報紙等，全部都在你眼目可及的範圍內同時出現，這些資料不會馬上消失，它們永遠在那裡，只要你有時間，你可以慢慢去品嚐，去細讀，去留連。網際網路則限定你在一定的視窗方格中，了不起兩三筆資料同時出現在視窗裡供你參考，當然你可以把資料列印出來，以後找時間慢慢細讀，但在選擇資料列印時已是一番折騰。網際網路最大的優點是只要你拿關鍵字去蒐尋，全部的資料頓時擺在你眼前，你可以選擇較適合的資料。圖書館內的蒐尋，卻是研究者一步一腳印的功夫，從資源的選擇，資料的閱讀與引用，都需步步維艱的去完成。圖書館內眼睛看得廣，心寬，資料恆在，不像網路資料，眼窄，心急，資料確實。現代人做好研究，不可能不用網路資訊，但是，圖書館的仍不可或缺（這些圖書館內資料的蒐集與整理亦可供採用網路資料時的參考）。

一、準備好進圖書館時的文具

空手進圖書館無法把所看到的資料「帶出」，事先應把一些文具預備好，如白紙（隨時把有關的圖書資料如書名、圖書編號等抄上，免得一下就忘記）、書目卡（把所要用的書本與期刊的資

料寫上，以便作論文中參考資料的交代）、內容卡（把所讀到的好資料抄上，預備文獻的用途，最好有不同的色彩，可以作簡便的分類）、鉛筆以及原子筆（對圖書館的書本與文獻，忍不住要作記號時，用鉛筆為之，事後可以擦掉；不同色彩的筆可以使內容卡的製作更加美觀與清楚）、橡皮筋（把同類的卡片歸類綁在一起，免得每一次都要花時間分類）。準備這些東西看起來瑣碎，但是卻大大的影響蒐集資料時的心情與進度，不可不注意。

二、先找電腦網路資訊系統

大學圖書館內均已有資訊網絡可以應用，根據所要研究的主題，電腦的網絡可以馬上給我們很多相關的文獻資料。看到那麼多文獻資料時，先不要太興奮，因為圖書館內不一定有，而且很多資料不一定與研究的主題直接相關，所以仔細閱讀這些資料的年代、主題，以及期刊名稱等，先淘汰一些不是直接相關，或是館內肯定沒有的期刊，可以使研究者心裡有個準備——是繼續蒐集文獻清單，或是可以開始去借閱。

三、期刊目錄的閱讀：主要研究報告的蒐集

若電腦網絡的使用有其困難，書面的期刊目錄對研究者而言，相當的實用。社會工作研究者在進行資料蒐集時，一定要先把主題有關的期刊目錄好好查看，先從最近、最新的資料開始，看其數量是否足夠，再決定要往前查閱到什麼地步。研究的資料愈近期的愈好，因為引用太舊的資料會影響論文的品質。從目錄所看的資料應馬上記載，將其圖書編號、作者名、文章名、期刊名、卷期、頁數等一一登記。

四、相關書籍名單的蒐集：主要作者的蒐集

針對研究主題，找出最相關的書籍（通常也可能由指導老師介

紹），或把當代出版的有關書籍找出，並把這些書籍的作者、書名及圖書編號一一登記，當所登記的期刊與書本數目差不多時（或主要的期刊或書本都已經在名單上時），就可以開始著手進行資料的蒐集。

圖書館內的編號系統在世界各大學圖書館中大同小異。最普遍的是杜威的「十進位編號系統」（Beach & Alvager, 1992: 45）：

杜威十進位法編號系統

000	General Work	一般類	500	Natural Science	自然科學
100	Philosophy	哲學類	600	Useful Arts	實用藝術
200	Religion	宗教類	700	Fine Arts	藝術
300	Sociology	社會學	800	Literature	文學類
400	Philology	語言學	900	History	歷史

社會工作研究資料的範圍，主要可能在社會類。其實論文的進行，常常都會引用各類不同的資料；哲學類的資料可爲各派別的理論尋根，因爲哲學可提供我們解釋的不同角度與方向。宗教類會與社會服務或機構的本質有關，當然更與倫理問題，或安老、墮胎、安樂死等問題息息相關。文學類的資料也並不是不可能，端視論文的方向與探討的旨趣而定。歷史類在社會工作的論文中更常被引用，由於中外不同的文化背景，所牽連的不同社會問題，加上不同的制度與措施，若能探討其緣由，並且做好比較時，在論文當中都是寶貴的資料。

五、影印期刊資料

找出名單中所登記的相關期刊，並一一影印，且馬上在所影印的資料上寫出文章的書目資料，免得忘掉該文章的出處（西文的期刊每頁均有相關的資料，中文期刊除少數外，均無記載，所以研究者必須予以注意）。影印完資料後，便在名單上作記號。若沒有把握該期刊一定是你所需要的，則不妨先讀該文章

的摘要，再決定是否要影印。找不到期刊資料時，也不必太激動或失望，試試別家圖書館，只要名單上記載清楚，鍥而不捨的話，總可以找到所需要的，何況現在傳眞與電腦網路的使用日加方便，只要方法得當，瞬息間就可以得到所要的資料。

六、相關書籍的借閱

根據書籍名單中的圖書編號在書架上找到書本後，還不要馬上辦理借閱手續，因爲每個圖書館能借的書本數有限，況且逾期歸還的罰鍰也是一筆不少的數字。最好能在館內馬上速讀，翻翻書本前面的目錄綱要，如果是西文書，一定要看書後的索引，按著字母次序，你可以確定該書是否有你所需要的資料，也可以藉此確定你研究中的主要項目（key topics）是否有足夠的資料在支持。當該書確定與你的研究息息相關時，才辦理借閱手續。

第五節　資料的整理

一、文獻資料的種類

當有關研究的期刊與書本都蒐集到相當程度後，資料就可以開始整理。資料固然有很多種類，但與研究最直接相關的有兩大類：理論性資料與研究性資料。針對所要研究的題目，必須澄清的是理論的根源是什麼？該研究打算站在哪一個理論的角度來探討問題？（針對少年犯罪的問題，若用行爲學派的理論一定與人文存在主義學派的理論大異其趣），該理論解釋問題時大體會採取什麼樣的概念？會作何種的前提（proposition）？會演化成什麼樣的假設（hypothesis）？牽涉到哪些變項（variables）？這些理論、前提、假設、變項等資料都是屬於理論性資料。文獻敘述中，把這些理論性資料整理後，研究的架構便大致清

楚。有了概念上的架構後，文獻探討尚未完成，因爲有關該問題的相關研究，我們仍然要極力去蒐集。例如（若以少年犯罪爲研究的方向的話），最近有關少年犯罪的研究有哪些？它們各有什麼發現？有哪些變項已被證實彼此相關？各主要變項被探討的程度又如何？這些相關的資料等都是研究性資料。

二、相關資料的決定

理論方面，明顯的（explicit）理論與隱含的（implicit）理論都不可忽略。如：若你對「法律如何將罪犯定罪」之題目有興趣（若你以爲法官經常判決被告是無罪的，他們只是在審判過程中去確信被告是無罪的信念，然後再做最後的判決），那麼你對此研究題目的相關理論蒐集可能包括：說服力理論、第一印象理論、決策理論。這樣一來，原先所蒐集的資料若與我們所要著力的理論無任何關聯時，就必須割愛。研究資料方面，我們未必需要他人的研究設計或研究方法，但別人的研究發現我們要好好應用，使之成爲文獻探討中的佐證。

三、資料的閱讀與整理

找到與研究有關的資料當然快慰，因爲要做一篇研究報告所要蒐集的資料愈豐富愈好，但過多的資料不知如何整理的話，也只是資料的堆積與浪費而已。做好資料整理的第一步，是在閱讀資料時就開始做預備的工夫，會牽涉到書目卡與內容卡的製作，而書目卡與內容卡的製作更應注意到種類的不同。

四、書目及註釋的種類

學術性的論文離不開註釋與參考資料，如何寫好註釋與參考資料又與到底要用哪一種格式有關，幾年來所用的格式種類有下列三種：

（一）Turabian style

Turabian 的格式是最古典的格式，又稱芝加哥學派格式，這種格式有幾個特質：第一、這種格式在文章敘述當中常有註釋的號碼出現，正文中，若資料是參考他人的資料而來時，作者就必須在句後寫註一或註二等記號（英文則直接在該句後上方以阿拉伯數字說明）。第二、正文有了數字或號碼，該頁頁底就必須把數字所要交代的說明清楚，亦即把有關的資料的原作者的文章、期刊（書本）的來源及出處等記明。Turabian 格式在每頁下的說明，稱為「註腳」（footnotes）。在整篇論文結束以後，在後面把該論文中所引用的資料全盤做一個交代，我們稱為「書目」（bibliography）。Turabian 格式非常嚴謹，逗點、句點、空格、頁數等都不能含糊，唯因目前行為科學研究中，採用 Turabian 格式的人不多，本文不再詳述。

（二）MLA style

MLA 的格式與 Turabian 大同小異，主要是它的註解不在每頁的下方而為註「腳」，而是把全部的註解都放在文章後面，所以英文不叫 "footnotes"（註腳），而稱為 "endnotes"（後註），本文不再詳述。

（三）APA style

APA 是美國心理學家學會之簡稱，該學會所擬議出來的格式，最近十幾年來，有愈來愈普遍的趨勢，主要原因是簡單清楚，功能又與 Turabian 格式相差無幾，社會科學的期刊論文中採用頗廣，且每隔幾年就有專書介紹其詳細的規則，社會工作領域中採用者亦多，今特別介紹如下。

五、APA 的註釋格式說明

APA 在文中的註釋，不像 Turabian 格式都要寫出其註釋的號碼，它只是在引用了資料以後需列出作者之姓（中國姓氏的作

者則列全名），逗點，年代，再括弧，最後面才是該句之句號或問號。如下例：

> 臺灣的外遇不是「七年之癢」，而是每年都會癢（簡春安，1983）。

> 人與生俱來就具有認知、選擇、及判斷的能力（Rychlak, 1977）。

但是若文中已提到作者的名字時，則年代馬上列於名字之後。例：

> 簡春安（1983）指出，臺灣的外遇與結婚年數無關，不是七年之癢，而是每年都會癢。

以這格式來看，非常明顯的它比 Turabian 要簡單得多，引用到別人的資料時，趕快把作者的姓名及年代標出即可。但是也可以看出它沒有 Turabian 精密，因為它沒有說明詳細的頁數出處。APA 僅在「字字引言」時才會把年代後面加註頁數，見下例：

> （簡春安，1983，頁 47）或 Gerland（1978, p: 9）

但讀者應可馬上發現 "P"「頁」等有累贅之嫌，國外一些學術期刊等，則直接以 " : " 的方式為之，簡單清楚，或可採用。如下例：

> 「臺灣的外遇不是七年之癢，而是每年都會癢。」（簡春安，1983: 47）。或是簡春安（1983: 47）指出：「臺灣的外遇不是七年之癢，而是每年都會癢。」

> Gerland（1978: 9）指出「家庭生活教育的主要功能是……。」

有關 APA 資料的註釋格式，除了上面的基本格式外，還有一些

細節需要注意。

(一) 所引用資料並非原始資料時，我們稱為「間接引用」或「第二手資料的引用」

宜將原始資料和第二手資料同時註明，首先列出原作者與年代，再以 "as cited in" 或「轉引自」之方式註明第二手資料之作者與年代。如下例：

> …（董作賓，1952: 349 轉引自 錢存訓，1975: 37）。

說明：錢存訓是你手邊的資料，但錢存訓的資料則是從董作賓的著作中得到的。

(二) 所引用的資料係翻譯作品時也需注意

常常看到一些資料被引用的明明是國際級大師的著作，但註釋時卻只看到在專業裡名不見經傳的年輕翻譯者的名字，這樣當然對原作者不敬，也不公平。所以建議應該以原作者的名字與年代來註釋。如下例想必較為合理：

> …【Freud, 1940（葉美華譯，1983）】。

(三) 所引用的資料係網路資料時

一般而言，資料取自網路資料時，僅需在正文註釋說明，參考書目中則不用交待。如下例：

> 美國圖書館學會的網站提供了這種專業資訊（http://www.als.org）。

六、APA 的書目格式說明

以上所介紹的格式多年來已廣泛的被應用，口碑亦佳。但是1994 的 APA 格式說明中，卻有與前文不同的規則。雖不一定比上文所述者為佳，但求忠於 APA 格式，仍介紹如下，供有興趣的讀者參考（其實新格式與上述格式中最大的差別是在於頁

數要不要記載的差異，本書認為求真的過程中，應該愈精確愈好，所以仍然建議，引註時應把頁數交代清楚）。

APA 書目格式參考

一、書本沒有作者時

Psychology and you. (2001). New York: Macmillan.

Psychology and you. (2001). New York: Macmillan.

　　（無法以斜體方式呈現時，則劃底線，由於斜體字只能電腦為之，建議用劃底線較容易統一。年代傳統上均書於後面，現普遍寫在作者名後）

充實的人生（民81年）。台北：正統。

　　（建議年代以西元方式為之）

充實的人生（1992）。台北：正統。

二、書本單一作者

Vaus, D. A. (2001). Research design in social research. London: Sage.

　　（英文書名各字應小寫即可，但電腦有時會自動轉成大寫字體，故請記得處理還原為小寫，不然就在每個字頭以大寫為之，以求一貫。）

陳向明（2002）。社會科學質的研究。台北：五南。

三、期刊單一作者

Yick, A. G. (2000). Predictors of physical spousal- intimate violence in Chinese American families. Journal of Family Violence, 1 (3), 249-267.

　　（期刊名除介系詞外，第一個字應大寫，1(3) 指係該期刊

的 卷二期，卷有底線，期刊名後用逗點，頁數後面放句
點。）（第二行應抄作者之姓抑或縮入幾格以顯作者之姓，
仍在爭論中。傳統應縮幾格，唯1997年的 APA 版卻又變
成靠左，效果反而不佳，參考各文獻，建議採內縮方式為
之。）

徐立忠（1988）。老人福利的基本理念。社會福利，62, 29-32.
（中文的句點或逗點會有電腦全形或半形，中式或西式的困
擾。若在頁數後有斗大的全型句點，看起來會很奇怪，而
在期刊名後面若是有半型逗點則又不相稱，請讀者自行考
量明察。建議中文期刊的文章名後的句點與期刊名後的逗
點，用全形方式，頁數後的句點則用英文方式。）

四、期刊兩位以上之作者

Suitor, J. J. & Pillemer, K. (1994). Family care-giving and marital
satisfaction. Journal of Marriage and the Family, 56, 681-690.

宋維村、顏家琪、劉瓊英（1988）。拒學症學童的研究。中華心
理衛生學刊，4(2), 51-56.

五、資料取自被編輯的書本時

Sidman, M. (1962). Operant techniques. In A. Bachrach (Ed.),
Experimental foundation of clinical psychology. New York:
Basic Books.

卓良珍（1988）。時代的文明病──生活壓力和疾病。林治平編
著，心靈健康與輔導。台北：宇宙光。

六、資料取自雜誌

Bush, V. (1945). As we may think. Atlantic Monthly, June, 101-108.

七、資料取自官方文件

Johnson, R. P. (1965). <u>Statistical tables for medical research</u> (U.S. Public Health Service Publication No. 37). Washington, D.C.: U.S. Government Printing Office.

臺灣省社會處（1986）。<u>臺灣省社政新措施</u>（社政叢書研展 00275001）。中興新村：省社會處。

八、取自縮影片

Baron, J. R. (1974). Analysis of bias in selecting test items. <u>Journal of Experiment Psychology</u>, <u>98</u>, 325-331. (Monograph)

九、取自未出版之碩博士論文

Baron, A. (1967). <u>The use of personality factors as criteria for grouping pupilsfor programmed instruction.</u> Unpublished doctoral dissertation, New York: New York University.

鄒平儀（1999）。<u>醫療社會工作績效評估模式之建構</u>。東海大學社會工作研究所博士論文。台中：東海大學。

十、作者為一團體時

Library Association (1991). <u>Children and young people: Library association guidelines for public library services</u>. Location: Author.（副標題第一字應大寫）

中華民國資訊學教育學會編（1998）。<u>中華民國圖書資訊學系現況暨教育文獻書目</u>。台北：編者。

十一、編輯著作

Herron, N. L. (Ed.) (1996). <u>The social sciences: A cross-disciplinary guide to selected sources</u>. Englewood, CO: Libraries.

楊國樞等編（1981）．社會及行為科學研究法。台北；東華。

十二、翻譯著作

Freud, S. (1970). An outline of psychoanalysis (J. Strachey, Trans.).
New York: Norton. (Original work published 1940）.

Porter, M. E. (1996). 國家競爭優勢（The competitive advantage of
nations）（李明軒、邱如美譯）。台北市：天下。（原作1990
出版）。

十三、間接引用

（若引用第二手資料，宜將原始資料和第二手資料同時註明，首
先列出原始作者與年代，再以 "As cited in"「轉引自」之方式註
明第二手資料之作者與年代）

註釋時：

（Rapoport, 1970: 499 as cited in McKernan, 1991: 4）
（董作賓，1952: 349 轉引自　錢存訓，1975: 37）

參考資料之寫作時，不要忘了兩個都要交待，其方式如下：

McKernan, J. (1991). Curriculum action research: A handbook of
methods and resources for the reflective. London: Kogan Page.
（這是你讀的那本書）

Rapoport, R. N. (1970). Three dilemmas in action research. Human
Action Relations, 23, 499-513, as cited in McKernan, J. (1991).
Curriculum Acion research: A handbook of methods and
resources for the reflective practitioner. London: Kogan Page.

董作賓（1952）。中國文字的起源。大陸雜誌，5(10)，349。轉
引自錢存訓（1975）。中國古代書史。香港：香港中文大
學。

錢存訓（1975）。<u>中國古代書史</u>。香港：香港中文大學。（這本
是你讀的）

十四、會議論文集

Cynx, J., Williams, H., & Nottebohm, F. (1992). Hemispheric
difference in avian song discrimination. <u>Proceeding of the National
Academy of Science, USA</u>, <u>89</u>, 1372-1375.

十五、研討會中發表之論文（未出版）

作者（年月）。文章名稱。主持人姓名（會議主持），分組主題。
研討會名稱，舉行地點。（主持人部分或可不寫）

Lichstein, K. L., Johnson, R. S., Womack, J. D., Dean, J. E., &
Childers, C. K. (1990, June). Relaxation therapy for poly-
pharmacy use in elderly insomniacs and non-insomniacs, In T. L.
Rosenthal (Chair), Reducing Medication in Geriatric Population,
Symposium conducted at the meeting of the first international
congress of behavioral medicine, Uppsala, Sweden.

彭淑華（2002,10 月）。弱勢兒童保護的最後一道防線──臺灣
地區育幼機構之發展與省思。莫黎黎、夏學鑾（會議主
持），青少年及兒童福利組，兩岸四地社會福利學術研討
會，香港。

（會議資料，若未出版，作者常不希望別人引用，因此較佳的方
式是事先要徵得作者同意。）

十六、網路資源

（一）電子郵件：僅需在正文中引用，參考書目中不需交待，如
下：

L. A. Chafez (personal communication, March 28, 1997).

詹火生（私人交談資料，10 月 28 日，2002）。

（二）網路資料（非引用特定網頁時）：僅需於正文中引用，參
　　考書目不必交待，如：

美國圖書館學會的網站提供了此種專業資訊（http://www.
ala.org）

（三）網站期刊文章

Kraut, R. & Lundmark, V. (1998). Internet paradox: A
social technology that reduced social involvement and
psychological well-being? American Psychology, 53,
1017-1031. Retrieved June 6, 1999 from the World Wide
Web: http://www.apa.org/journals/amp5391017.html

吳明德（1997 年 1 月 31 日）。大學圖書館員角色的省思。
大學圖書館，1(1), 5-18。上網日期：1999 年 8 月 10 日。
http://www.lib.ntu.edu.tw/pub/univj/uj1-1/uj1-3.html

（四）網站摘要

Rosenthal, R. (1995). State of New Jersey: An overview
(Abstract). Psychology, Public Policy and Law, 1, 247-271.
Retrieved January 25, 1996 from the http://www.apa.org/
journals/ab1.html

（本參考資料曾蒙東海大學社工系高迪理博士、王篤強博士、賈庭詩
博士、劉麗雯博士修改指正，東海社工研究所博班學生黃秀香亦提供
資料，謹表謝意）

七、書目卡的製作

圖書館固然可以使研究者找尋到很多資料，但是資料如何被引
用，如何在效率上提高，在格式上正確，卻是很重要的技巧與
訓練。有效應用資料，整理資料的方法則是書目卡與內容卡的

製作。書目卡指記載資料作者、資料名稱、出版背景及出版地
址、年代的卡片。大體上，一篇研究報告的完成需要參考很多
文件與資料，這些龐大、眾多而且頗為複雜的資料，若不能系
統性的整理，資料不僅會流失，而且引用上也會紊亂。避免這
些問題的產生，最好在閱讀完資料前後，做好書目卡。

書目卡的卡片不要太大，最好與內容卡有別，略小於內容卡較
佳。決定要閱讀該資料之前，先做書目卡，再看書，看了書以
後再做內容卡的次序較為合理，因為做了書目卡，在讀完資料
進行內容卡的寫作時，會較為順利。做了第一篇資料的內容卡
以後，再做另一本書的書目卡，再取內容，做內容卡。書目卡
的製作愈細心愈好，千萬不要隨便，可幫助研究者日後寫報告
的速度及心情。否則文章寫完精疲力竭時，還須再整理書目，
到時還為種種格式是否準確傷腦筋時，就無法把論文的善後工
作做好。書目卡的寫作大體參考上述 APA 的書目格式，以下僅
提供兩例供讀者參考：

所參考的資料為一期刊的文章時

> Rubin, Allen (2000). Standards for Rigor in Qualitative
>   inquiry. <u>Research on Social Work Practice</u>, <u>10</u> (2), 173-178.

所參考的資料為一本書時

> Royse, David (1995). Research methods in Social Work. 2ndedi.
>   Chicago: Nelson-Hall.
>
>
> Key words:
> (是否要寫關鍵字隨個人需要與習慣而定)

八、內容卡的製作

論文的寫作絕對不是從圖書館裡借了很多書，然後一本本抄的過程，而是參考了很多資料時，把對自己的論文可能有關的內容擷取下來，經過研究者自己對論文方向的擬定後，寫好了大綱，再按著大綱，參考著內容卡，以自己的論點逐字、逐句的完成，而整個過程都應配合著 APA 註釋格式。大體而言，內容卡的製作過程如下：

（一）先速讀所要閱讀的資料，用鉛筆在資料上畫記號，讀完該篇資料。若覺得資料不錯，可能會引用到論文內容時，才把這些內容抄在內容卡上。

（二）用內容卡先抄內容，最重要的原則是一張卡片只記載一種單一的內容，因為內容卡的用意不是把整篇內容都抄在卡片上，而是供給研究者在寫論文時，做隨時引用的佐證，所以每張卡片內容愈單一化，其靈活度就愈高。

（三）依所抄之內容，自己給該內容一個名稱，寫於卡片中間，可用色筆為之。該名稱可以與原資料的名稱一致，也可以依據自己引用時的情況賦予自己認為比較妥善的名稱。

（四）卡片的左上方，可用另一色筆寫分類名稱（最好用英文，排列方便），否則有朝一日，卡片繁多時，次序大亂，保管上也不易。有了分類名稱後，依名稱歸類，再多的卡片也不會混亂。

（五）卡片右上方寫原資料作者之姓（中文則姓與名都應寫明）、年代及頁數。

內容卡製作範例

> Marriage: family violence　　　　　　　　　塗秀蕊（2000: 117）
>
> 　　　　　　　　　保護令的種類
>
> 我國的家暴法將保護令分為 1. 通常保護令與 2. 暫時保護令
> 二種。但暫時保護令又分為
>
> （1）得於下班時間核發之緊急性暫時保護令及
>
> （2）僅能於上班時間核發之一般性暫時保護令

說明：

（一）卡片內容名稱

在這張卡片中：「保護令的種類」是卡片的名稱。這個名稱的來源是根據卡片的內容主要就是在講保護令的種類，我們當然可稱之為「保護令的種類」。問題是有時候原文的記載中，有時並沒有「保護令的分類」這幾個字，那當然就由作者根據內容來給予名稱了。自己所作的卡片，在訂名稱時保留一點自主性並不為過，但應小心不要離題太遠，名稱與作者原意產生差距時就不妥了。

（二）卡片分類名稱

卡片太多時很容易亂成一團，在整理或儲放時最好有分類名稱來管理。如何分類則根據研究者本身的研究方向或嗜好放，不會有大礙。如 "Marriage: family violence" 這個卡片的分類名稱，是依作者本身的需求而訂，此卡片未來將被貯存在 Marriage（主目錄）或 family violence 的（次目錄）上。分類名稱最好以英文為之，排列較容易，資料較不易混亂。分類名稱置於左上角（右上角亦無不可），可使我們在翻閱時較為容易。

（三）作者之姓氏

西文資料的作者只寫姓氏即可，中文資料時當然姓名都應當寫明。之所以名字後面只用一個逗點是因為配合著 APA

的格式，正文引用時，註釋上只寫上名稱、逗點、年代、冒號及頁數即可，引用後登載時，非常容易。

國人對洋名的姓名次序常常產生困擾。中文永遠都是姓再來名。洋人則常以名開頭，中間可以夾一個 middle name 的縮寫，最後才把姓冠上。「姓」的英文叫 "last name"，「名」則為 "first name"，此為常識。英文的期刊作者名的出現經常是由名而姓，如 "Paul K. Abels"，但書目的交待則是以作者的姓氏的字母次序來安排，所以製作書目卡時就要馬上把作者的姓與名調整好，期刊的作者 "Paul K. Abels" 在書目卡中當然就變成了 "Abels, P. K." 了。

(四) 頁數之登載

頁數登載建議不妨直接跟在作者姓氏之後，因為一旦引用在正文中馬上要做註釋時，就可以立即交待，非常便捷。

(五) 字字引言、第二手資料的內容記載

當然內容卡的寫作也有其複雜的一面，例如「字字引言」與「大意摘要」不同；「方塊引文」與「小段引文」亦有差異。有時還會碰到所引用的作者又是引用了別人的資料，研究者實際上所引用的是第三甚或第四手資料而已。此時內容卡的製作就要相當小心，字字引言時，在內容卡上馬上就用引號，若非第一手資料引用時，更應找出原作者（從所讀資料後面的書目可找到），馬上交待「引自某某作者」，不要忘了趕快作一張原作者的書目卡，免得到時一緊張會找不到出處。

第六節　如何寫好論文的第二章——文獻探討

文獻如何寫作並沒有一致的規格或方法，只要敘述得清楚，概念上層次分明，加上文筆又能被瞭解，運筆的風格應該是個人的事。但

研究者若茫無頭緒，或希望能不致犯了大錯的話，有一些經驗或可供
參考：

一、以資料性質為順序

（一）引言與前提的介紹

開場白中，把研究的背景先作簡略的敘述，使讀者知道研
究的概要。事實上在第一章問題敘述時，可能已經把研究
的宗旨與目標多少做了說明，而此時的引言不妨著重在文
獻的立場上。

（二）理論資料的敘述

文獻探討的內容主要分為兩大類：理論文獻與研究文獻。
理論文獻的重點是在觀念的釐清，探討自變項與依變項的
源頭，有哪些理論？其重點如何？這些理論如何演化為研
究的前提？如何藉之以形成研究的假設？又如何演變為研
究的變項？若能把這些來龍去脈在文獻探討中交代清楚，
文獻探討的目標就完成了一大半。

（三）研究資料的敘述

交代完了理論或觀念方面有關的文獻，還必須把與研究的
主題有關的先前研究做好整理與報告。一般都是針對問題
的內容，整理相關的研究及其所得到的種種發現，做個說
明，使讀者在文獻探討之單元中，大致瞭解有關問題之各
種研究的情況。

（四）敘述有關假設的資料

研究假設是什麼，研究者應該早就胸有成竹，為了在文獻
之後能夠讓讀者順理成章的瞭解你的假設，研究者最好在
敘述上預先舖路，好讓資料內容能水到渠成的形成假設。

（五）敘述對假設所做探討的其它方法的有關文獻

為了確定研究的必要性，研究者有義務把探討問題的其它
假設也做介紹，當然在敘述這些文獻時，作者也應趁機

——釐清彼此之間的優劣與差異，順道表明出自己研究的
必要性與本身假設的特殊性。

二、以研究變項為主軸

文獻探討可以以資料的性質為順序，也可以以研究變項為主軸
來敘述，至於是哪一種較佳，無可定論，主要因論文的性質，
以及研究者所習慣的表達方式而定，大體上可參考下列的步
驟：

（一）敘述自變項X的定義

若研究的題目是「國中學生自我肯定與學業成就之間的相
關研究」，則開宗明義，先要把何謂「自我肯定」這個論
文主要自變項做好說明，使自變項的定義能夠明確。

（二）敘述有關自變項X的理論性文獻

與「自我肯定」有關的理論是什麼？不同的哲學與學派又
如何的闡述「自我肯定」，把與自我肯定有關的理論、概
念、哲理、論點，甚或各種爭執都在此部分中分析闡述。

（三）說明有關自變項X的研究背景

與自我肯定有關的研究目前為止到底有多少？被研究到何
種地步？各有何種結論？各遇到何種難題？研究者應把與
自變項的相關研究，綜合整理出來。

（四）介紹依變項Y（與步驟一同）

（五）敘述依變項Y的理論性文獻（與步驟二同）

（六）說明依變項Y的研究背景（與步驟三同）

（七）X與Y兩變項之間有關的理論與假設文獻

研究的主題是「國中學生的自我肯定與學業成就之間的相
關研究」，為何這兩個變項要放在一起？是否與自我肯定
的相關研究中已明顯的遇到難題與瓶頸？與學業成就有關
的研究也已經需要從別的研究層面去突破？自變項與依變
項的相關研究在這個論文中被如此處理，是否名正言順？

是否經得起在理論與邏輯方面的挑戰？若把這些論點講解清楚必定有助於讀者對其論文的贊同與瞭解。

（八）**文獻結論時，可以繞著研究問題來作結論，使讀者在讀完文獻後，對研究者的架構、理念與來龍去脈都有基本的瞭解。**

第七節　結　論

文獻探討若要做好是巨大的工程，不僅平日要把相關的文獻多多涉獵，對於資料的整理與應用更是一大考驗。所呈現的不僅是資料看得是否足夠，還牽涉到整理資料的技巧是否純熟？資料應用的過程是否嚴謹？治學的態度是否誠實？絕對不是學問的層面而已，更包含了人格的層面，疏忽不得，與讀者們共勉之。

習題

1. 文獻探討在整個社會工作研究方法中所扮演的角色爲何？
2. 在進行社會工作研究時，爲何要進行文獻探討，其在社會工作研究上有何功能？
3. 撰寫研究報告文獻探討的部分，應注意哪些事項？
4. 文獻資料的種類？
5. 如何撰寫一篇好的文獻探討，試從你的研究或他人過去的研究中，評論其文獻探討的優缺點爲何？

Chapter 5

社會工作與
質性研究

───────────── 摘 要 ─────────────

社會工作是新興的專業，幾年來，雖然看到這個專業在蓬勃的發展，但也看到這個專業在成長過程中有不少的掙扎。其中一個弱點就是在研究法上的爭議。社工人員應該學會判斷什麼主題用量化研究法，什麼主題用質性研究法。不管用什麼方法作研究，當事者都應該知道這個研究的特點是什麼？缺點是什麼？應用性如何？限制又如何？唯有在這種狀況中，社會工作的研究領域與成果才能愈來愈豐碩、愈來愈成熟。

一般而言，質性研究法與量化研究法在本質上、哲理上，以及對事物的假設上都有差異。質性研究可讓研究者仔細並有深度的研究所選擇的研究主題，量化研究則較能使研究者對所研究的資料有所比較，並能加以統計上的處理。

量化研究與質性研究的適用條件亦有不同，量化研究適用於所要研究的環境和文化，事先已有大量的資料，且資料蒐集較為容易；若研究的目標是要尋找變項與變項之間的變異、關聯或因果時，量化研究勢在必行。其資料蒐集方法亦包括：結構式的直接觀察、事後回溯核對表與評定量表、問卷、自我觀察報告、設計「狀況」或模擬「情境」、例行的記錄、非干擾性的測量、測驗等。

質性研究則是透過自然研究作真實世界的觀察，當進入一個很不熟悉的社會系統，在一個不具控制和正式權威的情境中、當低度的觀念概化和學說建構的背景，需要案主的主觀理念，定義一個新概念和形成新的假設，使用質性研究則較適合。主要蒐集資料的方法包括：非結構式的直接觀察與會談兩種。

此外，社會工作者如何運用質性研究法，包括資料蒐集、資料分析，觀察、訪談的方式、原則、內容與注意事項，都將在本章後半部分詳細說明，為初次接觸質性研究法的讀者們做一基本且詳實的介紹。

第一節　前　言

哪段敘述比較能夠描繪出一對夫妻的愛情？

一、某對夫妻接受婚姻滿意度測量，結果得分82分，比一般
　　測驗的平均分數（74.5分）還高。

二、「我們醒來時，已經比平常慢了將近半個鐘頭，要不是隔
　　壁小孩發動摩托車的聲音太大，不知還可以睡多久。最近
　　我們總是有說不完的話，愈談愈起勁，愈談愈對味，每次
　　總是談到三更半夜，能夠每晚談得那麼盡興，實在是個享
　　受，可惜第二天總有班要上。每天都是我匆忙的準備好早
　　點，敦促著他趕快吃完，也忙著幫著他選領帶，打領帶，
　　拿公事包，好不容易把一切打點完畢，送他去上班。正要
　　出門時，免不了又是一番纏綿。剛一分手，忙著把桌子
　　收拾乾淨，把家中的事務都安頓好，剛可以稍微休息，哪
　　知，望著牆上的鐘，我知道，該是先生到辦公室打電話回
　　來的時候了……」。

　　雖然第二段敘述用了較多的篇幅與文字，但是對於夫妻生活的描
繪，我們很清楚的發現，第二段要比第一段來得具體，給人的「影像
感覺」也來得較為真實。

第二節　淺談研究法的哲學背景

　　在心理學界或是行為科學界中，我們也常常以為所謂「科學」應
該就等於自然科學。我們只能研究那些看得見的、摸得著的，或是可
以計算或是測量的才算數，其實 Bettleheim（1982）的敘述或可提供
我們一種新的觀點：

「在德國文化中，於弗洛依德時代，到處充斥著他的著作，曾經存在著一個分歧的觀點，而這分歧至今猶在，那就是追求知識的二條途徑，這二種方法皆被稱爲科學，且被平等視之。一爲自然科學，一爲形上學。這觀念深植在德國的唯心論哲學中。這些論調對於瞭解這世界顯示了完全不同的方式。在大部分的德語世界，尤其在維也納，於弗洛依德生前和在世時，心理學顯然是落在形而上學的領域；而在大多數英語國度，心理學則屬於自然科學的範疇。」

這段敘述指出研究心理學有兩大脈絡，一個是自然科學，另一個是形上學。這兩個論調面對世界有截然不同的說法，若從自然科學的角度去探討，重點是在研究那些可以看得見的行爲，但對於內心種種看不見的心靈世界，形上學或許是更適當的方法。社會工作研究法中不僅要對所能看到的行爲或現象有所掌握，也應該認眞試分析那看不見的心靈世界。這開啓了我們的量化研究或質性研究的開端。

一、量化研究與質性研究的哲學背景

在社會科學的哲學根源中，一般而言，可以劃分爲三個主要的派別，一個是洛克派（Lockean School），認爲一切的認知源於外界可見之物，每件事物都有深淺不同的層次，而相同的層次就會有相同的性質與意義。也因此在相同性質的各種物質都可以加減演算。要瞭解複雜的事物時必須先從簡單的事物著手。這種哲學觀念，在心理學上就發展成今天的行爲學派，在研究法上也就是道道地地的量化方面的研究法。這種派別也稱爲外觀派（因爲研究時只看外表可看、可數之事物）；也稱爲經驗派（因爲強調驗證、假設與概推），或稱爲英國學派（因爲主要是英國的學者如：培根〔Francis Bacon〕、霍布士〔Thomas Hobbes〕與洛克〔John Locke〕等爲主），而一般我們稱之爲洛克派，有別於德國的哲學大師康德學派（Goldstein, 1981;

Rychlak, 1977, 1979）。

第二個派別是康德派（Kantian School）。康德學派主張經由認知看萬物，而此認知是與生俱來，非全由環境所塑造，人由認知產生意義，人類生下來不是一張白紙，乃是會選擇、會判斷、會領悟、會自我學習的個體。各種事物沒有抽象的層次之分，最簡單的事情可能有最複雜、最抽象的意義；最複雜的事物卻可能具有極其簡單的涵義而已。此派又可稱為內省派（因為重視心理的內在認知），或是德國學派（因為主要以德國的康德、霍賽爾〔Edmund Husserl〕等為主），但是可以統稱為康德學派。

第三派則是混合派，一方面有洛克派的特質，另一方面又有康德派的風味，而符合這種情況的就是弗洛依德的理論。論他的康德本質，弗洛依德確實也是在探討看不見的心靈世界，他分析人的潛意識，人類行為的種種防衛機轉，研究人的種種自我狀況，我們可以歸諸為康德學派。論及弗洛依德的洛克特質，弗洛依德強調人的早期經驗對人不可抹滅的影響，他也不斷的提及性、驅力對人的控制性……，這種武斷的因果觀也就是道道地地的洛克學派作風。由於弗洛依德學說同時有了康德與洛克的學說特質，所以我們可以把弗洛依德的學說稱之為混合派。

二、量化研究法的主要假定（assumptions）

從以上的哲學背景的探討，我們可以歸納出量化研究法的一些主要假定。量化研究者視世界為一個有秩序、有法則，而且極其穩定的「事實」，這個事實能被完全的知道，也能被正確的測量。量化研究者把個人、組織與社會（或是他們所要研究的「東西」）充分的加以「概念化」、「具體化」或「操作化」，使它們有利於既定架構，而此既定架構就是引導這些研究者去探討真實世界的主要步驟，量化研究者因此使用設計過的方法，

來證實或確認他所引用的理論及其變項間的種種關係。在其研究設計中（向來最標榜純實驗的研究設計），以便確定研究方向、減少研究時別的因素的干擾與影響，使結論合乎邏輯，並且能產生概化的結果。換句話說，量化資料收集技巧是用來在特定的、操作定義的社會實體內產生客觀的、可觀察的、可靠的及數量化的事實（Cohen & Manion, 1985; Reichardt & Cook, 1985）。

三、質性研究法的主要假定

質性研究的 assumptions 與量化研究的假定不同（Cohen & Manion, 1985; Epstein, 1985; Ruckdeschel, 1985）。質性研究法把現實世界看成一個非常複雜的（不是用單一的因素或變項所能解釋的）「現象」，此現象是不斷在變動的動態事實，由多層面的意義與想法所組成。這種現象與事實受環境與情境中主角的主觀解釋而有不同，也受個體與個體間彼此間的互動所影響。人們經驗與解釋世界的事實有許多不同的方法，而所有社會事實的建構，從最簡單的互動到最複雜的組織，是無數解釋不斷闡釋的成果。質性研究試圖探討某種社會行為的意義、以及與其它現象之間的關係。

質性研究者試圖中止研究者擁有「架構」，反對量化的研究者摒棄「主觀」的研究態度，而認為「主觀」也是重要的社會「現象」。質性研究者試圖敏銳的觀察周遭的現象，瞭解存在中的事實，探索當事者的心靈世界，記錄「當事者」的主觀見解及其對現象的解釋與意義。它以自然的方式收集資料，平實直述的記錄所看見、所聽見的現象或是在環境中發現的意義。質性研究法的重點不在於「求證」某種假設，而是在探索某種意義與現象。質性研究的結果是某種概念或變項的發現，某種意義的探討，而不是研究結果的「概推」。

　　基於以上的背景，質性研究法經常所牽涉的理論，大體較偏向於民族誌學（ethnographic research）、現象學（phenomenology）、發現法（heuristics）、民族方法學（ethno-methodology）、符號互動論（symbolic interaction）、生態心理學（ecological psychology），系統理論（system theory）、混沌理論（chaos theory）、詮釋學（hermeneutics）、導向性質的研究（orientational qualitative inquiry）等理論。質性研究的實務應用，主要來自觀察的力量，對世界的種種現象保持開放性，並設法做歸納分析以瞭解世界的本質。雖然質性研究的方法具有極佳的哲學基礎和理論支柱，質性研究的實務應用原則卻只是幾個非常基本、簡單的方法而已：專注、傾聽、觀察、保持開放的態度、仔細思考所見所聞的知識並加以整理歸納等（Patton, 1995）。

第三節　質性研究與量化研究的差異

　　質性研究法與量化研究法在本質上、哲理上，以及對事物的假設上都有差異。一般而言，質的方法，可讓研究者仔細並有深度的研究所選擇的研究主題，量的方法則較能使研究者對所研究的資料有所比較，並能加以統計上的處理，因此在運用的模式上（patterns of utilization）也有不同（Haworth, 1984）。

　　量的研究取決於謹慎的研究工具結構，使能確定該工具所測量的，就是研究所該測量的。質的研究中，研究者即是工具（the researcher is the instrument），質性研究的好壞，取決於研究者（實地工作者）的技巧與能力，及其工作是否嚴謹的程度（Patton, 1995: 7）。量化研究法與質性研究法之間不是孰優孰劣的問題，而是用法差異的問題，其差異的現象如下：

表 5-1　量化法與質性法的差異比較

項　　目	量　化　法	質　性　法
理論背景	邏輯實證論	現象論
目　　標	檢驗、預測、推論	探索、開發、意義尋求
邏　　輯	主要是演繹法、既有概念發展假設檢驗	主要為歸納法、對未知世界的探索
觀　　念	以外來的觀察者自居，追求客觀	以參與者的角度為主，不排斥主觀性
語言形式	將概念操作化，試圖以數據來呈現	用受訪者本來的語言或系統中成員的暗語探討意義、目的
研究設計	社會調查、訪談、問卷檢視變項間的因果關聯	強調探索性的觀察和訪談，檢視受訪者內心中的意義
研究取向	以證明為取向、證實的、縮小的、推論的、假設演繹的、結果取向的	紮根的（grounded）、發現取向的、探索的、擴張的、描述的、歸納的、過程取向的
研究資料特質	可信的、硬性的、可複製的資料	有效的、真實的、豐富的、有深度的資料
觀察方法	強迫的、控制的測量	自然的、未加控制的測量
觀察角度	與資料遠離、局外人	與資料很接近、局內人
實體的特質	假定實體是靜態、穩定的（stable reality）	認為事實經常是動態的（a dynamic reality）
研究結果	特殊的、可概推的	完整的、不可能概推的

一、目標上的差異

大體而言，量化法強調檢驗、預測以及有關社會事實的因果假設，或是研究結果的推論上。反之質性研究法的目的不在於驗證，而是在於探索一個較為深奧的、抽象的內心世界。質性研究法也不做推論上的努力，它的重點是新的觀念的開發。

二、邏輯上的差異

量化法傾向於演繹法（譬如：應用社會科學以調查法來瞭解社

會事實）。就理論或學說的發展而言，傾向於概念的發展、假設的驗證，以使概念有更好的發展，詳加探討已知的現象與事實。而質性法多用歸納法（譬如：從社會事實中索引概念和理論）。就理論的發展而言，這種歸納性的策略，重點在於新的理念的發展，它較適合於有關的未知之社會領域。

三、觀念上的差異

量化法企圖從一個「客觀」的立足點來描述社會事實（而所謂客觀，量化研究者認為必須完全剔除主觀性）。量化法所強調的是將外來觀察者帶進社會系統的研究裡。質性法最常用到的就是採用研究系統中參與者的觀點去描述社會事實。其假設前提為：情境中的當事者才能透露出關於他們做些什麼、為什麼去做的最多訊息。我們可以看出來，量化研究以研究者為重點，以他的架構看萬物，質性研究者則以當事者為重點，以當事者的解釋和認知來解釋萬事。

四、語言形式上的差異

量化法得以透過語言，將研究上的構念（constructs）與概念（concepts）轉化成操作性的定義，最後並以數據的形式出現（Weinbach & Grinnell, 1987）。而質性法則運用參與者本來的語言（natural language）和系統中成員的暗語（argot）所賦予這些參與者的強烈「意願」，憑藉邏輯的歸納和透過每一事件的仔細觀察，共同討論其「意義」。

五、研究設計上的差異

量化法傾向於運用社會調查，運用有結構的訪談、自陳問卷、資料普查以及類似的一些方法。量化法用盡辦法來檢驗二個變項間的種種差異性、關聯性或因果關係。質性法則仰賴參與者用謙虛的態度去觀察並用較細緻、較深入、較長久的訪談

（Ramos, 1981, 1985; Watts, 1981, 1985）。質性研究，強調探索性
的研究設計，雖然其研究結果的推論性有限。

六、理論基礎的差異

量化法似乎較適存於心理學和社會學的領域。質性法曾經普遍
適用於社會心理學與社會工作。然而，這些分歧是屬於過去的
現象，在未來，專業假設將會透過實務者和研究者的交互模式
而有更科學的基礎出現，質性和量化研究法亦將隨之不斷變
遷。

總之，在上述的討論中，不斷強調兩者之間主要的差異，其實也有很
多例外，例如：量化法有時僅用於單純的描述目的；而質性法有時
則爲了因果關係的解釋而作調查。姑且不論二者的差異，二種研究法
皆爲有計畫的，有系統的和可證驗的，藉著「可證驗的」（此詞常被
誤以爲是量化研究的「專利」，其實質性研究也有質性研究的驗證方
法），可將實際經驗和親身之觀察視爲知識取得方法之一種。簡而言
之，二者均爲探討社會工作知識的有效方法。

第四節　量化研究法的適用條件及其資料的蒐集 技巧

一、量化研究法的適用條件

（一）所要研究的環境和文化，事先已有大量的資料時

例如前幾年所流行的壓力因應研究、生活適應研究、或是
社會網絡研究等，反正資料也不少，而一些基本的概念，
也大致有其共識，在定義上或操作性上不會有太大的爭議
時，就可用量化研究。因此，在調查的領域曾有相當大的
觀念性發展、學說建構和很多檢驗時，量化研究就會比較

順利。

（二）案主較容易接近，資料的蒐集較為容易時

研究的主題或對象是社會所能接受時，量化研究也就比較方便。例如一般人不會因被問及日常生活中最大的壓力是什麼而不悅，回答有關壓力的因應，每題都用1，2，3，4，5的方式來答時，也相當的容易。但是探討捷運殺人事件的嫌犯「你爲何要殺人時？」，並不是一些封閉式的題目，每題用1，2，3，4，5的方式就可以探討得到。

（三）情境比較容易控制，或稍具有權威背景時

一些量化的研究，只要透過關係或是得到受訪者的同意時，調查馬上就可以進行。當受訪者怕麻煩或因對調查者不熟而有戒備時，研究者可透過權威或關係而得到受訪者的配合接受調查。運用權威作調查本來能免則免，但適度的權威關係有時會讓受訪者較爲放心，也因而得到更高的安全感，量化研究就可以很順利的完成。

（四）調查變項之間的因果關係時

若研究的目標是要尋求變項與變項之間的變異、關聯或因果時，量化研究勢在必行。

二、量化研究法蒐集資料的方法

量化研究法的資料蒐集主要是以可觀察的事物與行爲爲主（Allen-Meares & Lane, 1990）：

（一）結構式的直接觀察

用系統的觀察守則，對在自然環境中與案主互動時有關的變項做一系統的記錄。

（二）事後回溯與評定量表

事後回溯包括靜態的描述、個別的事件記錄、標準化的對情境反應，以及行爲記錄與特性的指標等。評定量表以等級順序來判斷關於人或環境的特徵。評分（規定等級）是

把社會現象都用分數來表達，可以使我們從複雜的行為現象中蒐集重要的資料（Brandt, 1972）。

（三）問卷

問卷包括核對表、評定量表，或一些開放性的項目，以瞭解當事人的感覺、人格特質、自我陳述的行為、態度、興趣、環境影響變項等等。問卷信度、效度的考慮當然不在話下。

（四）自我觀察報告

蒐集有關當事者的環境及行為表現的資料，使用紙筆、記數器、計時裝置、甚或電子裝置等來觀察案主的行為。這些觀察在分析之前也都要化為數字，用數字的大小來區分現象的差異。

（五）設計「狀況」或模擬「情境」

為了蒐集有關研究變項的資料，研究者有時會設計一些情境，讓受訪者以為是在原來的生活環境中經驗一個普通的事件，而且他們不知道自己的行為已經被測量。

（六）例行的紀錄

藉物品或符號有規則的描述正在進行的活動，如：缺席紀錄、醫院紀錄、入學紀錄等。這是一種迅速可得，而且不引人注目的重要資料來源。

（七）非干擾性的測量（unobtrusive measures）

運用一些可測量的追蹤方法，如方案、地區或服務的使用頻率，或用存在的物體、環境或現象（如一個地區的空瓶數、圍牆的高度或形式）來判斷一些有關的訊息（Webb, Campbell, Schwartz & Sechrest, 1966）。

（八）測驗及量表

藉著一些測驗量表，來測知當事者的智力、成就、人格、興趣、態度、知覺反應與價值體系等，在量化研究中甚為普遍。

第五節　質性研究常用的方法及適用的條件

一、與質性研究較有關聯的研究法

質性研究的主題，依 Patton（1995）的看法，主要建立在一些相互關聯的主題上，如：

（一）自然研究法

研究者不企圖以人力操控研究情境，對任何於研究中顯現的事物，抱著完全開放的態度（Parlett & Hamilton, 1976），有什麼記什麼；是什麼就寫什麼。

（二）歸納分析法

專注於資料的詳盡，分析資料的特性，可用歸納的策略以發現有關概念的範疇與向度，及其概念間的相互關係（Glaser & Strauss, 1967）。

（三）完形觀察法

把整個現象解釋為一個複雜的體系，而非部分的總和，把焦點放在各個部分相互依存的關係（Bruyn, 1966）。

（四）質的資料

看重詳盡的描述，深度地探究，對個體的個人觀點的切實掌握，以及經驗的直接引述。

（五）個人的接觸和洞察

研究者直接接觸所研究的對象、情境，以及現象；研究者個人的洞察與發現是研究的重要部分，而且也是瞭解現象的重要關鍵（Denzin, 1978a; Bruyn, 1963; Taylor & Bogdan, 1984）。

（六）動力的體系

重視歷程，無論研究的焦點是個體或是整個文化體系，所有的事物都是動態的，隨時在變化的。

（七）獨特的個案導向

假定每個個案都是特別而且是獨一無二的,對每個個案的個別化的細節都需重視,若要做跨個案的分析時,應該取決於個別化的個案本質（Stake, 1981）。

（八）情境脈絡的敏銳覺察性

必須把發現的結果與當時的社會、歷史,以及情境脈絡取得架構上的聯繫。針對個案受訪者所經歷的事件,也總會有某些重要情境及關鍵點,研究者應隨時保持敏銳的觀察力與感受力。

（九）同理的中立

質性研究不認為人可以完全客觀,純粹的主觀固然會使研究缺少了信度,但研究者在資料以外不額外的提供什麼,除了受訪者的感受,研究者不節外生枝的倡導某些理念,不進展個人的議程,只是瞭解,以世界的複雜性來瞭解世界;研究者的個人經驗和洞察力可以成為相關資料的一部分,然而對可能浮顯的內容採取中立的、非判斷的立場（Scriven, 1972b; Borman & Goetz, 1986; Krenz & Sax, 1986）。

（十）設計的彈性

若對情境瞭解已有足夠的深度,或是研究的情境有所改變,研究的架構與方向則可加以調整。

總而言之,質性研究是透過自然研究做真實世界的觀察;經由歸納分析,脈絡情境的敏銳覺察性,與完形的觀察,來保持所研究事物的開放性;強調個人的接觸和洞察;注意動態的歷程,藉由一獨特的個案導向,欣賞該個案的特質差異性;秉持其同理的中立立場,提供一個架構,以作為開發特定的設計,以及具體的資料蒐集策略之導引（Patton, 1995）。

二、較適合質性研究的情境

（一）進入一個很不熟悉的社會系統時質性研究較為適用

當一個研究的主題鮮為人知時，例如：自殺者的心聲；吸毒者的告白；同性戀者的心酸……縱使這些題目有人研究過，但也只是籠統的探討，無法觸及當事者的內心世界。一旦當事者的心路歷程是研究的主要項目時，那質性研究就是最好的方法。

（二）在一個不具控制和正式權威的情境中，較為適用

由於質性研究是要探討當事者的心靈世界、挖掘案主的血淚心酸、瞭解當事者對事、物、人的意義與目標，這種層次的東西絕對不是光靠膚淺的權威或控制可以讓調查完成，必須要得到當事者的信任，讓他覺得在研究者面前可以盡情的敘述他的看法與心聲，當然這也要靠研究者的細心與敏銳的觀察力，才能做好質性研究的工作。

（三）研究的概念仍低度開發，相關的理論建構仍不完全時

若是一個研究的主要變項與定義均在模糊不清或仍具神秘性的階段時，我們若是馬上用量化的方法，給予操作性的定義、賦予變項之間的假設關係時，則研究方向一定會有所偏差。此時，必須要先以質性的方法，做探索性的研究，才能提供未來的量化假設中主要變項應該是什麼，假設與推論的方向應該是如何。

（四）需描述複雜的社會現象，需案主的主觀理念時

問一個社會地位極高的人為何要自殺，並不是用我們一般人的「客觀」態度就可以瞭解其全貌，而是需要當事者主觀的意念、他對人生的看法與經驗、他本身的認知過程……等等才能真正的瞭解。同樣，我們有理由說，真正的客觀是由很多人的主觀集合而成的。當實際參與者把所見所聞、所思所言，在毫無阻礙的狀況中陳述出來時，一

個客觀的事實才能順利的呈現出來。

（五）適於定義一個新概念和形成新的假設

研究新的概念，或探討一個極具開創性、突破性的假設時，質性研究是較爲適合的研究方式。

三、質性研究資料蒐集的技巧

（一）質性研究的人為導向

Lofland（1984）指出，質性研究在蒐集資料時，有四項以人爲導向的要求：

1. 質性研究必須對研究的人與情境非常接近，以便能深入的瞭解詳情。

2. 質性研究者必須掌握實際上所發生的事，清楚瞭解當事者口中所說出話語的眞意。

3. 必須對大量的人物、種種活動、各類人際互動，以及各種場合的情況做好詳盡的描述。

4. 對人們所說的話和書面的文字作直接的描述與分析。

總而言之，質性研究的理念與量化研究不同，當然蒐集資料的方法也會有所差異，其技巧主要靠觀察與會談而來。

（二）非結構式的直接觀察

研究者需以敘述的形式記錄所直接觀察的環境、當事者，及當事者與情境所發生的互動狀況。觀察記錄通常是在觀察時或觀察一結束馬上記下。其記錄的技巧包括生態的描述、樣本記錄、軼事、實地記錄。當然這種記錄方式也有其限制，因爲到底要記錄什麼本身就已經很主觀，而記錄時的解釋與推論也會加上資料的主觀性（Brandt, 1972）。

（三）會談

會談是社會工作技巧中最重要的技巧，它是在一個有目的、有問題導向的談話中，以有效的溝通與說明，獲取所

需要的資料。有「結構式的會談」，提供標準化的表格，
以預先安排的固定項目、開放性的回答格式向案主逐題
訪問，以獲取所需要的資料。有「非結構式的會談」，以
有彈性的、非標準化的格式，頂多提供足夠的結構或引
導，使訪問的焦點放在主要的議題上。缺點是在記錄的過
程中難免會對受訪者產生影響，記錄的問題也沒有辦法
標準化，對重要的細節也很難有完美的記載，而且個案
若有掩飾與偽裝的行為時，也會使資料產生偏差（Selltiz,
Wrightman, & Cook, 1976）。

第六節　量化、質性研究法在社會工作過程的運用

一、量化研究與質性研究各有所長

從量化的角度而言，社會工作的研究路途頗為坎坷。早期，社
會工作並沒有像樣的研究，我們只在詳細的個案紀錄中求生
存，分析哪句話講得好，因為有了同理心，哪句話講錯了，因
為違背了案主自決的原則；或是探討哪個個案處置得有功效，
使當事者的問題迎刃而解……。社會工作早期的研究頗為記錄
性、敘述性，而且不斷的強調社會工作的原則性，早期的社工
排斥「研究」、害怕「研究」，究其原因，主要的問題出在我們
對研究的訓練不夠。一直到 70 年代，由於專業化的要求，加上
博士論文的趨向，才有大批的量化研究出現。

從整個社會科學界來看，目前為止，量化法仍比質性研究法有
較多的優勢，量化研究法較被推崇，但是最近有愈來愈多的社
會工作者發現，光是量化研究的調查法，並不足以對事件問
題發生的始末作一清楚的描述，所以開始尋求一種較為寬廣
的研究法，也就是所謂的質性研究法。Taylor（1977）；Dabbs
（1982）；Van Maaneu, Dabbs, & Faulkner（1982）等將自然主義

的質性研究與實證主義的量化研究作一比較，認為質性研究較
為傾向於社會工作專業的內在邏輯，且更與社會工作的實務相
關聯。他們也列舉了發現取向與證據取向的衝突（量化研究法
通常被認為是採證據取向，而社會實務工作者則採發現取向），
因此他預測，質性研究將蔚為社工思潮。De Maria（1981）；
Heineman（1981）；Geismar 及 Wood（1982）等甚至於指出，實
證性導向的研究和社工傳統是不相容的，社會工作專業應看重
質性研究，而非量化研究。

然而，Tripodi 及 Epsfein（1988）卻在一個方法學的應用上指
出，以為質性方法比量化法較適合社會工作專業是一種「迷
思」，因為談到適用與否要考慮到研究方法的可用性、社工理念
的一致性、社工實務的適合性、研究方法可實施的範圍，以及
經費上的問題等，而仔細分析時，他們發現：量化法目前對社
會工作人員而言，比質性法更為可行；對社工理念的一致性而
言，質性則優於量化法；在社工實務的適用性方面，質性研究
由於在「語言」上較接近社工實務，所以優於量化法；在研究
法可實施的範圍上則優劣互見；經費的考慮方面，量化法則較
質性法經濟。如此一來，我們很清楚的看出，在社會工作的專
業領域中硬將質性研究法與量化研究法劃分為二，使之井水不
犯河水是不智的行為。而兩者之間的可混合性，也有不少文獻
可以看到，也相當的具有說服性（Geismar & Wood, 1982）。

再從社會工作的實務內容來分析，社會工作過程一般可分成三
個主要的範圍：評定（assessment）、處遇（intervention）與評估
（evaluation），而這些範圍可以再分成不同的階段。在這不同的
階段中，量化法與質性法都有不同的功能與作用。Allen-Meares
及 Lane（1990）把兩種研究法在社會工作實務中的應用做了一
個很好的整合，值得社會工作者作為參考。

表5-2　社會工作過程與資料蒐集技巧

階段（Stages）	主要研究法	資料收集技巧
開始的介紹與資格審核	質性	非結構式會談
		例行的記錄
		非結構式直接觀察
評定		
開始的評定	質性與量化	結構式的直接觀察
		測驗
		例行的記錄
問題界定	質性	實地筆記
		會談
		生態的描述
問題說明	量化	評定量表
		成效記錄
		強迫測量
最後的評定	量化	結構式直接觀察
		結構式會談
處遇		
因果關係的	量化	
理解的	質性	
評估		
行為的	量化	直接觀察
		模擬
		自我監督報告
		例行的記錄
內心的	質性	會談

從這個分析中，我們可以肯定，在社會工作的實務中，一個優秀的實務工作者不應該在兩種研究法中有所偏頗，一個能幹的社會工作人員必須同時擁有質性與量化研究法的實力與訓練。

幾年來，有關國內社會工作的研究趨向，從80年代開始是以量化的研究爲主流，在各個學校的碩士論文中大部分是量化的論文爲主，在各校研究法的教學中，不管研究所或是大學部，也都是以量化法的架構、思想脈絡爲經緯。雖然不少人在理智上、情緒上或是專業關係上多少仍「鍾情」著質性研究，但是對於如何做好質性研究，如何掌握質性研究的技巧、原則、步驟等基本的問題卻沒有辦法克服。直至今日，質性研究已成爲國內碩博班論文研究方法的主軸，有關質性研究的原則、精神、步驟、技項等更值得細察研究。

二、質性研究法的精神與原則

（一）重點放在事實的本質

因爲質性研究沒有預存的假設與立場，問卷的方式也避免用封閉式的題目，所重視的是當事者眞實的感受與其對事物的看法，本質如何，研究的結果就應該如何。

（二）強調事實的整體性

這一點完全符合社會工作的精神，看重一個人的整體性。因此瞭解一個人時，不像量化研究，不斷的把研究的主題切割、操作，好讓它能夠在研究者的架構中，呈現研究的目的。質性研究是以當事者爲主，重視當事者週遭種種的關係，「同時且整體」的去瞭解當事者對該事、該物、該人、該環境所賦予的意義。

（三）細緻的探討人與人、人與事之間的種種無窮盡的互動關係

人與人之間的互動絕對不會是像問卷那樣的單純，那些複雜的、細緻的、錯綜的互動與影響關係應該是質性研究不可忽略的重點。

（四）不忙著概化，不急著探討因果

一些對質性研究不以爲然的人，最常見的批評是：樣本少、沒有抽樣，所以不能概化，當然也算不出變項與變項間的因果關係。其實概化與因果根本不是質性研究的重點所在。

（五）不排斥人的價值觀存在，認為這是必然的，同時也是可貴的

質性研究不認爲主觀有什麼不好，每一個人都有其特有的價值觀，對事件都有其特殊的看法，質性研究的好處也就是能夠正視這些每個人都有的主觀性、價值判斷、對事物的意見與感受，而且試圖把這些東西加以探討、分析、整理、並且予以抽象化，好讓這些東西可以成爲一種變項或概念。

（六）研究結果的非絕對性

在作結論時，不求事情的絕對性、因果性，認爲一切都是相關的，都是可以再加以討論的（negotiated），所以研究的結論也是暫時性的（tentativeness），而不是絕對的、必然的。

三、質性研究法在社會工作的運用

質性研究是相當有趣的，但是比量化研究較不易抓住重點，而且因爲質性研究的分析永遠沒有止境，所以在「成果」的掌握上不是那麼具體（雖然質性研究的過程生動、有趣，而且非常人性化，資料在整理時，也很動人，可讀性很高）。因此，比較保險的方法是用半結構式的質性研究，或者採用 Mallucio（1979）的模式，用簡單的量化方法（只有基本的次數分配），但是用很深入的面談訪問，很仔細的內容分析，也會獲得很有創意的研究發現，說服性不比任何採用最深奧的統計方法的研究遜色。以下，我們分析社會工作領域如何引用質性研究法：

（一）適當題目的設計與選擇

質性研究的目的主要是在探索問題的深度，或瞭解現象的意義。所以質性研究的題目一般應該是較爲特殊、連基本的定義、變項都還未被仔細定義的題目較佳，以東海社工所的經驗，幾年來的質性研究題目有：雛妓研究、自殺者研究、吸毒者分析、虐待兒童的父母分析，或器官捐贈者家屬研究、大學男同性戀者研究等……。當然在質性研究中，研究者也必須確定研究的主要目的是什麼，是基礎研究、應用研究、總結性評估研究、形成性評估研究，或行動研究等，雖然都是質性研究，當目的不同時，分析的角度不同，定義現象的角度也就不同。

（二）確定分析的單元

分析單元可以是個人、團體、方案項目、整個方案，或是組織、社區、關鍵事件等，視研究題目與研究目標而定。從社會工作的角度來看，質性研究大體以研究個人或作方案評估研究爲主，當然組織、社區，或事件等也可以是我們研究的範圍。但是社工伙伴應該有所警覺，一般而言，能用量化研究的問卷就可以得到答案的研究題目，不必用質性研究的訪談方法，大費週章去探討現象的意義。準備要做質性研究時，應當先自問「這個研究問題，用哪種研究比較容易得到答案？」一件三言兩語用量的方法就可以了結的問題，大可不用長篇大論去解釋，一個三兩分鐘就可用郵寄問卷郵寄表達清楚的題目，何必用三四十分鐘以質性研究的方法去訪談？我們當然可用質性研究的方法去探討一個組織機構的問題，但是一般組織機構的回覆是否需要質性研究那麼豐富資訊的回答方式，就值得考慮，當然調查組織內的個別成員的感觸、心得、以及深度的意見時，採用質性研究的深度訪談那就無可厚非了。

（三）質性研究法的抽樣種類

質性研究主要針對少量的樣本作集中深入的分析與探討，有時甚至只研究一個個案而已。所以在質性研究中的抽樣方法，大大有別於量化研究中的或然率隨機抽樣法，而是採立意抽樣法（purposeful sampling）。所謂立意，其實就是有別於量化研究一定得採用隨機的方式來取得樣本。而是依據研究的目標來決定研究的對象，採用何種樣本。立意取樣在於選擇資訊豐富之個案（information-rich cases）作深度的研究，因為這些個案含有大量對研究目的相當重要的訊息與內容。仔細分析，立意取樣也有很多類型的抽樣，茲分述如下（Patton, 1995）：

1. 極端或異常個案取樣（extreme or deviant case sampling）

   極端或異常個案經常含有豐富之資訊，這些個案可能極為棘手，但也因此具有特別的啟發性，社會工作實務界中一定有不少這類的個案，不管是成功的亦或失敗的，正常或是反常的，都可以成為質性研究中極其可貴的研究樣本。只要合乎研究的目標，資訊又豐富，極端或異常個案常成為質性研究的對象。

2. 深度抽樣（intensity sampling）

   深度抽樣之樣本是因研究的樣本具該問題的代表性（而非極端或偏激），而且資訊豐富的個案所構成的。極端或異常個案是由於其過份特殊而歪曲了研究現象的呈現。深度抽樣則是尋求可以典型或充分的代表研究對象之個案。在一般發現式研究（Heuristic Study）中經常會使用深度抽樣法，以找到最有代表性的個案。

3. 最大變異抽樣（maximum variation sampling）

   顧名思義就是選取的樣本具彼此對立的差異性，以便找出他們之間的變異數。此抽樣法的主要目的，在於抓住並描述參加人員因彼此差異所產生的變異數，或是形成

方案變化（方案產生變異）的主要論題和結果，藉著小數額的樣本但彼此具差異性，就能夠產生較大的變異數，這種大量變異中呈現的任何共同性均有其特殊的意義和價值。當選擇這些變異多的小樣本來分析時，研究者必須對每一個個案做詳細、準確的描述，以便確定其獨特性。若這些個案呈現共同的特質甚或模式時，研究者必須對異質性的樣本能產生同樣的特質或模式做出適當的說明。在進行某些方案時，有時候會故意選用具有不同經驗的個人去經歷同樣的方案處遇，因此，研究者就可以比較徹底的描述出這些方案對受訪者所產生的變化。

4. 同質性樣本（homogeneous samples）

為對某種現象做深入的研究，盡量選擇具此現象的同質性的樣本來訪問，此為同質性樣本取樣。此方法與最大變異數的主旨不同，研究者不找最大的變異性樣本，而是選擇一些同質性樣本，使能夠對這特殊的組群做深入的研究。例如受虐女性對兩性關係的態度的質性研究中，研究者可以把研究的焦點放在受虐女性，而不是放在一般女性。要研究高教育水準的受虐女性時，就把樣本集中在高教育水準的同質女性，除非你要比較高教育與低教育女性的差異，你才採用最大變異數的樣本。

5. 典型個案抽樣（typical case sampling）

若研究的重點是探討一較顯為人知的現象與問題時，以該問題的典型個案為研究的對象，是很有效的研究方式。當然何謂「典型」爭論性頗大，必要時可以從調查資料，或人口分析後的平均資料來做決定。例如以質性的方法作「阿美族的金錢概念及消費行為」時，到底要找誰當研究的樣本，研究者不妨以阿美族的人口統計資料為主，平均年齡為39歲，勞工，居住於都市，月平

均收入約爲32,000元……，典型個案的抽樣方法應該以
有含這些條件的阿美族人爲對象。

6. 分層立意抽樣（stratified purposeful sampling）

若在使用典型個案抽樣時，研究者取一些包括高於平
均、等於平均，以及低於平均的個案時，即爲分層立意
的抽樣。其目的是要掌握主要的變異，而非找出其共同
的特徵。分層立意抽樣與分層隨機抽樣不同，主要是樣
本小得很，所以不可以用來做概括性的類推，也不具統
計上的代表性。

7. 關鍵個案抽樣（critical case sampling）

使某現象產生急劇變化的因素爲何？關鍵人物是誰？最
好訪問到這關鍵人物才能使眞相大白。換言之，訪問的
對象放在那些事件產生變化的關鍵者，或者某種原因對
整個事物產生關鍵影響的人物，針對這些人在所研究的
現象發生時的行爲、意見或態度，這些人即爲關鍵性個
案。

8. 雪球或鏈式抽樣（snowball or chain sampling）

研究者根據研究主題，向有關人員詢問：「誰對這是瞭
解最多？」或「我應該找誰談？」透過向許多人詢問應
該再向誰請教，來增加擁有豐富資訊的個案，雪球也因
此愈滾愈大。例如暢銷書 Peter & Waterman 的《追求卓
越》，以及 R. M. Kanter 的《改變的菁英》（*The Change
Master*），都是用這種選樣的方法來得到極有代表性的
樣本。

9. 效標抽樣（criterion sampling）

先訂定該研究或現象的標準（criterion），再研究符合這
些標準的個案。例如，研究「施虐父母的輔導方案失敗
之個案研究」，標準若定爲曾參加八個禮拜輔導經驗而
無成效之施虐父母，則研究時當然必須以合乎這些條件

者爲土。

10. 理論性或操作性建構抽樣（theory-based or operational construct sampling）

比效標抽樣還較正式的基礎研究形式便是理論性或操作性建構抽樣。例如研究行爲矯治方案對霸凌國中學生的研究，研究者根據行爲學派理論之重點與原則，並針對霸凌的定義舖陳清楚後才能進行抽樣，此爲理論性建構抽樣。根據理論，對樣本之潛在表徵及代表性，從其事件、生活片斷等都加以定義後，把研究的現實事例加以操作化後再來取樣則爲操作性建構抽樣。

11. 驗證性與否證性個案（confirming and dis-confirming cases）

若某種概念或理論業已經過驗證，一段時間後，若要再度檢驗或證實是否有其它的形式，或該理論可否包含其它的含意時，研究者可以新的資料或個案來驗證該理論的效度。而這種階段的驗證，從質性研究的角度來看，若有合於理論的的驗證性資料，可增加原有理論的廣度、深度和信度。研究者亦可從對立的理論或樣本來取樣，因爲這些不合原來理論的資料可以作爲研究者反向解釋之來源，並使原來理論的範圍更加明確，此些爲否證性取樣。

12. 機會抽樣（opportunistic sampling）

研究者在實地工作中，往往需要做及時的抽樣決定，以充分利用資源，並且能掌握時機，所以可能一些即時性或是新形式的抽樣方法，也可能臨時被使用，以充分抓住「意外」。機會抽樣可以利用事件發生時的一切機會進行。例如社會工作師可以因發生某個家暴新聞，所以以週遭兩個禮拜來的家暴案件作分析，以發現新聞事件對家庭暴力所產生的學習效應來研究。

13. 立意隨機抽樣（purposeful random sampling）

質性研究常常選擇小量樣本做深度的研究，這並不意味著質性研究就不能用隨機抽樣的方法，若能適時的使用，更可增加研究的信度。因此研究者若把所要做的個案資訊系統化，然後設計選擇所要研究的個案的隨機抽樣程序，即爲立意隨機抽樣。

14. 抽樣具有政治重要性的個案（sampling politically important cases）

這是關鍵個案抽樣方法的另一種，但以選擇具政治敏感之場合或分析單元爲主。例如，美國的水門案件牽涉了總統尼克森的去職；臺灣的「美麗島」事件也大大左右了政治生態，所以有關這類政治事件的研究在質性研究中相當的重要。有關《社會工作師法》的立法過程，若從立法的角度來看也別具一格，要瞭解國內的社會工作發展，把社工師法的立法過程詳細予以研究，想必頗具意義。

15. 便利性抽樣（convenience sampling）

這是純粹以便利性爲主的抽樣方法，只要迅速便利就可以取而用之，這是最不盡人意，最沒有辦法，卻是最常見的辦法。許多質性研究者常以爲反正研究的樣本太小，不必考慮到樣本的代表性，也不必講究研究的推論性，所以就以這種垂手可得，而且不用什麼花費的「便利性抽樣」，其實，質性研究仍然要考慮到所研究問題的特性，選擇最適當的樣本來研究，才能使研究得到最豐富的結果。

質性研究到底要採用何種抽樣方法，與其說以上十五種方法都可以用，不如說，應該從十五種方法中選擇最適當的方法來抽樣，才是最妥善的方法。其實研究者也可以

從這幾種抽樣方法當中，選擇幾種加以整合使用，也未曾
不可，但總以研究的主題為考慮的軸心，若研究的主題是
以某歷史事件為主，那關鍵人物的抽樣勢在必行，若調查
對象涵蓋那個問題的各個層面，那分層立意抽樣可能是合
適的方法，每個質性研究的架構、重點、意義等都不會相
同，所以每個質性研究的抽樣方法都要分別說明，千萬不
要什麼都以「立意抽樣」就走遍天下，總要以如何訪問到
最適當的樣本，如何得到最真實、最豐富、最具意義的內
容為抽樣的重點為宜，而且在研究方法的陳述時，都要明
白交待。

(四) 樣本的大小問題

樣本的大小是質性研究法中最曖昧、最含糊的單元。一方
面，它具目的性的策略（每個質性研究的目的不同，樣本
數也因此迥異），另一方面，卻無方法論的規則；具有研
究的方法，卻無統計的公式，「質的研究似乎十分適合於
極能容忍模糊曖昧的人所使用」（Patton, 1995: 146）。到底
質性研究需要多少樣本？沒有人可以給予標準的答案。有
只以一個個案為研究對象者；有訪問了五、六十個，甚至
近百個個案的；但大體以二十至四十為樣本者較多，話又
說回來，這要看何種主題、取樣的難度，以及訪談的深度
而定。若取樣難，如李忠翰（1996）的《大學男同性戀者
研究》只訪談了一、二十位男同性戀者；陳武宗（1995）
的《愛滋病患研究》也只有十幾位樣本而已。國外的質性
研究中，如 Malluccio 的 "Learning form Clients" 事實上也
只有三十幾位。當樣本數不多時，理所當然的，分析的角
度一定要加深，否則找不出什麼質性的研究意義。總而言
之，樣本的規模，與研究者想知道什麼，為什麼要知道這
些，如何使用這些研究結果，以及現有的研究資源有多少
有關。

質性的研究者常在論文的口試（defense）時吃盡大虧，
常常都是因為樣本的代表性及類推性的問題，被對質性研
究不喜歡或不清楚的教授，以或然率抽樣的邏輯、目的，
及通用的樣本規模來批判質性研究的抽樣，當然使質性研
究者立場窘困。其實，對樣本的判斷應該以研究的主題與
環境作考量。不要忘了，Piaget 對自己的兩個小孩做長期
深度的觀察，使我們對兒童思維的認識有很大的進展；弗
洛依德的心理分析理論，只是在不到十個的病例上，就奠
定了基礎；Bandler 及 Grinder（1975a; 1975b）在研究了
Erickson, Perls 及 Satir 三位著名的治療家以後，就建立了
精神語言程序（NLP）。所以，與其在質性研究的樣本規模
上大費周章，不如在質性研究的效度、意義，以及所能產
生的知識、樣本本身所蘊藏資訊程度、研究者的觀察分析
能力等詳加推敲更具意義。此外，Lincoln 及 Guba（1985）
的建議值得研究者深思：「以多餘（redundancy）為分界
點……在立意抽樣中，樣本之大小由資訊因素所決定。如
果研究的目的在獲取最多的資訊，抽樣只有在新的樣本已
無更多的資訊可取時方可停止。因此，多餘為其樣本的標
準」（作者按：意思就是說，質性研究的取樣應該取到再
多的樣本也不能供給新的資訊時才停止）（Patton, 1995）。

第七節　質性研究資料之蒐集──觀察

一、三角檢驗法

質性研究基本上雖是「主觀」的研究，但在研究態度及資料
蒐集方面卻必須盡量的「客觀」。為了研究客觀起見，質性研
究中，一個加強研究設計的重要方法是藉助於「三角測定」
（triangulation），意指在研究相同的現象或方案時使用多種方

法。Danzin（1978b）把三角測定分為四種類型：

（一）資料三角測定（data triangulation）

在研究中利用不同的資料來源。

（二）研究者三角測定（investigator triangulation）

使用不同的研究人員與訪談人員。

（三）理論三角測定（theory triangulation）

使用多種觀點取向去詮釋一組資料。

（四）方法論三角測定（methodological triangulation）

以多種方法去研究一個問題或方案。研究者若在質性研究中，持有三角測定的「研究態度」，一定可以使研究結果更加豐富，這也才是真正的「客觀」。

二、觀察的訓練

為了探討真相，研究者決定到實地去觀察，並且以為觀察就可以看到事實，深信觀察就可以發現真理，但事實並不盡然，因為人們所「看到」的，完全取決於他們的興趣、偏見和背景知識，所以說 "Seeing is Believing"（眼見為憑）其實是過份樂觀的話，Katzer 等人（1978）在其大作 *Evaluating Information: A Guide for Users of Social Science Research* 一書中的「觀察」單元中，居然用 "Seeing is not Believing" 為名，其來有自。質性研究中若要做好觀察的任務，必須先把觀察能力好好加以訓練，這些訓練包括：如何做出描述性的敘述；如何做好實地記錄；如何區分細節與瑣事；在資料繁複時，如何在不受後者的影響下，做好前者的記錄；此外，還要學習使用精確的方法去證實觀察。經過訓練成為一個熟練的觀察者，和受訓成為熟練的統計人員同樣是嚴密的過程。

三、觀察的準備

除了觀察的訓練，觀察的「準備」也很重要。所謂準備包括：

思想、身體、知識和心理的幾個方面。微生物學之父巴斯德（Louis Pasteur）說：「在觀察的諸多領域裡，機遇只垂青那些有充分準備的人。」思想準備指如何在觀察過程中集中注意力，因爲觀察需要全心投入。觀察需要研究者之眼、耳、味覺、觸覺、嗅覺等感覺的應用。觀察者需要足夠的知識，否則他無法做好深度的觀察；當然觀察者的心理必須成熟，否則觀察的過程必然會產生不必要的障礙。

四、觀察的內容

再好的觀察者也不可能把一切都觀察清楚，就如攝影機一樣，觀察必須有焦點或焦距，才能使觀察清楚。在實地觀察中，這種焦點由研究設計和研究問題的本質來決定。但是，一旦進行觀察，研究者必須組織整理所經歷的複雜現實，如此，才算是抓住現實。質性研究中，有經驗的觀察者常採用「敏感性概念」（sensitizing concepts）來引導觀察的進行。所謂「敏感性概念」是根據研究主題的基本架構，強調某些事件、活動或行爲的重要性。例如，研究雛妓問題時，其敏感性概念可能是：父母親關係、童年經驗、挫折處理、感情及性經驗，以及同儕影響程度等。此外，研究者不能完全空手進入實地去觀察，他必須把組織現實複雜性的某些方法或概念事先準備妥當，這些概念包括：情境脈絡（context）、目標（goal）、處遇（intervention）、接案（intake）、實施（implementation）、歷程（process）、成果（outcome）、成品（products）、影響性（impacts）等。若能把這些概念，根據研究主題予以操作化，知道進入情境時，是要看哪些「東西」，在態度上「謙虛受教」，在研究的準備則「胸有成竹」，其觀察研究一定不致「入寶山而空手返」。

五、資料來源

質性研究若以觀察的方法獲取資料時，其資料來源如下：

（一）案主所處的自然環境

若研究對象是機構，則對該機構的服務自然環境作觀察，若研究的對象是「雛妓的家庭環境」，觀察時，就以該案主的家庭自然環境為主。作自然環境（場合）的觀察詮釋時，盡量不要使用形容詞，而是把該環境的自然現象作敘述即可。如：「案主的家實在又髒又亂」不妥；「一個不到二坪大的『通舖』是全家五口的臥室，各人的衣服散落四處，空氣污濁不堪，甚至還有強烈的尿騷味……」較佳。

（二）人文與社會環境

社會環境的觀察中，研究者尋找人們將自己組織成團體或次級團體的方法。當事者與最親近的家人與朋友之間的關係為何？與學校、社團是如何互動的？有關互動的方式、頻率、溝通的形態及導向，以及這些不同模式間的種種進展與變化等都是當事者的人文與社會環境。

（三）方案實施的過程和正式活動

若研究的主題是用質性的方法評估一個方案，則方案如何進行？有哪些活動？參與者在方案中各做哪些事……等問題，研究者都應該有所交代。若在觀察詮釋中，又能把這些活動劃分為不同的階段，或是對其流程與順序也做出分析，則會使詮釋更具說服力。

（四）非正式的互動和計畫外的活動

所觀察的對象，在方案外或計畫外的活動，對質性研究者而言亦相當重要。例如，兒童虐待的家庭訪談，與當事者（父親）訪談時，他與配偶之間的眼神傳遞，幼兒在旁時的神情都不應忽略，有時非正式或計畫外的觀察，所得到的資訊比正規的訪談還要豐富。

（五）方案或案主的本土語言

研究者在觀察時，所做的記錄應該精確的包括案主或參與者所用的本土語言，以便使讀者能體會當事者在其固有的

文化或次文化中的風格和意義。當一個人尚未理解某一文化中的人們所說的語言的情況時，是絕對無法瞭解那一個文化的特質的。同樣的，社會工作研究者，若要精確的瞭解案主的心境時，對其語言的瞭解更應該下工夫。

（六）行為語言的瞭解

對互動的掌握，社會工作者早就知道溝通的複雜與奧妙，行為語言更是重要的溝通項目，舉凡該受訪者的表情、情緒狀況、穿著、語氣、姿勢，甚或講話的內容格調等都是行為語言中的重要訊息，可供研究者的參考。

（七）非干擾性的指標

從受訪者的衣著打扮或可知道他的品味，從他的家庭擺設可以知道該人的格調與嗜好；從一個地區的各個家庭鐵窗設置可以知道該區域的治安情形；從一個藝術館的地氈磨損狀況可以知道哪個作品或單元角落最受民眾的光顧。在觀察時，這些非干擾性的指標都是重要的資料。

（八）方案文件

文件與記錄對有心人而言都可以成為重要的資訊來源，若研究者能夠對這些文件細加考察，嚴以推敲，也可以從中獲得重要的內容。研究者應當盡量從不同的資訊來源找尋文件資料，舉凡研究對象的日常記錄、信件，機構的組織章程、規定、備忘錄、圖表，及與其它機構來往的公文等，這些資訊都不是藉著研究者的「觀察」就可以得到，還需研究者用心的蒐集、閱讀方復可得。

六、觀察資料的記錄

質性研究過程中，最令研究者傷神的是記錄的謄寫。而質性研究能否成功最重要的關鍵卻是記錄是否足夠研究者去分析。觀察記錄，一般稱為田野筆記（field notes），是觀察者的存在依據，如果觀察者沒有做觀察記錄，就別想做質性分析，既

然進了實地的場合，研究者好歹要把情況作一敘述（Lofland,
1971）。觀察記錄包括觀察者認為值得注意的一切內容，研究者
千萬不要相信自己將來一定可以回憶得起來，在訪問的當時，
或是在觀察一個正在變動中的現象，一些有意義的現象，一些
奧妙的互動發展，都需要研究者抓住那一瞬間，趕快記入筆記
中，免得使那一刻的靈感隨即流失。

質性研究經常都是以較特殊的問題、個案為研究的對象，若這
些當事人同意接受訪問已經是相當不容易，若再要求當場記錄
或錄音，可能會使他們望而卻步。受訪者若不能同意當場錄音
或記錄時，研究者在每次訪談完畢以後，最最重要的就是趕快
把當時的情境盡可能回憶，而且周詳的記錄起來，否則研究的
結果一定大打折扣。

在做觀察記錄時，最大的學問是該如何記錄。通常記錄是描述
性的，應該標明日期，而且應該把基本資料寫上，如：地點、
在場人員、自然環境、社會互動等。記錄不可以太含糊、太概
括，最好是詳細又具體。如下例：

（一）太含糊、太概括的記錄

「受訪者對研究者有很深的敵意。」

（二）較詳細、具體的記錄

「被指為虐待親生兒的母親一談到孩子的管教情形時，
整個音調都提高了起來，衝著我說，『你結婚了沒有？』
『你有沒有小孩？如果沒有你懂個屁，誰比我愛小孩？
你有愛心我就沒有？如果這個孩子現在不教，將來不成
器時，要怪誰？你們這些社工員很奇怪，沒事也要說成
有事，這個社會就是你們這些搞亂的……』」

觀察記錄盡量包括所看、所聽的一切，最好是直接的摘

錄，要不然起碼也是接近於直接摘錄的回憶。這種摘錄對
於捕捉內省觀點（emic-perspective）──當事者對現實的
觀點──對大多數文化人類學研究而言，是絕對不可少的
（Fetterman, 1989）。

除了記載所見、所聞，觀察者自己的感受、對事情進展的
反應，以及對事情進展的種種感觸及其意義與思考特質，
也是日後在分析觀察記錄時重要的依據。

七、資料的蒐集──訪談

質性研究最重要的資料來源就是訪談。但是質性的訪談與量化
研究的訪談大大不同。質性研究的訪談係去發現存在於受訪者
心中的是什麼，盡量去接近受訪者的觀點與取向，而不是將事
件放進受訪者的心中，不斷設法要他對某事表示意見或看法。
質性的訪談目的是設法從受訪者口中找到一些研究者無法直接
觀察到的事件與看法。在觀察中，研究者無法理解受訪者如何
組織他自我的世界，研究者無法清楚受訪者對於各種事件所賦
予的意義，除非藉著訪談，研究者才可以進入受訪者的觀點世
界裡（量化研究則是試圖把受訪者的可能反應與回答，完全拘
限在研究者本身的架構中，而不是讓受訪者毫不拘束、暢所欲
言的回答）。

（一）質性訪談的種類

質性研究的訪談可以分為三種類型，研究者在各個類型中
的參與程度各不相同，茲分述如下（Patton, 1995）：

1. **非正式會話式訪談**（informal conversational interview）

這是訪談中最開放的模式。研究者在訪談之前並沒有任
何預先決定的問題主題或文字資料，訪問時的問題都是
由立即的情境脈絡中，在自然進行中臨時起意的問題。
這種訪談天馬行空的，極能配合個人和環境的氣氛，但

是這種訪問方法，很難很快的有交集，研究者必須以不同的問題，從不同的受訪者蒐集不同的資訊，在分析會談資料時，還要想盡辦法，設法把資料做系統性或綜合性的分析。

2. 導引式訪談（interview guide）

研究者把訪談所要涵蓋的主題，事先以綱要的方式預備妥當，在實際訪談時，依當時的情境決定問題的次序及詳細的字句。這種方式有助於研究者的系統性整理，整個訪問的結果當然也顯得較有邏輯性，況且這種方式的訪談仍然能維持訪談時的會話性，也能適合當時的情境。但是一切都按研究者所規劃的主題來進行訪談時，一些重要且突出的議題可能沒有機會在這種預先準備好的主題中出現，畢竟這是依研究者的方式與程序所規劃出來的訪談，而不是受訪者的觀點所發展出來的（話又說回來，受訪者不只一個人時，我們也無法規劃一個屬於眾受訪者心靈世界的導引式訪談大綱）。

3. 標準化開放式訪談（standardized opened interview）

研究者事前就把訪問的問題內容、字組與順序做好規劃。所有的受訪者都按標準化的字句與順序來回答，當然這些問題仍然都是以開放式的方式來設計。用這種方式所得到的資料當然很容易作相互的比較，因為每一個受訪者都被問同樣的問題（連問題的次序也一樣）。可以預想的是每一個受訪者的回答資料都是完整的，研究者在訪問結束後，也應該很容易對這些資料作組織和分析。相對的，用這種方式對較特殊的個體所具的彈性極小，標準化的字句與次序當然也極可能限制了受訪者的回覆的自然性與關聯性。

從社會工作碩博士論文的經驗來看，若要在三至五年之內

完成質性研究的碩博士論文的話，其質性研究的架構就不能太「自然」或太「自由」，否則在分析時，將很難有系統性、比較性的發現。國內目前所進行的質性研究中的「問卷」，大體都是以導引式訪談，或標準化開放式訪談爲主，爲的是在有限的期間中，能以不破壞質性研究的本質又能抓住質性研究的優點前提下，對所專注的問題有所探討。

（二）訪談的內容

縱使研究已有了主題，甚或在詢問的內容也多少都有了某些程度的規劃，但因爲都是開放性的問題，研究者拿著大略的問卷去做訪問時，仍然會有不知所措的困擾。當然質性研究的訪問一定是以深度訪談爲主，而且訪談的重點是要進入受訪者的心靈世界，探討他的心聲，尋求他對事情的看法與意義，問題是如何達到這些目標？如何進入受訪者的思維體系以及心靈世界裡？這是很現實的問題，也是質性研究最大的考驗。Patton（1995）對訪談的內容有很好的建議：

1. 詢問受訪者的經驗與行爲（experience / behavior）

詢問受訪者到底做過些什麼。例如：對同性戀者詢及「你與伴侶之間性生活狀況如何？」；對虐待兒童的當事者問及「你如何處罰你的小孩，當他們不乖時？」。

2. 意見與價值（opinion / value）

以瞭解受訪者的認知和詮釋歷程爲目標，當然也要瞭解他們的理性與決策。通常的詢問模式是：「你對那件事有何看法？」；「你認爲怎樣？你相信了什麼？」。

3. 感受性的資料（feeling）

感受是人對週遭所發生之事或發生於他們身上之事的一種自然情緒反應，當然也包括對他本身經驗或想法的情

緒反應。感受性資料所牽涉到的字句如：焦慮、忿怒、
激動、快樂、害怕、威脅、有信心……等。感受與意見
不同，若研究者要瞭解受訪者的情緒反應時，宜針對感
受來詢問；若要瞭解對某事有何想法時，宜對受訪者的
意見、信念，或判斷來詢問。

4. **知識性問題**（knowledge）

探討受訪者所擁有的事實資訊，即是他所知道的事。
如：對虐待兒童的當事者問「你知道有兒童福利法這個
法律嗎？」；對自殺未遂者問及「食道灼傷對日後生活
的影響你事前清楚嗎？」

5. **感官問題**（sensory）

有關受訪者所看到、聽到、觸摸到、品嚐到、和聞到的
事項。如：詢及案主對機構的第一印象時，「就你印象
所及，當初你一進這個機構時，所看到或所聽到的第一
印象是什麼？」

6. **其它資料**

視研究的主題而定。通常當事者的背景及其特徵資料若
能提供時，將有助於讀者對研究結果的瞭解，所以如受
訪者的年齡、教育程度、職業、宗教信仰等都應在訪問
時，一併完成這些資料的蒐集。

（三）訪問的次序安排

除了以上六種內容可供研究者在訪問時的參考以外，
Patton（1995）還建議用問題的時間架構來訪問受訪者。
即是以上述六種問題爲經，每一種問題都再以「過去、現
在、未來」爲緯，則在整個訪問的過程中一定會有很豐富
的結果。例如：「你先前並未知道兒童福利法的存在，所
以你的管教方式無形中惹了一些麻煩，而現在你已經知道
了，請問這對你日後的子女管教會產生什麼樣的影響？」
或「以前家人並不知道你是同性戀者，現在他們知道了，

請問這對你的同性戀角色產生何種變化？」

如何訪問？何種問題應該先問？也是很大的學問。有人認為以較不爭議的現在行為、活動、和經驗來作開始可能是個較好的策略。一開始時鼓勵受訪者以描述性的方式來作答，也較容易與受訪者建立較佳的關係。當經驗或活動性的資料完成以後，再來詢問有關詮釋性的意見或感受時，可能較不會遇到抗拒。以現在的問題來作開始，並且把它當作基準線，再詢問過去的相同活動，繼之以未來的問題來探討，在邏輯上可能比較通暢。

(四) 避免二分法的訪談方式

既然質性研究是要探討受訪者的內在心靈世界，以及他對問題的意見、感受所產生的意義，要達到這些訪談目標並不是易事。若是以量化研究的概念方法來訪問，縱使都以問卷的次序來訪問，而且都有受訪者的答案，但是在分析這些資料時，一定空無一物，很難下手去分析，也不值得去分析，因為這些「是或否」、「贊成或不贊成」的答案根本不是質性研究所想探討的內容，二分法的訪談方式將使質性研究走入死胡同裡。如下兩例：

1. 二分法訪談

「你認為『兒童福利法』好或不好？」

受訪者一定只有「好」或「不好」可以回答。因此不妨改成以下的形式：

2. 開放式訪談

「你對『兒童福利法』有何意見？」……「哪些內容你覺得不錯？哪些內容你認為不好？」「能不能告訴我你有這些看法或意見的原因？先前這方面的經驗是什麼？」

若能以這種開放性的方式來問，所得到的資料在分析時，一定相當的實用。

（五）其它可供參考的技巧與應注意的事項

除了以上所列的技巧性問題以外，一些事項也應注意：

1. 訪問員應該保持立場的中立

即要與受訪者保持共融（rapport）的關係，但是不管受訪者回答的內容如何，不管這些答案如何的違背情理，或多麼的不合邏輯，研究者都必須保持中立（neutrality）的態度。「共融」是面對受訪者時的立場，「中立」則是面對此受訪者所說的內容的立場。

2. 使用範例於問題中，如：

「最近兩個男同性戀者結婚的新聞鬧得很大，你對他們有何看法？你將來會不會也這樣做？」

3. 角色扮演和模擬問題

為了使受訪者容易回答問題，在問題敘述中用角色扮演或模擬的方式來設計也是一途。如：

「假使你在公園裡邂逅一個讓你心儀的同性，你會用什麼方法去接近他？」

4. 前言陳述（prefatory statement）、轉移形式（transition format）和直接宣告（direct announcement format）

為了使整個訪問的過程流暢，也因之使受訪者更容易回答研究者所要詢問的問題，一些說明（宣告）可以使用。

「前言陳述」指在開始訪問之前，讓受訪者知道所要被問的是什麼。如：

「現在我們要針對吸毒的原因作個瞭解……」

「轉移形式」在宣告一個段落或主題已完成，而新的主
題要開始，如：

> 「我們已經討論過吸毒的原因，現在能不能請你告訴
> 我在吸毒時以及吸毒後的感受？」

「直接宣告形式」乃是簡單的陳述句，告訴受訪者接下
來所要問的是什麼，目的是軟化問題本身的尖銳性或魯
莽性，也使受訪者不致覺得像被審問一般。如：

> 「下面所要問的問題可能會使你覺得尷尬，但對研究
> 卻有很大的助益，能否請你盡力的回答？謝謝。」

5. 探查（probe）和追蹤問題

若要深化受訪者對問題的反應，增加資料的豐富性，
也幫助受訪者如何去回答，探查的技巧不妨考慮。
探查是會話式的，以自然的語氣提出，一般包括：
Who, Where, What, When, How 等五大問題（就是少了
"Why"，因為「為什麼」會造成審問的氣氛）。

6. 增強（reinforcement）與回饋（feedback）

研究者有義務要讓受訪者覺得接受訪問是值得的、有意
義的，否則何苦向一個陌生人把自己心靈的世界敞開？
所以研究者應該感謝、支持，甚至是讚賞受訪者的表現
和付出，並且使他們覺得被尊重，覺得受訪對社會也是
一種貢獻。

7. 維持訪談的控制性

當案主答非所問時、不知如何答覆而在不相關的內容浪
費時間時，研究者就必須在維持關係、尊重受訪者的前
提下，控制訪談進度與方向，維持訪談的控制性。研究
者要保持訪談控制性時，先決條件就是要隨時謹慎的傾
聽，以確定訪談正有效的進行，具體而言，就是明白所

要找尋的資料是哪一類，並導引受訪者往那類資料的方
向來回答。

（六）訪談所應注意的倫理問題

研究與實驗必然會牽涉到倫理的考量，量化研究時倫理問
題特別嚴重，質性研究中也不能疏忽：

1. 承諾與互惠（promises and reciprocity）

整個研究的前提是不是對受訪者有益？否則有何資格要
求他們接受訪談？研究員為了得到受訪者的配合，有沒
有承諾了什麼條件？若有，有無能力實現這個承諾？

2. 風險考量（risk assessment）

整個研究的進行有無牽涉到法律問題？會不會連累到其
它的方案？有無受到其他同仁或上級行政主管的排斥？
有無政治上的敏感性？

3. 保密（confidentiality）

調查一定會有保密問題的顧慮（Kimmel, 1988），社工
同仁對保密的概念早已耳熟能詳，但是質性研究資料所
牽涉到的保密性問題，可能比一般人所能預料的還要嚴
重，因為質性研究的個案不多，受訪者的身分很容易被
「找出」，加上質性研究的主題通常較為「特殊」；內容
也都較有「深度」，一旦身分被認出，所影響的範圍與
程度當然也就較為嚴重，社工同仁不可不察。

4. 資料的取用與所有權（data access and ownership）

誰將取用這些資料？資料的所有權屬誰？研究生如果是
獲得論文獎助金而完成的論文，一旦論文有出版的機會
時，出版的權利屬當初獎助的單位或研究生本人？這些
細節在論文進行前最好已有定論。

5. 其它

如訪談者的心理健康（interviewer mental health）的考
慮，以及研究進行過程中遇到問題時，研究者的上級單

位是誰？所能負的責任又到何種地步？隨著質性研究中所牽涉問題的種類與性質，應該都有不同程度的考量。

總而言之，訪談是質性研究過程極其重要的一環，研究者應該提升自己的訪談技巧，以享受那心靈對談的成就；研究者應該尋求訪問的智慧，以開啓更豐富的知識層面；研究者也應更積極傾聽受訪者的心聲，以建立人性互動與溝通的橋樑。

第八節　質性資料的分析

一、前言

如何蒐集資料是質性研究的一大挑戰，如何做好質性資料的分析更是整個研究的核心，質性研究的成敗或品質，端看研究者對資料的分析能力而定。因爲質性研究的終極目的不是蒐集資料，而是分析、解釋，並呈現研究的發現與成果。質性研究的困難是要從大量的資料中尋找「意義」的所在；要從眾多的發現中確定意義的「組型」；並從資料的整個內容中建立起發現的「架構」或「理論」。這些目標非常壯觀，卻也問題重重，因爲在質性資料的分析上，很少有能夠被一致接受的標準，沒有獲致結論的一致性方法，沒有證實其確定性的公認步驟（Miles & Huberman, 1984: 16），我們沒有既成的公式可以用來確定意義的重要性，也沒有完美的信度測量可以複製研究者分析思考的辦法，更無所謂研究的信度與效度的檢驗步驟，反正就是沒有絕對的標準，能使研究者可以按著研究的目的，公正的應用資料，客觀的表達這些資料所宣示的內容。

質性研究並非什麼步驟與原則都沒有，只是離標準化還太遠（也不認爲標準化是好的或必要的），質性資料的分析需要研究者發

揮自己的判斷力和創造力，因爲每一個質性的研究都有其獨特性，其分析的方法必然也是獨特的。質性資料的分析，在每個階段都有賴於研究者的技巧、訓練、洞察力和能力，更有賴於研究者個人的分析能力和風格，質性研究牽涉太多「人」的因素，而人的因素是質性研究的特質與偉大的力量，卻又是質性研究的弱點所在（Patton, 1995: 306）。

質性研究者首先應要分辨描述與詮釋之間的不同。在質性研究資料的蒐集時，我們必讀對所觀察所訪問的事實採用「厚實的描述」（thick description），爲的是使讀者閱讀時就能理解當時的狀況，而不是憑空想像。詮釋則是研究者在分析資料時重要的分析方法，詮釋的重點不是描繪事實，而是發現「意義」，詮釋固然可重敘受訪者所謂的意義，但更重要的是分析對先前的描述，經深度的思考或敏銳的探索之後，所得到的更深一層的意義。這個時候所得到的意義想必不只是事實，而是更抽象的概念，這些概念將被用來做日後建構組型的準備。

二、資料分析的策略

質性研究的資料分析經常是以跨個案的研究較爲常見，即是把不同的受訪者對同問題的回答綜合在一起，或對每個中心問題的各個觀點展開分析。其策略大致如下：

（一）以年月順序，從頭到尾的陳述整個故事

當質性研究的主軸是在每個歷史事件的發生順序時，研究者可從年月順序來展開分析。研究若以歷史的事件爲主軸時，如全民健保制度的整個過程，若有時間的經緯可以串連分析，應該可以使制度的來龍去脈清楚的展現。

（二）關鍵事件的分析

以關鍵的情節爲分析的主軸，如總統槍擊案的分析與研究不可能用問卷調查，必須找到關鍵人物詳細的訪問。

（三）對不同環境的分析

以環境的觀察爲主軸，對不同的場所、背景等必須做詳盡的描述。

（四）對過程的分析

如研究社工師立法的過程時，必須對整個立法的流程有所瞭解，可從三、四十年前的現階設社會政策綱領開始，對多年前社工師在台中縣實驗社工員，對省政府各縣市社工員的員額增長，再對社工專協所號召的社工員大示威遊行以及立法院內如何讓個案優先審查的事件做細部的分析，一定可以使社工師制度的發展很清楚的呈現。

（五）以論題爲主的分析

質性研究的碩博士論文大部分都是以論題的分析爲主。分析時以研究主題的如何呈現爲主要考量，這個主題或以研究假設爲主（質性研究雖無研究假設，但對研究的論題如何呈現總有一些譜，不會亂無章法的敘述）；或以概念的陳述爲次序，如此一來，研究的論題就可以很清楚的展現在讀者面前。

三、資料分析的步驟

（一）研究目的的再確認

質性研究的資料，在眞正操作時應如何分析時，有時也顯得非常複雜，因爲大家所採取的分析方法各有不同。小細節或可不予理會，最大的困擾是可否將量化研究的方法原則注入到質性研究裡？也有人常利用電腦進行編碼及記錄的步驟來歸類所採到的質性訪談內容。

在非常可行的質性研究中（如民俗研究的大型調查），所牽涉的變項或概念可能成千成百，研究者沒法像寫小說一樣對部落的種種現象，每樣都鉅細靡遺的娓娓道來，研究者必須把重要的研究現象附上編碼，把所看的種種現象分

析後「塞入」所編存放於電腦內的編碼，否則資料一定會
亂成一團。某些小型的質性研究裡，為了讓所探討的現象
能有較大的說服性，所以分析資料時會考慮到一些量化研
究的抽樣方法或統計分析去比較。其實資料的分析因不同
的研究目的而有不同的技巧，時下甚至亦有人也發展出了
電腦軟體，藉著電腦的協助，一樣做質性研究裡的意義及
組型的建構，作者對此些方法不予置評，但本章中仍以傳
統或典型的質性分析方法為主，即以現象學、發現導向、
整體性的角度來分析資料，並不加入量化的原則與技巧，
請讀者明察。

質性研究者在分析資料之前應再確認研究目的是什麼。是
基礎性研究？或是應用性研究？是總結性評估研究？抑或
形成性評估研究？還是行動研究報告？研究生在撰寫論文
時，會被要求按照正式和明確的分析步驟來進行論文的寫
作，資料分析時是以何種角度來分析？為何以此角度來分
析？方法論的敘述是否嚴謹攸關研究者的研究態度和研究
的品質，所以在有關分析的程序、步驟、問題以及限制等
都應詳細的交代。

（二）分析之前的資料準備

為了分析能順利進行，研究者最好在資料的整理上稍用工
夫。有幾點建議（假設研究者是用導引式訪談，或用標準
化開放式訪談）：

1. 在資料登錄時，最好能用 A4 尺寸的紙張，而且在登錄
   時寫在紙上的寬度最好不要超過學術用卡片（中型或大
   型）的寬度，只寫在紙的正面，千萬不要寫在背面。因
   為資料蒐集完畢後將其影印並剪貼在卡片，以便分析時
   作業較為方便。

2. 資料蒐集完成後（假設是訪問了三十位受訪者），把這

三十份開放性問卷全部影印一兩份。

3. 把影印的資料依題序剪開，把每個受訪者對每個問題回答的內容貼在卡片上，原則上每個問題一張。每張卡片一定要有受訪者的編號，也一定要有問題的名稱，所以每張卡片都不會混淆（若每個受訪者回答六個題目，則三十個受訪者應該共有180張卡片）。

4. 分析時，有兩種策略：單個案分析或跨個案分析。若是單個案分析，則卡片的製作以個案的確認為主，依前面的假設每個受訪者的資料應在六張卡片上，三十個受訪者，應該有三十堆卡片，每堆六張。一般的質性研究偏向於跨個案分析，則資料的準備應以題目為主，按題目把卡片分類。若六個題目，卡片可以分成六堆，每堆三十張。分析時，依題目作分析（以下假設我們採用跨個案分析），該三十張卡片是三十個個案對同一問題所做的敘述，研究者的任務就是在這三十張卡片中，去做跨個案的分析。

（三）每卡的「特質分析」──找尋該卡的意義

跨個案的分析，按照主題，把同一主題每個個案的回答集中起來，先讀每一卡的特質。尋找該卡片的特質時，絕對不是按著案主怎麼回答，那卡片的特質就是什麼，質性分析的深度取決於研究者怎麼來看這些資料，所以卡片的特質是由研究者所下的，它的抽象程度也較高，絕對不是案主怎麼回覆，我們就怎麼分類，而卡片的意義就是什麼。若以本章前言的第二個敘述為例（就說這是代號 A 受訪者第六個題目的回答），該段可以歸納的特質有：（見下頁問題六）

分析這張卡片，研究者可能從裡面找到這對夫妻的互動裡有三個意義：從上段劃底線的內容裡找到「溝通的吸引

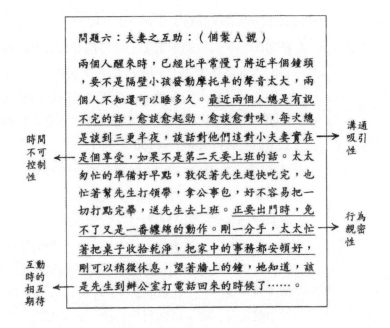

性」、「時間上的不可控制性」兩個意義；從下段底線裡又找到「行為上的親密性」等意義。當然你也可以從裡面找到其它的意義，如：「夫妻間的幼稚行為」，端看研究者心思敏銳與否了。

讀者一定會問，為何你會有「溝通的吸引性」、「時間的不可控制性」、「行為的親密性」、「互動間的幼稚行為」等概念的產生，而不是別的名詞或概念？這類的問題無法回答，勉強就說是面對這些資料時的「頓悟」吧。

Denzin（1989: 129）指出頓悟可分為四種（1）主要的頓悟（2）累積性頓悟（3）闡述性、細微性頓悟（4）重新體驗的頓悟。「這四種頓悟是可以層層相疊的，對某一在個人生命或經歷的不同階段所發生的特定事件而言，個人對事物、真理的頓悟首先會是主要的，然後是細微的，最後則是重新體驗的；無庸置疑的，累積性的頓悟會在一個人的生活中併發成主要的生活事件。」Denzin 的說明很像

我們常說的：「見山是山，見水是水」；「見山不是……」；最後又是「見山是山，……」的境界，在哲理上有很高的境界，但是研究者的「意義定義」對錯與否沒有定論，不可能會有標準答案，然而境界高低與否，就如我們一般人在欣賞藝術作品一樣，就端賴於一心了。好的作品，有很多人會說好，更重要的是，真正的行家會說好。從下例資料中看看你會找到什麼意義？相信每個人會有不同的發現，好壞並不是沒有定論，不同意義的發現，會有高低不同的境界，我們可以比較。如下例：

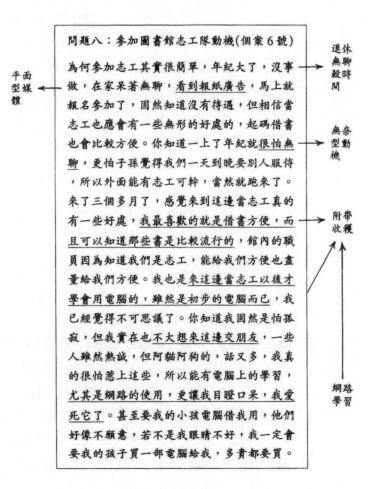

問題八：參加圖書館志工隊動機(個案 6 號)

為何參加志工其實很簡單，年紀大了，沒事做，在家呆著無聊，<u>看到報紙廣告</u>，馬上就報名參加了，固然知道沒有待遇，但相信當志工也應會有一些無形的好處的，起碼借書也會比較方便。你知道一上了年紀就<u>很怕無聊</u>，更怕子孫覺得我們一天到晚要別人服侍，所以外面能有志工可幹，當然就跑來了。來了三個多月了，感覺來到這邊當志工真的有一些好處，<u>我最喜歡的就是借書方便，而且可以知道那些書是比較流行的</u>，館內的職員因為知道我們是志工，能給我們方便也盡量給我們方便。我也是<u>來這邊當志工以後才學會用電腦的</u>，雖然是初步的電腦而已，我已經覺得不可思議了。你知道我固然是怕孤寂，但我實在也<u>不大想來這邊交朋友</u>，一些人雖然熱誠，但阿貓阿狗的，話又多，我真的很怕惹上這些，所以能有電腦上的學習，<u>尤其是網路的使用，更讓我目瞪口呆，我愛死它了</u>。甚至要我的小孩電腦借我用，他們好像不願意，若不是我眼睛不好，我一定會要我的孩子買一部電腦給我，多貴都要買。

平面型媒體

退休無聊殺時間

無奈型動機

附帶收穫

網路學習

我不知道你從這張卡片中找尋到什麼意義？可能第一次做質性研究的張三只是看到他參加志工的原因是：退休無聊到圖書館當志工殺時間，所以張三會在卡片上劃線作記，認為該卡的意義是「動機：退休無聊殺時間」。

比較敏感但也是第一次做質性研究的李四找到的意義可能是「無奈型動機」以及「學習電腦」；但又在卡片旁邊又用鉛筆寫到「案主不喜歡與人交結」，他不知道這些資料可做什麼用途。

受過訓練的研究員王台生則在這卡片上寫了一堆「意義」：

> 動機分析：內推式動機：怕心理無聊
>
> 　　　　　　　　　　　　怕麻煩子女
>
> 參與媒介：平面型報紙
>
> 附帶收穫：借書方便
>
> 　　　　　　學習電腦操作
>
> 　　　　　　學習上網
>
> 個性特質：資源尋求型
>
> 　　　　　　資訊連結型
>
> 　　　　　　人際圍牆較高：不願打擾別人（子女），亦
>
> 　　　　　　不願被別人打擾

試想，同樣是一張卡片，為何收穫會有如此的差異？當然研究成果馬上就會不同。等到如何建立組型時，讀者一定可以比較其差別，評定其優劣。

（四）集合主要的「特質（意義）」看是否可以形成「組型」

跨個案分析時，不同的受訪者會對相同的問題有不同的反應，不同的研究者對相同的資料當然也會有不同的收穫。

張三對上例有動機的題目中只找到「動機：退休無聊殺時間」，再分析其他受訪者時，張三或可又發現：「自我成長」、「做善事服務社會」等等。這些意義放在一起時，或

可組成一個組型，用之來說明一般人參加圖書館的志工的動機種類，從他所訪問的二十三個受訪者裡不外這三型，即（1）打發時間（2）自我成長（3）服務社會。

李四對參與志工動機的組型可能建構爲：無奈型、進取型、宗教道德型、社會義務型等。這個組型初步看來可能比張三的組型佳，因爲不僅比較周延，而且抽象層次也比張三的組型要高。「學習電腦」這個發現可能會丟掉，因爲李四並未敏感到這個意義在目前的組型裡有何可大作文章之處。

王台生的收穫可能較爲豐碩，因爲不僅意義的發現較多，可讓他建構爲組型的數量較多，每個組型的深度也較足。例如：

1. 他可以從「內推式動機」的意義項目中，除了個案 6 號的：怕心理無聊及怕麻煩子女以外，又藉著從其他受訪者所得到的資料，找到其它內推式動機的項目，如夫妻感情不合，配偶話多所以到外面圖個清靜等，所以參與志工的內格式動機就可聚合成功。其組型如下：
   （1）自我心理不充實（無聊）
   （2）夫妻感情不睦
   （3）子女嘈雜
   （4）逃避家庭壓力

2. 他亦可能因爲從個案 6 號的「內推式動機」想到或許別的個案有「外吸式動機」的可能，因此也可以因著其它個案的發展建立起「外吸式動機」的組型，他自然而然的擴散內推式動機到外吸式動機。

3. 他可以把兩種動機的組型組合成「個體參與志工的動機模式（或理論）」。說不定除了內推與外吸以外，還可以找到其它的類別，模型的規模當然也因此加大。

4. 參與媒介除了平面媒體以外，還可找到其它管道可建立組型：當然這類的項目非常單純，因為概念大家早就耳熟能詳，彷彿是量化研究的填充題一般，但總可以做基本資料的用途。

　　參與媒介：平面媒體
　　　　　　　聲音媒體
　　　　　　　影像媒體
　　　　　　　家人親友媒體（人際媒體）
　　　　　　　機構媒體

5. 參與志工的「附帶收獲」組型：
　　（1）工具性利益（借書方便、好書先看、掛號方便）
　　（2）自我成長：智識成長、心胸開放
　　（3）增進人際資源
　　（4）促進家庭幸福：當志工夫妻較能同心
　　（5）宗教信仰上較為平安喜樂

6. 志工參與的個性特質組型

讀者可以看出，在質性研究的資料分析過程中，只要你心思夠敏銳，只要你閱歷或內涵足，受訪者一句話裡我們就可以找到很多的特質，藉著聚合與擴散的技巧，不僅組型可以建構，甚至連理論也或可成立。

我們也發現，在同一個主題中，每個個案都會呈現出一些不同的特質，但並不是每個特質都需要詳細的探討，不妨做個簡單的統計，看看哪個特質是較常出現，我們再予以分析。當然若

有「非常特別的特質」，就是次數不多，理論上又有其關聯時，我們也可以予以分析。集合主要特質與每卡的個別分析最大的差異是，在集合主要特質的時候，研究者有義務要帶出一些「意義」、「概念」、「組型」，必要的時候，把「架構」或「理論」也能做出來。所以當研究者把某個主題的卡片集合在一起，而且每張卡片也都有了其它的意義或特質以後，面對這些意義與特質，他必須再做更深一層的思考。

（五）建構組型時的參考背景

1. 引用固有或已存的概念（indigenous concepts）做參考

在各種社會工作，心理學、社會學中早有豐富的理論與概念。質性研究時，從受訪者的回答中，常常可以看到引用這些理論的例子出現（雖然當初這些理論的用途，與現在研究者所研究的主題並沒有什麼關聯），但在解釋上還能說得通的話，也是很有趣的事。例如：探討自殺未遂者對人生的看法時，可能可以用 Maslow 的理論來解釋；研究虐待兒童的家長心態時，可能用得著弗洛依德的心理防衛機轉理論。理論背景愈豐富的研究者，在做質性分析時，其歸納分析的能力將更強。學術論文的資料若能與現存的理論做較佳的整合也是論文的重要貢獻。

2. 研究者自我感知的概念（ sensitizing concepts ）

與固有或已存概念不同的是，研究者可以把自我感知的概念帶入現有的研究中。這種自我感知的概念，大體是從某個不相干的理論所引進而來，例如把某種有關老人活動的概念——退縮理論用到衝突家庭的個案裡；把社會學的某個理論，如角色衝突理論用到同性戀者的心靈世界去。又如，原來的「受迫害」者是指「弱勢族群」，但研究者把它用到「警察」裡。

3. 從固有類型（typologies）中轉型而來

例如：Carl Jung 的理論中早就有「性格類型」的概念：

（E）外向 ——— 內向（I）

（S）感覺 ——— 直覺（N）

（T）思考 ——— 感受（F）

（J）判斷 ——— 覺察（P）

針對 Jung 的性格類型的四組概念，Myers-Briggs 在他們的理論中卻把這四組概念轉型，用這八個字母來形容一個人的性格，如是 ESFP 型或 ISTJ 型。研究者也可以從這種轉型中，再將之轉型至文化的層面裡，甚至至兒童的行為特質（Kroeger & Thuesen, 1988; Hirsh & Kummerow, 1987; Myers & Meyers, 1980）。

4. 研究者本身所建構的類型

針對所蒐集的資料，經過研究者的分析或頓悟，也可以發明出自我認為適合的類型。例如，簡春安（1991）在其《外遇的分析與處置》書中，把臺灣的外遇類型化為：傳統型、拈花惹草型、保護型、情境型、感性型及報復型等。從階段來看又有：醞釀期、嘗試期、衝突期、無奈期以及決斷期之分。

組型或類型的創造對研究者而言是極富成就感的一件事，但是類型或組型，甚或概念與架構的創造不是隨便可行，在這種過程中，研究者必須注意一些事項：（1）類型彼此之間有無互斥性，既然每個類型的名稱不同，其操作性的定義及其涵蓋的範圍自有其本身的界線；（2）類型的總合是否有其周延性，既然要解釋一個現象，最好在這個類型中果真能解釋各種狀況，否則不僅解釋力不夠，說服力也會有問題；（3）各類型所用的字

句是否有一致性（同一層級），所涵蓋的範圍是否大致
相等，否則便不具類型定義上的美感。

針對上述所提及的三個概念，Guba（1978）則用聚斂
（convergence）的方式來說明。他認爲研究者應該從資
料中「反覆出現的規律性」開始。一旦出現這些規律
性，表示可以形成某種範疇下的組型。研究者看到這些
因著某種規則性而形成的組型後，就可以用兩種標準來
判斷其範圍：「內部同質性」（intemal homogeneity）和
「外部異質性」（external heterogeneity）。內部同質性所
著重的是——這些資料是否大致上具有一致性也能有意
義的吻合；外部異質性所著重的是——不同範疇之間的
差別具有多大的鮮明性或清晰性。其實這兩個概念就是
上段所謂的概念「互斥性」而已。

質性分析者很重要的任務是發現或創造組型，或是形成
主題與範疇，這是一個創造性的過程。質性分析者沒有
統計的數字作佐證，他們必須根據自己的智慧、經驗和
判斷來分辨。在組型的創造與尋求過程中，研究者彷彿
要經歷「生產之苦」竭盡心力的、嘔心瀝血的去思考、
去表達、去想像。這個過程也像太空探險者，坐在枯寂
的太空梭中，向著無底、無邊的太空黑洞航行，他可能
永遠無法靠岸，也可能葬身在一個不知名的地方；但是
萬一他靠得了岸，他找到另一個心靈的空間或世界，那
必是思想領域裡的豐富之地。

（六）發現的過程

有關現象學的分析技巧（Moustakas & Douglass , 1988;
Moustakes, 1990）提及了「發現式的研究法」，他們認爲現
象探究的發現式過程可以分爲四個階段：

1. 沉浸（immersion）

使自我完全投人。研究者必須完全專注的去品嚐、去
覺察、去嗅聞、碰觸、品味、感覺和瞭解（Moustakas,
1981: 50）。

2. 醞釀（incubation）

研究者必須「安靜深思」（quiet contemplation）。在這個
階段中，研究者故意引退，容許意義和覺識在它們能夠
覺醒的時間才覺醒。研究者允許模糊的感覺和覺醒自行
形成，容許理解在達到自己的充分準備和完善後才出現
（Moustakas, 1981: 50）。

3. 闡述（illumination）

研究者擴展了覺識，深化了意義，爲概念的認知帶來了
清晰度。此時，關鍵的脈絡和結構被揭示出來，有關經
驗的種種背景都能被獲知。因此，經驗就變成更生動，
各式的理解也在成長，所以主題也就逐漸的形成，新的
生活和新的觀點隨著新的發現而一一浮現。

4. 顯現化與說明（explication）

觀點又添入了其它層面下的各種意義，藉由重點、自我
對話和反應，經驗被描繪和勾畫出來，與觀點有關的新
的聯繫被發現（Craig, 1978: 52）。

總而言之，現象學的分析是一個「創造性的綜合」（creative
synthesis）。研究者把已浮現的各個部分組合成一個完整的
經驗，劃分爲各種組型，並且表明各種組型之間的範圍與
相互關係，也創造出前瞻性的意義，帶出了有關經驗的新
視野（Polanyi, 1967, 1983）。

（七）印證出特質、組型、或概念、架構的證據

當組型、概念或架構出現時，研究者必須設法說服讀者贊
同這個組型，使讀者樂意順著研究者的邏輯與思考架構

走。每個人對特質組型及架構的看法與分析都不會一樣，
但這個工作到底做得好不好，就要看能不能說服人，能不
能引起共鳴或同感。以特質的歸納爲例，在列出每一個特
質後就要把當事者所說的話引出來，當作證據，就如量化
研究法中所謂的 P<.05 的態勢。如：

「溝通的吸引性」（女，36 歲，大學畢業，家庭主婦）：

> 「最近夫妻兩個人總是有說不完的話，愈談愈起勁，愈
> 談愈對味，若不是對時間有所警覺，每天總是談到三更
> 半夜，像昨晚就是談到快三點，談話對他們這對小夫妻
> 實在是個享受，如果不是第二天要上班的話……」

當然若要印證組型或架構的話，其印證的工程必然會比特
質的印證大。但是不管如何，把當事者的話列出來，在質
性研究中有很重要的意義。若要把各種特質擴大爲組型，
把組型擴大爲架構的方法之一就是第二變項或第三變項的
考慮。

（八）第二變項甚至第三變項來分析的考慮

若是特質的呈現與某個變項可能有關，例如夫妻婚姻美滿
中有「時間上的不可控制性」的人，若是在簡單的次數分
配上呈現出偏向於某種年齡層時，那就應該把年齡的變項
特別提出來，再次予以分析。此時，研究者必須把全部的
訪談資料重新再看一次，看看可否找到有關「時間的不可
控制性」的蛛絲馬跡，可以再從文獻中、別的領域中（如
心理學），針對「對時間控制力」的強弱，來分析與「人
際相處」所產生的關聯（說不定會發現其它的思考空間），
如時間控制性愈差的人在人際相處中被接納的程度以及
人際滿意度均較高，而任務成功率則較低。時間控制性高
的人是否明顯的與做事型態及人際相處有關？一絲不苟的
做事型態與兩性相處時到底有害或是有利？控制型的人在

情感生活中常出現的障礙是什麼？若從其它的研究題目來
分析，吸毒者的嘗試性吸毒與上癮性吸毒之間的重要區分
點是什麼？若發現與「是否有拒絕的能力」有關，則「拒
絕力」當然是馬上要找出來的第二變項。像這類問題的探
討，由質性研究來研究最為恰當。先由質性研究打前鋒，
找出重要的概念與關鍵以後，量化研究才能好好再發揮，
再去做驗證性的探討。若是研究者的心思敏銳，同樣的深
度訪談資料，可以有截然不同的研究成果（起碼在深度
上會大異其趣），必要的時候，當然可以做第三變項的考
慮，表示思考的層次愈加的提高，在理念上的發展也愈加
的深入。

（九）整體性或理論的建構

質性研究不只是針對某個變項作深度的研究而已，更重要
的，整個研究報告到後來時，必須以整體的觀念來呈現。
若是能夠如此，研究發現的層次也隨著分析的透徹愈來愈
豐富，涵蓋的層面也愈加的擴大，論文也會如小說一樣，
愈有其可讀性與說服性，這也是質性研究法之所以迷人的
地方。

第九節　結　論

社會工作是新興的專業，幾年來，雖然看到這個專業在蓬勃的發
展，但也看到這個專業在成長過程中也有不少的掙扎。它最大的弱
點是在於理論的「借用性」太高（這是很多專業常有的現象，社工界
大可不必汗顏）；另一個弱點是研究法上的爭議。從早期的幾乎排斥
量化研究，到現在的以量化研究為主，而逐漸的質性研究卻也愈來愈
普遍。但是考慮到社會工作的基本特質時，我們仍然會發現，量化研
究法不是社會工作研究發展唯一的方向。量化研究與質性研究當中，
我們不能以和事佬的角度來說兩個都好，而應該以社工的基本原則，

以問題的本身特質，以客觀的心來分析「客觀」的事物和「主觀」的人，在這種態度中，社工人員應該學會判斷什麼主題用量化研究法，什麼主題用質性研究法。不管用什麼方法作研究，當事者都應該知道這個研究的特點是什麼？缺點是什麼？應用性如何？限制又如何？唯有在這種狀況中，社會工作的研究領域與成果才能愈來愈豐碩、愈來愈成熟。如此，研究法才能成爲社會工作理論與社會工作實務的橋樑。

💡 習題

1. 質性研究法爲近年來社會工作研究中常被提及與使用的研究方法之一，試敘述其優、缺點爲何，並說明其在社會工作實務與研究中之運用及可行性。
2. 試述質性研究與量化研究的不同之處？
3. 試說明質性研究如何進行探索性研究？
4. 質性研究與量化研究在哲學背景上的差異爲何？
5. 如何提升質性研究的信度與效度？試舉例說明之。
6. 試述質性研究與量化研究的哲學背景爲何？
7. 有人認爲量化與質性研究法是相互排斥的，但另有人認爲它們是相輔相成的，你的看法如何？在研究時應如何作一適當的取捨，請加以說明。

Chapter **6**

實地研究、
觀察研究

──────── 摘 要 ────────

　　實地研究，又稱實地觀察研究，是以研究者為觀察中心，利用工具透過觀察、晤談或語言互動等技巧，設法融入實地與事件中，用觀察或記錄來蒐集資料的研究方法。去實地觀察時，到底要觀察什麼？如何才能掌握實地觀察的重點？本章將建議社會工作研究者觀察的內容應注意到場合、觀察主題、時間因素的考慮、觀察的事項等。

　　實地研究的主要用意就是以「眼見為憑」的心態去觀察、去研究。但是觀察者仍難免有失之主觀之嫌，當被觀察的事項龐大又複雜時，也難免會有瞎子摸象的困擾，因此三角測定法（triangulation）的理念與技巧也值得我們注意。

　　實地研究如何進行呢？有關實地研究的觀察重點、抽樣問題、信效度問題，與整個研究的流程、步驟，讀者們都應特別注意。

　　自然研究法與實地研究法息息相關。但自然研究法所強調的是「觀察」，實地研究法所注重的卻是「實地」。因為重點與切入點的不同，故於本章第三節特別提出有關自然觀察法的說明。

　　在自然狀況下觀察研究對象即是自然觀察法。它可以掌握情境的全盤現象，因為觀察者就在情境中，可以注意到情境中特殊的氣氛，這個特質絕非其它事後回溯的問卷調查可以比擬。自然觀察法也有其缺點：包括牽涉到受訪者、問題的敏感性、行為的不易觀察、觀察者是否真正客觀也會影響到自然觀察法的準確性。進行「觀察」時所牽涉到的事項不外是：問題的本質、步驟的進行、工具的使用、如何記錄等。若以觀察者的參與程度與觀察的結構程度來區分，自然觀察法可以分為下列幾個類別：結構式觀察、無結構參與之觀察、無結構非參與之觀察三種。

　　本章亦提到有關視覺社會學的基本概念，增加同學對自然觀察法與影像科技的綜合應用。

第一節　前　言

　　研究一個社會現象所能採用的方法當然不一而足，每種方法都有其特色與重點，但是最基本、最直截了當、最原始的方法，莫不過是「實地看一看」，但是看熱鬧呢？或是去看門道？還得從研究者本身對問題與現象的認知程度、所受訓練的層次高低、以及研究者在資源、時間、空間上的種種條件之差距，而有不同的風貌與重點。不管如何，「到實地去看看」總比在辦公室內自我憑空想像要好。從本章開始，我們將介紹不同的研究類型，而最基礎的類型就是「實地研究」與「觀察研究」。實地研究與觀察研究彼此之間有很高的重疊性，只因不同的資料來源中，有不同的稱呼，爲免讀者產生困擾，仍依據資料來源，分別說明。

第二節　實地研究

一、實地研究的定義

　　實地研究（field research），又稱實地觀察研究，是以研究者爲觀察中心，用記錄表格、用攝影機或只依賴研究者的一本筆記，研究者獨自觀察、或與受訪者晤談語言互動等技巧，設法融入實地與事件中，來蒐集資料的研究方法。實地研究傾向於密集（仔細）的觀察，也因此經常極爲耗時，所以研究者常將研究縮小在一個小的範圍裡，以便可以在有限的資源，在特定範圍的時間、空間中，實地去研究所要探討的環境與問題，也藉著觀察，用較深入的敘述將問題與現象，彷彿圖像一般呈現在讀者面前。簡言之，實地研究是對自然發生的現象、事件，直接觀察來蒐集資料的一種研究方法。

　　與其說實地研究是研究方法的一種，不如說實地研究是很多研究方法的基本條件，因爲眼見爲憑是科學觀察的基本精神，實

地研究本來就足眼見爲憑的活動。實地研究是人類學家所用最基本的研究方法，藉觀察研究來描述人類的活動。民族學就是以觀察的技巧，來研究整個文化，並建構其理論，企圖從特別文化或跨文化的民族比較，以描述或發現其特質與現象（Emerson, 1983; Lofland, 1984），質性研究訪問受訪者時，對他當時所處的環境以及種種行爲語言，在在都是實地觀察時所要注意的。量化研究在調查某些社會現象時，一樣都是要藉著實地觀察才能蒐集到正確與客觀的資料。

二、實地研究的藝術性與科學性

研究是一種求眞與求知的過程。然而，現實環境中，不是每種現象都可以在實驗室內來完成分析與說明，人際互動與人類環境的複雜性，絕非機械式「一成不變」的步驟，也不是實驗室的「嚴格控制」所能比擬。要把實地研究做好，不僅需要研究者的嚴謹而且專業的「科學」訓練，更需研究者充滿創造與想像的「藝術」展現。

實地研究直接觸及實地的環境與現象，藉著仔細的觀察，試圖去領悟及瞭解該現象與活動，這種探索充滿了創造性。實地研究以一觀察者的角度探討事物，對日常視爲理所當然的情境或事件也詳加研究與整理，以便理出其文化的特質，這是一種融合著科學與藝術的探討方法。對於研究的成果，實地研究者更能把研究的結果與意義傳達給任何可能讀他的人，既平實又生活化，亦不艱深難懂，這是科學成果的藝術表達。

實地研究的方法也充滿了挑戰，對自然發生的事件，研究者可以使自己不成爲事件中的參與者，以便能冷靜客觀的探討事實的眞相。實地研究者的重點不在於創造，而是在瞭解事實；不在於證明，而是提出參考的證據。研究者不企圖改變研究環境中所發生的事物，事實如何，研究者的整理與歸納就如何。實

地研究也可以是一種過程，藉著研究與觀察，去瞭解現象的種種特質，才能使實驗更精準。

三、實地觀察研究的內涵

去實地觀察時，到底要觀察什麼？如何才能掌握實地觀察的重點？ Baker（1994）建議社會工作研究者實地觀察的內容：

（一）場合（the setting）

觀察實地的場合及狀況如何。如觀察機構時：是公立機構或私立？裡面員工的組成如何？機構創立的目標如何？環境如何？互動的模式與特質如何？決策的流程或成員間的溝通模式等，都在觀察之列。

（二）觀察主題（a general subject）

進行實地觀察研究之前，研究員心中總有個譜，到底是要看什麼？看人？或看制度？或看機構運轉的流程？看人時，是看士氣或是看互動？看制度時，是看制度的實際運作或是整體的配合程度？若看機構運轉的流程，是要看特殊的單元或是對整個流程做效益方面的評估？

（三）時間因素的考慮（time frame）

觀察的深度與事項，應該參考時間的長短來決定。針對某種現象，牽涉到被觀察者的「成熟」程度，時間架構因素的考慮必須特別慎重，例如研判百貨公司的顧客消費行為時，總要設計不同的時間與時段，否則觀察無法準確。

（四）觀察的事項（type of things to observe）

觀察的事項有：（1）環境；（2）個體及其他成員彼此之間的關係；（3）成員的行為型態、活動項目及進行狀況等；（4）成員間的對話內容等；（5）成員或團體的心理特質狀況；（6）歷史淵源；（7）物理情境，如教室內的設備，兒童遊樂的設施等。

實地研究的主要用意就是以「眼見為憑」的心態去觀察、去研究。但是觀察者仍難免有失之主觀之嫌,當被觀察的事塕龐大又複雜時,也難免會有瞎子摸象的困擾,因此三角測定法(triangulation)的理念與技巧也值得我們注意。「三角測定法」指研究者在觀察並蒐集資料時,盡量從更多、更廣泛、更差異的來源去蒐集。研究者在觀察時,如果都能用更多的理論去思考,更多的方法去探討,更多的角度去揣摩,那實地研究的內容將會更紮實、更豐富(請讀者再參考第五章質性研究法中對三角測定法的解釋)。

四、實地研究的步驟

實地研究的步驟非常富有創造性,它與一般實驗的方式不同,因它不像科學研究把相關的變項都嚴格的控制。但是實地研究的過程絕對不是鬆散的,它有嚴謹的一面,其研究步驟如下:

(一)選擇區域

實地研究的第一個思考要項是要選哪一個「實地」去研究。區域的選擇必然有其必要性、代表性與真實性。根據所要探討的主題,在所能考慮的範圍內,當然要選擇最必要的(因為若不選擇該地,研究的結果就會有瑕疵)、有代表性的(使研究的結果不致造成偏差)、選擇較具有真實性的區域(以兼顧理論與實務的融合度),選擇好的區域以後,研究的進行就能事半功倍。

(二)選擇使用的方法

區域決定後,就必須好好擬定所要使用的觀察方法(或決定如何參與觀察的方法)。所要觀察的項目是什麼?如何記錄?進度如何?主要對象是誰?研究小組的任務如何分工?資料如何分析?每一個項目都與所使用的方法有關,而在區域確定後,也應著手把所使用的方法選擇妥當。

（三）觀察者的角色

實地研究最主要的方法與技巧就是觀察。在研究法中，「觀察」與「介入程度」有很密切的關係。某些項目非得與受訪者完全打成一片不可，否則便成了隔靴搔癢，不能得到所要的資料。但是參與太多時，可能便失去了客觀性，無法冷靜的看出只有局外人才能注意到的特殊現象。觀察也牽涉到項目的擬定與測量的問題，若不好好規劃，便可能對不值得觀察的事項付出太多，而對必須特別注意的事項卻因大意或無知而忽略。觀察時，也必須把測量或記錄的原則定好，否則，所得到的資料則變成偏頗不全，對事實的真相瞭解沒有幫助，只是徒然增加誤解而已（Babbie, 1992; McCall, 1969）。

（四）把觀察的事物意義化

實地研究最難的一點是如何把所觀察的事物意義化。如何把所觀察的事物意義化不僅牽涉到主觀或客觀的問題，更是研究者對事物瞭解的背景廣度與深度是否足夠的問題。對事物的本質有足夠的深度瞭解時，我們才能解釋所見事物的意義；對事物的背景有足夠的寬度瞭解時，才能指出該事物在整個問題中所代表的涵意。實地研究不是對日常生活所見作流水式的報告與整理而已，它是把所觀察的事物賦予新的意義，使讀者能對該事物有耳目一新的認識與瞭解。

（五）洞察力與感受力

實地研究之所以極富藝術性與創造性，是因為進行實地研究時，需要研究者有完全的洞察力，能看出問題的精髓；有敏銳的感受力，指出問題與現象中存在的特質與意義；有自我瞭解的能力，使研究時所觀察的事物不過份主觀，也不過度的誇張，而整個研究便能既忠實又有系統的呈現給社會大眾。

五、實地研究的參考要素

進行實地研究時，有些要素不能忽略：

（一）環境因素

有關實地研究的環境方面，該地是公眾或私人地方？在該地的人群是固定的或是經常不同的？若是固定的，如何避免受訪者之間的互相感染或霍桑效應？若是不同的人群，如何使觀察的水平可以維持，不致因人而異？所要觀察的人與當地環境的關係淵源如何？是否會造成特別的意義？

（二）主題因素

有關主題方面，在到一個區域作研究時，研究者在內心應該已形成「一般性」或「特定性」的主題。若是一般性的主題，觀察者應把觀察的廣度放寬，若是特定性的主題，觀察者的嗅覺則需敏銳，對所執著的問題，敏銳的探索。

（三）區域因素

不同的區域所要注意的問題也就不同。因為不同區域，社會現象的特質、呈現的方式、表現出的差異也有所不同。不同區域的社會現象的原因當然有異，社會現象的結局、該結局呈現的方式，必然也有所差異。所以，實地研究時，我們隨時都在考慮各種社會現象的特質、原因與結果，使研究不致失去了方向，錯失了重要的主題。

（四）思考單位的因素（thinking units）

一般的實地研究的思考單位都是以某個社區、村落、或貧民區為主。其實思考單位有大有小。如 Lofland（1984）所指出的有不同的類別：（1）只以例如某種語言在該文化、規範中所代表的涵意，所以特別強調語文或溝通內涵；（2）以當事者的對話涵意（episodes）為主要思考單位的；（3）以實務為主要的考量（practices），所以訪問內容特別注意它在生活層次裡的應用性；（4）對質性內容

（encounters），雙方有不同意見時，其問題焦點又如何？
（5）不同職位與角色（role）對某些事物的意見；（6）以
相互關係爲單位的研究（relationships），如以每對夫妻爲
單元，或以親子關係爲對象；（7）對小群體、運動團隊，
或派系的瞭解（groups）；（8）組織（organization），不只
研究小團體，且對正式的機構或團體作研究；（9）以整個
國家或社會爲單位的研究（settlement），社會工作研究者
所需觀察的思考單位相當廣泛，有大至一個特別族群的，
有只限於個別的溝通模式的，端看實務的性質而定。

（五）時間因素

實地研究也應注意研究的時間架構，到底需持續多久的時
間？短期可以完成或一段長時間才可能得到所需要的資
料？對受訪者所拜訪的次數可能是連續或非連續的？若是
連續性的，如何得到受訪者的接納？如何避免受訪者的厭
倦、擔憂或拒絕？研究者應當瞭解，研究時間的長短乃依
方案的性質而定，不一定有明確的「規則」。最麻煩的是，
研究若有時間限制，但其性質又非該段時間可以完成時，
研究者如何取捨？或如何設法在短時間內蒐集到資料？

（六）觀察的重點因素

實地研究的觀察重點依研究本質可以分爲三種：一是行爲
觀察，專門探討某一環境下的行爲表現；二是情境觀察，
指觀察某一特別而自然的情境下，會發生什麼事情；三是
處置效果觀察，觀察人爲的處置，在自然的情境中對被觀
察者行爲的影響程度。所以實地研究中的觀察事項，包括
（1）環境；（2）人們及彼此之間的關係；（3）被觀察者的
行爲、行動和活動；（4）受訪者或被觀察者的語言行爲；
（5）心理狀況；（6）當地環境與文化過去的歷史；（7）物
理環境與狀況等等。隨實地研究的重點與架構而有差異。

六 實地研究的觀察與記錄

觀察與記錄是實地研究的主要內容。進行這些活動時，下列步驟都需注意：

(一) 觀察時間的取樣

從時間的角度來看，其取樣的方式有下列四種：

1. 連續時間取樣（continuous time sampling）

   指觀察時，對所研究的對象做連續時間的觀察，對所調查的事件從頭到尾作研究，使整個事件的始末都在研究的觀察範疇當中。

2. 定點時間取樣（time-point sampling）

   對所研究的現象或事件只採定點時間的觀察，如每日早上的六點、八點，與每日下午的四點、六點，四次的時間，做該時間定點的觀察。這幾個時間之間並沒有固定的間隔，每次的觀察時間長度也沒有特殊的長度，此為定點時間取樣。當然為何選在這四段時間來當作觀察樣本，研究者應該說出個所以然。

3. 區段時間取樣（time-interval sampling）

   定點時間取樣所觀察的是某幾個時間定點，區段時間取樣則指某區段的時間，如每天上午的八點至十點，晚上的八點三十分至十一點三十分，所強調是那兩個鐘頭與三個鐘頭的區段時間。

4. 事件取樣（event sampling）

   事件取樣以事件發生的始末為主，不受時間的長度或時段的影響，這種時間取樣的主要目的是要研究兩個事件之間的聯繫與相關，所以重點放在對事件是否已經充分瞭解，而不是時間是否定點，也不是區段的長短。

(二) 記錄與過錄事件資料

記錄是將觀察事件的內涵作成長久性（permanent）的複本

格式。記錄的方法依事件的本質而有不同，有的事件可能需要表格式或問卷式的記載，有的事件可能以文章或流水帳式的說明與記錄較佳。過錄是將觀察現象予以意義化分類。針對所觀察的事件，我們不能像計量研究一樣，直接把各種現象化爲一些號碼就可以，而是把所觀察的現象或事件化爲某些類別，各種類別則需分別指明其定義，它必須把該類別中各種可能的狀況涵蓋進去。如「國中生教室內的抗爭行爲」，可能包括「警告後的仍然故意講話」、「未經允許的教室內走動」、「與同學間做與課程無關的互動與接觸」等等，都是實地研究的過錄。

（三）觀察事件的解釋

對所觀察的事實現象不是直接予以平鋪直敘的描述即可，研究者必須對其事件予以充分的解釋，而解釋的範疇與方向則以研究者的研究前提或假設爲依據，好讓研究者藉著解釋，把所看到的現象與事件與本身的理論或邏輯假設得以連結起來。

（四）誤差來源

實地研究不像實驗室研究有較高的控制性，從某一方面來說，似乎也較不嚴謹（雖然實地研究比實驗室的研究顯得較爲實在與具體）。實地研究難免會有誤差，而誤差的來源主要是：（1）不當的抽樣，使得研究所觀察的時間不當、所觀察的對象不適合，當然也造成所觀察的內容不夠準確。（2）機遇反應趨勢（chance response tendencies）：所引申的問題，因爲不同的觀察者對觀察類別定義不能肯定時、觀察者太過主觀時、所觀察的對象太過於複雜時，研究者難免會用自己的解釋來界定類別，所以不同的研究者對同一現象的解釋也因此有所不同，如此一來，研究的結果就會因產生機遇的不同（不同的觀察或解釋者加上不同的時段所做的觀察），而有不同的反應趨勢（產生不同

的解釋）。

（五）效度問題

任何研究都要考慮到它的效度或信度的問題，研究是不是
探討了必須研究的現象？訪問了必須訪問的受訪者？問題
是當所觀察的現象抽象層次越高時，則測量所欲達到的精
確度就越困難，則該研究的效度就愈值得懷疑。任何研究
的當務之急是提高其效度，好好把握住研究的內容與方
向，否則研究的成果會答非所問，因此，實地研究在觀察
時好好掌握研究效度相當的重要。

七、實地研究的進行

實地研究如何進行呢？從其整個研究的流程，大略可以分為以
下的步驟（Baker, 1994）：

（一）事前準備：各種資料的閱讀

先閱讀地區的外部資料。在進行實地研究之前，一定要有
足夠的研究背景，研究者必須先把相關的外部資料研讀妥
當，如類似的區域研究報告，看看別人是如何進行其區域
的研究。閱讀與調查對象相關的研究報告時，會使研究者
對研究對象的背景先有通盤的瞭解。其它類似計畫中的使
用方法報告，讓我們在方法學上更加精進，不要做無謂的
重複，更不要重蹈覆轍，以免誤差又再度產生。一般性的
資訊也不要小看，熟識這些資訊可以使研究者胸有成竹，
資源的應用上也會更加靈活，針對研究地區描述的文學、
旅遊作品，如果加以瀏覽閱讀，也可能使整個實地研究的
成果更加生動與具體。

內部資訊的取得也不能偏廢。研究者最好能先取得區域內
部的觀點，如透過內部的人的介紹或講解，先瞭解組織和
組織的領導者以及相關的事件，使研究者在極短的時間

內，馬上掌握該區域人與事的主軸，使研究能事半功倍，
不致在時間與精力上作太多無謂的浪費。所以，在進行實
地研究時，最有價值的資訊是來自某個關鍵人物，他可以
洞察週遭的環境，指出問題的緣由，他具有社會問題的想
像力，能幫助研究者很順利的進入問題的核心，若有這個
關鍵人物的協助，研究必可事半而功倍，問題是這種關鍵
人物經常是可遇而不可求。

（二）抽樣

實地研究的抽樣方法，不必像量化的研究一樣，非得用隨
機取樣的原則不可。實地研究中，經常採用的方法是（1）
配額取樣（quota sampling），對所要觀察的事件或訪問的
樣本作配額的取樣，選擇某種特質、某種數額的樣本；
（2）滾雪球取樣（snowball sampling），藉著第一個所訪
問的對象的介紹，訪問到第二個合乎調查要求的樣本，如
滾雪球一樣，愈來愈多；（3）偏差個案取樣（deviant case
sampling），以特殊的個案為主，藉著對這些特殊個案的瞭
解，來探討問題的原因、過程與結果。

（三）進入實地研究

完成了抽樣的方法，研究者在研究的區域進行研究之前，
應該先決定自己在當地中要扮演什麼樣的角色。一般對該
地區而言，研究者是陌生者的角色，所以他應具備一個完
全開放的心胸與非評價的態度，對該地區的受訪者所做的
任何敘述，都能試著去瞭解、去接納。研究者最好能將剛
開始所扮演的「陌生者」角色，在短暫的時間當中，予以
轉化為「客人」的角色，甚或是「朋友」角色，因為實地
研究的成敗與否，主要取決於研究者與當地居民建立的關
係如何。

（四）蒐集資料

有關資料的蒐集方面，首先要注意的是各種工具是否都已

經具備。不同的研究所需要的工具不同，有的研究需要錄音機，有的則需筆記本而已，不過一般而言，實地研究蒐集資料時所需要的工具不外錄音機、攝影機、照相機、記事本等，這些工具的具備應該事先就準備好，不能臨時因陋就簡。進入實地後當然因地、因事制宜，使用不同的工具來蒐集資料。離開研究情境以後，應儘速把所拍、所錄的資料予以文字化，整理實地研究的過程中所發生的事件，並將記錄以不同標題分開，以便日後有更系統的分析。當然有關記錄的類型也有各種不同的型態，有流水式的描述、有對特別情境詳細的說明、有個人的印象和感覺、有各類的附註，以便能喚回被遺忘的題材。

（五）整理記錄

當各類資料蒐集完畢以後，整理記錄的工作更具挑戰性。有根據人物分類；有以事件或以年代順序來分類，不同的檔案分類將影響資料的分析。資料整理過程中、記錄中需要留白，以便新資料的加入，也有可能對資料有新的理念與發現。

（六）實地研究的分析策略

資料分析的策略有二。主要的策略是「尋找模式」，從實地研究時所觀察到的一些事件，查看是否有重複的模式？看看是否能從這些重複的事件中尋找出「模型」，或是「典型」。如果能藉著實地研究的資料尋找其共同點，建立其模型，那將是研究很有價值的收穫。相反的，不找共同模型而尋找偏差的個案，也是另一種策略；不尋常、不典型或稀少的事件，從研究的角度而言，也頗為重要。

八、實地研究的效度與信度問題

基本上實地研究適用於探索與描述性研究，但並不是說實地研究完全只用來說明有關的現象與情境而已。假如能將已被證明

的實驗結果，或把某種理論應用到實地研究的自然情境中，再
分析原實驗變項間的關係是否在實地研究中存在，則亦可達到
因果的解釋性。實地研究者的觀點較爲主觀，如何與其他研究
者相互交換彼此的觀點，將有助於研究的信度和效度。茲將實
地研究的信度與效度問題分析如下：

（一）內在效度方面

內在效度的主要定義是「研究是否研究到所該研究的？」
青少年問題的研究，應該要以與青少年的問題有關的題目
來研究；婚姻問題的研究則不能以人際關係的內容來探
討，所以爲了增強研究的內在效度，研究者必須注意到
研究的歷史事件影響、受訪者的逐漸成熟、測驗工具是否
準確、是否會發生霍桑效應等問題，當這些問題一一克服
後，其內在效度才能維持。因此，若將內在效度定義爲研
究接近事實，對事實能作正確、合理的詮釋時，實地研究
的效度無其它研究方法可比，因爲實地研究與具體的事實
有直接的接觸，它研究區域內眞正發生的事件，而且嘗試
捕捉社會脈絡的眞義和本質，所以實地研究是在各類社會
研究中最具有效度的類型。

（二）外在效度方面（概推性問題）

由於實地研究所研究的事件一般都較自然而固定，因此很
難把研究結果概推到其它自然存在的相同情境與事件上，
所以難免它的外在效度低。若強調外在效度的「自然本
質」，研究時要特別注重發生事件時的自然情境，以便可
以推論到自然而然所發生的事件時，則實地研究的外在效
度就高，因爲實地研究所觀察的事件、情境原本就是自然
發生在週遭的事實，所以外推的普遍性程度就很高了。當
然，研究時若要把所觀察的發現推論到其它情境時，有賴
於實地研究者將研究環境中許多類似的社會脈絡列出，仔
細記錄，而且對各種情境有敏銳的分析能力與聯結能力，

否則很難有概推性。

（三）信度

實地研究的信度比較弱，因實地研究傾向對某個情境中、某些事件的分析，其事件最好有其特殊的意義，而不是一些例行的公式或平常無奇的事情，所以，若第二個實地研究者要複製前面的實地研究者所作的工作、尋找其相同的答案是相當困難的。但若觀察研究的重點是受訪者的外在顯現行爲時，則不同觀察者間的信度應該不致太困難。

第三節　自然觀察法

自然研究法與實地研究法息息相關。自然研究法所強調的是「觀察」，實地研究法所注重的卻是「實地」。實地研究法需要自然觀察法的技巧，自然觀察法也需要實地研究法的一些原則。因爲重點與切入點的不同，所以兩種研究法分別說明。

一、自然觀察法的定義

在自然狀況下觀察研究對象即是自然觀察法（natural observation）。在很多科學與應用科學中，研究者無法觸及目標物時，就藉著觀察的方法來得到資料，如天文學。當然與目標物的距離有長有短，有的觀察與被觀察的物近在咫尺，但受訪者仍渾然不知，仍然是屬自然觀察法，其它科學也有使用觀察法者，如對環境的研究（Baker, 1994）。

二、觀察法所要克服的主要問題

任何觀察都有一些與之有關的問題，研究者不可能蒐集在當時、當地所有有用的事件，研究者只能去選擇事實整體的某些部分，但卻希望這個部分的觀察資料，可以給予整個情境的眞實圖像（a true picture of the situation），爲了要達到這個目標，

對於要觀察哪個樣本？該樣本的大小應如何？就變成了該觀察
是否科學很重要的指標。

三、自然觀察法的優點與缺點

自然觀察法的優點是可以掌握情境的全盤現象，因為觀察者就
在情境中，可以注意到情境中特殊的氣氛，這個特質絕非其它
事後回溯的問卷調查可以比擬。自然觀察法因為觀察者就在情
境中，能探索正在進行中的行為，自己可以判斷與分析，不必
完全仰賴受訪者的資訊。或因與受訪者建立了良好的關係，也
因此可以得到平日不能直接報導或不便報導的資料。自然觀
察法的觀察者只作觀察不作參與，所以比起其它蒐集資料的方
法，較少發生出自受訪者的反作用。大體而言，自然觀察法觀
察行為的期間較長，觀察行為的技巧也應用得較多，這是其優
點。

自然觀察法也有其缺點。首先，受訪者若太敏感或太害羞時，
觀察者便無法客觀取得資料，尤其所問的問題若涉及隱私時，
所欲觀察的行為不易觀察時，正確的資料便很難取得；大體
上，自然觀察法較難取得被觀察者的認可與接受。其次，觀察
者是否真正客觀非常的重要，觀察者太自以為是，總是以自己
的背景與經驗來解釋所觀察的行為，整個研究便會偏差。觀察
研究最大的難題是許多主題不可能直接觀察得到（如鄰里間的
衝突行為觀察，很多衝突不會直接外顯，我們無法以觀察的結
果當作真實情境的結論）。

自然觀察法對可能影響資料的無關變項，無法作有效的控制，
也是研究的一大缺陷，因為一講「自然」便是不要干預，不干
預時便無法預先把不期待的因素排除，所以難免會有自然產生
的無奈現象。自然觀察法雖然可以觀察所需要的行為與現象，
但是如何把這些資料量化，也頗有困難，所以分析的精密度會

受影響。自然研究法也只能採用小樣本的研究，因為樣本一大，不但耗時甚多，所費也不貲。

四、自然觀察法的類別

進行「觀察」時所牽涉到的事項不外是：問題的本質、步驟的進行、工具的使用、如何記錄等。若以觀察者的參與程度與觀察的結構程度來區分，自然觀察法可以分為下列幾個類別：

（一）結構式觀察

若事先就已決定要觀察何物、何事時，可以採用結構式觀察。結構式觀察的範疇可事先安排與訂定，例如作團體動力（group dynamics）的觀察研究時，研究者可以事先預定要觀察的項目是成員的參與程度、成員間互動的方向、成員間溝通的方法與模式等，而其它的項目研究者大可忽略。結構式觀察可以事先把記錄詳加準備，可預備一些特定的符號，可規劃觀察的工具，以便觀察能順利進行。

所謂觀察的信度係指對同一情境所作之不同觀察之相關係數，或指穩定係數（同一觀察者在不同時間所做之觀察），及信度係數等（不同的觀察者，在不同的時間之觀察符合度）。若要提高結構式觀察的信度，研究者增加觀察次數比增加觀察者的人數要佳，因為藉此可提高穩定係數，若有太多不同的觀察者，則額外衍生的問題，可能比信度的提高還來得多。然而，同一觀察者不同時間之觀察時，要避免觀察者疲累，否則還是會產生誤差。此外，觀察者所可能造成的誤差包括：內容選擇不準確、主觀的意識、環境變遷、人事變遷、訪者的疲勞等問題，也應注意。

（二）無結構參與之觀察

參與能使觀察者與受觀察者之間產生較高的融合，使觀察者能觀察到只作局外觀察所不能完成的任務。為了達到真正參與的效果，研究者還需學習該地區的語言，瞭解其民

情，建立關係，以便能較無阻礙的得到所要調查的資料。
在參與觀察時，一般都是無結構的觀察，因為既然參與，
就要以被研究者的作息流程為主，觀察者隨著被觀察者的
情境而適應，所以不能有太嚴謹的結構。例如我們要做原
住民文化的觀察，觀察內容不能事先就訂得太窄太結構，
免得失去我們沒注意的特別文化事項；我們也不能只在外
圍隔山觀察完全不參與，看不出文化的眞髓。

無結構參與之觀察經常都是文化主位之研究，範圍相當寬
廣，相當的自然，也頗為生活化，但是參與愈多時，相對
的也會愈主觀，研究的準確性也會降低。

（三）無結構非參與之觀察

在探索性的研究中則以無結構、非參與之觀察為主。因為
所要探討的是一個基本性瞭解尚未清楚、研究者對其主題
也較無預定性的假設與前提時所使用的研究方法。反正觀
察到什麼，就記錄什麼；記錄到什麼，就分析什麼。所以
無結構、非參與的觀察的記錄經常較為含糊。

總而言之，觀察者與被觀察者之間的關係，可以分為四
個層次：完全的觀察者（complete observer）（無參與，
僅觀察）；參與性的觀察者（observer as participant）（略
有參與，主要在觀察）；觀察性的參與者（participant as
observer）（參與多，略有觀察）；完全的參與者（complete
participant）（完全參與無觀察）。觀察與參與是兩個重要的
考量因素，觀察要客觀也要冷靜，如此一來，觀察時就不
要涉入太多（意即不要參與太多），但是另類的說法是若
是不參與，如何能觀察到所應該觀察的，若不與之一同作
息，貼近受觀察的對象，如何談得上是好的觀察？可見觀
察到哪種層次與參與到何種地步端看研究的主題、重點或
受訪者的特點而定。

第四節 視覺社會學

視覺社會學（visual sociology）其實是自然觀察法與影像科技的綜合應用。發展的背景是由於紀錄片與人類學家對照相機及攝影機的使用，使資料的蒐集、分析與保存產生了根本的變化。視覺社會學是一種研究社會行動的方法，透過工具（相機、錄影機），去捕捉社會環境及自然環境中，人們如何與他人傳遞社會的訊息（Curry & Clarke, 1977）。

視覺社會中，相片的效力不只是基於它本身的視覺效果，也可以對研究的基本命題加以澄清與印證；相片也可以幫助研究者對社會情境產生新的洞察與觀點，而且能提供研究者直接的參考資料；相片比其它資料更能幫助研究者回歸到原始的情境，亦可協助研究者界定情境與事件的前後關係；相片協助研究者縮小了內在概念與外在行為之間的隔閡。科技的進步，已使「視覺思考」成為研究過程中重要的部分（Baker, 1994）。

一、視覺觀察法的目的

視覺社會學（視覺觀察法）蒐集視覺資料的目的是藉以呈現社會行動的系統現象，設法找尋模式或探討是否有「典型」排列，藉著視覺資料，研究者更可以達到研究文化的目標。視覺資料也可描述行動者和社會環境中的互動關係。視覺題材不要有過多的文字註解，否則會喪失視覺社會學所要傳遞的訊息。

視覺資料中，好的影片紀錄能整合和捕捉視覺敘述和文字敘述間的關係，將視覺學家所要表達的意向更加明確的表達出來。

二、視覺觀察法的原則與方法

視覺社會學的兩個主要類型是靜態的相片與動態的紀錄影片。視覺觀察者不僅要學習如何使用相機，且要學習做底片的顯影與編輯，並做相片的整合與評論。相片的使用應設法減少錯

誤，否則機會（情境）一失便不可復得。爲了避免這些誤失，研究時最好能使用數名攝影者，每次的拍攝，應馬上適度的應用手抄，以整理相片，當今新發明的 APS（advanced photo system）或可減少資料整理上的困難（現今社會照相機與手機比比皆是，甚至具備定位功能，而且都有不錯的系統管理，整理上不會太難），有了視覺資料，最好能將照片與其它資料作比較，可以看出視覺資料與情境對照的特質。

在研究的過程中，隨機的拍攝不同地區的照片也是分析時的重要參考。爲了減少影片題材在分析時可能造成的偏誤，可由數人一起分析，來研究影片中的種種關係，以增加研究的信度與效度。

三、直接觀察的變項測量

如何做好視覺資料記錄，對研究者而言是一項重大的考驗。因爲不同的記錄提供不同的資料，不同的記錄方式也可能造成不同的資料效果，所以我們必須確實瞭解所選擇的方法是否確能提供所需要的資料，因爲資料的蒐集必須符合研究的目標（Polster & Collius, 1988）。

資料是由誰來記錄？記錄者（觀察者）是否受過訓練？採用什麼方法記錄？這些因素都會影響研究的信度與效度。直接觀察中常用的記錄方法有六種，以下分就各方法的意義、信度及其應用討論之：

(一) 等距（區段）記錄法（interval recording）

觀察者在一段被等分爲許多區段的特定時間內，做持續、直接的觀察，即爲等距記錄法。其記錄方式只區分是否發生，若「發生」，則在同一區段中不管發生幾次均視同一次。若「沒有發生」指該區段時間中沒有出現所欲觀察的行爲。

等距記錄法可以告訴我們有多少個區段至少出現過一次目

標行為，但卻無法告訴我們到底總共發生了幾次目標行為。當然，等距記錄法可同時觀察兩個目標行為，所以可以利用此法檢視兩種行為彼此間的關係，以看出這兩種行為之間彼此的相關性，此法頗適合用於觀察人際互動，如夫妻的口角模式與暴力行為是否相關、父母親責罵子女是否與子女的反叛行為有關等。

等距記錄法提供研究者詳細的資料，任何行為型態、發生率有一絲改變，均可被視察到，是絕佳分析基礎，有助於擬定治療計畫，行為矯治法中常被使用。等距記錄法是一種持續、全神貫注的記錄法，較適用於發生頻率很高的目標行為。

等距記錄法的信度是否良好值得我們注意。為了提高其信度，研究者可以透過至少兩位獨立的觀察者同時觀察相同的目標行為，來作記錄，經由下列的公式演算其二者之間的相同程度，來判斷其信度。

$$\frac{相同數}{記錄總數（相同數＋相異數）} \times 100 ＝相同程度$$

等距記錄法的使用非常昂貴，因為此法複雜且耗時，需訓練有素的記錄者始能為之，因為案主無法自行記錄。而且，除非所觀察的行為很單純，可清楚描述，且區段很大，否則很難明確採用。然而，由於此法非常嚴謹、精確，當有特殊目的需要非常詳細的資料，且目標行為發生頻率亦很頻繁時，仍可採用之。

（二）頻率記錄法（frequency recording）

頻率記錄法與等距記錄法雷同，所不同的是，目標行為每次出現都必須記錄。如上午八時至十一時間，觀察行為出現的頻率共五次。用數學的方式來呈現：

$$出現次數（5 次）／期間長度（3 小時）＝1.7 次$$

從上例，我們即可聲稱此行為出現頻率為每小時1.7 次。
頻率記錄法的信度計算同樣是透過兩位觀察者，同時且獨
立地觀察同一行為的記錄計算得之，其計算較為粗略，信
度亦只是兩者「數」的比較而已。

$$\frac{甲記錄者觀察所得次數}{乙記錄者觀察所得次數}\times100＝相同程度$$

當目標行為的發生數為重要測量關鍵時，非常適用頻率記
錄法。例如行政者可透過此法來評價有關任務達成之政策
修訂的效果，如轉介數或單位時間的服務個案數……等。
頻率記錄法可由案主自行記錄，只要所觀察之目標行為有
明確的次數，加上行為的界定非常清楚時即可。若由案主
自行記錄則此法費用就很便宜，否則與等距記錄法一樣昂
貴。此法必須在標準化的時空下測量，否則不具意義。

（三）**持續記錄法**（duration recording）

在一段特定的時間內，直接觀察目標行為，而且記錄每一
次發生所持續的時間長度。例：

在一小時中，發生了三次，第一次持續 3 分鐘，第二次
25 分鐘……。

持續記錄法的信度與前兩者相似，亦是透過至少兩位獨立
的觀察者，同時觀察同一個目標行為，最後比較兩者記錄
的結果。持續記錄法的應用頗廣，可用於記錄比較工作者
對案主處置的前後，目標行為持續的時間是否有所改變。
尤其可用於單一個案的研究設計（single-subject designs）
之中。此法簡易，無須嚴格的職前訓練，案主亦可自行記
錄。當目標行為很容易被注意到且發生頻率不高時，研究

者甚至可以在觀察期間內同時進行別的活動，而無須將時間全花在等待上。此法常用於觀察案主的行為反應，如：哭了多久、爭吵了多久、失業多久、生病多久……等目標行為上。此法若以訓練過的觀察者來記錄，其花費同等距記錄法一樣昂貴，但在許多狀況中可利用案主自行記錄，則可降低許多花費。

（四）強度記錄法（magnitude recording）

此法對每一次目標行為發生的規模大小、程度作記錄，把所觀察的目標行為區分為一些等級，再根據其發生的次數或嚴重性來制訂。如以「兒童的發怒」為目標行為為例，我們可以把小孩子發怒時所產生的行為依其嚴重程度分為一些等級，如：（1）小孩哭泣低吟；（2）小孩高聲尖叫；（3）小孩亂擲東西、擊傢俱（擊物）；（4）小孩攻擊別人或以物擊人等四級。當然，要製作這些目標行為的等級量表時，必須把各種等級操作化，使其定義清楚，否則觀察記錄時，一定會有差錯，尤其要讓案主自行記錄時，簡潔明確又不太複雜的操作性定義更不可忽略。強度記錄法的信度檢視可從「數」（number）與「量」（magnitude）兩方面的等級（rating）著手，如下表所示：

甲觀察者		乙觀察者	
時間	等級	時間	等級
10:02	3	10:02	3
10:57	2	10:57	3
11:17	3	11:17	3

兩觀察者時間一致程度 =100%

強度等級一致程度 =2/3 or 67%

在這個信度的計算圖表中，有一點值得注意的是，我們不能肯定兩位觀察者的觀察記錄的是同一個行為，除非他們

所記錄的時間完全相同。如上例，是以次數、時間以及量度等級均應列入檢視的內容。強度記錄法非常適用於有關目標行為之量度、程度、等級等方面的主題，這可能是前幾種方法無法得到的資料。但是使用此種記錄方法時，使用者需較多的訓練，因為觀察者不僅要注意目標行為是否發生，也要判斷目標行為的等級。目標行為操作化若愈清楚時，訓練上就較為單純。若僱用外來的觀察員來執行觀察的工作時，經費上就頗為昂貴，而且觀察者必須注意所有的目標行為並判斷其等級，所以很耗時。

（五）定點查驗記錄法（spot-check recording）

在一特定的時段裡，觀察者依特定的區段時間，去觀察案主是否有出現目標行為，是為定點查驗記錄法。在此記錄法中，觀察者的觀察並非持續連貫地進行，而是間斷性的，只有在定點的那個時候才觀察。定點查驗記錄法主要計算其發生率，即：有目標行為出現的定點數除以總定點數。若以一天為一時段，則每天都可以有一個每日發生率，取其平均值即可代表被觀察的對象其目標行為的發生率。

定點查驗法的信度計算方式與頻率記錄法完全一樣，由於其觀察時間只有一會兒，所以兩位觀察者必須完全一致地觀察。定點記錄法除非目標行為很難與其它行為區分，否則如何記錄僅需少許的訓練。定點查驗可由外來的觀察者執行，亦可由原本即屬常態環境中一份子的人行之，但案主通常較抗拒外來的觀察者；若由外人觀察記錄時，觀察者只對目標行為感興趣，但對被觀察者而言，卻造成了另一項刺激，會造成偏差，且本身也可能是一項新的刺激。此法簡易，案主可以很容易學會記錄，亦可使案主花最短的時間來記錄，同時不干擾正常的活動。因此，此法適合用來評估團體中個人的行為，如：育幼院中院童的社會行

為，此法也很便利於在機構的時間很少的觀察者及那些只有很少時間可作記錄的人，所以最適合用來記錄測量高頻率的目標行為或持續性很長的目標行為，如社會互動、玩耍、工作等。

（六）持久性資料記錄法（permanent product recording）

持久性資料記錄法是指無法直接觀察所能看到的目標行為，但卻可從當時的一些持久性資料來作記錄。所以持久性記錄中所謂「發生」是指觀察到記錄上的目標行為的資料，而不是觀察者所親眼看見的。這類持久性資料，包括如：服務使用記錄、老師的記錄，或是活動的成果報告等。持久性資料記錄法的信度與前五種記錄法相若，此法中的信度是決定於兩位獨立觀察者記錄資料的比較，但不需要兩者同時進行。一般而言，一份經久的記錄是可以無限期地保存作為未來的參考。持久性資料記錄法適用於測量以一種永久性格式記錄下來的目標行為，因這些行為均已被寫成報告，此法便是以調查這些報告來作記錄而非觀察目標行為。此法的測量是仰仗一些對環境的改變不斷持續記錄下來的目標行為，而非觀察目標行為的發生。當時一些目標行為被記錄以後，觀察者只是閱讀這些記錄就得知目標行為確實發生了。

第五節　觀察者

實地研究法、自然觀察法、視覺社會學等都是以觀察為主，藉著觀察進行研究，把從觀察而來的資料加以分析。所以觀察者便成為研究是否能夠成功最主要的因素。

一、觀察者的選擇

選擇觀察者必須考慮以下幾個因素：（1）成本花費，各種研究

中的人事支出，及其所牽涉的各種費用，都會影響成本；（2）
時間長短，包括觀察者花費的時間及研究者設計、提供訓練的
時間；（3）所需資料的種類，不同的研究對同一種情境所探討
的角度不同，所需之資料亦有所差異；（4）實地觀察時所帶來
的「臨床」因素，如是否會干擾原始觀察者的效果……等等。
當這些因素都經過考慮後，該研究到底需要何種觀察者？多少
觀察者？觀察者的任務如何？……等就會逐漸浮現。

二、觀察者的來源

觀察者基本上有三種來源：（1）外來觀察者；（2）原始觀察者；
（3）案主自己本身。茲說明如下：

（一）外來觀察者（outside observers）

外來觀察者即某方面的專家或受過訓練的一些觀察者。外
來觀察者的優點是他們受過訓練且較有經驗，能從事較精
細的資料記錄過程，從所觀察的現象與情境中獲得較複雜
的資料。外來觀察者一般都較爲客觀、冷靜，不會情緒用
事，加上受過訓練，所以資料的信度高。但是外來觀察者
的缺點是太昂貴，而且容易干擾案主的生活。此外，受訪
者發現有外來觀察者的存在，可能造成目標行爲的改變，
而有錯誤的結果。

（二）原始觀察者（indigenous observers）

原始觀察者是原居案主生活情境中的一份子。使用原始觀
察者主要的考慮因素是可以輕易的進入觀察的情境內，
在被觀察者毫不知覺的狀況下，進行觀察與記錄。但是
在蒐集同樣資料的情況下，運用原始觀察者要比外來觀察
者反而耗時更多。而且原始觀察者通常均有自己的工作，
觀察記錄是否會妨礙他們的工作，增添其額外的負擔的問
題也要考慮。當必須由案主的家人權充觀察者時，到底選
擇哪一位？一不小心，很容易惡化原本家庭系統的不安與

摩擦。若由家人為觀察者，要不讓案主知道，頗為不易，然而，一旦被知曉，案主目標行為便很容易改變。另一方面，原始觀察者由於未受過訓亦無經驗，所以僅能適應以較簡單的記錄程序來記錄較單純、直接的目標行為，導致資料的信度較有限。這些都是原始觀察者的缺點。

（三）自我觀察者（self observers）

當研究所需的資料是有關案主的主觀想法及感受，在擔心觀察者的行動會干擾、改變案主的目標行為，或目標行為絕對必須排除觀察者的情況之下，自我觀察就必須實施。但有一些因素必須考慮，因為並不是所有記錄法均可由自我觀察者所採用，如：等距記錄法。而且，資料的信度也須加以注意，因為即使案主很誠實、很合作，依然很難避免干擾，不過有時候我們可以透過其他觀察者來證實自我闡述的內容。

三、觀察者的信度問題

任何研究都必須確實小心觀察者的信度問題，透過下列方法確保資料的信度：（1）清楚界定目標行為，使各觀察者都有相同的操作定義可尋；（2）簡化記錄程序，不致因為程序太複雜而造成各觀察者中不必要的誤差；（3）仔細訓練觀察者，一方面可以使研究更有效度，也可以使觀察者間的觀察信度提高；（4）在研究過程中，盡可能經常檢驗信度，以免造成系統偏誤，或研究無法臨時更動時才後悔莫及。

觀察者的信度（observer reliability）大致可分為兩種：（1）觀察者本身信度（intra-observer reliability），指一位觀察者在一段時間內的對許多目標行為作觀察記錄，同類的行為應有同樣的記錄。（2）觀察者相互間信度（inter-observer reliability），此信度的測量在社會工作研究中已被廣泛地應用，此種信度即是透

過兩位或以上的觀察者對同一時間、同一對象所做的記錄與測
量，信度的評估是否一致性的百分比。

第六節　結　論

實地研究與觀察研究雖然名稱不同，但是原則與精神是有很多的
雷同，使用上互通之處更多。在真理的探求過程中，「到實地去好好
看一看」不僅是必要，也是重要的。到實地去看必須具備應有的裝備
與訓練，社會工作同仁在實務工作時，除了有同理心、溫暖、坦誠等
特質以外，也應好好增進觀察的技巧，不僅可作研究的用途，也是輔
導個案時的重要參考。

🗝 關鍵名詞

自然觀察法（natural observation）：在自然狀況下觀察研究對象即是
自然觀察法。

視覺社會學（visual socilolgy）：是一種研究社會行動的方法，透過工
具（相機、錄影機），去捕捉社會環境及自然環境中，人們如何與他
人傳遞社會的訊息。

實地研究（field research）：是以研究者為觀察中心，進行資訊蒐集，
用觀察、晤談、記錄或語言互動等技巧，來蒐集資料的研究方法。

習題

1. 何謂實地研究？如何提高實地研究的信度與效度？
2. 何謂自然觀察法？試述觀察法的特性及其優缺點。
3. 試述參與觀察法在社會工作實務方面可能有的功能為何？
4. 試比較結構性觀察法與非結構性觀察法的不同之處？
5. 試述觀察法的種類為何？
6. 如何提高觀察法的準確性，試申論之。

Chapter 7

調查研究

───── 摘　要 ─────

　　調查研究法是以抽樣的方式，探討樣本的狀況與現象，把從樣本
所得之資料推論到整個樣本。在社會工作領域裡，它最主要的用途就
是能夠「探索」、「描述」與「解釋」。

　　到實地去調查研究不意味著必須挨家挨戶的訪問才算數，調查研
究有不同的類型，最主要的是訪問調查法，其它還有郵寄問卷法、
集體問卷法、電話訪問法、網路調查法及出口調查法等，各有不同的
優、缺點，都將在本章中詳細描述。

　　不管進行何種方法的研究，最重要的關鍵其實就是訪員本身，他
是否熟稔研究的主皆，清楚瞭解每個題目的用意，他是否在表達上及
資料的蒐集上客觀、細心、嚴謹，這些因素也將影響調查的成敗。

第一節　前　言

　　平常我們說「研究」時，很快的一定會跟「調查」連在一起，一
般人總覺得，作研究當然就是去調查。第六章提到研究就要「到實
地去觀察」，但是到實地去看看時，不一定就可以看到我們所要看到
的，例如某些屬於意見、態度，或價值的東西，不是研究者只用眼睛
去觀察就可以「看」到的，要「看」出一個人的意見或態度時，必須
用「調查」的方法才可得知，去調查就是本章所謂的「調查研究」。

　　調查研究在人類歷史中不乏這些案例。最早、最出名的記載在
《舊約聖經·民數記》（26: 1-2）：「瘟疫之後，耶和華曉諭摩西和祭司
亞倫的兒子以利亞撒說，你們要將以色列全會眾，按他們的宗族，凡
以色列中從二十歲以外能出去打仗的，計算總數……」，從這個記載
中，以色列民依其年齡、宗族分門別類的接受清查，計算總數。眾所
皆知，基督耶穌是生在馬槽，之所以生在馬槽也是因為全國普查的緣
故，因為當時的統治者要每一個人都要回本居地，接受調查，可見社
會調查並不是最近的產物。國內以前每十年有全國普查一事，當天每

個人都需回戶籍所在地，接受訪員的調查，家庭或個人的狀況及其收入都在調查範圍之內，場面相當浩大。時代進步，全體國民回家接受調查的可能性已不高，但仍有「全國工商普查」等調查，只是都以實況調查，並未讓全國萬事停頓，每個人在家等候調查而已。像這種調查其實是「全國普查」，規模當然比我們在研究法中所敘、經過抽樣的社會調查要來得大。

　　傳統中的調查研究是以直接向參與者問問題的方式，直接從團體中的個人獲取資料的方法。其蒐集的方式，可以由與受訪者面對面的會談，也可以透過電話會談或郵寄等方法。一般而言，調查研究法的主題就是瞭解現象是什麼，調查研究以對現象的描述（description）為主。基本上，調查研究不是用來證明一些變項之間的未知關係，也不是專門用來做從事某種活動（action）的用途，因為調查研究很少包含自變項的操作，也不用檢驗因果假設。調查研究本來就是針對現況的統計為主。

　　調查研究法源起於十九世紀對勞工問題、貧窮問題和社區問題的探討（Smith, 1990; Bradburn & Sudmen, 1988; Glock, 1967; Rossi, Nright & Anderson, 1983）。研究者先行抽樣後實地調查，以蒐集研究所需的資料。主要觀點是探討樣本與母全體間的同樣特徵、現象、關係與過程，因為研究了樣本等於研究母全體。

第二節　調查研究的本質

一、調查研究的內容

　　調查研究法是以抽樣的方式，探討樣本的狀況與現象，把從樣本所得之資料推論到整個母全體。調查研究的內容主要有下列三種：(1) 事實：調查受訪者、區域、情境的現象或特質，包括年齡、種族、性別、收入和教育等，這些特質亦即本文所謂的「屬性變項」。(2) 意見：調查受訪者的喜愛、感情或行為

意同等,這些意見可以客觀的被測量。(3) 行為;指受訪者的
行動,藉著對行為的操作性定義,確定某種「活動」或「現象」
就是受訪者的「行為」。

二、調查研究的用途

原始型態的調查研究本來只是對一些現象的瞭解而已,但隨著
研究方法的進步,調查研究的功能就日益複雜化,調查研究已
是各種研究方法中最方便使用的方法。目前,調查研究在社會
工作領域裡,它主要的用途是能夠「探索」、「描述」與「解
釋」,茲分述如下:

(一) 探索性調查 (exploratory survey)

面對所知非常有限的主題所作的調查,如同性戀者的「出
櫃」行為歷程探討、吸毒者的同儕如何相互影響之探討,
因為事先都知道「有」這回事,但卻又不知其真實的狀況
如何,所以是「探索性」的研究。(本來「探索性」大都
是質性研究的慣用語言,質性研究就是探索性研究,但廣
義的說,針對一尚未透徹瞭解的主題所進行的調查,也可
稱之為探索性調查。)

(二) 描述性研究 (descriptive survey)

重視所要探討事情的全貌,所重視的是 what,例如某區
域居民的教育程度如何?不同年齡階層的生理疾病狀況如
何?每戶的平均收入情況等,當我們把這些資料(經常
是屬性資料)一一調查,並將其統計後的結果一一說明清
楚以後,能使讀者愈加瞭解當地的情況,此為描述性的用
途,這是量化研究方面的描述研究,此時統計表格的說明
便非常重要。在質性研究中也會用到描述性研究,在解釋
某研究主題之前,先把該研究主題的相關資料做一說明,
藉著這些資料 (profile),讓讀者瞭解研究主題的相關背
景,這也是質性研究的描述性研究。

（三）**解釋性研究**（explanatory survey）

若我們不僅要描述某些變項，更欲探討變項與變項之間的關係時，我們就是在解釋那些狀況。但是在解釋某些情況時，若發現自己無法自圓其說；或說得太牽強（解釋力薄弱）；某些邏輯矛盾仍需澄清；或是研究者對某些現象有新的見解與看法時，就必須試圖去做實證研究。實證研究與解釋性研究之間的差別，主要在於對變項的操弄性強或弱。當研究者在一開始時，就沒有打算「操弄」這些自變項去做特殊的用途，研究者只是在這些可敘述的變項中，試圖去解釋所要探討的問題，這是解釋性研究。而當研究者設法去證實某些假設，重新說明兩個變項之間的新的關係時，此爲實證性研究。話又說回來，實證研究可以當做廣義的解釋性研究，畢竟實證過的研究解釋力必然會比較強。

第三節　調查研究的類型

到實地去調查研究不意味著必須挨家挨戶的訪問才算數，調查研究有不同的類型，最主要的是訪問調查法，其它還有郵寄問卷法、集體問卷法以及電話訪問法等，分述如下（Baker, 1994）：

一、訪問調查

訪問員依據訪談大綱（或經過設計過的問卷），對受訪者面對面的、以口語的方式，去蒐集問卷上所欲蒐集的資料，即爲訪問調查。比較起其它的調查方法，訪問調查的回答率較高、訪問的品質也較好，因爲能使調查者可以較深入的探索受訪者的意見和行爲，藉著較好的訪談技巧可以蒐集較深入的資料。但是訪問調查的成敗關鍵就是「調查者與受訪者之間的關係是否能順利建立」，若關係能建立，見面三分情，知無不言，言無不

盡，當然最佳。萬　關係不良時，訪問調查無法進行（試想，當研究者與受訪者之間的互信關係都未能建立時，如何能做好意見或態度的調查？）訪問調查一般均必須按著樣本的名單挨家挨戶的訪問，這些名單都是依標準的隨機抽樣過程所列出的受訪者，不能隨意取代，所以調查訪問最大的缺點是成本太高，所費不貲。

（一）訪問調查前的準備

要做好訪問調查之前必須做好準備，最好把訪問行程計畫表擬妥（preparing the interview schedule），此計畫表包括：（1）事先的說明與訓練：尤其是訪問員不只一位時，一定要有很好的講習與訓練過程，否則整個調查會有很多的誤差。訓練或講習時應把如何作記錄、受訪者基本資料的填寫、遇到狀況又如何處理等問題都必須在事先說明；（2）訪員表達態度與文詞內容的標準化：例如如何以禮貌的態度避免被受訪者排斥，或如何向受訪者表達清楚，使受訪者知道調查者的用意；（3）避免太多的開放性問題：封閉式的問題在調查時比較容易，訪員的調查結果也不會因此有太多個人偏見或差異，若開放性的問題太多，一定會造成資料整理的困難；（4）注意社會禁忌：不要批判受訪者的某些特殊行為，題目中也應避免太多牽涉個人隱私方面的問題，否則就是有了答案，也不見得正確；（5）文字表達要合適：尤其要考慮到受訪者的瞭解程度，另外對該地區的特殊文化也不可忽略，免得在無意中犯錯而使調查產生偏差；（6）題目的安排不妨加以設計，設法使受訪者覺得有趣，訪問調查當然就比較容易進行。

（二）使訪問調查成功的原則

訪問調查不是光憑愛心與熱心就夠，要使訪問調查成功，Downs（1994）提出一些原則，頗值借鏡。（1）社會聯結原則：不妨讓受訪者知道他的鄰居與朋友也有參與，以減

低受訪者的不安與焦慮；（2）鼓勵原則：調查者也應不斷
的鼓勵受訪者說他的說法很有見地，使一些教育水平較低
或是對缺乏自信心的人有更大的勇氣去回答調查者所問的
一些問題；（3）參與原則：最誠懇的方法是使受訪者知道
研究本身的重要性，使他覺得雖然受訪時花了不少時間，
但是卻是在參與一件很有意義的事；（4）誠實原則：誠實
的說出訪問員自己的需求也是一途，例如一個在作碩士論
文的學生，向受訪者坦白說明該次的訪問攸關他的論文與
畢業，一些受訪者可能會勉爲其難的答應接受訪問。

訪問過程中，調查者應使問卷中的每一個問題，可以適用
到各式各樣的受訪者身上。但是這種過程會有一些困難，
因爲問題固然可以標準化，但是受訪者的反應卻容易狀況
百出，所以訪問者必須掌握雙向溝通的原則與技巧，使受
訪者容易回答，但卻不左右受訪者的反應，以免失去調查
的意義與功能。當訪問碰到困難時，調查者應堅持問卷的
有關題目與論點都必須調查（否則整個問卷必須作廢），
但在這種堅持中，他必須保持中立，不要隨便就被任何言
論驚嚇或輕易的被一些較不成熟的受訪者嘲笑。

（三）Converse 也指出了使訪問調查成功的一些原則

1. 傾聽原則

一般人都喜歡向好的聽眾發表意見或看法，所以會傾聽
的人自然的可以得到較多的訊息，故調查時研究者不要
急著問，卻要注意傾聽。

2. 貼切的原則

當所調查的問題若是較傾向個人的經驗、行爲、態度或
事業家庭時，比較好問，受訪者比較容易回答，因爲這
類題目不深，不見得有是非對錯，而且每個人或多或少
都有經驗，多少都可以回答。反之，若所調查的問題是

常事者壓根不很清楚的概念，與他生活的經驗也沒有任何的關聯，若是當事者的教育程度不高時，叫他如何回覆？

3. 體諒原則

訪問要成功，調查員本身也應有自知之明，千萬不要讓受訪者有太大的犧牲，或有太大的花費（除了時間以外），畢竟一個願意接受訪問的人是值得感激的，因為向一個陌生人「交代」一些感觸與意見畢竟也是需要一些勇敢與助人的熱誠，道義上我們不能讓他犧牲太多。

4. 智識增長原則

訪問員在訪問時，若可以因著問卷的內涵，而使受訪者對某一事情或現象有新的瞭解或收穫時，這種訪問當然更會受到歡迎。

（四）如何成為一個好的訪問員？

一個研究是否可以順利進行，研究者的整個規劃固然是最基本的因素，但是再好的規劃仍然需要訪問員的配合，否則還是會功虧一簣。如何才是一個好的訪問員，值得考量：

1. 儀表

訪問員應衣著整齊清潔、穿著得體等自不在話下。若是訪員染綠色的頭髮，手臂上有刺青，叼著煙，騎著摩托車，逐家挨戶的去訪問，一定會使受訪者望而卻步，逃都來不及，如何能接受訪問？

2. 訪員的訪問態度要誠懇

畢竟訪員不是警察在辦案，也不是如同間諜在蒐集情報，因此在涉及受訪者的意見或些許的隱私時，訪員一定要相當的留心，避免有不必要的誤會與阻礙。受訪者既然都是沒有報酬的志願者，在訪問的過程中，使受訪者覺得愉快，覺得值得，覺得跟你對談是一件快樂的事

情，是訪員的責任，否則憑什麼要人家花時間來幫助
你？

3. 訪員對研究的主旨以及訪問的問題需徹底瞭解

對要訪問的題目完全掌握，徹底明白訪問的背景
（context）、原則與目標，知道爲何要問那種問題。畢竟
訪員與推銷員不同，推銷員的重點是把東西銷出去，訪
問則是科學的蒐集事實與眞相的過程，所以除了對題目
的瞭解與掌握，訪員更必須遵守問卷表內的意思，並且
準確的依據題目來問，千萬不要自己加油添醋，自作主
張，找一些與原問卷不相干的主題來發問。

4. 記錄務必正確

按著題意來訪問受訪者後，記錄時也需忠實，量化研究
較多是勾選題，難度不高，在質性研究中，受訪者的意
見或態度沒有類別化的題目來探討時，如何忠實的記錄
是很大的考驗，不管多難正確記錄的任務一定要達成。

5. 完成任務的決心，不輕言放棄

訪問員應該瞭解訪問常常會在一個不太好的環境中產生
（小孩子吵鬧、受訪者臨時有事……），致使訪問過程諸
多不順，訪問員應有完成使命的毅力，千萬不要輕易的
就產生挫折感。

6. 充分的演練

訪問調查在事先就要練習、預演，不妨用角色扮演的方
法，把訪問員分組，一個扮演訪問員，一個演受訪者，
另一個做觀察，每演練一次就互相討論，檢討優缺點各
爲何，然後再更換角色，直到每個訪問員都能清楚、熟
練的把訪問作好爲止。

7. 隨時反應問題，隨時討論問題，隨時克服問題

現實社會總比任何課堂的任何教導更複雜，實地調查
時，各類型的受訪者都有，訪問員要減少特殊個人所可

能產生的影響，萬一碰到困難時，也能冷靜的面對問題，不慌亂，與研究計畫者再加以討論，使訪問工作能水到渠成。

8. **務要誠實，切忌做假**

訪員一個人在外調查，若是心術不正，偷雞摸狗，不去實地訪問而是坐在咖啡廳作調查，自己的人格流失不說，整個調查研究必然產生嚴重的誤差（因此某些較嚴謹的研究還設有督察的機制，不僅檢查問卷的記錄，還適時的抽點與受訪者電話聯繫，以免因為一兩個人的作假而誤了整體的研究）。

9. **其它**

其它的重要技巧，例如如何與不喜歡談話的人做好約談？如何使中斷的話得以延續？如何使鮮為人知，或怕被人知的資料從受訪者口中獲得？如何使受訪者覺得受尊重，有安全感……這些項目當然都是訪問調查時的重要挑戰。

二、郵寄問卷（mailing questionnaire）

（一）郵寄問卷的優缺點

不必由訪問員按著名單挨家挨戶的去調查，只是把問卷郵寄給受訪者，再請他們把問卷寄回來，若是這些資料都很準確的話，郵寄問卷必然會成為研究者的最愛，因為郵寄問卷法省時、省錢、又能保有受訪者的隱私等優點，社會變遷中可見的未來，我們可以預測訪問調查將會被愈來愈多的郵寄問卷或網路問卷所取代。

郵寄問卷的缺點也不少，如：

1. **回收率低**

郵寄問卷的回收率相當令人擔憂，經常不到一半的受訪

者回覆，若時機不對或問題不妥，可能連百分之二十都
有問題。若是把受訪者爲何回覆問卷或不回覆問卷的心
理社會因素加以考量，研究者必須注意，某些研究與受
訪者人格型態相關的主題，是不能用郵寄問卷來處理
的，因爲回覆問卷的人必然是屬於某種人格型態的人。
若硬著把回收的問卷拿來分析研究，結果必然偏差。

2. 受訪者的程度無從得知

是否瞭解題意？或者根本是亂回答？但當受訪者對題目
不甚明瞭或產生誤會時，經常不能完成問卷，就算勉強
完成其問卷，結果也是錯誤百出，因此對問卷的指示和
說明都較其它方法來得重要。

3. 是否由其本人填寫也無從瞭解

說不定是家人代勞，反正研究者也不在身旁，怎麼回答
都可以。郵寄問卷法到底存在著多少問題我們不得而
知，就算知道可能有此些問題，我們也經常無可奈何。

一般在進行郵寄問卷調查時，必須及早克服或事先預防此
些問題的產生，所以郵寄問卷內的題目敘述很重要，文字
必須做愼重的考慮，務必確定受訪者清楚文字的意思。題
序的安排也要注意，避免受訪者寫到一半就放棄。郵寄訪
問當然最好提供附有回郵的信封，或告知受訪者，當研究
完成後，受訪者將可獲得調查研究的結果，當作回饋，以
增進問卷的回收率。具體的方法如下：

（二）如何提高郵寄問卷的回收率

郵寄問卷時，最擔心的事就是回收率的問題。爲了提高回
收率，一些細節不妨注意：

1. 問卷的外觀（appearance of the questionnaire）

一般而言，看起來字多擁擠的問卷較不吸引人，字應打
得正確、整齊且有空間感；字可分成幾個段落，或用不

同顏色印出，以顯現其不同程度的重要性。

2. **對填寫者有所說明**

   如在附信中以簡單的解釋，使填寫者有填寫的背景。問卷文字中不要有太多的專有名詞，以免影響回收率。設法讓問卷中的題目顯得貼切，不要太理論、太抽象，以增加受訪者回答的興趣，例如問其自己社區中最嚴重的問題是什麼？學生如何得到資源以完成學業？父母管教的態度及其觀點等都會使相關的受訪者較有意願回答。

3. **激起受訪者個人的共鳴**

   研究若能得到受訪者的共鳴就是成功的一半，不過，這要看調查內容的本質而定，若是調查的主題與受訪者的價值觀、問題觀息息相關，則得其共鳴的機會就提高，否則我們只能請他盡其所能，盡量幫助我們而已。

4. **最好得到一些單位的贊助**

   一些受訪者對調查的單位若存有戒心時，研究的過程會增添一些不必要的麻煩，若研究者得到組織、財團等的贊助（如是由國科會贊助的研究）可在附信中指出，說明受這些機構贊助的理由，以便得到受訪者更多的信心。萬一沒有任何機構贊助時，則設法得到學校公文的支持，訪問公家機構時便不會受到阻撓。要不然，由指導教授具名推薦，也是一途。

5. **給予參與者誘因**

   給參與者誘因也是增加回收率有效的方法。如：不妨在問卷中加以註明研究的目的，告知受訪者若想要進一步的瞭解研究的結果時，可以如何聯絡，以便得到資料，如此受訪者的支持度就可以提高。經費若足夠的話，用金錢或禮物爲誘因未嘗不可，因爲填寫者一旦收了禮物或金錢，而沒填寫時，會有犯罪感。

6. 一定要強調匿名和保密的維護

研究者有時對填寫者是否會完成問卷沒有把握，因此多
數不會採用完全匿名的方式，而會用編碼方式留個記
號，萬一要再追蹤時，有原先的資料或名冊可循。問卷
若是小組性的研究或持續的對同樣的組員作研究（panel
study），則有必要知道每份問卷是由誰填寫，根據經
驗，一般填寫者並不擔心保密問題，但若還需要他簽名
時，卻會有所顧忌，所以盡量避免，此為經驗之談。

7. 回寄的形式必須講究，好好設計

通常回寄信封上會有住址和郵票，可以用廣告回函的方
式郵寄，有寄回的才算郵資，費用上較為節省。至於問
卷如何折疊、如何減少紙張、減少郵費等問題，也值得
我們細思。

8. 郵寄程序也要注意

問卷寄交的方式和時間會影響回收，最好不要接近假
日，尤其是長假前後，若訪問的對象是老師和學生，則
其時間最好不要在學期剛開始或快要結束時進行問卷研
究（學期剛開始時大家兵慌馬亂，學期快結束時，大家
則又焦頭爛額），否則一定流失很多問卷。

9. 追蹤

若是受訪者未寄回問卷，研究者可用電話催收，是第一
次的追蹤。通常，第二次的追蹤是在兩三個禮拜以後，
可用明信片解釋研究的目的，但不附寄問卷。而第三次
的追蹤除寄附信以外，也再附上問卷，大約在一個月到
六個禮拜之後，可用電話提醒，如此一來，一些回覆動
機不強的、問卷業已丟失的，或不把回覆當一回事的，
經過催收後，或有不少會因此回覆，但若有一兩個月都
不回覆的，大概希望不大了。

三、集體填表

把樣本全部集中在一起，集體予以施測的方法為集體填表法。這種方法因為是集體樣本，可以當場分發問卷，不僅省時、省錢、回收率又高、受訪者又確實是其本人等都是集體填表法的優點，可以說是最理想的調查方法。研究生因為本身經濟能力有限，又有畢業的時間壓力，若能採用此法，當是最為理想。然而，一些問題必須予以注意：（1）並不是每一種研究都可以施用集體填表法：集體填表法的內容與個別當面訪談法的內容自有所不同，從訪問的深度上，答案填寫細緻的程度上，集體填表法無法與個別式的訪問調查法比較。所以研究者所進行的研究主題若是需對受訪者進行細緻敏感的問題訪問時，集體問卷並不恰當。（2）必須藉強力的行政系統配合：集體填表法的樣本集合不易，除非靠著強有力的行政系統，加上場地的配合等，否則無法進行，國內施行集體填表法常見的場合是學校團體、公私立福利機構，或軍隊等。當研究者藉著行政系統動員受訪者全部到齊予以施測時，若太過強勢或是要求太多，打斷正常作息而遭致反彈時，整個調查效果一定會產生偏差。（3）集體填表法的受訪者可事先看到全部問卷，對某些主題的研究也不甚妥當，這種狀況下題序的安排就很重要。不管如何，在國內若有適當管道，而能用集體填表來蒐集樣本時，又不致影響研究的品質時，對研究者而言可以說是最經濟的方法。

四、電話調查

（一）電話調查的優缺點

不用問卷，不當面訪問受訪者，只用電話作為訪談的工具，是為電話調查法。電話調查法省時省錢、回答率高、效率也不錯，是工商社會中最常被使用的調查方法。但是電話調查法也有不少缺點：（1）題數不能太多：電話調查

所問的問題不能太多（一般都不超過十一、二題），以便
能在極短的時間內完成訪問；（2）題意不能太深：所問的
問題不能太深入，否則受訪者無從回答；（3）受訪者的反
應很難控制：電話接通時受訪者是在做什麼事當然會影響
回答的品質，受訪者接受電話訪問時的狀況無從得知，也
無從控制，這些都是電話調查的缺點；更嚴重的是；（4）
可借用電子科技進行。由於電子科技的進步，很多家庭的
電話或手機都已裝設來電過濾的功能，電子辨識的技術高
度普及時，藉電話來調查未來面臨的問題勢必會更大。柯
林頓政府時代在白宮負責民調事務的 Greenberg 指出：「在
全國各地實地查訪和以電話採訪，所得結果一定會有出
入。」共和黨資深民調專家艾瑞斯於 2002 年時亦道：「我
不認為廿年後電話還會被用來作為蒐集資料的主要工具。
電話的民調工具已逐漸被網路取代。」當然也有人樂觀的
認為這種問題可以藉著延長查訪時間或擴大查訪群眾彌
補。

（二）電話調查應注意的事項

1. 首先要考慮受訪者家中有電話的比率，否則抽樣會造成
   系統偏差（若調查的事項與經濟有關時，家中無電話者
   便無法成為研究的樣本）。

2. 訪談的時間不要超過十五分鐘，以防受訪者疲憊，或耽
   誤其正事。

3. 電話訪問時的人際關係因素必須克服：人際間「見面三
   分情」，但是電話調查無法像訪問調查方法一樣，藉急
   速建立的訪談關係克服調查時所可能發生的障礙。

4. 電話訪談不適宜問太長或太深入的問題：受訪者在很短
   的時間內與一個素昧平生的人坦白回覆相關的問題，已
   經很不簡單，若問題既艱深又敏銳，很少人會很有耐性
   的據實以報的。

5. 提防受訪者突然間的動作，如切斷電話、或有別人干擾，或當時正有其它要事必須進行處理等，研究者無法防範。

6. 設法確定接聽電話的人是否為研究所需要的樣本，否則搞了老半天，問卷都幾乎完成了才發現那個人不是我們的樣本，那就糗大了。

五、網路調查（web survey）

科技的進步日新月異，1983 年時先進人士曾預測未來大部分的會談將由電腦 CATI（computer assisted telephone interview，電腦作業電話會談）所掌握，是由電腦將問題提出，且將受訪者的答案直接記錄在電腦檔案內。訪問者只要把資料與電話號碼輸入電腦，就可以讓受訪者坐在自己家中的電腦前接受訪問。電話一接通，訪問者就讀螢幕上的問題，把答案馬上輸入電腦，這種方式所引用的概念是由 network computer 而來。這種方式在美國的大學研究院中剛開始盛行時，哪知道 1988 年左右 E-mail 開始流行，1993 年 Netscape 把 Web 的使用普及化，網路因此盛行，所謂的電腦作業電話會談早已被網路調查所取代。從調查的角度來看，電腦的統計與分析當然厲害，其實更靈巧更普遍的應該是網路調查。

六、出口調查（exit survey）

2004 年台灣的總統大選，民意調查滿天飛，讓人眼花撩亂，但令人較為好奇的是某傳播媒體所執意要做的出口民調。所謂「出口」意即各個投票所的出口，所以「出口民調」事實上就是在投票日當天，民調人員抽樣選擇一些投票所，當選民投完票從該些投票所出來時，民調人員馬上訪問藉系統隨機抽樣所選擇的投票人，問其投票對象為何，投票時間一結束，民調總部馬上在此些樣本中快速統計，搶先發布選舉結果，此即出口

民調。然而此次出口民調無法適時公布結果，主要原因是很多
人質疑出口民調是否會造成社會不安，而且當候選人得票數差
距太近時，更無法讓出口民調人員放心的報告預測結果才是主
因。

第四節　調查研究的步驟

調查研究是一種科學，藉著研究可以在有限的資源與人力中，探
討問題的真相。調查研究的進行大體都按如下的步驟：

一、調查研究的步驟

（一）設計與澄清研究的目的與主題

確定了目的與主題後，我們才能決定是否用調查研究的方
法最為有效？是否有其它較適合的研究方法？考慮再三以
後，才進行調查研究。畢竟每一種研究法都有其特色，有
優點必然的也會有缺點，確定要採用調查研究時，總得再
花一些時間細思，直到肯定用調查研究法最為妥當時，才
再繼續進行。

（二）劃定母全體範圍

調查研究是靠研究的樣本來推敲母全體的狀況，在確定樣
本之前當然要劃定母全體的範圍，瞭解其特性，異質性群
題所抽樣本要多，以便使不同的樣本都包含在研究內。反
之若母全體同質性高，則所抽的樣本可酌量減少。母全體
有時是很難劃定的，例如研究國中生的性觀念、性態度與
性行為時，母全體是什麼？若說是全國的國中生，那抽樣
時，如何著手進行？每個步驟都按部就班來做抽樣時，一
個碩博班的學生的能力做得到嗎？所以經驗上大概都會用
「以某某區為例」來處理。

(三) 抽樣

抽樣方法依研究目的而異。一般以隨機抽樣最能控制干擾因素，樣本一旦具有代表性，所得到的答案當然就可以反應母全體。

(四) 問卷設計

問卷設計的用途是要讓所研究的自變項或依變項能融入在問卷裡。也要考慮到問卷題數的質與量是否能表現出該變項的特質？問卷題目的次序也必須講究，隨著樣本不同的特質與程度，問題的次序也需做調整，而且還要強調整個調查的絕對保密以免使受訪者有不必要的顧忌。

(五) 試查

問卷設計是好是壞，最客觀的評估者就是受訪者本身，所以問卷設計好以後，一定要使問卷經過試查（pilot study），可探出問卷是否妥當？也可預估每個問卷時間與費用之花費，並藉試查使訪問者有訪問之經驗。試查不是前測（pre-test）；試查是設法改進問卷表的一種方法，試查以後，可以計算每個題目的效度，而把不良題目在正式調查之前予以淘汰。前測則是實驗方法中，要計算處遇的效果時，在還沒進行實驗之前就對受訪者予以測量，待處遇實施以後，再作後測（post-test），如此，比較前後測之間的差距時，就可以看出處遇的功能到底如何。

(六) 決定用何種方法蒐集資料

是訪問調查、電話調查、郵寄問卷、或是集體施測？這種選擇關係研究的成果與品質，不可大意。

(七) 訪員的挑選與訓練

訓練督導是調查行政體系中極其重要的一環，若訪員的素質高，講習的效果好時，可以使整個研究進行得極其順暢。

（八）實地調查並蒐集資料

這些是調查的行政作業，此時調查人員的調配、突發事件的解決、資料的保管、後勤作業補給、以及調查的安全維護等，都是重點。

（九）整理分析

審查資料是否確實可用，或是必須放棄？coding 是否明確一致，針對不同的變項特質應採用何種統計分析？研究圖表製作的細節考慮等，都需研究者盡心去做。

二、調查的藝術與科學

（一）調查的藝術本質

調查基本上是一種藝術，也是一種創造。因為研究者想盡辦法要獲得所想要得到的資料，但資料獲得的過程中，研究者必須使受訪者能不想抗拒、不便抗拒、並且也能心甘情願、充分配合的去回答，要解決這些難題已不是易事。在調查的問卷設計中，調查者對所要測量的概念，用精準的文字，不含糊的表達出來更需要工夫與實力；加上研究者必須使問卷能測量到所應該測量的，使研究概念正確的轉化成為可操作、可測量的變項與題目，而且問卷本身還要考慮到訪員本身的風格與問卷本身的特質，這些都是藝術，都是創造。

換言之，好的問卷設計能顯示出調查者的誠意；清楚的題意表達，適當的措辭，也能減少受訪者的排斥感，使受訪者願意去做，而且也能避免得罪他們；在問卷的訪問過程中，也要注意不要影響受訪者的意見……要把以上這些問題一一克服，必須具有相當的藝術性。

（二）調查的科學本質

探討事情真相基本上是一種科學的求真過程，調查是一種工具（instrumentation），它能擴展研究者的感官體系。當

研究者作實地觀察時，他的基本工具是自己的眼睛和耳朵。而當研究者應用調查的方法、技巧與工具時（如使用問卷或會談的技巧），等於擴展了他的感官，能使他看得更多、更清楚、更有系統。觀察可以使研究者獲得所「看」到的資料，問卷調查卻可使研究者得以「聽」到肉眼所看不到的資料。觀察與問卷所得的資料基本上不盡相同，例如某個團體成員的「對話的距離」，我們可以藉觀察而得知，但是若要探討某些人的「人際偏好」，就非得藉一些經過妥善規劃設計的問卷來處理不可。

很多人不免會懷疑問卷的科學程度到底高不高。問卷通常較集中於某個焦點，所以顯得較有主題，也比較有計畫性，這種特質符合科學精神。但是問卷萬一設計不良時，當然會產生更多的誤導。設計問卷題目時，因為要把概念操作化，所以整個調查看起來彷彿是建立在諸多的實例上，這種過程並不損及問卷的科學特質。因此，研究者必須觀念清楚，更要細心的規劃問卷，以使問卷的信度可以提高。

問卷是研究過程中的「假設」能否得以驗證的主要工具，藉以反映一群人的動作、思想、觀念、態度，並藉此確定種種變項之間的關係。問卷調查比獨自觀察還需要更好的事前準備。調查的分析是倚賴和根據變項與變項之間的因素與關係，或是設法算出處遇以後所發生的種種改變，並且必須用科學和邏輯加以整理、分析與推論，所以相當的具有科學性。

第五節　結　論

　　調查研究是一般人心目中最標準的研究方式，因為它最普遍，最被認為理所當然，也因此最容易被一般人所誤解，以為調查研究最簡單、最容易進行。殊不知，調查研究所隱藏的問題也最多，要把調查研究做得盡善、完美，相當不容易。但是，調查研究卻是研究的基本格式，調查研究若能按部就班，用嚴謹的態度去進行，用正規的技巧去分析，然後把研究發現有系統的呈現時，這是既科學又藝術的偉大工程，社工同仁應該好好的去瞭解它、應用它，而且到熟練的地步，如此，社會工作專業必然能做出更多、更好的貢獻。

🔑 關鍵名詞

探索性研究（exploratory research）：此類研究的目的，係為探討一個現象的可能情況，以作為進一步研究的基礎與參考基模。

描述性研究（descriptive research）：此類研究之目的，係藉統計量數來描述某一現象的各種現況特色。

解釋性研究（explanatory research）：此類研究之目的，係為解釋變項之間關聯性的情形。

試測（pilot study）：係指研究者在正式研究實施之前所進行的小規模預備研究，其主要目的在於考驗研究設計內容或測量技術及過程是否可行、妥當與有效，以作為正式研究執行前修訂的參考依據。

調查研究（survey research）：研究者採用問卷、訪問或觀察等技術，從母群體成員中，蒐集所需之資料，以對現況加以描述。

習題

1. 試述調查研究的意義與特徵及其功能爲何？
2. 試述問卷試測的意義和功能，其設計時應注意哪些重要因素？
3. 調查研究法在蒐集資料時，可採用的方法主要有幾種？請說明這些方法的目的及其優缺點？
4. 影響問卷回收率的因素有哪些？
5. 試說明提高問卷回收率的方法爲何？
6. 如何提高問卷調查的信度與效度？試申述之。

Chapter **8**

問卷設計

————— 摘 要 —————

　　問卷不是研究者想到哪裡就可以問到哪裡。問卷設計是研究過程中極其重要的部分，研究的概念如何落實，資料能否有效的被蒐集，如何藉著研究中的假設，及其所牽連的變項，把理念轉變為一些相當具體的題目，用之於測量所要調查的變項，這些都需要在問卷設計上下功夫。

　　量表是藉著一些題目來測量，不同的性質在量表中有不同的功能，也因此在資料分析時必須採用不同的統計方法，所達到分析的功能亦會有程度上的差異，一般而言，量表的性質可分為類別、順序、等距、等比四種。量表的設計方面，則以總加量表、等距量表、累積量表最為普遍，其製作過程於第四節詳述。

　　好的問卷首先必須注意到每個題目的用詞與佈局，面對不同的受訪者，理想的問卷當然必須面面俱到。好的問卷從理論上來講，最重要的是問卷的信度與效度，若是在信、效度上能夠清楚交代，調查幾乎已成功了一半。一般而言，信度可分為：再測信度、折半信度、分數信度、複本信度四種；效度可分為：內容效度、並行效度、效標效度、建構效度等幾種，如何進行問卷的信效度分析，讀者不可不慎！

第一節　前　言

　　社會調查過程中，很多時候都要應用問卷去測量，問卷的設計是否準確，是否合宜，大大的影響調查的結果。問卷絕對不是想問什麼就問什麼，也不是研究者想問幾題就問幾題；問卷乃是一項嚴謹規劃的過程，問卷的來源、結構，以及組合都應有相當的理論基礎，也需有仔細的設計，否則問卷在研究中便失去了意義（Feick, 1989）。問卷是藉著研究中的假設，及其所牽連的變項；或從抽象的理論不斷的概念化與操作化的過程，把理念轉變爲一些相當具體的題目，用之於測量所要調查的變項，茲分述如下：

一、概念（concept）的意義

概念指對某件事物的定義。例如，「成就感」是個概念，「滿足感」也是個概念，我們可以從字典中爲這兩個概念找到定義。較爲專業的名詞，就在較專業的字典或百科全書中尋找，把這個概念定義清楚。問題是，不同的字典、不同的行業，或不同的個體，對同一個概念可能會有不同的定義。有的定義簡潔了斷，有的則是周詳清楚；有的偏向生理科學，有的則偏向心理，導致一些概念，表面大家以爲彼此看法一致，等到詳細探討時，才發現其實看法各有差異。到底彼此之間是相同或是差異？若是相同，是如何的類似？若是差異又是如何的不同？作研究時，應該仔細分析，馬虎不得。定義其相同或差異最簡單的方法，就是設法對其概念予以操作化。

二、操作化（operationalization）

把抽象的定義予以實體化，使之可以用測量的方式來衡量此概念時，即謂操作化。在對一個概念進行操作化時，常會因該概念的性質而有不同的操作化過程。有時會用實際定義（real definitions）的方式來進行操作化，字典怎麼說，定義就怎麼做，該定義也是該概念的操作化。例如「無助感」（helplessness）這個概念，若字典的定義是「覺得對事情無能爲力，缺少改變的動機、企圖與技巧」，那這個定義就是該概念的實際定義。

名義定義（nominal definitions）是另外一個操作化的方法，由研究者對該概念給予一些解釋與定義。例如：同樣是無助感，名義定義可能是由研究者對「無助感」給予的三種說明：（1）無望感（hopelessness），對某事不抱希望；（2）無意義感（meaninglessness），覺得什麼事都沒有意義；（3）無力感（powerlessness），凡事都提不起勁，不認爲自己可以改變現實，認爲渺小的自我對外界不可能產生任何影響。此時無助感已被

更清楚的界定爲無望感、無意義感、無力感等三個名義來形容，這就是名義定義。

一般講的操作化是指操作性定義（operational definitions）。再以無助感爲例，它的操作性定義是：

> 「無助感指『生活滿意調查表』所測得的分數；『行爲改變動機量表』的分數；加上『企圖心指數量表』的分數的總和。當分數愈多時，其無助感的程度就愈低。」

有了這個操作性的定義，無助感這個概念不僅已經定義清楚，而且可以用分數來呈現，這就是操作化及測量。換句話說，操作性定義就是把抽象的概念運作到可以測量，甚至可以用分數來計算的地步。

變項本來都只是一個概念，爲了研究及分析的方便，研究者必須把此概念以分數來呈現，此過程即爲變項的測量。如果變項無法測量，研究時的實驗組和控制組之間，到底孰優孰劣便無法比較，有關的假設當然也就無法檢定。當然研究者也必須牢記，測量並非研究的目的，也不是整個研究的目標，測量只是達成目的的手段，研究時，千萬不要倒果爲因；當變項無法測量時，或是測量的信度與效度遇到極嚴重的瓶頸時，就應在研究的過程中仔細交代，使讀者知道其研究的限制，而不要爲了報告如期完成，或是反正沒人會注意到測量的製作過程，而有草率或大意的行爲，縱使研究有了結果，卻是與事實不符的發現，徒然使專業產生錯誤而已。

第二節　測量的定義

一、測量的定義

「測量」從字面上的定義是：Measurement is the assignment of numbers to objects or events according to certain rules（steven, 1951）。換句話說，「測量是根據某些準則，把一些對象或事件賦予數字的過程。」從這個定義來分析，測量有三種涵意：第一，測量是「賦予數字」（assigning number）的行為過程，把所觀察到的東西賦予數字，把所研究的對象或概念予以量化；第二，測量必須有某些準則為依據（according to certain rules），凡是符合某種現象的，所被賦予的數字就必須相同，一切有準則為依據，不能光由研究者的好惡來決定；第三，測量的對象是所研究的對象或事件（objects or events）。

嚴格的說，測量的主要對象是研究者的自變項與依變項，這些變項被轉化為一些題目（items），而有某些題目的總和就成為該變項的分數。由以上三個測量的項目去分析，我們可以歸納測量的過程其實就是（1）下定義（define a phenomenon），把所要觀察的對象與賦予數字的方法定義出一些準則；（2）作觀測（observe），對對象作觀測；（3）配數字（select the number），使所觀察的現象都能以數字來表示。

二、由理論衍化為問卷題目的流程

從研究的角度來看，問卷的來源牽涉到研究的目標，關聯到研究根源的理論，更與研究的假設緊緊相扣，問卷的形成絕對不是臨時起意，也不是偶然的動作與行為。在林南（Lin, 1976）的《研究調查基礎》（*Foundation of Social Research*）一書中，他仔細的陳述理論如何演化為一些與該理論相關的概念，概念與概念之間又如何形成一些與該理論相關的命題（propositions），這

些概念如何轉化爲變項（variables），而變項與變項之間又如何
的形成假設（hypothese），邏輯的演繹與歸納又如何的在抽象的
理論與具體的實務中穿梭（由抽象的理論變成具體的實務是演
繹，由具體的實務變成抽象的理論則是歸納），這些理念與本章
節所要陳述的「問卷的建構」都有密切的關係。具體而言，問
卷的題目始於抽象層次較高的理論，理論內一定包含著不少相
關的概念，每個概念又可以演繹爲與研究較爲有直接關係的變
項，變項經過操作化以後，則變成可供受訪者回答的題目，每
個題目都有不同層次的回答，其答案則可換算爲分數，分數又
可供研究者利用統計的方法予以分析，研究的答案於是一步步
的被尋找出來，新的發現也因此不斷的被提出。

研究者必須注意的是，這種由理論而概念，由概念而變項，由
變項而轉變爲一些問題（items）的過程，並不是一成不變的。
因爲某個研究者心目中的「變項」，可能是另一個研究者心目中
的「概念」；也因爲研究的目的或角度不同，變項與概念的劃分
也就不是那麼容易。例如，「滿意程度」是概念？或是變項？可
能因研究的目標不同而有差異。某甲研究「適應」，可能把「工
作滿意度」當作他的研究的一個「變項」。但是某乙專門研究
「滿意度」，因爲「滿意度」對他太重要也太複雜了，所以對他
而言卻是一個「概念」，而不是「變項」而已。總而言之，概念
與變項之間不是單純的「一步之隔」，端看研究者的研究方針或
研究目的而定。

這種由抽象的理論演繹爲較具體的變項或題目的過程，下面兩
例可供參考：

在吳秀照的碩士論文中，主要探討「工作態度」與「滿意度」
之間的關係。而她對「工作態度」有一組較爲具體的定義，她
認爲工作態度可包括：組織融入、工作投入、工作士氣及對社
會工作的看法等四個主要的項目，如下圖所示：

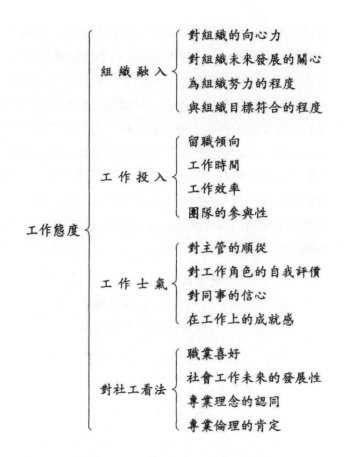

在以上的概念流程中，工作態度是研究者的重要「自變項」，但是從變項的層次來看的話，應該說是研究的「概念」，因為她對「工作態度」還有很多較爲具體的演繹步驟。「組織融入」、「工作投入」、「工作士氣」與「對社會工作的看法」可以說是「變項」，但仍然可以說是「概念」；說它是變項，因爲它的上頭是工作態度這個概念，說它是個概念，是因爲它的下頭各還有四個變項，如對組織的向心力、對主管的順從、職業喜好、專業理念的認同、專業倫理的肯定等等。可見概念與變項之間尚無法截然劃分，端看研究者如何去處置而已，但是不管如何處置，概念的抽象層次一定是較變項爲高；概念愈操作化，勢必愈加具體，這乃是基本原則。

　　再以卓春英的論文中所探討的「非醫療因素」爲例。她的碩士
論文以醫療過程中，非醫療因素對病患的影響爲主題，「非醫療
因素」是其主要的自變項，我們可以把它當作一個概念來看，
在醫院裡，醫生對病人所做的是醫療行爲，社會工作員在醫院
裡也有其非醫療性的治療功能。病人的生理疾病需要醫生來醫
治，但是一些非醫療性的問題，則需要社會工作員來處理，否
則醫療效果便會有了折扣。爲了證明這個特質，卓春英把非醫
療因素操作化爲一些變項，各個變項又可細分爲一些較細、較
具體的小變項，然後再從這些小變項設計爲一些問卷題目，如
下列所示：

非醫療因素：

家庭問題 { 親子關係
　　　　　 夫妻問題
　　　　　 家庭互動

職業問題 { 失業
　　　　　 就業困難
　　　　　 勞資糾紛

經濟問題 { 醫療費用
　　　　　 生活費用
　　　　　 家庭開支

心理問題 { 焦慮
　　　　　 害怕
　　　　　 擔憂

社會問題 { 人際關係
　　　　　 順從規範
　　　　　 住院適應

三、概念衍化過程中的幾個考慮因素

問卷的來源是根源於理論的衍化，由理論而概念，由概念而變項，由變項而小變項（小變項可稱爲某些「標準」〔criteria〕或「定義」〔definition〕），再由小變項衍化爲一些可由受訪者回答的問題。這種由概念逐步衍化爲題目的過程雖然繁瑣，但是若能由此原則來設計，卻可保持問卷的理論效度或內容效度。剛開始學習設計問卷的同學若依此原則來設計問卷，就算煩，也不致手忙腳亂。但是這種設計的過程，仍然要注意一些事項：

（一）要注意衍化後的周延性（exhausiveness）

由概念衍化成一些變項，好壞與否端看這些變項是不是能夠表達概念。以「臺灣的區域」這個概念爲例，變項中就必須包括北、中、南、東等四區，若還覺得不足，或是個案性質特殊（例如，要探討城鄉差距時），那離島可能還要加進去。如此北、中、南、東及其它（離島）五個變項加起來，在表達「地區」這個概念時，大體就算周延。吳秀照論文的「工作態度」這個概念，包含著：組織融入、工作投入、工作士氣，及對社會工作的看法，大體也包含了工作態度所應包涵的變項，我們也可以說它的周延性還不錯。卓春英的非醫療因素中，病人的社會問題包括了：人際關係、順從規範，以及住院適應等三類，從一般的社會問題的定義來看，好像不是很周全，但是從住院病人的輔導經驗來看，住院病人的社會問題，大略上也是這三個問題，所以這三個定義的周延性仍然不錯。

（二）互斥性也不可忽略（exclusiveness）

「地區」概念中的北、中、南、東及其它（離島）五個變項，只要把各區的地理範圍規範清楚，各區有各區的範圍，不會重疊時，就表示它們之間的互斥性很好。若未能定義清楚，在分類或資料整理時就容易造成偏差，如嘉

義應該屬於中部或南部？宜蘭是北部還是東部？這樣一
來，資料就無法客觀的分析。簡春安在《外遇的分析與處
置》一書中，把外遇的類別分為：傳統型、拈花惹草型、
保護型、情境型、感性型等幾種類型，雖然每一型都有其
定義，不致與其它種類型重疊，但是實際的個案中，卻有
很多外遇的個案都有一種以上的因素所造成，可能是既感
性，又保護；有的則是傳統因素與情境因素的綜合，如此
一來，我們就很難把案主歸類為其中某一類型，這種分類
的互斥性就不頂完美，需要再予改進。

（三）同質性問題最好講究

地區的概念中，北中南東的性質都相同，「離島或其它」
在語意上可能就與前四區不大搭調，雖然還不致太離譜。
心理問題中的害怕、焦慮與擔憂，在英文的語意上同質
性頗高，但是萬一再加上「常常莫名其妙的覺得不舒服」
時，最後一個與前幾個比起來可能就顯得格格不入。根據
某個概念設計變項時，該些變項最好屬於同級的語意，使
它的抽象程度大致相等，如此，在問卷的設計時，就可以
使問卷的品質得以保證。

四、問卷題目設計應注意的事項

設計問卷時，若能事先掌握住原則，不僅更能輕易有效的完成
設計，更能使研究者在分析時條理分明，統計的處理也較能得
心應手、劍及履及。Babbie（1992: 147-152）認為一些事項應該
注意：

（一）問題與命題（questions and statements）

正規的研究調查所用的問卷，其背後一定有很多的研究命
題，絕對不是隨便或碰巧把一些問題集中在一起而已。研
究者在規劃問卷時，一定要根據研究命題是什麼來設計，
緊緊與命題繫在一起，根據命題來設計題目，每個題目都

有命題爲依據。

（二）開放式（open-ended form）與封閉式（closed-ended form）的問題

開放式的問題，讓受訪者有較大的空間回覆，規劃時也較簡單，反正把問題列出來即可，但是資料的整理可能會累死人，常常無法把答案用規格化的方式分析，在統計上更是寸步難移。封閉式的問題則把受訪者所能回答的結果，都限制在研究者所要求的範圍裡，反正一切答案都在所規劃的範圍內，了不起在四、五個固定答案後面多了一個「其它」，再劃個橫線，讓受訪者把心中所想的答案塡進去。好處是資料回收後，很容易統計分析；缺點是把受訪者的回答規劃得太簡單。一般而言，量化研究大概都是採用封閉式的回答方式，質性研究則必須以開放式的回答來進行，否則得不到研究者所要的資料。

（三）務必清楚瞭解問卷的題目與項目

當訪問正在進行時，一些訪問員極爲清楚的事項，卻可使受訪者墜入五里霧中，搞不懂如何回答你的問題。例如，問他們「溝通的頻率」時，他可能以爲你是在問他們溝通的品質，而以他們「兩人沒話可講」來回答；事實卻是他們平常還算溝通良好，只是昨晚吵了一次大架而已（「沒話可講」是指從昨天以來關係不好，卻不是指夫妻談話的量不多）。訪員聽到這種回答時，最好再澄清一次，把受訪者的答案塡到適當的問題中，然後再問清楚他們溝通的頻率到底如何，但是要做到這種地步，訪問前非充分掌握問卷的項目與題目不可。

（四）避免一個題目中載有雙重題意

封閉式的問卷中，每一題都只有一個答案，但若是題意中同時表達了兩種訊息，當然會使受訪者不知從何作答。例如：「孩子不打不成器，你贊成學校的體罰教育嗎？」受

訪者回答時不知是要贊同你的「孩子不打不成器」這個觀念或是對「學校的體罰教育」的態度。

（五）有關題目的背景訊息應該完全提供，使受訪者方便作答

詢問受訪者對「虐待兒童」的態度時，必須先把什麼叫做「虐待」交代清楚。要問是否贊成離婚時，應該把「何種狀況」下的離婚，或離婚的類別等事先說明，畢竟婚姻的狀況不同，是否應該離婚的意見也會有差異。

（六）問卷題目之間，彼此應相互連貫；每個題目都應與主題有關

問卷的形成本來就應該根據研究的主題而來，絕對不是隨興的寫出一堆題目即可，好的問卷應該都是依據主題連呵一氣，各個變項都能被規劃成為問卷的題目。同樣的，相同的單元中，其題目應該是彼此相關的，若是相同的單元中的題目不相關，則不僅其信度不高，問卷設計也一定會犯錯。

（七）題目應簡潔扼要

有效得到受訪者正確答案的方法是把問題儘量簡短扼要，千萬不要冗長繁複。若問題無法簡要表達清楚，常常都是因為研究者在概念上也不頂清楚所致。題目簡潔扼要使受訪者在填答時覺得有成就感，不容易產生倦怠而中途放棄。

（八）避免負向的題目

在十幾年前的研究法教科書中，常常提醒研究者在設計題目時，應該有一半是正向題，一半是負向題，而且建議，正向題與負向題應該交叉敘述，以為如此的安排可以使受訪者「清醒」作答，其實效果適得其反，徒然使受訪者混淆不清而已。例如問受訪者：「政府應該禁止人格不成熟的家長撫養在學校已經行為偏差的小孩」，就算這一題沒有造成太大的困擾，下一題再問：「管教子女是家長之責，

就是對管教子女成效不佳的父母，政府也無權干涉」。如果以下的題目都是一正向，一負向，交叉詢問，一連三十題，受訪者若要完成所有的題目，就是不昏頭轉向，也一定是元氣大傷。

（九）避免帶有偏見或情緒化的題目

若要研究受訪者對女權運動的態度，一般的題目：「天賦人權，女性也應該擁有跟男人一樣的工作權」，回答這個問題時，受訪者或可以平靜的心情來作答。但是「天賦人權，女人若要與男人爭工作機會時，你會贊成嗎？」此題中，「與男人爭工作機會」可能煽動性就強一點，男性回答這一題時，非常贊同的可能性必然降低。偏見、情緒化、太過於主觀、太極端的字眼等，都會使受訪者失去了冷靜的態度來作答。

第三節　量度的性質

量表是藉著一些題目（items）來測量，題目則是由變項轉換而來。由變項轉換爲題目的過程中，會因變項的性質而造成不同量度（scale）性質的題目。不同的性質在量表中有不同的功能，也因此在資料分析時必須採用不同的統計方法，所達到的分析的功能亦會有程度上的差異，所以研究者在設計問卷時，針對題目的用語，所牽涉的變項的性質都應細察。有關量度的性質可參考下表：

尺度類別	功能	說明及例子
類別尺度 （nominal）	分類	如種族類別：可分黃白紅黑棕色等人種。其它如宗教、性別、婚姻狀況、職業別等都是類別尺度
順序尺度 （ordinal）	分類、排序	如階層尺度，可分低層階級、中低階級、中層階級、中上層階級、以及上層階級。教育程度也可以分為不識字、國小、國中、高中、大專、研究所及以上等
等距尺度 （interval）	分類、排序、設定標準距離	如年代，西元前1000年、西元前500年、西元元年、西元500年、西元1000年、以及西元1500年、西元2000年等。其它如華氏溫度等
等比尺度 （ratio）	分類、排序、設定標準距離、並含絕對零	如收入、年齡、重量、距離等，在這種量度的性質中，與等距尺度之間的差別只在於有絕對的0。收入沒有就沒有，不像年代，西元0年是概念而已

　　以上這四種量表性質不同，所能表現的功能境界也相異，而且在資料分析時也會造成很大的差異。類別尺度只能分類，順序尺度除了分類以外還可以排序，等距尺度則還能加上設定標準的距離（次序與次序之間可以看出量或質的不同），等比尺度則可以有絕對0的概念。在資料分析時，若要對自變項與依變項之間找出其複雜的關係，若只要看出其不同就可以時，我們當然可以用類別尺度，但若要排出其次序時，順序尺度就絕對必要，反正研究者所求也只是類別與類別之間的關係狀況而已。若要算出其差異的量，找出變項與變項之間一對一的線性關係時，那就非用等距或等比尺度不可了。

　　設計問卷時，研究者當然要瞭解到「尺度」不同時，準確度也當然不同。因此，在設計問卷題目的用詞中，就必須選擇適當的尺度量表。以教育程度為例，若我們所求是有沒有受過學校教育，則「有無受過學校教育」的類別式問卷就已足夠；若要看出教育水準的高低，

則「不識字，小學，國中，高中，大學，研究所以上」的順序尺度方式是必要的；若要精確的算出受教育年數的詳細差異，則學校教育到底是幾年的等距或等比尺度方式的問卷絕對必要，問卷則要問學校教育幾年：從無，1，2，3，4，……20，21，22 年以上等都需要調查出來。從這個角度來看，有經驗的問卷設計者在詢問教育程度時，他寧願以受訪者的學校教育年數到底是幾年的等距或等比尺度的方式來問，而不會用類別的方式來處理，主要原因是等距或等比尺度的方式可以轉換為類別或順序尺度，而類別或順序尺度卻不能轉化為等距和等比尺度。

第四節　量表設計的方式

　　量表的設計有不同的方式，一般而言，下列三種最為普遍：總加量表（Interval scale）；等距量表（Thurstone scale）；累積量表（Guttman scale），茲分別說明其製作的過程如下：

一、Likert 總加量表

　　總加量表在社會調查中最被廣為使用，它的製作過程有下列幾個步驟：

（一）總加量表主要是測量受訪者的「態度」時最容易使用的方法。

　　基本上總加量表是由一組專門調查受訪者的態度、意見、或看法的一些題目所組成（平日的調查，有的調查行為的頻率、方式；有的調查則專精於概念的類別，但是總加量表則是以態度、意見為主）。

（二）在這組量表中，每一個題目的份量都是等值的

　　例如在二十題的婚姻暴力研究問卷中，詢問「夫妻曾否口角？」的題目，與「夫妻曾否動粗？」的題目，若兩個回答都是「偶而」時，這兩題所得的分數可能都是一樣的

（在5，4，3，2，1的問卷分數中大概都是得到2分），雖然在實質生活中，偶而動粗的比偶而口角嚴重多了，問題是在統計分析時，尤其在加總以後，這兩個2分都是同樣的意義。

（三）若干題目的總和，可以視為總量表的部分量表

一般的量表都不會是只有一、二十題，只調查受訪者對單一事件的態度或意見。一般的量表都可能有好幾個單元，例如吳秀照論文當中的組織融入這個概念的調查，可分為對組織的向心力；對組織未來的關心；為組織努力的程度；與組織目標符合的程度等單元。假設這些單元各有八題，所以組織融入的調查共有三十二題，但是「對組織的向心力」這八題的分數可以視為總量表「組織融入」的部分量表，同樣的，組織融入這三十二題的量表可以視為「工作態度」的總量表中的部分量表。

（四）總加量表有關態度的測量，經常都是分五種等級來表達

例如：「你對公共場合不准抽煙的規定有何意見？」受訪者就在研究者所預備的五個答案：非常同意、同意、無意見、不同意、與非常不同意中，圈一個作答。有的問卷則以贊成來區分，有的研究也用總加量表的程式來調查受訪者某種行為的頻率，如「夫妻口角過嗎？」而答案就以經常、偶而、很少、從來沒有等方式來讓受訪者圈一個作答。五個層次的答案是非常普遍的方式，有正面、有反面，有極端也有中庸，問題是很多受訪者卻有乾脆選中間的「沒有意見」這個答案來回答，有時是因為受訪者不想用腦筋回答的緣故，有的卻是因為題目太深，問得不具體，受訪者不知從何答起，因此拿中間的答案來作答，傷害性不大，但卻因此使問卷的辨識力不足，無法清楚的探討受訪者真正的心意，這是五等份答案的缺點。基於此種因素，有的研究者就改以四等份的方式來詢問，把中間模

稜兩可的答案拿掉，倒也不失爲是聰明的辦法。把受訪者的意見分一些等份來調查是簡單方便的方法，從精確度來分析，應該是等份愈多愈好，如分成十一等份或二十五等份，受訪者回答的精確度當然大幅提高，問題是，很多受訪者卻沒有這麼精細的區分程度，勉強要他把回答切割爲十一等份，他無從下手，到最後只好以中間的答案來搪塞，這種後果就得不償失了。

（五）**各個問卷題目（items）所得的權數（分數）不是由受訪者來決定，而是由研究者主觀判斷來決定**

除了上述由研究者決定受訪者就五種答案或四種答案來圈選外，基於研究的假設還必須根據問題的正向或負向來決定分數是多少。例如，調查婚姻關係時，問「夫妻每天都有十分鐘以上的溝通嗎？」回答如果是「天天有」是五分，「經常有」爲四分，從來沒有爲一分。問「夫妻口角嗎？」若是「天天吵」的話則爲一分，「經常吵」則爲二分，從來沒有則爲五分，由這些題目的正向或負向來決定。問題是有些研究的正反性質不是容易區辨，如管教小孩的態度，「當孩子犯了錯（偷東西）時，你贊成體罰嗎？」這種題目的正負向決定可能就見仁見智了。基本上，這類題正向或負向的決定是由研究的假設而定。若研究者在研究的結構上是以自由主義的反體罰爲主軸，那體罰絕對是負向題。反之，若以家長管教的有效性來說，可能會變成正向題也說不定。

（六）**分數的計算依研究者主觀判斷其正負性質後，方式雖有不同，但等距的觀念則是一致的**

例如，正向的題目可依非常同意，同意，無意見，不同意，與非常不同意等，給予5，4，3，2，1的計分；若爲負向題，則反過來爲1，2，3，4，5。也有0，1，2，3，4的方式，或是用 -2，-1，0，1，2 的方式亦未曾不可。

二、等距量表（Thurstone scale）的製作

等距量表的製作有別於總加量表，等距量表是在一組經過「考核」的過程所規劃而成的一組題目，其設計方法如下：

（一）研究者依主題設計相關之題目

若是以婚姻滿意度爲主的研究，研究者就以婚姻滿足爲主題設計題目，題目的設計或結構過程，最好經由理論而概念，由概念而變項的手續，以免在結構上產生偏差。

（二）原則上，在每一題目中的敘述最好以第一人稱、現在式，以及假設的語氣較佳

例如：「我認爲若政府掃黑的工作早五年進行，老百姓對政府的信心勢必提高」或「我認爲社會工作師資格的取得應該都經過政府的考試過程，不應當有任何的例外」，全部都是以第一人稱、現在式以及假設的情況下發問。

（三）當這樣的一組題目設計完成時，研究者必須把這組題目送請對該主題有研究的專家來評鑑

這些專家必須對每一個題目作評鑑，每一個評鑑都分十一等級，等級的次序從「最不贊成」、「無意見」到「最贊成」，這些專家意見的表達不是針對題目的內容作答，因爲他們不是受訪者，專家們是對這些題目將來訪問受訪者時是否妥當作評估，針對每一個題目都作評估，看是否贊成題目的設計。

（四）計算專家對每一題目的回應，回應愈集中表示專家的意見愈一致

較詳細的方法是計算專家們對每題的 Q 值，亦即前四分之一專家與後四分之一的專家之間的差距值，差距值愈小者表示專家的意見愈集中，愈是可用的題目。現因用之者寡，故不再詳述。有興趣者可參閱此書舊版。

（五）選擇 Q 值最小的題目12-18 題構成量表

量表的題次可採隨機的方式，如下表：

分數	Q值	原題號	項　　　目
1.8	1.3	8	我認為夫妻愈坦誠婚姻愈美滿
9.9	1.7	31	我倆容許對方有與朋友共處的時間
9.2	2.8	38	我倆同意共同的目標與期望
8.2	3.0	22	我倆滿意於現今的配偶關係
7.9	3.1	24	我們同意子女的管教方式
7.8	3.2	13	個人的信仰生活在婚姻關係中沒有衝突
6.9	1.8	30	我們不介意彼此處理生氣、沮喪與情緒控制的方式
6.2	3.9	2	我倆能真誠且公開的對談
4.4	2.7	19	我們懂得如何公平爭吵
3.4	1.0	12	我倆很滿意於處理彼此差異的方式
3.3	3.3	20	當我們生氣時，避免做出傷害對方的事實
2.6	4.5	28	現今的婚姻生活我倆不覺得有壓力

（六）按量表施測時只以經過檢定的 Q 值較低的十二題為正式量表

但是每題分數多少、Q 值多高等均不必列在量表上，只有施測者知道而已。

（七）施測時，受訪者以上述的題目作答，針對每一題表達贊成與否，每題有不同的分數，再依所贊成題目的分數加總，加總後即為受測者的問卷分數

三、累積量表（Guttman scale）

累積量表主要是由受訪者的回答型態，來評定受訪者的等級，而不是藉著受訪者對問卷題目的回答總分。累積量表的問卷題

日是具有同一性質的項目所組成，如：下列一組有關對「黑人是否友善」的態度問卷，有四個題目，而四個題目彼此都有程度上的關聯，由受訪者回答：

1. 我願意跟黑人結婚
2. 我願意跟黑人做鄰居
3. 我願意跟黑人做朋友
4. 我願意跟黑人交談

在這四個題目中，我們不僅可以看出對黑人的態度有「層次」上的差異，更有其「次序」的不同。第一題要求最嚴，第四題要求最鬆。若受訪者同意第一題：「我願意跟黑人結婚時」，當然他會同意跟黑人做鄰居、做朋友、交談。若是受訪者同意這個題目時，我們可以預測該受訪者一定會同意第二、三、四題，因為第一題最具有限制性；若是受訪者同意第一題，卻又反對第二、三、四題時，這種態度是前後矛盾的。當受訪者只同意第二題時，表示他也同意三、四題，只不同意第一題。若已同意第三題時，表示三、四都已同意，卻仍不同意一、二題。只同意第四題時，表示對黑人的態度非常保守，只同意跟黑人交談而已，絕對不與之做朋友、做鄰居，更不用談到將來與黑人結為夫妻。

設計這類的問卷時，每一題都是四小題為一組，四小題的題目安排中都有程度以及次序上的考慮。若第一小題是最為開放的，在沒有什麼限制的狀況下都同意，第二題次之，第四題則會最為保守。對某件事同意了第一題時，表示全部四題都會同意。同意了二，代表三、四也同意，以下類推。因此若以對婚姻的態度為調查的主題時，除了對離婚的態度以外，我們也可以設計對婚後社交應酬、情感表達、金錢來往、兩性關係、性生活的態度等主題，各設計以四小題為一組的題目，這些答案

的總和可以讓我們看出受訪者對婚姻或兩性關係的態度。

這些題目設計完時，應該先行試測。假設相關的主題一共設計了二十五題，經過試測，發現其中某些題的答案，試測的受訪者幾乎都是一樣的回應，全部的答案都一致（如都同意第一小題），那就表示題目的設計有問題，區辨力太差，無法藉著該組題目探測出受訪者的不同意見，研究者就必須把這些題目淘汰、修正、或是另外再設計。

第五節　問卷的形式

問卷的製作是科學也是藝術，所須注意的，不僅是能否正確的從受訪者的回答中，探討研究者所要探討的主題，還需考慮問卷是否美觀、是否經濟、更加要注意在日後分析時能否清楚、易於運作。社會進步日新月異，各類的問卷如過江之鯽，有商業性問卷、測驗性問卷、社會普查性問卷，以及學術專題的問卷等等。有的問卷結構嚴謹、環環相扣，有的問卷卻是潦潦草草，粗糙不堪。有的一兩百題，洋洋灑灑，有的卻只有三、五個題目，簡潔扼要。有的問卷採用總加量表；有的為等距量表或累積量表；有的更為簡單，沒有太多文字的敘述，只是級數表（rating）；有的採用簡單的表格，類似清單表（inventories）；也有用格架表（grids），茲分別介紹如下：

一、級數表（rating）

級數表的作法是把所要測量的變項（經常是某種特質的兩極狀況）分列兩端，中間再劃分為一些等距的間隔，以表明受訪者在這兩端特質之間的位置，藉此間隔的位置可以看出受訪者在該特質中的級數，如下圖所示：

請用下列級數表中間的隔數中劃「＋」來形容你的母親的特質：

| 心地溫暖 | ‖ | | | | | | | | | ‖ | 心地冷漠 |

| 對子女過度保護的 | ‖ | | | | | | | | | ‖ | 傾向使子女自立 |

| 無私的 | ‖ | | | | | | | | | ‖ | 自私的 |

| 耐心的 | ‖ | | | | | | | | | ‖ | 性急的 |

| 能幹的 | ‖ | | | | | | | | | ‖ | 無能的 |

| 歡悅的 | ‖ | | | | | | | | | ‖ | 沉靜的 |

| 很像我的 | ‖ | | | | | | | | | ‖ | 不像我 |

| 粗枝大葉的 | ‖ | | | | | | | | | ‖ | 敏感的 |

| 非常自信的 | ‖ | | | | | | | | | ‖ | 缺少信心的 |

| 很會理家的 | ‖ | | | | | | | | | ‖ | 不會理家的 |

| 很會照料小孩 | ‖ | | | | | | | | | ‖ | 不會照料小孩 |

| 喜歡結交朋友 | ‖ | | | | | | | | | ‖ | 不喜歡結交朋友 |

根據上列的級數表，所記載的文字不多，只是幾個所要調查的特質的正反兩面而已，但是根據受訪者對該題的勾選位置，研究者一樣可以得到很多資料，而且資料內容也是相當清楚，不亞於任何以文字敘述爲主的問卷。而且研究者可以在兩個概念之間，設置適合的間隔尺度，以便因主題的難度、受訪者的程

度，和變項的複雜性來決定間隔應該有幾個。若難度、程度以及複雜性都高時，則間隔不妨劃多，由五格、七格，甚至十一格。若難度、程度、複雜性都低，則三格、五格可能就已足夠，否則會難倒受訪者，因而造成受訪者的誤解而導致研究偏差時，就非常可惜。

二、清單表（inventories）

用清單表的方式來製作問卷也是很有創意的方法。清單表中，開始會較仔細的把問題解釋清楚，回答的類別一般只是三、五格而已，仔細一看其實與一般的問卷差異不大。只是因為說明已經很清楚，所以每一題的解釋與陳述就顯得比較簡單，不用繁文贅字去解釋，也可作為製作問卷的參考。如下有關少年在校社會適應的問卷：

人無遠慮，必有近憂，不同的人為不同的事在憂愁。在下列各種事務中，請在適當的格子中圈選你的煩惱狀況：

	相當煩惱	有些煩惱	很少煩惱
與同學處不來			
社交不好			
擔心同學不到我們家來			
常覺得心不在焉			
其他同學嘲笑我			
被取不雅綽號			
被同學輕視			

三、格架表（grids）

若是所調查的範圍都是一些事務類別或行為動作，而不是較為複雜的態度意見，也不是認知感受與情況時，加上回答可以有

多種選擇時,那簡單的格架表不僅清楚,而且製作也頗爲簡單,如卜圖中,醫生的處方爲例:

	鼻通樂	咳嗽液	噴喉藥	糖　漿	喉　糖	咳嗽藥
胸咳						
乾咳						
吸煙咳						
嚴重咳嗽						
普通感冒						
喉痛						
喉乾						
失聲						
口臭						
失眠						

在這個格架表中,研究者只需列出癥狀的名稱和各種處置的藥物,就可以找出所要的詳細資料,這類題目中,彷彿字用得多時,反而畫蛇添足,清清楚楚的把兩個欄交叉相乘,資料也顯得明明白白。

四、一般調查的訪問問卷

以黃松林(1994)的碩士論文:《老人養護機構服務提供與被養護者滿意度之研究》爲例,他調查被供養的老人對養護機構的設施的意見,其問卷係用總加量表的 Likert scale 來調查,回答分爲:非常同意、同意、無意見、不同意,與非常不同意等五種,如下例(原調查題目共有二十六題,僅列出十題供參考):

	非常同意	同意	無意見	不同意	非常不同意
1.這個機構的地點交通便利	□	□	□	□	□
2.這個機構內外的景觀令我滿意	□	□	□	□	□
3.這個機構附近的風景令我感到舒適	□	□	□	□	□
4.這個機構設在此社區令人滿意	□	□	□	□	□
5.這個機構附近的社區居民是友善的	□	□	□	□	□
6.整體而言,這個機構的設置地點適當	□	□	□	□	□
7.我所住的寢室活動空間足夠使用	□	□	□	□	□
8.我所住的寢室採光令我滿意	□	□	□	□	□
9.我所住的寢室通風或空氣系統設置良好	□	□	□	□	□
10.這個機構的老人安全設施良好	□	□	□	□	□

⋮

| 26.整體而言,我覺得住在這個機構令我滿意 | □ | □ | □ | □ | □ |

五、問卷的製作

(一) 問卷製作的基本規則

有些問卷是由調查者持有,根據問卷的問題,依序的向受訪者徵詢問題,蒐集資料。有些問卷則由受訪者自行閱讀,自行作答。當問卷由受訪者自行作答時,問卷的設計便充滿了挑戰,在規劃上必須注意以下的細節:(1) 主題原則:問卷當然要抓住主題,根據主題來設計問卷,不合主題的便不應在問卷當中,所以問卷中只包括你所要調查和要分析的主題;(2) 吸引原則:問卷愈吸引人愈好,總要提高受訪者填答的意願;(3) 精簡原則:應精簡有力,否則不僅問卷冗長臃腫,也會使受訪者隨便作答;(4) 禮

貌原則；適當的介紹、說明，以減少受訪者的戒心；(5)
預先考慮原則：應該在事先就把可能產生的問題予以預
防、克服，不能事到臨頭時才漏洞百出，付出高昂的時間
與經濟代價，若使研究中斷或產生誤差時，更不划算。

（二）問卷的結構

雖然問卷的內容各有不同，其結構卻是大同小異。可分為
以下項目來說明：

1. 問卷封面

除非是課堂的作業，或是一些較簡要的問卷不用封面以
外，問卷大體都有封面，封面記載著研究的名稱，或加
上研究者的機構、指導教授與研究者（學生）的姓名或
通訊地址等。

2. 問候與說明

為了取得受訪者的合作與信賴，問卷開始前應該以信件
問候的方式，把該研究的主旨以及請求向受訪者表白。
該問候與說明可以在第一頁（封面的下方）或第二頁
（問卷正式開始之前）完成。

問卷是要向受訪者詢問他們對有關主題的看法、意見
或態度，訪問者絲毫不能大意。Baker（1994: 178-180）
指出一般的調查問卷都有其基本格式。開始總有開頭的
信函（cover letter），簡單的一兩段話，禮貌性的簡介，
說明研究的目的，並保證應有的隱密性，必要時把指導
老師或某個機構主管的簽名或推薦函附上，或可減少受
訪者的疑懼。

3. 單元指示說明

問卷會依主要自變項與依變項的次序，分為不同的單
元，而且各單元的作答方式也不盡相同，所以研究者有
必要在每個單元之前舉例說明，以便受訪者可以按提示

作答。

說明或指示（instructions）是告知受訪者如何回答，答
案應寫在哪裡；常常會有一兩個例題，使受訪者覺得更
有把握。是否要用特殊的回答工具，或另有答案卡也應
另外說明，若由電腦來閱讀處理時，特殊工具的使用說
明就更形重要。若某些問題可以跳答或不答（列聯式問
卷）更要說明清楚，有些問卷甚至用圖形箭頭來指引。
最好也應說明該如何交卷，通常在三個地方說明：附
信、問卷結尾或問卷開始的地方。

4. 問卷內容

這是問卷的主體，呈現的方式依問卷的性質不同而有其
差異，但是必須有一個通則以供遵守，大體都是以問
卷的主要變項為依據，內容的建構則看是採用何種尺
度（scale）為主，但最大的要求是問卷的呈現要合乎邏
輯，使讀者在受訪時也能知道研究的方向，不致如置於
五里霧中。

5. 問卷的呈現類型

一樣是用問卷來問問題，題目的呈現類型卻不一而足。
有封閉式（closed-ended）或開放式（open-ended）之
分。若是開放式，則問卷中適當的空間安排與線條的規
劃都要設計，讓填寫者有空白處可填。封閉式的優點是
簡單、清楚，在資料分析時，也較為公正，而且易於分
類，使研究者能很快地比較兩個受訪者的差異，登錄也
比較方便，受訪者較不會空白或答不知道。但是封閉式
問題的缺點是容易產生群式答案，大家都圈選中間那
項，研究者便不易區別一些群內的差異。封閉式的問題
也會有受訪者因不會回答，只好隨便圈選勉強作答的情
形。封閉式的問卷適合作為概念較清楚時有效蒐集資料

的工具。開放的問卷通常用於探索性的研究，缺點是無法有效歸類，所以容易出錯，並且容易偏於個人化，各說各話，南轅北轍。所以當我們進行研究而正在規劃問卷時，比較保險的方法是先用開放式的問題來當試測，再依試測結果歸納出一般常見的答案類別，正式施測時再根據這些類別作成封閉式的問卷，則此封閉式的問卷就會有較佳的效果。

6. 問卷題次的安排

問卷的安排也有獨立性題目與關聯性題目（contingency questions）之分。獨立性題目每一題都是單一獨立的問法，關聯性題目就是依據上一個題目所發出來的問題，再延伸出一些相關的題目，如問「你一天吸幾根煙時」，前一題應該是「你有沒有吸煙？」，再下一題才問「抽煙時的感覺如何？」如此一來，這三個題目事實上是彼此關聯的一個主題而已。

矩陣式的題目（matrix questions）也是問卷題目安排的一種方式。例如，把相關的一組題目都整齊排列，右邊的空間則列出一組很相似的答案讓受訪者選擇（如：非常贊成、贊成、不贊成、非常不贊成、沒意見等）。這種形式的問卷可以讓受訪者較容易回答，而且節省問卷很多的空間，文字的敘述也較爲簡單，不必每題都重複敘述，但要提防他會全部給同樣的答案。

各種類型的題目中，研究者仍需注意題目的順序（ordering of questions），把有趣的、引人入勝的、受訪者容易回答的題目放在前面，以免使受訪者抗拒。

7. 注意問卷文字的安排

問卷的製作雖然都是一個題目接著一個題目，談不上文章的寫作，但是每一題的陳述中，也有不少文字安排的

細節需要注意，所費的苦心有時不下於長篇大論。例如
每個題目的用字及其所表達的意義是否簡單清楚？對填
寫者而言，會不會有其它的隱含意義？有時研究者的眞
正意思無法被受訪者完全正確的掌握（研究所或大學部
的學生，平日的講話、思考的邏輯等，有時都與眞實社
會有很大的出入，因此所設計出來的問卷，在內容上難
免會與群眾脫節，所以要特別注意），受訪者常常在不
明題意，或擔心回答可能不符合社會期待時，而給了錯
誤的資料。原則上要避免負向的問題，而以正向的題目
爲主，免得讓填寫者的頭腦一下子正，一下子負，愈回
答愈迷糊（以往的教科書中常常建議，問卷中最好正負
題各一半，但是經驗告訴我們，如此一來反而讓填寫者
搞混了題意，尤其當題意較複雜，或填寫者教育程度較
低時，正負題摻雜在一起，容易造成填寫的錯誤，所以
是否要正負題各一半，要看受訪者的狀況以及所調查的
內容而定）。問題的敘述也要避免一題兩問。當問卷完
成時，不要忘了檢視問卷中有無存在研究者個人的偏見
（敏感的人從題目中就可以看出研究者內心對該問題的
態度傾向）。問卷的問題本身是否有直接或間接爲難填
寫者的情況產生也要注意，不要讓填寫者有被捉弄的感
覺。

8. 基本資料

基本資料的位置可放在問卷的前頭或是結尾。當問卷的
敏感度不高，受訪者不必擔心所答的內容是否會洩露
時，基本資料置於前頭並無不妥。若事涉敏感問題，深
怕受訪者一旦填寫了基本資料後，反而會影響他受訪的
眞實性時，那就要注意。

9. 回覆方式、回郵之規劃

問卷的回覆方式與回郵規劃相當重要，不可忽略。若事

關敏感問題，受訪者不必具名，而且回郵均已事先預備，毋需受訪者再去偏勞時，那受訪者速回覆的機率應該可以提高；反之，受訪者的回覆率必然會受影響。現代社會中，很多人已經很習慣回答各式各樣的問卷，反正花個幾十分鐘的時間，可以協助別人，只要問卷不要太離譜，大體都會把問卷填完。有時「去寄信」反而會是個問題，研究者若是對某個機構內的某些員工進行調查時，那在問卷上記明將於某個時間親自去蒐集問卷時，回收的百分比一定不錯。此外，有些研究者藉著精密的折疊，使受訪者不必用信封把問卷寄出時，必須注意不要用寄信時的背面用來做受訪者回覆時的正面（受訪者的名字早就昭然若揭，如何能保密？受訪者如何能夠放心？）

六、問卷的試測

通常研究者認為好的題目，到真正施測時不見得一定是好的。問卷好壞的最後裁判者是填表者，而不是問卷設計者。比較保險的辦法，就是當問卷製作完成後，最好先找一小部分的樣本先作試測，藉試測找出哪些問題常常沒答？哪種題目最受歡迎？有關開放性的題目到底效果好不好？矩陣式的題目有沒有出現「一組式反應」（群式反應）？找出這些問題後馬上改進，以免正式施測時窒礙難行。問卷的試測是要回答下列的問題：

1. 所設計的問題能不能測到所要測的？
2. 所有的題意、字眼都能被瞭解嗎？
3. 問題能夠被理解嗎？
4. 封閉式的答案類別合適嗎？能把各式答案都全部涵蓋嗎？
5. 能夠使人願意回答嗎？
6. 問題能夠被正確的回答嗎？

7. 有沒有遺漏的問題？會不會引發一些不易判斷或說明的答案？

8. 有沒有研究者本身的偏見或觀念夾在其中？

為了有效回答上面列的問題，試測時最好是由同僚來處理，這個同僚最好是富有經驗者，而且瞭解其研究目的、類型與假設。若無此類同僚可以幫忙時，由資料的使用者：如決策者、其他專業人員，或未來的訪問者亦可。試測的樣本最好由母全體中抽樣，如此一來，試測的結果與正式施測時的結果才不會產生太大的差異。

有關問卷結構方面枝枝節節的問題，無法用文字詳加敘述。研究者不妨在接到任何別人的問卷時，都能以學習者的心態來欣賞、批評並且能建議這個問卷表日後改進的方向。除了不犯設計問卷的錯，更能因為編排的美觀、精簡、巧妙，使受訪者樂於回覆你的問題。簡而言之，問卷的設計是科學，當然也是藝術。

第六節　問卷的信度測量

信度（reliability）指研究的信賴度（dependability）與一致性（consistency）。受訪者被訪問時的回答，或受測時的分數，若再施測一次，或再訪問一次時，其結果應該相同。若把同樣的測驗針對相同性質的團體施測，其結果也應大同小異，因為一個好的研究必須有其信度，就如一枝好的槍，被一個受過訓練的射擊手在相同的狀況中使用時，每次的彈著點應該一樣。若彈著點每次都南轅北轍時，其信度就不佳。一般而言，信度有再測信度、折半信度、複本信度，或分數信度等。茲分別說明如下：

一、再測信度（test-retest reliability）

所謂再測信度係指用同一測驗，對同一群受試者前後測驗兩次，再根據受試者兩次測驗的分數，計算其相關係數，此係數為該測量的信度係數。例如，針對大學生實施婚前性行為的態度研究，研究者使用同樣的測量中有30％的大學生表示同意，60％不同意，10％無意見。然而，在第二次的測量中，亦出現同樣的結果：30％同意，60％不同意，10％無意見，則研究者可以說此量表是可信賴的、一致性高的，其信度亦佳。反之，若第二次測量中卻有40％的大學生同意，50％表示不同意，則此量表的可信度就不像前者高。

再測信度的計算牽涉到穩定係數（stability coefficient）的問題，意即兩個測驗之間應該有相當的穩定性，其穩定性的高低，可用穩定係數來代表。所以穩定係數也可稱為再測信度（test-retest reliability）。事實上，問卷的每一題目的穩定係數也不會相同，研究者可從其變化總值中來加以比較。如下例：

A題	同意	不同意	未決定	B題	同意	不同意	未決定
test 1	32	60	8		45	47	8
test 2	34	61	5		35	59	6
變化總值	2	1	3		10	12	2

從以上的比較中可看出，A題的變化總值為6，B題為24，所以A題的穩定係數較B題高。

二、折半信度（split-half reliability）

顧名思義，折半信度就是把問卷「折」成一半，然後再看受訪者在這兩半測驗上的分數，計算其相關係數，則為其折半信度。這種考驗，明顯的是針對問卷的結構而來，因為好的問卷不僅要「言之有物」，而且在結構上也應系統化。研究者將問卷

內的問題分成兩組，測試同樣的受訪者，理論上（如果這個問卷設計得好的話），這兩組問卷所得到的分數彼此之間的相關係數應該「高」，它的折半信度應該「強」才合理。

折半信度看起來雖然簡單，但是它的奧妙是如何把問卷「折」成兩半，卻不是隨便分成兩半就可以，必須考慮問卷的架構以及問卷的組合過程以後，才能談到如何折半。若問卷的組合是偶發的，問卷的內容是隨機的，那如何能折半？折半以後，如何能彼此相關？所以本章第二節所述問卷的結構與來源就顯得非常的重要，因為問卷若是經由嚴密的製作過程，由理論而概念，由概念而變項；或由理論而命題，由命題而假設，問卷內的每一個問題都不能憑空而來，也不是單獨存在，它們應該是環環相扣。若問卷是由這種過程的規劃而來，那麼把問卷「折半」就不是難題，因為研究對哪個概念轉化成哪幾個變項清清楚楚，哪個變項化成幾個問題也一目了然，所以他很容易的就可以在這種結構下，把問題分成奇數題與偶數題，奇數題與偶數題之間結構上大同小異。研究者也可以因為問卷結構的嚴謹，以該變項的題數來折半，不一定非得依奇數與偶數的排列不可（其實依每個變項的設計題目來折半才較合理），這些概念是處理折半信度時，研究者所應注意的。再以例子說明如下：

老人日常生活的身體活動能力評估
能自我進食
能穿衣、脫衣
能自我照顧（盥洗）
能行走
能自我上下床
能沐浴
有準時上廁所的習慣
在半年內應該都能自我照顧

研究者可將該八題分成兩半，1，3，5，7為一組；2，4，6，8為另一組，再計算此兩部分得分之相關，即得折半信度。

三、分數信度（score reliability）

在教育系統裡面，評定學生成績是經常要處理的事，評定學生成績其實也是一種測量，一個好的測量也應該有其信度，常見的信度評估是「分數信度」。一個真正好的學生最好是每一個老師都說好，不能一些老師說好，另一些老師說差，不要太「見仁見智」，否則信度就差。一個好的答案卷，最好是在所有的老師都評定這份考卷的時候都覺得好，而不是張老師說很好，李老師卻說很差。分數信度的原理也是如此，研究者可隨機抽取相當份數的測驗卷，請兩位（或兩位以上）的評分者分別給分，研究者再計算這兩組分數的相關係數，這種相關係數則為分數信度。原理與「好的東西，大家都說好」一樣，這是信度原理，雖然不一定就是絕對的，因為總有幾個例外，要評估者有慧眼識英雄的能力才能判定。

四、複本信度（alternate-form reliability）

複本信度的理論與折半信度大同小異，只不過是折半信度的 A 卷和 B 卷，現在改成正本與「複本」（不是「副本」，因為副本與正本要完全一樣）；複本是與正本本質相同、結構也相同的問卷，它是另外設計的問卷，它與正本「一致」（但非「一樣」），所以理論上兩者所測量的結果應該相同，其「信度」應該高，其信度則為複本信度。例如在期中考時，教授分別要學生填寫 A 試卷和 B 試卷，此兩份試卷在題數、形式、內容、難度及鑑別度方面皆一致，很自然的，該考生在兩份試卷之得分的相關性要高，才能說這份考卷具有複本信度可言。

第七節　問卷的效度測量

要考驗學生的數學能力如何，若老師卻出國文方面的試題來考，相信每一個人都會覺得不可思議，評估數學能力當然必須用數學題來考，用國文考題怎麼可能考出數學的程度來？「考什麼試就應該考什麼試的內容」，這牽涉到測量的「效度」問題。同樣的道理，研究婚姻美滿狀況時，研究者就必須設計與婚姻美滿有關的題目，不能用評估溝通能力的問卷，否則研究就失去了效度。教學中，若老師教的是第七章，卻考第八章，也是一樣不具效度。還有一些考試，老師出得很難，幾乎沒有人看得懂，如此一來，全班的同學，不管平日成績好的或是不好的，幾乎都是同一種水準，一樣的爛，這種考試的效度也不佳。所以一談到調查、一談到問卷，我們除了要考慮該調查或該問卷的信度以外，也應考慮其效度。沒有效度，再好的信度也沒有用。

一、內容效度（content validity）

問卷必須適當的反應應有的內容重點與測量的目標，這是天經地義、理所當然的。問卷的設計因此也必須依據適宜的理論，更應針對調查的主題，以系統的程序和邏輯的方法，詳細把該主題有關的題目一一規劃出來，此為其內容效度。因為強調其研究主題與問卷內容的合理性，故又稱為邏輯效度（logical validity）。在學校教育中，考試應該依據課程有關的內容，故亦稱課程效度（curricular validity）。

在建立內容效度時，通常需要根據一些專門知識，先把該主題的有關內容與範圍詳加界定，再從這些經過嚴格界定的範圍中，選出一些有代表性的項目與主題（某些考試的場合中，則用抽樣的方法），設計組成該研究的問卷題目。這種藉由定義範圍與內容，再來規劃問卷題目的過程，我們亦可稱之為定義效度（validity by definition）。

內容效度的優點是可以有系統的檢視問卷內容的適切性，可以

檢查問卷是否包括了研究主題應有的內容，各內容之間是否有合宜的比例分配。例如，研究者要設計有關「疏離感」的問卷，他必須先定義「疏離感」是什麼。若參考了大量的文獻，也諮詢了各方的專家，終於把「疏離感」定義爲：自我的無力感、人際的孤立感、行爲的無規範感，以及對未來的無望感等四項。那問卷的設計就必須根據這四種「向度」來規劃，各個向度之間也必須具有適當的比例分配，整個問卷的結構就可以與主題內容配合，也因此才具有內容效度。

二、實證的證同（empirical confirmation）：實用效度（pragmatic validity）與統計效度（statistical validity）

經過測量，婚姻美滿程度高的人，其眞實的婚姻狀況也應該很美滿，否則該調查就不具實用性，也無實證性，根本經不起考驗。托福成績高的人，在美國讀書時，他的英文能力應該比托福成績差的人要好，若是成績高的人，在美國生活時，卻反而寸步難移，比成績差的人要糟糕，這種事情的解釋是：托福考試沒有實用效度，要不然就是該生在托福考試時，有不誠實的行爲產生，所以才獲取高分。理論上，從測量所獲取的資料，應與實際的情形相當，也必須通得過實證的考驗。分析這種效度時，相關的效度有同時效度（並行效度）（concurrent validity）、預測效度（predictive validity）、與效標效度（criterion-related validity）等三種。

（一）同時效度（並行效度）（concurrent validity）

經由問卷所得到的調查結果若能與實質的狀況相稱，表示該問卷具有同時效度或並行效度，否則代表該問卷就不能準確反應狀況，未能與事實並行。並行效度並不研究受測者未來的成功與否，而是利用業已成功或失敗者的分數作爲比較的標準。一方面，該問卷應具有足夠的辨別效度（discriminate validity），若測量婚姻滿意度，則夫妻關係正

常者（美滿者）的分數，應比正在分居中的夫妻高，一有這種辨別力，才能稱得上與事實間的並行效度。同樣的，若要施行學生數學程度的學習成就測驗，研究者需從適合的對象中，隨機抽取學生樣本並加以施測，研究者更應將其施測成績與學生們平日在校的數學成績加以比較，並計算兩者之間的相關係數，二者間，應該顯著相關。總之有效的測驗是能用來「反映」人類現實生活的測驗。

（二）預測效度（predictive validity）

好的測驗最好也能預測當事者的「未來」，就如 IQ 高的人，似乎可以預測該人在校的學業成績會較佳。好的性向測驗，最好也真的能預測受試者果真在其性向的範圍中有較傑出的表現。要計算出該問卷的預測效度時，必須運用追蹤的方法，對受試者未來的行為表現作長期繼續的觀察、考核和記錄，然後以累積所得的事實性資料，與當初的測驗分數進行相關分析，如此一來，該問卷的預測效度就可以被精確的計算。

（三）效標效度（criterion-related validity）

如何測量「成功」？回答這個問題之前，我們必須先決定什麼叫做「成功」，意思就是先把成功的「效標」找出來。若把成功定義為「收入」多少的效標上，一定比定義在「幫助人」多少的效標有顯著的不同。所以在設計問卷時，研究者應該根據主題把適當的「效標」找出來，然後再根據效標，好好的設計相關的題目。因此，研究者在設計問卷時，能否找到適當的效標，該效標是否真的能「顯示」研究的主題，便是效標效度的問題。一旦每個概念都有其效標時，研究者的研究結果便可以與效標作比較，若與效標之間的關係密切，則效標效度就高。有時，效標效度也稱為實徵效度（empirical validity）。

三、建構效度（construct validity）、觀念證同度（conceptual confirmation）或引伸效度（inferred validity）

一個好的問卷，其結果不僅可以反應出現實，其結構也應符合理論。所以問卷的設計應該從一個建構的理論出發，先導出各項關於該理論的各樣假設，衍化出各種相關的概念與變項，據之以設計和編製問卷。問卷調查結束後，更應由果求因，以相關、以實驗、以因素分析等方法，查核調查的結果是否符合理論上的結構與見解，此從內部結構來看問卷的設計是否合理時，稱爲建構效度。

若有一「現代智力理論」，有三項主要假設：智商隨年齡而增長；智商與學業成績有密切的相關；智商是相當穩定的。以上三個假設可以稱爲該理論的結構。研究者若根據上述三個假設編製了智商測驗，並把實施測驗所得的分數加以分析，如果受試者的受測分數隨年齡而增加，其智商也在一段時間內保持了相當的穩定性，並發現該智商與學業成就之間確有其相關存在，這些實際的結果，就肯定了這個測驗的「引伸效度」的有力證據。

四、問卷調查的效度問題

調查就是要調查所要調查的東西，否則只是白忙一場而已。能夠調查到所要調查的、所該調查的，就是效度問題。

（一）問卷的外在效度

爲了使調查的樣本能有效推論母全體，我們必須注意到調查問卷的外在效度問題，方法如下：

1. 研究目的的澄清

調查時，若受訪者拒絕回覆時，訪問者必須澄清研究的目的，而且最好能與受訪者的目的一致。否則受訪者與調查本身有距離，所給的答案無法作爲研究的參考，所

做的推論當然無法正確。瞭解了研究者的研究目的後，
回答時文不對題的情況就可以減少，效度自然提高。

2. 敏感問題的減少

避免受訪者覺得焦慮或隱私權受到侵害，最好事先保證
保密而且用匿名的方式來處理資料，使受訪者可以放心
作答。

3. 避免社會性期待答案的產生

不要讓受訪者覺得應該做哪些回答才是正確的答案，也
不要使受訪者有為討研究者喜歡，所以只好揣摩調查者
心意的情事產生，如此一來，誤差在所難免，所以事先
就必須予以說明，告知回答並無對錯之分。

4. 相關問題的處理

因問題多有相關，可能會讓他以為不必在乎答案的題
數，自作聰明，選擇自己喜歡的題目作答。因此必須強
調每題均要作答的重要性，並且不要問一些不相干的問
題，徒然加重受訪者的負擔而已。

（二）問卷的內在效度

內在效度主要的意義在於使研究能反映所欲探討的概念程
度，所以要避免產生測量誤差，其方法如下：

1. 問題要明確：須與研究主題有關，字眼不能曖昧。

2. 字語要簡單：不能難以理解。

3. 避免雙載的問法：兩個問題不要問在一起。

4. 問題要精簡：讓填寫者很快讀通，馬上可以作答。

5. 避免負向的陳述。

6. 受訪者的知識水準要加以考慮，依據受訪者的程度與
背景設計問卷。

7. 利用試測作問卷好壞的檢定。

以上這些手續多少都可以增加問卷調查的內在效度，在調

查之前多花一些苦心，調查時就可以少受一些挫折與痛
苦，事前的防範比事後的彌補重要，在問卷調查時更是如
此。

第八節　總加量表的鑑別力（DP 值）分析

問卷的好壞不僅要看它的信度與效度，還必須注意它的「鑑別
力」（discriminate power，DP 值）。一個好的問卷應該有能力分辨得
出其程度與好壞。若考試無法把好的學生與壞的學生區分出來，那這
個考試形同虛設，對學生反而有不良的影響，因為認真也沒用，成績
不一定比不認真時好。同樣的道理，好的問卷一定要反映出不同的程
度、不同的態度與意見，否則不問也罷。藉著問卷來分辨出受測者的
好壞、程度、頻率或次數時，就是該問卷的鑑別力。

總加量表（Likert scale）的鑑別力可以藉計算得知。為了使研究
時所用的問卷具有足夠的鑑別力，在施行正式調查之前，都應先施行
「試測」；試測的目的不僅是使研究者能在正式施測之前，瞭解哪個題
目的用詞適當、哪個題目不妥。試測最客觀的目的是使研究者知道哪
個題目的鑑別力高、哪個較低，他必須把鑑別力低的題目在正式施測
之前找出來，予以拋棄，免得影響整個問卷的效度。鑑別力計算的過
程如下：

在總加量表中，根據研究的主題，研究者先設計一組題目，這些
題目中每題的份量都是等值的，每一題都一樣重要，分數都相同：
非常同意是 5 分；同意是 4 分；沒意見 3 分；不同意 2 分；非常不同
意 1 分。理論上正向題與負向題要合併使用，有 54321 的題目，也有
12345 的題目。題數不要太多，通常都是 20-30 題左右。假設研究者
找了二十五個受訪者當做試測的對象，予以施測後，要做出統計表
格，計算這二十五個受訪者在該些題目裡的得分，若題目一共七十五
題，每題的回答方式是 54321 的方式，非常贊成的是 5 分，非常不贊
成的是 1 分，則三十題的分數是從 375 分到 75 分（對 75 題都表非常

贊成是 375 分，75 題都表非常不贊成者爲 75 分），當然實際狀況中，受訪者的回答大概不會是這個樣子。統計表格的格式大略如下：

題號＼分數高低序	1	2	3	4	5	6	7	8	9	10	11	12	13	14	15	16	17	18	19	20	21	22	23	24	25
1	5	4	3	4	5	5	5	3	5	4	4	5	5	5	5	5	5	5	5	4	4	4	5	5	5
2	2	1	2	2	1	4	1	2	2	1	2	2	1	4	1	2	1	2	1	2	5	5	1	2	2
3	3	2	4	3	4	3	·	·																	
4	5	3	4	4	2	4	·	·																	
5	5	3	1	5	4	4																			
6	5	1	5	3	1	1																			
7	4	1	4	1	4	1																			
8	1	5	4	4	5	5																			
·																									
75																									
總分	208	225	231	238	239	248	256	261	262	263							299	300	304	308	309	312	318	318	322

題號	最低25%的平均數	最高25%的平均數	鑑別力
1	26/6=4.33	27/6=4.5	0.17
2	12/6=2	17/6=2.83	0.83
3	19/6=3.17	24/6=4	0.83
4	22/6=3.67	22/6=3.67	0
5	22/6=3.67	27/6=4.5	0.83
6	16/6=2.67	30/6=5	2.33
7	15/6=2.5	28/6=4.67	2.17
8	19/6=3.17	27/6=4.5	1.33

　　從以上的表格中，就如一般研究生準備正式調查前的問卷試測一樣，二十五個試測對象的資料都已經蒐集，按其分數的高低排列，從最低分的 208 分到最高分的 322 分，計算分數低的四分之一（共六人）對每一題的答案的平均分數，也計算分數高的四分之一（也是六人）對每一題的答案平均分數，二者相減就是該題的「鑑別力」，分數愈

高表示鑑別能力愈高（因爲可以讓受訪者的回答有較大的差距）。從上表中，我們可以把鑑別力最差的第四題剔除，因爲該題的鑑別力是「0」。

實際做問卷的試測時，若理想中的題數是三十題，則在準備試測的題目時，最好能做到四十題或是五十題，計算每題的鑑別力後，把鑑別力不高的題目剔除，剩下來的當然就是較佳的題目。若預備的題目太少，爲了怕題目不夠，有時明明知道該題的鑑別力不高，卻也仍然「忍痛接受」，因爲實在沒有太多的選擇。萬一重新再做一次試測時，更是勞師動眾，不如事先題目預備多一點較划算。

第九節　結　論

問卷設計是研究過程中極其重要的部分，研究的概念如何落實，資料能否有效的被蒐集，在在都需要在問卷設計上下功夫。好的問卷必須考慮到它的效度與信度，若是在信效度上能夠清楚交代，調查幾乎已成功了一半。然而，在研究的過程中，最重要的「評鑑者」不是專家，也不是種類繁多的信效度測驗，而是受訪者。瞭解研究的對象是誰比什麼都重要，研究者必須站在受訪者的角度來設計問卷，依受訪者的作息來設計問卷，依受訪者的語言來進行問卷調查。問卷的製作所依據的是「知識」，問卷資料的蒐集卻是道道地地的「人生」，所牽涉的層面相當複雜，但是若調查成功，使我們對問題有更進一步的瞭解，就算調查的過程千辛萬苦，也是值得的。

🔑 關鍵名詞

內容效度（content validity）：係指一種測驗使用的題目足以代表課程內容或行爲層面的程度。

分數信度（score reliability）：研究者可隨機抽取相當份數的測驗卷，

請兩位（或兩位以上）的評分者分別給分，研究者再計算這兩組分數的相關係數，這種相關係數則為分數信度。

再測信度（test-retest reliability）：係指用同一測驗，對同一群受試者前後測驗兩次，再根據受試者兩次測驗的分數，計算其相關係數，此係數為該測量的信度係數。

折半信度（split-half reliability test）：折半信度就是把問卷「折」成一半，然從再看受訪者在這兩半測驗上的分數，計算其相關係數，則為其折半信度。

同時效度（並行效度）（concurrent validity）：係指根據測驗與目前某種效標相關的程度，用以「預測」現在。

信度（reliability）：係指量表或測驗結果的穩定性與一致性。

建構效度（construct validity）：係指量表或測驗內容能測量到理論之概念或特質的程度。

效度（validity）：指一種測量技術是否能真正測量它所要測量的問題。

效標效度（criterion-validity）：用以說明在某種測量工具上所得的分數與外在自變項（效標）之間的關係。

測量（measures）：根據某些準則，把一些對象或事件賦予數字的過程。

量表（scale）：依照一套規則，分派數值於行為現象的過程。例如：以人格測驗來衡量個人生活適應的能力。

複本信度（altemate-form reliability）：複本是與正本本質相同、結構也相同的問卷，它是另外設計的問卷，它與正本「一致」（但非「一樣」），所以理論上兩者所測量的結果應該相同，其「信度」應該高，其信度則為複本信度。

操作化（operatioinalizing definition）：把抽象的定義予以實體化，使之可以用測量的方式來衡量此概念時，即謂操作化。

☼ 習題

1. 何謂信度？研究人員是怎樣決定一研究計畫是否可信？試舉例說明之。

2. 何謂效度？為何問卷設計要注意效度問題？通常測量效度的方法有哪些？

3. Likert scale 與 Guttman scale 各有何種特質？試以你所感興趣的主題，各設計五題 Likert scale 與 Guttman scale 的問卷。

4. 調查問卷通常可以用哪些方式加以設計？試舉例說明之。

5. 問卷設計應把握哪些原則與重點？試舉例加以說明。

Chapter **9**

實驗研究

———————————— 摘　要 ————————————

　　為了瞭解問題，用精密的實驗方式來處理，就是實驗研究。實驗研究又可以分為兩種：實驗室研究與實地實驗。實驗室研究，就是在實驗室內所進行的研究。實驗室研究把受試者分為兩組：實驗組與控制組，所要調查的變項完全控制在實驗室內。實地實驗則把實驗的範圍放在實地的情境裡，作實驗處遇的工作，兩者各有其優、缺點，將於本章作深入探討。

　　使研究能順利達到目標，能回答所要探討的問題，這就是研究設計的主要用途。一個好的研究設計，應要考慮到研究是否能達到目標、其他干擾變項的控制、推論性、信效度的問題等等。

　　一般而言，實驗設計類型依其準確的程度可分為：前實驗設計、真實驗設計、準實驗設計三種，在本章第五節詳細說明各種不同的類型，社工同仁應該對這些研究設計有其概念；藉著比較這些研究類型，可以知道進行研究時一方面要有嚴謹的態度，另一方面，更要有敏銳的心智，才能去探討、去規劃。

　　單個案的研究亦在本章中介紹。量化研究一般都是以量取勝，但實驗研究的精神亦可用到時間系列的個案研究裡來。在社工處置的前後若能有客觀的記錄，研究者就可以用實驗研究的原則來評估社工處遇是否達到效果。

第一節　前　言

　　為了瞭解問題、探討問題的真相，我們實地去看看，這就是實地觀察研究。研究者若設計一些量表、問卷去訪問，則為調查研究。但是較為精密的方法，則是用實驗的方式來處理。實驗研究又可以分為兩種：實驗室研究與實地實驗。所以前面所介紹的實地觀察研究、調查研究、加上本章所要講解的實驗室研究與實地實驗等四種可謂是社會科學研究的四大類別。

　　實驗室研究，一言以蔽之，就是在實驗內所進行的研究。實驗室研究把受試者分為兩組：實驗組與控制組，所要調查的變項完全控制在實驗室內，受試者的一舉一動都在實驗室內研究者的掌控之中，實驗項目的實施、如何實施（劑量多少等）都在嚴密的規劃當中，在實驗施行完畢後，比較實驗組與控制組之間的差距，這是典型的實驗室研究。

　　實地實驗則把實驗的範圍放在實地的情境裡，如 Walster, Cleary 及 Clifford 等對學院入學偏見之研究；調查美國的大專院校是否歧視和反對婦女和黑人的入學申請，這些研究者到學校裡面去，對一些偏見或歧視的問題作實地的實驗。這種實驗不是在實驗室裡，而是在真實的情境中。實地實驗當然有實驗事項（如讓一個人在一組黑人學生團體或在白人學生團體中，做出某些經過設計的特殊行為，然後再看白人團體與黑人團體對這種團體有何種差異的反應），只是這些處遇不是在實驗室內實施，而是在真實的情境裡，所以它有別於實驗室實驗。實地實驗也與調查研究不同。在調查研究中，研究者固然是到實際的情境去調查，但是他並不作任何的「實驗處遇」，他只是依問卷的內容，向抽樣出來的受訪者作訪問而已，而實地實驗卻要在實地的情境中作實驗處遇。

　　社會科學中，每一種現象所牽涉的變項都相當複雜，較少有實驗研究，但是隨著科學的進步，加上各種科際的整合，未來的實驗研究可能會大量增加；心理學或教育學裡所作的實驗研究甚多，社會工作中的團體動力方面的探討，也常會應用到實驗研究，所以我們必須對實驗研究的方法與應用有所準備。

第二節　實驗研究的類型

　　第一種分類是實驗室研究與實地實驗（laboratory and field experiments）。實驗室研究是一切都在實驗室內進行的研究，因為實驗的每一個因素都能被精密的控制、測量，研究有了結果後，我們再

設法將研究的結果推展至眞實世界中去，這就是實驗室研究。而某些
生活情境是研究者無法完全控制的，研究變項無法在實驗室的情境中
操控，只好在眞實世界中進行實驗，此則爲實地實驗。如 Berkowitz
提供暴力電影作爲自變項，研究其看完電影後的效果與反應（如攻擊
性是否會增加）爲依變項，然後把受試者隨機分派到實驗組或控制
組，比較這兩組在攻擊性上是否會產生差異，此即爲實地實驗研究。

第二種分類則爲眞實實驗和自然實驗（true and natural experiments）。
眞實實驗是實驗者製造一組情境，此情境裡包含著某種自變項
（independent variable）的操作，當自變項操作完成後，實驗者再測量
它的結果（也就是所謂的依變項），實驗者期待自變項的變化造成依
變項能產生差異。總之，眞實實驗的特性是一個自變項的存在，而此
自變項能由實驗者所操縱，其它的操縱因素還包括實驗情境的建立和
研究對象於情境中的安排，以便看出實驗自變項對於整個實驗情境所
造成的影響，此爲眞實實驗。

而當實驗者無法操縱任何變項或因素時則稱爲自然實驗。實驗的
方法是觀察一個情況，我們把這自然的情況當作預測變項（predictor
variable），把它和另一個情況（稱之爲效標變項）（the criterion
variable）作相關比較，看這個預測變項對效標變項有何影響力，這
種在自然的情況中所作的實驗稱之爲自然實驗。例如 Phillips 設計
了18種類型的媒體暴力型態，統計在每一種類型的影片在電視播出
後，三天之內全美的殺人案數是否有受到影響；18種類型的媒體暴
力是預測變項，播後三天的全美殺人數則爲效標變項。

實驗研究還有一種是假設性實驗（hypothetical experiment）。例
如，1983年時，美國廣播公司（ABC）製播一個影片《那日以後》
（*The Day After*），劇情敘述了核子戰爭對堪薩斯州一個社區的影響。
若我們把此影片本身當成一個刺激（自變項），放映給不同的團體在
不同的場合觀賞，然後再來觀察此影片是否造成觀賞者對核子態度的
改變，此即爲假設性實驗。

總之，實驗研究可分爲兩個主要的類型：實驗室研究與實地實

驗。實驗室研究又可稱為真實實驗，實地實驗則可分為自然實驗或假設性實驗。

第三節　「實驗」的內涵

一、實驗的特性

既然談實驗研究，我們就應該知道什麼是「實驗」。所謂「實驗」均有如下的特質：

Baker（1994）指出，實驗一般都包括三大元素（components）：（1）自變項與依變項（independent and dependent variables），總要說清楚是「什麼」在影響「什麼」？（2）實驗組與控制組（experiment and control groups）之間的比較，一定要設法使這兩組在實驗之前相同或相等，所以採用的策略包括：隨機化（randomization）、比對配合（matching），設法使研究者與受試者都不知道誰是實驗組、誰是控制組（double-blind experiments），以及注意志願性樣本所造成的問題（problems caused by using volunteer subjects）和霍桑效應（the Hawthorne effects）等問題；（3）前測後測之間的比較（pretest and posttest）。若再仔細分析，可分為下列七點來說明：

第一、實驗有「因果」的特質，實驗是要確定時間的優先次序，瞭解何事發生在先、何事受影響在後，這種斷定因果的前後是實驗的第一個特性。第二、實驗對變項（尤其是自變項）有其控制性，必須設計自變項在哪個時候發生？如何發生？強度多少？以便算出其對依變項所產生的作用，所以自變項也好，依變項也好，最好都是在實驗者的掌控之中。第三、實驗很重視隨機分配，使所有的參與者（或事件）有相同機會隸屬於實驗組或控制組，並使他們有相同的機會經驗到自變項的層次（level of variable）。第四、實驗必須確定最主要的自變項與依變項是

什麼，連其重要性的程度也可以分辨出來。因此何者在研究中是自變項？何者為依變項？甚或何者為中介變項？何者為干擾變項等？在實驗研究中都需講明，最好也能講明最重要的變項是哪一個，並說出其因由，使讀者因此知道整個實驗研究的方向與目標。第五、嚴謹的實驗一次只能完成有兩個變項的實驗（performing an experiment with two variables）；在實驗中，在同時間內只能考慮兩個變項，而將其餘變項加以控制不變。如此一來，我們就可以很清楚的知道變項與變項之間的關係程度究竟在何種地步與狀況。第六、分析原始資料（analyzing primary data），與處理過的資料相比較（analyzing treated data），甚至還必須處理不尋常的現象（testing unusual point），以便使研究者探查出實驗的結果和未實驗之前所產生的差距，更能計算出變項之間所可能的功能性關係（function relationship）。第七、測試是否有其直線關係（testing the straight line finding）。變項與變項之間有不同的關係，如直線關係或曲線關係等，若能找出這些關係模式，實驗的目標就一目了然。最後，還得實驗剩餘變項（experiment with remaining variables）。儘管實驗的結果已經發現，最好也能把尚未證實的其餘變項，或一直視之為理所當然的變項再加以實驗，以便能把其結果跟之前所得到的結論相比較。若能因之而形成或發現一個關係模式（relating the experiment to a model），那實驗的結果就功德圓滿。

二、實驗室研究的目的

實驗室研究是把所研究的變項放在一個沒有「污染」的情況下來進行，它希望藉著嚴格的控制與規劃，可以使所要研究的自變項與依變項都在研究假設的預期下進行。實驗室研究可源於理論，從理論的演繹而來，使理論中的論點能藉著嚴謹的實驗來證實。實驗室研究也可源自其它研究，藉著實驗來考核其它研究，並修正其它研究的結果。實驗室研究更可提鍊理論

和假設，從其他實驗得到新假設或從其它非實驗卻已得到證實的來形成相關的假設（to formulate hypotheses related to other experimentally or non-experimentally tested hypotheses），爲的是協助建立較爲嚴謹的理論系統。

三、實驗室研究的優缺點

實驗室研究有其特質，當然亦有其優缺點。優點方面如：（1）它能將研究的情境做一有效的控制，可排除許多影響自變項和依變項的外在因素；（2）它可較自由的指定和操作自變項，且在研究者的變項操作性定義上，大部分都有很高的明確性，變項的陳述當然都相當清楚，不像調查研究要測量價值觀或態度時那麼的困難與粗糙；（3）實驗室研究一般都有精密的工具可做測量，誤差較少；（4）可控制操作和測量的環境，將可能的「污染」條件排除。這些優點都是其它的研究類型所比不上的。

實驗室研究也有其不可避免的缺憾：（1）缺乏較有力、較自然的自變項，因爲實驗的情境都是爲了達到研究目的而被創造出來的，人工控制的程度頗爲嚴重，一旦太人工化而不自然時，研究結果就算得到證實，將來在實務上的使用仍然還有一段距離；（2）太強調實驗的精確性和對統計的精細程度，卻容易因這種精確性和精細性而與自然事實相差太遠（因爲事實本身可能還無法如此簡單明瞭），所以對實驗室的精確和精細統計的偏愛是實驗研究的缺點；（3）實驗研究的高度人爲情境也是一種缺點（太過人爲反而偏離了自然）；（4）實驗室實驗的過程因爲精密，所以內在效度高；但也因爲太精密，日後很難複製，所以其外在效度太低，這些都是實驗室研究的缺點。

四、實地實驗的優缺點

一般而言，實地實驗較適合於理論的考驗，或去發現實際問題的答案；當理論較爲完備，只是缺乏實務的驗證時，實地實驗

使用性較高。但若理論尚未十分成熟、眞僞難辨時，實驗室實驗的功能就較大，因爲它可用來檢驗理論的眞僞。

實地實驗因其特質，也有其優缺點。從優點方面來說：首先，實地實驗比實驗室實驗較適合於研究複雜的社會，例如心理的影響、過程及生活情況的改變等，都較可能用實地實驗的方式來進行。實驗室實驗雖較精密，但研究較複雜的社會時，卻較難被使用。對社會工作的研究而言，實地實驗較能有彈性且能廣泛的應用到各種不同的問題研究，其使用性較實驗室實驗高。其次，變項在實地實驗中，比實驗室有較強的效能，因爲它不是像在實驗室內那麼的人工化，而相關的變項也較爲自然，不像實驗室實驗中的變項都被研究者自以爲是的規劃。因此，實地實驗的效能，通常是強且足以貫穿到分散的實驗情境。研究情境愈眞實，其變項愈有力。第三，實驗情境愈實在，愈能提供推論到其他類似情況的效度，所以實地實驗的外在效度應比實驗室實驗要佳。

實地實驗的主要缺點是自變項很難操作，不僅實驗過程中隨時產生的問題很難克服，加上如何隨機分配實驗組和控制組，以便對自變項有效的操作是實地實驗研究很難兼顧的問題。大體上，實地實驗的缺點是較缺乏準確性，一方面由於外在干擾變項太多，如何準確的測量依變項也是難題。所以實地實驗較自然，卻較不嚴謹。

五、實驗的科學性與藝術性

實驗有其藝術性及科學性。從藝術性來說：當設計一個實驗時，我們必須操作情境，亦即把眞實情境做一種人爲複製，以便產生預期的效果，這是相當不容易，也是高度的藝術。第二，實驗必須把自然科學中的 S－R 關係或是社會科學中自變項、依變項的關係都在實驗情境中出現，以便檢測假設，此需

巧妙的設計。自然科學中，我們不必考慮如何與受試者互動，但社會科學中，與受試者的互動不僅無法避免，而且相當重要，這種難題的解決需要高度的技巧。第三，實驗必須使受試者對實驗者的策略保持某種無知，對依變項而言，他們的反應也可能並非最自然的反應，因而實驗設計通常會面臨到倫理的困境，如何克服相當不易。

就實驗的科學性來說，傳統的科學實驗有三大基本的要素：(1) 控制自變項，並找出其與依變項之間的確實關係；(2) 規劃前測、後測，並計算出前後測之間到底有沒有顯著的差異；(3) 分配受測樣本至實驗組、控制組，並設法使這兩組盡量相似，為了達到這個目標，可藉著隨機抽樣法、配對法，或雙重盲目實驗（double-blind experiment）（受測者及研究者都不知道自己的組別，而達到較公平的情況）。而整個實驗的目標就在這三種要素之下，要找出實驗到底有沒有產生其效果，其科學的程度不言而喻。

實驗方法當然有它的特性，在自然科學中，若要採用「實驗」的方法時，這個實驗方法應該有如下的一些特質（Beach & Alvager, 1992）：(1) 在實驗之前就必須決定什麼是相關的因素，實驗總不能瞎碰、硬碰，路上隨便撿東西，就說是實驗的成果與發現；(2) 針對兩個變項作實驗（performing an experiment with two variables），之所以針對兩個變項作實驗是因此能夠具體的指出研究的真實進展，可以決定何者為因、何者為果；因如何影響果，在何種狀況中會有什麼程度的影響。否則萬一牽連的變項太多，這些變項彼此又互相產生交互作用（interaction），就算實驗結果頗為顯著，但到底是哪個變項所帶來的作用，或是這些變項交叉融合以後所產生的「突變」所帶來的作用，就很難算清楚了；(3) 分析原始資料（analyzing primary data），顧名思義，原始資料就是尚未經過處理（實

驗）的狀況，總要對這資料清楚掌握才能知道經過實驗以後，到底有了多少變化；（4）分析實驗後的資料（analyzing treated data），以便跟原始資料作比對；（5）掌握不尋常的案例（treating unusual point），所有的資料都是曝露在同樣的處置情境裡，爲何大部分的個案都是我們所能預測的結果，而總有幾個個案特別的「反常」？這些反常的案例，必然有它的意義，仔細研究，可使研究內容更加豐富。（6）找出線性的趨向（通用的模式）（testing the straight line finding）；（7）再對剩餘變項作實驗（experiment with remaining variables）；（8）把實驗結果歸納爲一個模式（relating the experimental result to a model），因此實驗的結果累積到一個地步時，其模式的建立就如水到渠成一般，自然而然的被建構起來。從以上這些實驗的特質來看，我們可以看出實驗的「科學性」。

六、因果關係的規則

實驗法比其他社會研究方法更重視因果，因爲實驗法的最終目標是去發現或確定哪一個變項造成了另一個變項的改變。

實驗法本身也是一種因果的探索，一方面實驗法在追尋一個已知的時間序列（a known time-order sequence），要確定何事發生在前、何事緊隨在後。實驗法也試圖建立刺激與反應之間的關聯（an association between the stimulus and the response），瞭解刺激如何影響反應，分析彼此之間的方向與強度。實驗更是尋找一個可能說明所觀察到的實驗效果之另外的因素，不放過可能的疏忽，也重視各種細節（Baker, 1994）。

社會科學研究者對因果關係常感到不舒服，主要因爲平常對人類的行爲與態度的觀察與測量經常不很精確，有時也難免失之於主觀；勉強要說出其因果，難免失之於武斷。而且社會現象中，兩個變項之相關性常是不穩定的，隨時會受到許多可能的

因素的影響。況且時間的次序更是很難好好建立。影響所及，社會科學研究者一般都以關聯（associated relationship）來代替因果（causal-effect relationship），其來有自。

第四節　實驗設計（研究設計）

　　狹義的研究設計是指當研究者決定要選用「實驗方法」時，為求準確、有效、省時、省力，考慮到合理的抽樣，希望有良好的推論性，因此針對研究的變項、情況、特質，在眾多的實驗方法中，選擇一種較合宜的方法，此為實驗設計，這也是本章所要特別探討的，或可稱為狹義的研究設計。

　　廣義的研究設計指有關在各種研究的基本類型中，為了要達到研究目標所設計的一種方法，期使研究能在準確、省時、省力的狀況下順利進行，例如在進行研究時，必須確定要使用哪一種研究方法，用實地觀察法？或是訪問調查法？用文獻探討法？或是實地實驗法？這種類型的選擇是進行研究時的重要決策，是廣義的研究設計。換句話說，研究者在作研究之前，選擇了一種方法後（不一定是實驗方法），所做的種種設計，我們可稱為廣義的研究設計。

　　當研究者在進行研究時，有時雖然不是採用實驗研究法，而是採調查研究法中的訪談方法，但是也可以採用實驗研究法中有某些實驗設計，當作變項、抽樣、樣本規劃時的參考，對於研究的進行也頗有助益。雖然社會科學中，在進行一般的研究調查時，真正採用嚴格的實驗研究法的機會不高，但是實驗研究法的原則與精神，卻可作為我們在任何研究調查時的參考。本節就以研究設計為主題，介紹研究設計的主要內容。

一、研究設計的目的

　　研究設計的主要用途是希望研究能順利的達到目標、研究能回答所要探討的問題的答案。更重要的是要確定研究能有實在性

（亦即效度）（validity），能探討該主題所該探討的內容；對該問題的研究也到達某種程度的客觀性（objectivity）；調查應該調查的對象；問應該問的問題，使研究具有正確性（accuracy）與經濟性（economy），否則就失去了研究設計的意義（Martin, 1985; Ray & Ravizza, 1985）。

二、好的研究設計的標準

研究設計的好壞應該符合下列一些標準：

（一）有否回答研究的題目？是否有效的測出假設被接受或排斥？若不能達到這個目標，研究就是文不對題，談不上是一個合格的研究設計。

（二）變異數（variances）的控制對外加變項或不適當的變項（extraneous inadequate variable）有無控制？

（三）推論性（generalizability）高或低？好的研究設計不是空中樓閣，應該有極大的推論性，亦即這個好的設計可被其它相同的情境來使用。

（四）內在效度與外在效度是否足夠？內在效度指研究的過程是否有瑕疵？造成研究誤差的因素是否業已排除？研究的結果是否正確？外在效度則指研究的環境是否受到干擾？研究的安排有否產生一些無法預測的偏差，致使研究的延伸程度也產生問題？

當以上的問題，研究者的回答都是 "positive"（肯定）的答案時，該研究設計就是一個好的研究設計。

三、研究變異數（variances）的控制

從調查與統計的觀點來看，研究設計最重要的目標是在研究過程中能控制各種變異數（research design and variance control）。所謂控制變異數包括三種意義。第一，設法擴大實驗變異數

（maximization of experimental variance），藉著研究設計的規劃，能使接受實驗或處遇的實驗組，與沒有接受實驗或處遇的控制組間所產生的差異愈大愈好。讓該造成差異的因素，藉著實驗設計都能順利的在研究中呈現出來。為了達到這個目標，研究設計必須設法使處遇產生其效果，使之與沒有處遇有所差異。

第二，設法控制外加的變異數。研究進行中，很多非研究本身所致的變異數也會干擾研究的進行，這些外加的變異數必須設法在研究設計中予以排除。為了達到這個目標，我們要設法減少變項（樣本本身）所帶有實驗以外的附加變異數（to eliminate the variable as a variance），例如，在實驗組、控制組兩組當中的樣本應該愈相似愈好，按理，在未進行干預之前，其結果應該是一樣的。經過處遇以後，若其結果有所不同，研究者也才能理直氣壯的說，這些差距完全是因為實驗處遇所帶來的影響，而不是樣本本身本來就已經有所不同。在一般的實驗設計中經常以隨機抽樣的方法來達到減少外加變異數的可能，因為藉著隨機抽樣，實驗組與控制組的樣本就會較相似。若還是不能控制研究所不期待的外加變數時，乾脆就設法把這些可能產生外加變異數的變項當作真正的自變項來處理（例如要研究經過團體輔導以後的生活適應力是否較未經過輔導的人要好，實驗組與控制組的人應該愈相似愈好，但若研究者擔心教育程度可能會影響生活適應，而且若在分派樣本至實驗組或控制組時，研究者卻沒有把握能把兩組的教育程度擺平，那就不如把教育程度也當作一個自變項來分析，可用雙因子變異數分析的方法來計算出教育程度，或教育程度與接受輔導的交叉作用對生活適應所造成的影響）。再不行，乾脆就用配對（match subjects）的方法來進行實驗了。

第三，減低誤差變異數（minimization of error variance）。要減低誤差變異數，就必須在研究過程中設法控制情境，使測量時的

誤差可以減到最低限度,否則實驗結果便不準確,研究者便無
法自信的說是由實驗的結果所致。其次是測量所用的量表也必
須有足夠的信度與效度,否則所測量到的結果就算顯著,也可
能與實驗無關,這種研究就沒有意義了。所以除了研究本身所
重視的主要變項要注意以外,最好也能計算出其它一些無關的
變項所造成的變異數,把一切的變項所產生的變異數都在掌握
之中。

四、影響研究設計內在效度的一些因素

Campell 及 Stanley(1963)對研究設計的類型提供了非常簡潔、
明晰的分析,而各種實驗類型的好壞,取決於內在效度及外在
效度的優劣。所謂內在效度可從下列幾點來說明(Jones, 1990;
Cook & Campbell, 1979)。

(一)歷史(history)

即研究過程中,是否發生一些外在的特殊事件左右了受測
者的反應。最出名的例子是對種族偏見的研究,若在調查
之前幾天,當地正在放映一個描繪黑人暴力的電影,而且
吸引了很多人觀賞,當居民對此電影還記憶猶新時,就問
其對黑人的態度,顯而易見的,當地居民對黑人的看法一
定比未看電影前要差,此電影可稱之為影響此研究的歷史
事件。

(二)個人的身心成熟(maturation)

受訪者個人的成熟以及身心變化當然也會對研究造成影
響。例如一個研究調查需要很長一段時日(一年半載的)
才能完成,雖然都是調查某特定年齡的受訪者(例如小學
六年級的身心發展),但較後面的時段接受調查的學童,
其身心成熟度當然較先前受調查的同年級的同學要好。又
如一個研究有前測及後測,若前後測相距的時間甚長,則
後測的結果當然比較好,而這種較好的結果不見得一定是

處遇產生效果所致，可能只是因為案主在後測時，身心已經比較成熟所致。因此，若作心理成熟或心理治療效果的評估時，這種身心成熟的因素不可忽略。

（三）熟悉測驗內容（testing）

熟悉測驗內容的人在受測時，其結果當然會比不熟悉其內容的人要佳。例如出國求學的托福考試，到過補習班上課的人成績普遍較佳，但不一定是他們的英文程度較好，最主要的原因是補習班業已蒐集了很多考古題，把各國托福的題目整理妥當的當作上課的教材，因此補習學生早已熟悉托福考試全部或部分的內容，托福成績當然較佳。

（四）測量工具有了問題（instrumentation）

實驗的結果必須藉測量工具來測量，若是測量工具不準確，或是被破壞，所測出來的結果當然會使整個研究的準確性降低。調查研究中的問卷若是由受訪者自行填答，或是實驗研究中有關處置是否達到其效果，而答案也是由受訪者自行填答時，填答的問卷即成了測量的工具，若此問卷由於節省起見已經被用了數次，並已由以前答題的人做過記號時，或是測量工具因某種因素不再準確如初時，這種測量工具所測出來的結果當然不準確，研究的內在效度就降低。

（五）統計迴歸（statistical regression）

調查受訪者對某些事情的意見時，縱使其意見相當極端，但是經由多次的訪問與調查之後，總會有趨中的現象。群體受訪時，也經常會互相左右，在統計上稱為迴歸的趨中現象，這種情形當然會影響研究的內在效度。

（六）差異選擇（differential selection）

實驗計畫裡一定要把樣本分成兩組：實驗組與控制組，這兩組最好愈相似愈好，所以才會設法用隨機抽樣或隨機分派的方式，把樣本公平的區分為兩組。然而，一些研究生

在趕論文時（尤其是實驗的結果會影響到他得學位時），人性的脆弱本質使然，研究者在不知不覺中，會傾向設法把較好、素質較高的樣本，放在實驗組裡。這種差異的選擇，當然會造成實驗結果的「顯著差異」，但是這種差異是由差異的選擇而來，而不是由實驗的影響而來。

（七）實驗過程中的傷亡問題（experimental mortality）

實驗的過程太過冗長，會使受訪者疲累，回答時因而不耐、煩躁而產生不實填答的現象。或整個研究拖延時日太久，動輒幾年，原先參與研究的受訪者可能搬家，或是本身病亡等因素，會使研究的完整性大打折扣。

（八）受訪者被選擇參與研究與本身成熟度之間的交互作用

一樣是受訪者，哪些人被選擇分配在實驗組，哪些人在控制組，這已是研究過程中重要的議題，加上受訪者本身也會成長，這兩者之間所產生的交互作用，對研究的影響也是非同小可。例如，對國中三年級的學生做異性態度的調查或實驗，這個題目本身已經很容易造成性別或組別之間的競爭，加上國中三年階段對兩性關係一定會有不同程度的成熟狀況，如此一來，這些相關因素之間的交互作用一定會使研究的結果造成偏差，而影響效度。

（九）因果的時間次序問題（causal time-order）

因果的定義似乎很簡單，在前的就是因，在後的便是果。社會科學中實際的狀況卻不是那麼的單純。譬如說，是不良的溝通導致了夫妻關係的不睦？或是因為夫妻關係不睦導致了夫妻溝通不良？這個簡單的問題，若從學術上來說，一定是「假設夫妻兩者之間的關係『中立』（剛結婚時，關係不好也不壞），而若彼此溝通不良時，會導致夫妻關係的不睦」，用這個方式來確定溝通是因，夫妻關係是果。實際狀況中，我們知道，夫妻關係不可能是「中立」的，當他們一見面時，可能第一印象已經決定了關係的基

礎，而在這種關係中，也因此左右了他們彼此之間的溝通動機與意願，當然也因此影響了溝通的品質，所以什麼是因、什麼是果，是不容易斷定的。從事婚姻輔導工作時，面對種種的婚姻問題，若要追根溯源的話，常有難斷因果關係的困境。

(十) 實驗、控制兩組之間的相互學習與混淆

明明實驗組、控制組各擺一邊，各作各的處置，應當橋歸橋、路歸路，不會有太多的瓜葛。問題是，社會科學的實驗與控制兩組絕對不會那麼的聽話，一切由研究者來擺佈。他們會互通訊息、互相教導，分享受測時的內容、經驗與心得，如此一來，實驗組與控制組之間的「純度」已經大打折扣，實驗結果也當然不準確了。

(十一) 對控制組所作的補償 (compensation)

尤其在社會工作的實驗或方案計畫裡，研究者要對實驗組進行一項較爲合理先進的關懷方法，對控制組則完全施予和以前一樣的「待遇」，如此一來，明顯就是有了差別待遇，研究者總會覺得「愧」對控制組，一定也會在不知不覺之間對控制組的成員做或多或少、有形無形的補償，雖然這些補償與對實驗組的處遇仍然不同，但是在這種情況中所形成的實驗差異當然也就不甚準確了。

(十二) 補償性的競爭現象 (compensatory rivalry)

當研究計畫對實驗組與控制組有差別的處置時，身爲控制組的成員可能會有特別的動機與意圖，藉著自己額外的努力，來彌補因爲不是屬於實驗組的缺憾，在心態中，與實驗組的人產生「競爭」的行爲。如此一來，實驗的本質就產生偏差了。

(十三) 士氣低落 (demoralization)

與補償性的競爭相反的現象是控制組的成員「士氣低落」，知道自己很不幸是屬於控制組，可能就是素質較差的一

組，既然已經是這一組那還有什麼好爭的，不如就放棄算了。「補償性的競爭」是控制組的表現比原先應有的情況要好，「士氣低落」則是控制組的表現比原先應有的要差。而實驗規劃所期待的，則是控制組就把原先的本質不加修改的表現出來而已，顯而易見的，在這種狀況中，實驗不可能準確。

五、影響研究外在效度的一些因素

（一）對測驗本身的反應或交互作用（the reactive or interaction effect of testing）

測驗本身的性質會造成受訪者出現一些不屬於調查本身所應該產生的反應，而這種反應與受訪者本身的個人狀況再產生交互作用時，調查的結果當然是糾纏不清。例如，訪問一個剛離婚的暴力受虐女子對美滿婚姻的態度時，該女子對婚姻的態度本來就會有偏於負向的可能，若問卷的題目又偏偏與她前夫的特質有頗多關聯時，這種因對測驗本身的反應加上與研究特質間的交互作用，對研究的外在效度會有不利的影響。因為研究的準確度再高，但也是在這種特殊的測驗再加上特殊的交互作用下所產生的結果，不容易把這種研究結論推展，讓別的相關研究也能順利進行，此種外在效度當然不佳。

（二）選擇偏差與實驗變項之間交互作用所產生的影響（interaction effect of selection biases and the experimental variables）

選擇偏差會造成受訪者的情緒反應、競爭反應，若再加上與實驗變項之間的交互作用，研究的外在效度也就受其影響。例如比較不良青少年與功課優異青少年對金錢價值觀的不同時，這種選擇性的比較已經很容易造成問題，而研究的主題是對金錢的不同價值觀，此時，不良青少年的反

應若是太偏激也不足爲奇，因爲已經牽涉了太多因爲實驗變項與選擇偏差之間的交互作用。因此實驗時，所選擇的對象愈特別時，其外在效度可能就愈差。

（三）對實驗安排所產生的反應作用（reactive effects of experimental arrangement）

實驗安排中把實驗組與控制組放在一起作比較，而且各組都知道彼此是在一個競爭的關係，此時兩組的反應一定頗不尋常，致使研究的結果產生繆誤，彼此只是爲誰贏誰輸在計較，而不是實驗效果的好壞，這是所謂的「霍桑效應」。可見實驗安排本身就會影響其外在效度，安排愈精密，外在效度愈差。

（四）多重處置所帶來的攪擾（multiple-treatment interference）

有時研究的實驗變項不僅一種，自變項也有很多，不僅各種處置都有其功能，處置與處置間更會有交叉作用的效應產生。更有甚者，有些處置單一實施時可能看不出其效應，但是與其它因素混合實施時，卻可能產生無比的效能，這就是研究複雜所在，值得我們注意。處置愈複雜，以後可被引用的可能就愈低，外在效度也因此愈差。

總而言之，外在效度的目的是在它的概推性和代表性。論及「概推」，我們必須考慮其「邏輯性」，對事實的猜測，必然有其邏輯性存在，而不是隨便的推測而已。當我們考慮「外在效度」時，我們必須常常注意到實驗設計本身的可推論性、實驗結果的可推論性、受試者的可推論性、以及實驗情境的可推論性，好的研究既然要證明別人在同樣的狀況下也可以實施，但是當外在效度不佳時，別人在相同問題下所能引用的可能性必定不高，外在效度也就成爲其不足之處了。

六、研究設計之內在效度與外在效度的另一種分類

在探討內在效度與外在效度時，前文以研究的過程以及研究的各種可能的推論性作分析，為使讀者充分掌握內外在效度的內涵，我們再從因對象、實驗程序、時間，以及各類的交互作用來分析內外在效度的問題：

（一）因研究對象所產生的效度問題

因研究對象而造成效度問題的因素包括選擇對象太過特殊、對象在研究過程中亡失、實驗組與控制組彼此之間的競爭，或有某組因為較少接受處置因而造成士氣低落等。所以在進行研究時，針對有關研究對象的問題，我們應該注意對象選擇的實在性；估計對象在研究期間可能的亡失率；避免實驗組與控制組之間作不必要的競爭，也要注意到未受處置那組的心理適應等，以使研究不必因為對象的情緒與狀況產生與實驗無關的變數。

（二）因實驗程序所產生的效度問題

有關實驗程序的因素包括：受訪者太熟悉測驗內容時的測驗因素（testing）。工具本身（instrumentation）在測量方面業已不準確、不靈敏或是產生偏誤時，會使研究的過程整個大打折扣。有時「類似的處置」因素也必須去克服，研究時只有實驗組才接觸自變項，控制組雖然沒有接觸自變項，但卻暴露在與自變項類似的處置或情境下，導致控制組的反應不比實驗組差，此時整個分析會有失誤。對於控制組的補償作用也是實驗程序中值得注意的事情，因為在一些研究中，當實驗組所獲得的利益是剝奪自控制組時，便會有設法使控制組獲得同樣利益的趨勢產生，情節雖然動人，但從研究的角度來看，卻是影響研究的準確性。

（三）因時間所產生的效度問題

實驗設計是要證明干預（處置）是否有其功能，而要看

出是否有其功能的主要方法是從實驗組與控制組兩組之
間的差異來看，或是從前測、後測之間的不同來分析，
時間對實驗而言是相當重要的影響因素。而從效度的角
度來看，影響實驗準確性的因素有案主本身的成熟因素
（maturation）以及歷史的因素（history）。人總是不斷在成
長，後測的結果總是比前測要好。時間愈長，前後之間環
境總會有其變化，一些研究者所不能控制的歷史事件總會
產生，當然也因此使研究的成果多了一些干擾，明明前後
之間有顯著的差異，但是這些差異不見得一定從實驗變項
而來，可能只是純粹實際環境的變化所造成的而已。

（四）其它因素所造成的效度問題

選擇何種對象為實驗的樣本，當然會影響整個研究。最難
預測的是選擇還會與其它因素產生交互作用，使得整個研
究變得相當複雜。例如選擇與成熟之間的交互作用（如：
選擇不同樣本至不同組別時，而不同樣本本身的成熟速
度不同）；選擇與歷史之間的交互作用（如：不同的樣本
各自經歷了不同的歷史事件）；選擇與工具之間的交互作
用（若測量工具用久失靈，或測量工具被作記號等，以及
不同樣本用到不同狀況的測量工作時），都會使研究的準
確度降低。其它如統計上的迴歸問題，研究者在分析資料
時，也應把這些迴歸的問題考慮進去。

第五節　一般常見的實驗設計

Campbell 及 Stanley（1963）對實驗研究最大的貢獻是他們釐清
了各類的實驗類型；分析了各類型的特質；並且條分理晰的解釋每個
研究類型在內在效度與外在效度之間所面臨的各種問題。前文敘述了
內在效度與外在效度等問題的說明，本文則轉述 Campbell 及 Stanley
的實驗設計類型並作簡單的分析。一般而言，實驗類型依其準確的程

度可分爲：(1) 前實驗設計（pre-experimental design），指實驗「設計」無科學的嚴謹性，談不上是個「實驗」，只求方便或限於經費、人力，簡單的研究而已；(2) 眞實驗設計（true experimental design），意即研究設計符合科學實驗要求，是眞正的實驗設計；(3) 準實驗設計（quasi-experimental design），當某些情境不能用眞實的實驗方法來控制變異量時，我們就利用準實驗設計的方法，這種方法雖然不能完全符合實驗設計中的嚴格要求，但是大體已抓住了科學的精神與實驗應有的態度，只是礙於現實，無法把整個實驗的精神完全落實（因爲人類行爲無法像在實驗室中把各種情況都嚴謹的控制）。準實驗法中，研究者必須瞭解有哪些特殊的變項是無法控制的，而對該控制不了的變項特別注意，以便使之更精確。社會工作的研究中，對案主完全控制是不大可能的，因此所有的實驗均不可能完美，但對於實驗的缺陷我們應該瞭解、分析、承認，以便能使解釋更客觀。準實驗設計包括：單組實驗設計、五個重複考驗的一般型態、分區處理、事後回溯、拉丁方格等。

一、前實驗研究設計

（一）單組末測設計（one-shot case study）

$$X \qquad O$$

說明：X 代表一種實驗或處遇，O 代表觀察或結果。就如要評估一枝槍到底準不準時，我們把槍拿起，往標的一打，就以有沒有打中紅心來評估此槍到底準不準一樣。萬一打中可能是瞎貓碰上死老鼠，萬一沒打中可能是其它外力的干擾，我們不能只憑一次的「實驗」就斷定該槍的好壞，所以這種方法是單槍的個案研究（one shot case study），談不上是嚴謹的實驗。社會工作的研究中，要斷定一種處遇是否有其效果，我們也不能隨便「實驗」，只看那些經過「實驗」的人效果的好壞，就斷定該實驗是否

有效。

這種研究之所以只能稱爲前實驗設計，是因爲沒有另外一組可比較，因此無法肯定 X 的作用，O 的結果可能沒有 X 時也一樣可以產生，O 只是推測的結果而已。這個方法的缺點是沒有控制組的比較，所以在推論上當然也不科學。彌補的方法是蒐集特別的細節，小心的觀察，不然就做好標準化的測驗。

（二）單組前測、末測設計（one-group pretest-posttest design）

$$O1 \qquad X \qquad O2$$

說明：不像前法，我們只在處遇完後硬說 X 有效，而是在處遇之前我們先做前測觀察 O1 ，然後比較與後測觀察 O2 之間的差異是否顯著。此法的特點是可以比較 O1 與 O2 之不同，但是缺點是兩者之間的差距，除了 X 這個處遇以外，還有其它不少因素。例如：工具（measurement）的問題會使受訪者的敏感度增高，後測當然會比前測要好，其它如歷史（history）的因素、成熟（maturation）的因素，加上統計迴歸（regression effect）的問題（後測的分數會有歸回平均數的趨中現象產生），若無控制組與之比較，勢必無法客觀。

（三）雙組、無控制設計（two-group, no control）**或小組靜態比較**（static-group comparison）

$$X \quad O1 \qquad 或 \qquad X \quad O1$$
$$O2 \qquad\qquad\qquad O2$$

說明：此設計的特質是多了一個組別可以與實驗組來比較，如上圖所示的 O2，比較的時間可以同時，也可以把時間錯開，一前一後。

這個方法的最大困擾是與實驗組對照的這一組不一定就是

所謂的控制組（姑且稱為比較組），因為這組的形成並不是與實驗組的形成有相同的手續或過程，可以讓找們確定在實驗之前，兩組完全相同。因此，若兩組有所不同，可能是本來就已存在的差異，而不是實驗所造成的。

二、真實驗設計（true experimental design）

真實驗設計的結構當然比前實驗設計要嚴謹得多。最主要的是它擁有隨機抽樣，而且還有前測、後測，以及實驗組和控制組的比較。主要的類型如下：

（四）前後控制組的設計（pretest-posttest control group design）

$$R \quad O1 \quad X \quad O2$$
$$R \quad O3 \quad\quad O4$$

說明：如圖所示，此類實驗設計的主要特質是樣本被分派至實驗組或控制組是經由隨機的方法分配，而且觀察比較中，除了有實驗組與控制組的比較外，兩組都還有前後測的比較。因是以隨機分派法，將受試者分成兩組，所以這兩組在理論上能力應該是一樣的。在進行實驗時，兩組均接受前測，其目的是要檢測 O1 與 O3 是否不同，而在實驗處理完時，再進行末測，比較其 O2 與 O4 之間的差異。這種設計最大的優點是可以使「歷史」、「成熟」、「測驗」、「工具」及「迴歸」等五個問題得以克服，因為縱使有這些內在效度的困擾，也因為兩組都面臨到了，所以在比較上可以「扯平」，並不致造成誤差。也因為是用隨機分派法，所以「選擇」、受試者的「流失」，與「成熟」的「交互作用」相抵消，因此在內在效度上可以說相當完美。但是在外在效度的考量上，這種設計因為強調了前測與後測，難免會牽涉到測驗情境的可推論性，所以外在效度多少會受其影響。

此法雖好，但在分析其資料時，仍不可大意。一般最普遍的分析方法是用 t 檢定來看前後測分數的比較，加上實驗組、控制組的比較（即 O1 比 O2 ；O1 比 O3 ；O2 比 O4）。當我們以這種方式來比較時，有如下的缺點：此時所算出來的變異數比原始的分數（gain scores）不可靠，本質上實驗組與控制組之平均數有差異，但有時在檢定上卻看不出其差異，因此，這類設計最好用變異數分析（ANOVA）才是較正確的方法。共變數（covariance）指足以干擾實驗結果的自變項彼此之間的相關性，在分析上是個難題，所以在分派樣本時，一定要用配對法或隨機的原則來處理，以便將會影響依變項的自變項之間的變異關係控制住。而隨機分派若無法做到時，只好設法把共變數對依變項之影響力除去，再看實驗處理組之間的平均數差異是否依然達到顯著水準。

（五）**所羅門四組比較設計**（Solomon four-group design）

$$
\begin{array}{llll}
R & O1 & X & O2 \\
R & O3 & & O4 \\
R & & X & O5 \\
R & & & O6 \\
\end{array}
$$

說明：第四種設計雖較常被使用，但所羅門四組的實驗設計卻具有較高的評價，不僅對於內在效度的考慮相當嚴謹，外在效度的情形也較第四種為優，因為從 O6 與其它組的比較，我們可以算出到底樣本對測驗所累積的反應有多嚴重（如 O6 優於 O5 ；O5 優於 O4 ；O4 優於 O2 ）。藉 O2 比 O4；O5 比 O6 及 O3 比 O5 的分析可以看出處遇（X）的功能，藉 O6、O1、O3 的比較，可以綜合出成熟以及歷史的效應到底有多少。換言之，此法主要的特點在於將「有無前測」此一變項納入實驗設計中，將其所造成的變

異數部分，從總變異量排除掉，以看出所產生的影響是否顯著。從研究的嚴謹度來看，這個類型相當嚴謹，但在實際的研究環境中若要依此來實施可能頗為繁瑣。

（六）雙組比較僅後測設計（postest only control group design）

$$R \quad X \quad O1$$
$$R \qquad O2$$

說明：為 Solomon four group design 的後面兩組若不易找到前測工具，或前測可能引起副作用，或不方便行使時，可用此法來考驗所得之資料，可使用考驗獨立樣本平均數差異的 t 檢定，即可確定其實驗效果是否顯著，但若有三個或以上的實驗處理時，則用 ANOVA 來加以考驗。若是我們確定兩組在實驗前應該是平等的，則使用此法，應是較第五種實驗來得經濟。

此法與第三種設計略同，但多了隨機抽樣 R 。此法控制了處置的主要作用及所產生的互動，但並未測量它們到底有多少。若隨機的過程沒有明顯的問題，此法優於第四型，因為第四型的優點，此型都有，而且看起來簡明扼要。

以上三種真實驗設計都非常嚴謹，但仍需考量其它事項：

1. 多因子實驗設計（factorial design）

多因子實驗設計是指實驗研究者同時觀察兩個或兩個以上的自變項對一個依變項之影響，而且也考慮了自變項之間交互作用效果的實驗設計。例如：「研究臺灣地區不同教育程度與宗教信仰對婦女生育率之影響」。又如：「不同輔導方式（自變項）以及付費意願（自變項）對輔導效果（依變項）的影響」，輔導方式與付費意願各有各的主要影響力（main effect），但兩者之間還存有一些交互作用（interaction effect），此種交互作用在多因子設計中經常發生。這種交互作用可以

分為三類：

（1）沒有交互作用的存在，如不同的輔導方式與付費意願無
　　　關，這兩個自變項對輔導效果或許都有作用，但彼此之
　　　間沒有關聯。

（2）兩者之間有次序性交互作用。即兩者之間有互動之現
　　　象，但這種互動是單調型，第一自變項對第二自變項產
　　　生方向性之影響。如接受個案工作輔導者比接受團體輔
　　　導者較願意付費，而且接受個案工作輔導的次數愈多，
　　　付費的意願愈高。

（3）無次序性交互作用。兩個自變項之間呈現一個極端的交
　　　互作用形式，付費的意願甚為複雜，接受個案工作輔導
　　　少於三次者付費的意願雖高，但是超過七次時，付費的
　　　意願卻反較團體輔導者為差，此種型態即為無次序性交
　　　互作用，指輔導方式與收費意願間並不是單一方向的交
　　　互作用。

2. **隔宿分類或階層分類**（nest classification）

　　若進行某一研究，其主題是：「不同管理方式在不同年齡層之
　　感化機構之輔導成效研究」。不同管理方式為自變項 A，不同
　　機構為自變項 B，輔導成效則為依變項 C。自變項（不同管
　　理方式 A）有一些「因子」（level），如人性化管理（A1）、
　　軍事化管理（A2）。另一自變項不同機構 B 亦有一些因子，
　　如少年觀護所（B1）、少年感化院（B2）、少年監獄（B3）、
　　成人竊盜監獄（B4）、成人煙毒監獄（B5）、成人兇殺監獄
　　（B6）。管理效果在經過測量後用數字來表達，數字愈多表
　　示效果愈好。若研究過程中，我們對於少年犯罪者的機構
　　（B1-B3）都用人性管理來處理；成人犯罪者（B4-B6）都用
　　軍事管理來處理，當作我們的實驗研究，以便作為日後獄政
　　處理的參考，此種研究設計即為隔宿分類設計或階層分類設
　　計。如圖所示：

	不同管化機構					
	B1	B2	B3	B4	B5	B6
A1人性管理	7	10	9			
	6	6	10			
	5	7	8			
	8	9	11			
A2 軍事管理				5	9	3
				9	4	7
				4	8	5
				3	7	3

3. 變項中之因子（levels）

每一個變項都包含一些因子，這些因子的形式如下：有限因子（finite）、隨機因子（random）、固定因子（fixed model）、混合因子（mixed），茲說明如下：

(1) 有限模式（finite model）

某些實驗變項的因子是有限的，如人種可分爲黃、白、黑、棕、紅等五種；或教育程度分爲國小、國中、高中、專科、大學、碩士、博士等，了不起再加上不識字及博士以上。

(2) 固定模式（fixed model）

在各式各樣的輔導模式當中，我們只選兩個處遇模式（因子），又如在輔導次數中當然可以從0至30次以上，但是我們只採用三種：五次以下、五次至九次、十次以上，此稱爲固定模式。

(3) 隨機模式（random model）

如大學社會工作系二年級的同學共85名，在實習的課程中被安排至不同的機構參觀，共參觀了兒童福利機構四所、家庭婚姻輔導機構三所。我們要看他們對所參觀的不同機構的評價，但是礙於時間，我們不做全部學生對

所有參觀機構的評估，所以我們從 85 名學生中隨機抽 20
名，四所兒童福利機構中隨機抽兩所，三個家庭婚姻輔
導機構中隨機抽兩所來作訪問評估，這種模式可稱為隨
機模式。

（4）混合模式（mixed model）

某因子採固定模式，另一因子採隨機模式，此稱為混合
模式。如自所有國民小學中隨機抽選十所，比較啟發式
教學與填鴨式教學所造成的差異（事實上教學方式不僅
啟發式與填鴨式二種而已，但是我們只固定為這兩種）。
兩種變項的因子採用不同的方式取捨時，稱為混合模
式。

4. **從不同的後測時間對實驗結果的測量**（testing for effect extend
in time）

採取了一種新的措施，要瞭解該新措施是否有效，牽涉到在
什麼時候來測量，這種「後測」的時間選擇在實驗設計中是
重要的因素，不可大意。後測時間的決定應包括在研究設計
中，Hovlands group 的設計是個很好的範例：

$$
\begin{array}{llll}
R & O1 & X & O2 \\
R & O3 & & O4 \\
R & O5 & X & \cdots\cdots O6 \\
R & O7 & & \cdots\cdots O8 \\
\end{array}
$$

當 O2 比 O4 好，而 O6 比 O8 好，而且都比 O1、O3、O5、
O7 等都要好時，我們才能肯定的說，處遇 X 的確已經達到它
的效果。更重要的，為了測出處遇是不是在一段時間以後才
產生其效果，我們必須也能證明 O6 是不是比 O2 好，而 O8
卻不見得比 O4 好時，才能顯示出 X 的真正功能，萬一 O6 比
O2 好，而 O8 也比 O4 好時，我們會發現它們的差異可能是
X 的因素外，也可能是成長因素或歷史因素所造成。所以在

這種實驗設計中，我們必須常常注意 X 與歷史的交互作用，避免產生不必要的干擾。

5. **處遇方法（X）的概推性：如何使處遇在執行上有變化**
   （generalizing to other Xs: variability in execution of X）
   科學的實驗是在實驗被證實以後，能夠在別的地方、在同樣的狀況下，被引用以後依然證明它的效果，這是處遇方法的概推性。爲了使 X 有確定的概推性，研究者必須泛化實驗的處理，藉著重複的實驗來穩定實驗效果的解釋。此外，研究者也必須好好控制實驗設計以外的無關變項，預防它們在實驗過程中也對 X 產生了影響。若是控制外來的變項有其困難，則不妨把 X 放入不同的類組中去實驗，則處遇方法推論的正確性必可提高。

6. **處遇方法的概推性：不斷使處遇更新並與控制組比較**
   （generalizing to others Xs: sequential refinement of X and novel control group）
   「不斷改良」是一種科學負責任的態度，在研究法的領域中是很重要的，當處遇被證明有效後，對此處遇改良的意義是把處遇概念化爲幾個變項，並且不斷的修正這些變項，使其更精確，詳細說明實驗處理的過程，另外並發展新的控制組，使自變項對依變項所產生的效果，能夠在許多控制組中被發現。

7. **概推至其它的觀察**（generalizing to other Os）
   任何的實驗自變項（X）必然有其他的影響性，但此影響性再精確也會有雜質，一定會有些無關的變項所產生的變異數。所以若要從一個觀察推論到其他觀察時，我們應事先瞭解整個研究設計的內在效度夠嗎？應用到其它的環境時會有什麼樣的改變？若是內在效度有些困難仍無法克服，那就盡量重複測量一些不同的情境下的結果，若我們所要的內容能出現在每一測量時，則我們的推論性就更高。

三、準實驗設計（quasi-experimental design）說明

如前所述，當某些情境不能用真實的實驗方法來控制變異量時，我們就利用準實驗設計的方法，這種方法雖然不能完全符合實驗設計中的嚴格要求，但是大體已抓住了科學的精神與實驗應有的態度，只是礙於現實，無法把整個實驗的精神完全落實，我們稱之為準實驗設計。

（七）時間系列（time sequential test）

$$O1 \quad O2 \quad O3 \quad O4 \quad X \quad O5 \quad O6 \quad O7 \quad O8$$

時間系列設計是對於某些團體或個人所進行的週期性測量的過程，將之呈現在時間系列中，以觀察實驗所產生的改變狀況。時間系列設計和前實驗設計第二型單組前後測的設計，在邏輯上是相同的，因為它表面上同樣缺乏控制組，雖然都使用了前測與後測。

在時間系列的實驗中，就是產生了改變，我們必須瞭解這些改變可能有許多對立的解釋（alternate explanation），這種解釋也可能與處遇（X）的效果相左，因為實驗的時間愈長，愈容易產生外擾的變項（extraneous variables），會影響整個研究的效度。

時間系列研究法在內在效度上，無法克服「歷史」、「工具」、「施測」的問題。所以有關歷史方面，最好我們可以做到實驗的獨立（experimental isolation），使其不受外界事物的干擾，不然就盡可能系統的記下各種實驗外的種種刺激，讓我們知道在實驗過程中有哪些事實可能嚴重的干擾實驗的效果。

此外，對於觀察的系列不妨更加延長且周延的觀察，以便瞭解是否有其循環性，因此我們可以找出其恆常的狀態。補足時間序列研究法缺陷最好的方法是設計一個控制組去

比較，可以彌補很多實驗設計上的不足。此外，時間系列研究進行時，不要隨便修改測量的設備，實驗者需固定，否則結果的測量必不準確。施行測量的間隔時間也不要太長，否則會增加研究的「歷史」事件，影響整個研究的內在效度。外在效度方面，實驗的結果只能推論到重複測驗的族群，所以有關研究對象特徵的描寫非常重要，若研究對象不同，時間系列的推論性就帶有更高的冒險性。複製（replication）也是一種方法，由不同的研究者在不同環境中重複進行測驗，可使結論愈來愈準確。

分析此時間系列的資料時，不要只把實驗處理的前一次（O4）和後一次（O5）做比較就好，應該更仔細的觀察每一次的變化，注意中途是否有較為反常的改變產生，此外，改變的幅度（斜坡）（slope）的處理也是重點，若斜坡的幅度反常，更有在實驗後解釋的餘地。

（八）相等時間樣本設計（equivalent time sample design）

對一組受試者抽取兩個相等的時間樣本（time sample），在其中一個時間樣本裡，出現實驗變項（X1），在另一個時間樣本裡，不出現實驗變項（X0）之實驗設計。例如我們要知道社會工作員與案主諮商時，若有助理在旁邊錄音作記錄，會不會影響案主的情緒，甚或減低了案主對被輔導的滿意度。假設案主每個禮拜接受工作員輔導一次，研究者讓助理每禮拜間隔出現一次，來看案主的滿意度有否受到影響，此即為相等時間樣本設計。

$$X1 \quad X0 \quad X1 \quad X0 \ \cdots\cdots$$

此法雖在內在效度上缺點較少，因為可以藉著一個時間與另外一個時間的變化，來計算誤差到底有多少。但若考量外在效度時，該注意的地方甚多。首先，實驗安排的反作

用效果必須克服，在這種實驗設計中，受試者很容易知道
自己正接受實驗，因此實驗結果不能推論到沒有這種反作
用效果的實際群體上。其次，選擇偏差與實驗變項的交互
作用也會影響外在效度，不同的樣本對實驗有不同的反應
與看法，若樣本的選擇不客觀，其與實驗變項的交互作用
當然也會產生偏差。而且重複實驗處理的干擾，雖在誤差
上或許可以計算出來，但是實驗結果卻很難應用到正常的
群體（總不能叫正常的群體也都像實驗樣本一樣接受連續
的實驗處遇）。此種研究設計可以用在只有一個受試者的
情形，但是如果有許多受試者時，所做的實驗最好一次或
兩次即可，否則時間的抽樣誤差會很大，有太多的因素不
是實驗設計所能控制，就算在效果上非常顯著，推論上也
應小心，可能是累積的實驗所帶來的效果，而不是 X1 或
X0 的差異而已。

拉丁方格的設計可以使可能發生的誤差大約平衡，而終能
互相抵消。在相等時間樣本設計中是可以參考的設計，如
下列的圖形：

		實驗處理			
		x1	x2	x3	x4
	g1	t1y	t2y	t3y	t4y
組別	g2	t3y	t1y	t4y	t2y
	g3	t2y	t4y	t1y	t3y
	g4	t4y	t3y	t2y	t1y

這種實驗設計中包含著三個主要的處遇變項：x（處遇）；
g（組別）；t（時間）。y 則是處遇的效果。研究者利用四
組未經隨機分派、維持原來團體形式（例如原來班級）的
受試者，每組在前後四個時機裡，重複接受四種不同的實

驗處理。因此,在四個縱行的總和中,我們可以比較四個處遇的差異;四個橫行的總和中,我們也可以看出組別之間的差異。把四個時機的總和再互相比較,亦可以看出不同時間的不同效果。但因所選擇的四組受試者是不同質的,所以即使「實驗處理」水準間的差異達到顯著水準,仍有可能是「組別」和「時機」兩個自變項之間的交互作用所造成。所以有關交互作用的處理,Campbell 及 Stanley 建議:表方格內各細格的分數以 Mgt － Mg － Mt ＋ M……來表示,亦即算出總交互作用的總數後,把組別和時機的主要效果予以排除。如此處理之後,若四組都是某個實驗處理的效果最強,則研究者更有信心說實驗處理之間有顯著性差異存在,而且沒有組別和時機的因素混淆在內。

(九) **相等質量樣本設計**(equivalent materials samples design)

等量樣本設計是以相等的樣本來比較是否是因「實驗變項的處理」而造成差異,通常相等的時間也被包括在內。如圖示:

$$MaX1\ O \qquad MbX0\ O \qquad McX1\ O \qquad MdX0\ O \qquad etc...$$

在這種實驗設計中,Ma ＝ Mb ＝ Mc ＝ Md(例如安排資優班的學生分為四組(假設他們為同等質量),X1 為實驗處遇(上課時由分派學生自行講解);X0 則主要由老師講解。然後在相同的時間段落後觀察是否有不同的結果。

(十) **非相等控制組設計**(nonequivalent control group design)

$$\begin{array}{ccc} \underline{O} & \underline{X} & \underline{O} \\ O & & O \end{array}$$

係由未經隨機抽樣的二組不相等的樣本所組成。實驗組與控制組均有前後測,常用於無法打破團體份子、無法採用

隨機或配對之團體。此種研究設計可控制歷史、成熟、測驗、工具等因素之干擾，但是無法控制選擇與成熟之交互作用，也無法克服迴歸的問題。外在效度方面，前測會增加受試者之敏感度，會產生測驗與 X 的交互作用；選擇的樣本在不同組別時，也會與 X 產生交互作用，都會影響外在效度。若研究者傾向於選擇某一類型之受試者時，會影響推論。實驗安排的反作用效應（霍桑效應）也應考慮。

（十一）平衡對抗設計（輪換實驗設計）（counterbalanced design〔rotation experiments〕）

	X1	X2	X3	X4
Group A	t1O	t2O	t3O	t4O
Group B	t3O	t1O	t4O	t2O
Group C	t2O	t4O	t1O	t3O
Group D	t4O	t3O	t2O	t1O

此法採用拉丁方格的安排，以使可能發生的誤差大約平衡而相互抵消。X 為實驗處遇；t 為不同時機；G 為組別；O 則為觀察。我們可利用四組未經隨機分派、維持原來團體形式（如原來班級）的受試者，每組在前後四個時機中，重複接受四種不同的實驗處理，可比較不同 Group 的所有效果。可利用四個縱行總和，考驗「實驗處理」之間的差異顯著性。計算四個橫列的總和，考驗「組別」之間的差異。可利用四個各時機總和，來考驗不同時間的差異是否達到顯著水平。再用 Mgt − Mg − Mt + M 的方法，把「組別」和「時機」的主要效果予以排除，只剩下我們所需要的實驗效果。

四、實驗的道德考量

實驗方法固然嚴謹，科學程度高，但是牽涉的卻是更多的道

德考量問題。從參與者的隨機分配來說（random assignment of participant），在眞實的社會環境中要做到完全的隨機分派是不太可能的，有時爲了達到研究目的，在對象的選擇上會有限制與偏頗。從處理變項（manipulating variables）來看，要使研究做得好，就必須好好處理變項，但處理得太好時，事實上就等於在控制一個人的生活，這樣就產生了倫理問題。除非我們只用較沒有威脅性的實驗來測試，當然這樣一來，研究又受限了。若要減少參與者的偏差，最好讓他們是在盲目的狀況中受試（blind procedures），不使他們知道正接受測驗，或不使他們知道研究假設，或許可以減少不必要的測驗交互作用，或是霍桑效應。問題是研究倫理上我們卻必須給他們足夠的資訊，使他們可以決定到底要不要參加我們的實驗，如此一來，兩難之間就無法有完美的選擇了。因此，若是研究的方式遭到參與者的反對，我們必須再思索其他的方式，而最完美的方式在哪裡？我們又能掌握到什麼地步？困難就因此產生了。研究結果的展現與問題的解釋也是一大難題。一方面我們必須避免過度的一般化（over-generalization），我們應該只強調被證明出來的部分，可見在這種情況中，謙虛與誠實的態度非常重要。

實驗設計或研究設計的鑽研，與其說是「如何使用」的問題，不如說是「研究態度」的問題。以上各型的實驗設計可謂林林總總，社會工作同仁眞正能使用的機會並不大，但是社工同仁總該對這些研究設計有其概念，藉著比較這些研究類型，可以知道進行研究時一方面要有嚴謹的態度，另一方面，更重要的是要有敏銳的心智，畢竟，很多問題需要去探討，很多事更需要去創造、去規劃。

第六節　單案研究設計

一、前言

一般而言，實驗研究的使用都是在量化研究中，藉著隨機、藉著實驗組與控制組的比較，也藉著前後測之間的差距，來證明實驗處置的確產生了作用。在這種研究設計中，所用來比較的樣本經常都是數目繁多，以便可以經由統計的分析來確定研究假設是要接納還是要拒絕。（單案設計在社會工作專業領域具很高的實用價值，社工同仁若懼於上述種種實驗設計，此單案研究設計單元或可稍加重視，把此研究設計應用到實務工作裡。）

單案研究直覺上我們會以為它大概是質性研究中的個案研究，然而亦有人把實驗研究的精神應用到單案的研究中，從哲學的背景來分析，單案研究有強烈的行為主義觀點，即在處理個案時，處置的目標以案主可以觀察、可以計算的問題行為為主，如打架的次數、曠課的時數等，研究者先計算案主的問題行為基準線（即未干預之前的問題行為次數），在經過干預或處置後，來比較干預前後之間的差異，此為單案研究設計的主要內涵。

二、單案研究的定義

單案研究基本上是偏向準實驗設計的研究方法（不是在實驗室中來進行，而是在實地的情境中以實驗方法的原則來處理），對方案處置的前後做重複而多次的比較評量，被研究的對象本身是實驗組，也是控制組。單案研究主要是評量個案前後的變化，用來確定服務過程中，改善的程度有多少，在社會工作的實務領域中，單案研究有很大的使用空間。由於要算出處置前後的差異顯著不顯著，所以單案研究裡的觀察項目（處置的目標）一定要可被操作化為可測量的項目方可。

三、單案研究的類型：

依測量（觀察）的時間點以及測量（觀察）的次數，單案研究可以分成如下一些類型：

（一）A-B 型

此為單純的前測後測型。如下圖所示：

A 為處置前的觀察；B 為處置後的觀察；X 為處置。縱座標為處置的結果，愈高表示效果愈佳，愈低則愈差。

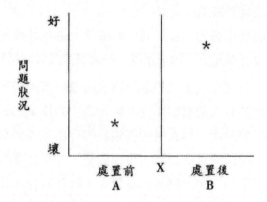

處置前的觀察與處置後的觀察當然可以不限一次。下圖即表示處置前後的觀察各有三次。座落點雖不一致，但大體上與處置後的座落點不同，因此更可肯定處置的效果。

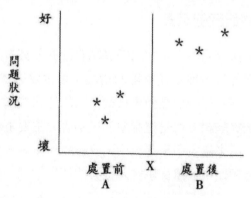

（二）ABAB 型

此型的作法是先建立處置前的基準線（baseline）A（觀察

了三次）；第一條縱線，代表處置 X；處置後的第一階段
觀察爲 B（觀察了四次）；第二條縱線代表停止處置一段
時期，再作觀察，我們可以看到第二個 A（觀察三次，我
們看到其結果比 B 下降）；第三條縱線爲第二次的處置；
處置後的觀察則爲 B（共觀察了四次，其結果甚至比第一
階段要略佳）。此型的設計又可稱爲抽回設計（withdrawal
design）或反轉設計（reversal design）（Herzog, 1996）。如
圖所示：

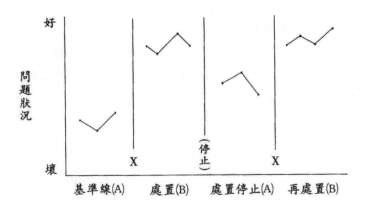

（三）多重基線設計

假設處置的目標不僅限於單一的標的行爲，而爲三種標
的：上課遲到、在校打架、作業不交。縱線爲處置的方
法 X，但三條縱線都爲同一種方法，如綜合性的行爲矯治
法。X 左邊觀察值均爲處置前的 baseline（所以基準線共
有三條），處置後的觀察值則在右邊，我們可以從圖形中
看出三種標的行爲的變化。

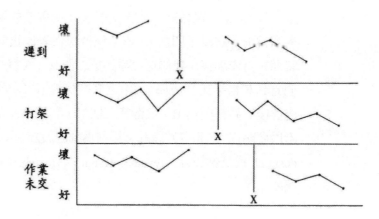

（四）多重處置設計

若採用不同的處置方法，並且在不同的時間點依次進行，亦可以評估不同處置的成效，也因此可以考量這些不同的處置應以何次序出現，效果最佳。

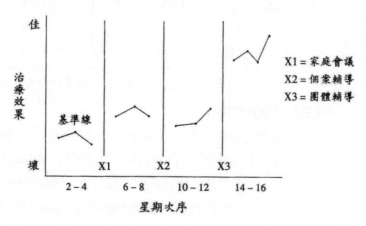

四、單案研究的觀察與解釋

單案研究的成果經常藉著簡單的統計與圖形來表現，可謂為視覺的分析，一般都是看處置的層次（level）、趨勢（trend）、以及斜率（drift）。

（一）層次（level）是指處置前後兩個評估點的比較；如比較 a'：b'。

（二）趨勢（trend）是指前後各自的方向性，藉此來看改變的程度如何；如比較 a：a' 的變化；或是比較 b：b' 之間的變化。

（三）斜率（drift）是指改變的型態是往上或往下（較不考量改變的量有多少），是爲方向的比較；如 a － a'：b － b'。

 如以下三圖所示：

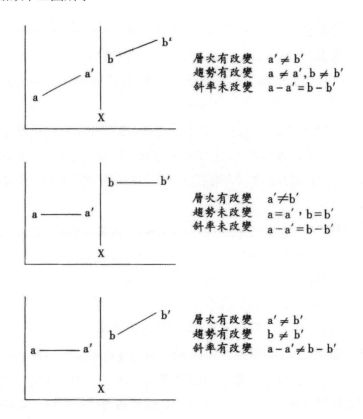

五、單案研究的內在效度考量

若是用本章前面所介紹的 Campbell 及 Stanley 在實驗設計中，內在效度的條件來考量，單案研究所謂的處置的效應是否均由處置而來，能否克服歷史、自我成長、測量以及情境不能控制等因素？答案可能不甚樂觀。單案研究的科學性顯然不若眞實驗

研究嚴謹。單案研究因為只針對一個個案作研究，推論性當然
低。然而，單案研究將是社工同仁「實務工作中不忘研究；研
究中不忘實務工作」的絕佳伙伴，它不難，而且也清楚可行，
最起碼也可使實務工作同仁在工作中有了較理性的參考。

✐ 關鍵名詞

前實驗設計（pre-experimental design）：指實驗「設計」無科學的嚴
謹性，談不上是個「實驗」，只求方便或限於經費、人力，簡單的研
究而已。

真實驗設計（true experimental design）：真實驗設計的結構當然比前
實驗設計要嚴謹得多。最主要的是它擁有隨機抽樣，而且還有前測、
後測，以及實驗組和控制組的比較，符合科學實驗要求，是真正的實
驗設計。

準實驗設計（quasi-experimental design）：當某些情境不能用真實的實
驗的方法來控制變異量時，我們就利用準實驗設計的方法，雖不能完
全符合實驗設計中的嚴格要求，但是大體已抓住了科學的精神與實驗
應有的態度，研究者必須瞭解有哪些特殊的變項是無法控制的，而對
該控制不了的變項特別注意，以便使之更精確。

實驗研究（experimental research）：是一種科學探究的方法，研究者
操縱一個或多個自變項，並觀察依變項隨操縱自變項而發生的情形。

實驗設計（analysis of covariance）：研究者為了探究某一問題而構思
的一個扼要架構或策略，可藉之簡要說明抽樣方法變項的安排、操作
控制及進行程序，其內容通常以符號表示之。

💡 習題

1. 何謂實驗研究，實驗研究又可分為哪兩類，試分別敘述兩者的優缺點為何？

2. 何謂前實驗設計、真實驗設計、準實驗設計，其三者的差異為何？並簡述個別的適用設計種類？

3. 請說明實驗設計中，隨機化的過程及其在研究法上的目的？

4. 在實驗設計中，對內在效度產生威脅的因素有哪些？試論述之。

5. 一個好的實驗設計，應考慮的因素為何？

Chapter **10**

其它常見之研究法

─────────────── 摘 要 ───────────────

　　研究本來就是探討真理的過程，然而，探討真理的方法應該是相當豐富與多樣的，歷史、文化、書面的資料、環境的種種現象，都可以給予研究者在探討真理過程中很大的幫助，本章將介紹其它類型的研究方法，提供給讀者更廣的參考。

　　針對某種主題，選兩個或兩個以上的文化或行為特質，作為研究變項，以分析其相關性的研究方法，即為文化比較研究法，由於它不受限於單一的文化，所以在考慮的層面上也廣了許多。

　　藉著過去所遺留的事物或文獻，以客觀研究的態度去研究「過去」的過程，就是歷史研究法。藉著歷史研究法，一方面我們可以學習社會工作專業過去如何面對與現今相似的問題，另一方面，也可以瞭解，社會政策與社會問題之間的根源，使社工專業省走不少冤枉路，有關歷史研究法的特質、過程，將於本章第三節探討。

　　再次分析法是對現存的資料作更進一步的分析，在當今資源、時間有限的情況下，它是一種很好用的研究方法，然而，由於再次分析法主要是應用別人先前的資料所做的再分析，難免會有「撿便宜」之嫌，所以，如何進行再次分析，其目的、特質、優缺點，都值得我們小心注意。

　　只要有適當的主題與資料的話，內容分析法也是一種既節省又容易討好人的研究方法，至於如何進行內容分析法，需要符合哪些條件，將於第五節做介紹。

　　在調查訪問的前或後，研究者在不干擾受訪者，也不需受訪者填問卷表的狀況下，藉著對其它事物的觀察或測量，使得到的資料可以佐證或增強調查研究時所得到的結論，此為非干擾性測量，其優缺點為何？讀者應如何運用？第六節會加以介紹，提供給有興趣的同學參考。

第一節　前　言

　　把研究做得嚴謹是社工同仁應有的態度，問題是在現實社會中，我們如何能將人類環境控制得像實驗室那樣的緊密？尤其是牽涉到人類行為時，又如何把人規劃得像物品一樣，一切聽命研究人員擺佈？當本質上不可能像實驗室那樣的嚴謹，而研究者卻也能把它「說」得如此嚴謹時，請問是科學？還是反科學？此外，人類的生存環境中，有一些內涵絕對不是實驗或調查可以尋出其因由，我們必須用與實驗截然不同的方法來處置，儘管答案或許不是那麼的嚴密與完美，卻是較合乎事實與現象，即是本章中所要探討的文化比較法與歷史研究法。這兩種研究法是文化人類學家與歷史學家常用的方法，並非社會工作者「份內」之事，但是這些方法的真諦，卻可作為社會工作同仁們的參考。至少這兩種方法都可以幫助我們對個案的背景與環境有更高的敏感度，在助人過程中有更好的服務。

　　人類學家經常會以各地不同文化與背景的人或資料為研究的樣本，藉此來探討為何不同的文化環境中，會有如此相異的行為或態度。如 Robert Sears 研究兒童斷奶行為與情緒困擾之間的關係，他以 Kansas 市八十個嬰兒為例，發現斷奶愈延後，情緒困擾愈大。這個發現很有意義，因為可供許多相關科系（社會工作、教育、心理等）參考。但是另一個學者 Whiting 卻有不同的發現，他比較了七十五個不同文化的兒童，發現結果正好相反。在此我們不做誰是誰非的評估，但應瞭解文化比較的有趣與複雜，值得社工同仁鑽研。當今「社會工作本土化」在國內愈受注意之際，文化比較的研究更顯出其特殊的功能。同學們從事研究時，常常在文獻中可以看到很有興趣的題目，雖然都是在國外的環境所作的研究，但若試圖要把此研究「搬回」國內來「印證」的話，這種文化比較的原則與方法更是我們可資參考的對象。

第二節　文化比較研究法

針對某種主題，選兩個或兩個以上的文化或行為特質，作為研究變項，以分析其相關性的研究方法即為文化比較研究。這種研究法有一些特質，有別於其它研究方法：

一、文化比較研究法的特質

（一）是跨文化的研究

文化比較法不受限於單一的文化，它在不同文化中，尋求一種類似的實驗，以探索某種行為或態度的客觀原因，此種研究法可補其它研究方法的不足，在考慮的層面上「宏觀」得多。

（二）與文化人類學關聯頗深

文化比較研究法在抽樣上牽涉到文化人類學的專業，進行此研究時，應細加研讀其專業的抽樣習性與特質（如民族誌的使用），以免犯錯，因為光憑隨機抽樣的智識，無法滿足文化人類學對文化的定義與分類（就如隨機抽樣法中，我們必須把抽樣的樣本單位定義清楚一樣），否則當單位的定義都有問題時，再好的隨機抽樣也沒有用途。

（三）文化單位的考量

若要比較中美學齡兒童的問題處理能力差異，這個「中」與「美」的界定就令人煞費苦心。因為如何界定標準、相等的文化單位作為比較的標準可能有不同的定義與方法，John Whiting 建議以同一種文化內的地域社區作為比較單位，可能比複雜的文化比較有較好的效度，否則，在截然不同的文化背景中，硬要對某件行為或事物作比較，所得到的結果不僅爭議性大，應用性也會受限。

（四）需考量因文化不同所造成的價值差距

對所觀察、比較的事物如何量化與評分更是研究的重點，

因為文化變項在不同社會中意義不同，份量自有差異，例
如東方傳統文化的納妾行為與回教文化的納妾不同，兩者
自不能用西方國家的尺度來衡量。

第三節　歷史研究法

歷史（history）從字面上而言，有三種不同的意義：（1）過去發
生的事件；（2）歷史是寫下的東西，用來描述和解釋過去的事實；（3）
從過去所遺留下來的事物、所建構的報告。社會工作專業中所謂的歷
史研究指的是第三種，藉著過去所遺留的事物或文獻，以客觀研究的
態度去研究「過去」的過程。

一、社會工作為何要探討歷史研究法

社會工作是助人的專業，為何要採用歷史研究法呢？仔細思考
後，我們會發現歷史研究法其實對社會工作專業有莫大的幫
助。從歷史研究中，一方面我們可以學習社會工作專業過去如
何面對與現今相似的問題。例如，藉著研習宋代的救荒制度，
我們可以瞭解積弱不振的宋朝如何做好救荒的工作，致使宋朝
依然能夠屹立三百多年，比窮兵黷武的秦朝還長得多。藉著歷
史研究，我們也可以瞭解社會政策與社會問題之間的根源，今
天我們在為各種福利法案傷透腦筋時，三百多年前的英國濟貧
法案（Poor Law）依然是很好的參考。社會工作專業做好歷史
研究，也可以增加對組織如何成長和改變的知識，例如，我們
在為智障兒童或輕度精神病患的安置猶疑不決時，研究社會福
利的歷史變革有時會發現，幾百年來仍然跳不出以前早已存在
的窠臼。有謂，「前事不忘，後事之師」，做好歷史研究可以使
社工專業省下不少的冤枉路。

社會工作專業之所以也應對歷史研究有所探索，主要原因如

下：(1) 社會工作專業也應對過去的事感到興趣，以便從過去
的歷史中得到教訓；(2) 社工專業應尋找現今的實務及其種種
福利制度的根源，瞭解各種福利制度的因緣與背景；(3) 社會
專業研究人員也應詳加分析歷史記載中種種的豐功偉蹟或各樣
特殊的代表性行為，以提供給現代社會一個典範；(4) 若一種
福利制度有其成長與衰退，那探討歷史事件的興衰原因也是社
工專業責無旁貸的任務。

二、歷史研究法的特質

社會工作專業固然要學習如何從事歷史研究，但是所從事的歷
史研究法想必有別於歷史學者所從事的歷史研究法，基本上，
社會工作專業所謂的歷史研究法有其特殊的本質：

(一) 它是批評性檢定 (critically examining) 的過程

社會工作必須從研究的角度來分析過去所存在的記錄。社
工專業不從歷史或文學的角度來探討，他必須瞭解歷史，
而且不能用現今的眼光來看，要以當時的眼光來想像，這
是對時間、空間、社會情境，以及人文制度、習尚的高度
「同理心」，為的是要能客觀地描述過去的事實。社工專業
在面對種種資料與文獻時，應比一般人更具備批評性的檢
定功夫。

(二) 非干擾性測量的研究態度

所有研究的內容是已經蒐集的資料，具有某種程度的歷史
性，因為它們以「過去」作為證據的基礎。而過去是無法
從直接觀察中去測量的，因此歷史研究的方法就靠著分析
過去所留下的文件、物質及記憶，在這種過程中，也為了
能把歷史過程與現今的狀況作比較，研究者必須注意以非
干擾性測量 (unobtrusive measures) 原則來測量現今可測
量與比較的資料。因為非干擾性研究的優點在於受測者不
知道自己被觀察，而不會改變自己「正常」的反應，這種

　　研究方法在歷史研究中極其重要。

（三）從過程中隱示其具有的意義

　　歷史研究不僅是研究過去的東西，而是隱示一些「方法」與傳承，我們也因此知道其過程演化中所具有的意義。以孔恩（Thomas Kuhn）的《科學革命的結構》（*The structure of Science Revolution*）一書為例，孔恩在其生平中，最大的職志是研究科學的歷史，他卻也能從歷史的研究中體會出「典範」的概念，指出科學的發展不完全是真理的延續與擴展，而是典範的原則在運作，科學革命的產生必須在典範產生危機與不適應後，科學革命才能產生。這個論點來源，很清楚的是對歷史的探討極其深厚以後，才有可能。

三、歷史研究的過程（the process of history research）

　　雖然歷史研究所研究的事件與現在有一段距離，不可能直接觀察，但這距離的好處是我們能以較客觀、較廣闊的觀點來看事件。它的研究過程可從下列三個過程來分析：（1）如何選定一個特殊可研究的主題；（2）如何評估所需的資料而提供客觀的資料；（3）如何建構一個敘述來描述、解釋發生的事實。

（一）第一階段：選擇研究問題

　　選擇歷史研究的主題時，最重要的考慮是個人的興趣範圍，當然也必須知道事件與事件間的一些聯繫。一般人在從事歷史研究時，常常落入兩個陷阱：（1）太強調「現在主義」（presentism）：在選擇研究題目時，僅僅以現在的重要性而論，強調過去發生事件必須有現代意義才需作研究，其它與目前無相同性或相關性的重要訊息與資料，均被排除在研究之外，這錯誤就稱為「現在主義」；（2）古時主義（anti-quarianism）：這是另一個歷史研究的極端，指只對過去的事件有興趣，而不考慮其重要性及意義。僅

把焦點放在使過去與現在不同的成分，不管與社會工作專業的關係如何，个埋研究過程中所需注意的理論性與實用性。

採用歷史研究法而在選擇研究問題時，當然應該採取與社會工作有關的主題。有了這種主題以後，研究者再來找尋過去與現在之間的聯繫，如果是現在的資料較多，當然要以現在的資料為主、過去的資料為輔，把該主題好好的比較研究。反過來，若是過去的資料多、現在的資料少，那就應該以過去的資料為主軸，設法謄出如何應用到現代社會的步驟或論點。

（二）第二階段：蒐集資料

一旦選定研究問題，下一個任務就是要蒐集充足的資料來描述、解釋過去所發生的事；我們的目的是要寫一篇有關過去的報告，這篇報告要正確完整，除了能解釋過去的事件外，也能對現在的實務有其意義，為了達到這些目標，資料的蒐集就相當重要。雖然過去所留下的事件可能不完全，也可能都是片斷，但我們要有技巧的選擇特別有用的部分，處理這些不完全的資料，使之能達到研究的目標。

資料有不同的類型：

1. *資料的類型*（types of source materials）

從事歷史研究時，所能使用的資料範圍頗廣，其類別有：

（1）出版的刊物。這些已出版的刊物能在圖書館找到，也可藉館際合作獲得，或在街坊書店中購買。

（2）未出版的刊物。有些刊物並未出版，但被保存在特定的圖書館和檔案保管處，也極有參考的價值。對美國社會工作者而言，最重要的檔案保管處是 Social Welfare History Archives Center at the University of Minnesota, Minneapolis。在台灣可能是國家圖書

館或政大社會科學圖書館的蒐集最齊全。

（3）口頭敘述的歷史（oral history）。口頭歷史不只在
　　　老人的口中，若要探討國內社會工作員的制度的淵
　　　源，一些資深的社會工作員，或社會福利主管們也
　　　是重要的資訊來源。

（4）私人文件。某些要人或對社會福利制度的推廣極有
　　　貢獻者的私人文件，像日記、未出版的報告等，若
　　　捐贈給檔案保管處或圖書館，對未來的研究也極富
　　　意義。

（5）社會福利機構出版和未出版文件，像年報、簡介、
　　　記錄等。

（6）報紙。報紙也提供不少社會政策發展的報導，包括
　　　社會機構的活動資料，若是研究者細心，或是方法
　　　富有創意，也會使研究有極重要的發現。

（7）縮影片。有些報紙和口頭訪問的抄本製成縮影片。

（8）參考書目。參考書是我們開始找資料很好的地方，
　　　藉著著作的參考書目的資料，研究者可以藉之找尋
　　　更多其它的相關資料。

（9）政府文件或聽證會的報告、或如某委員會的研究、
　　　行政機構的報告、統計等也不可疏忽。

2. 資料的選擇

資料的來源固然不少，但使用這些資料時，並不是愈多
愈好，所牽涉的是如何選擇適當的資料。首先，當研究
者要使用一個文件當作歷史研究的資料時，他必須要先
考慮事情發生時，作者是否在場？假如作者當時並不在
場，那他是怎麼知道這件事的？若此事不能釐清，再多
的資料也沒有功用。第二，最好的歷史研究是分析「原
始資料」。原始資料提供事件目睹者或最初報告者的資
訊；「次級資料」則是指分析原始資料後的資料，分析

次級資料很少能再從過去得到新知識，而且最初作者的錯誤會永遠存在。就如我們在準備研究的文獻一樣，若資料都只在別人的文獻中尋求，而不能自己閱讀原來的資料時，則資料一轉再轉，正確性會逐漸遞減。第三，評估所得到的資料。評估的方法如下：

（1）當時的作者有觀察到他所報導的事嗎？

（2）作者有客觀的證據（誠實、不偏頗）和知識嗎？

（3）文件是否在事件發生後很短的時間內完成，以致不會有記憶錯誤？

（4）文件所使用的字義是否不同於現在的字義？

若以上這些問題都是「是」的話，則資料的可信度便會增加。第四，考慮資料的內在效度與外在效度。文件內容是否一致？若所蒐集的資料相互矛盾，或在細節中都相左，顯然其內在效度太差。若文件中的資料和所知、所談論的事件並不一致，或風馬牛不及，則是其外在效度有問題。

3. 有關資料的一些特別問題

一旦研究的過程是在蒐集、分析「以往」的資料時，問題一定層出不窮。有些資料可能是因為系統的選擇，只根據某一觀點，因此容易產生系統的偏差。若使用的統計資料，也有同樣的問題，我們必須提防，否則資料一定是偏頗不全，推論時一定繆誤叢生。

4. 資料不完整（fragmentary evidence）

資料不完整也是頭痛的問題。歷史研究法由於與當時現象的產生已隔一段時日，就算能蒐集到資料，也常會不甚完整，甚至與事實有所差距，研究若要「周全」相當困難，彌補的方法有限，在這種情況中，比較實際的方法是據實以報，坦白說出研究在蒐集資料的限制。由於

時空的間隔，歷史研究法必須恪守「有幾份證據就說多
少話」的原則。此外，也由於歷史研究法中所蒐集的資
料以文獻居多，而非研究者親眼所見、親身所經歷，因
此在推論時，研究者需要充分瞭解資料中所陳述的個體
的心理、社會的文化，以及整個社會整體的考量，以便
合理地貫連這些推論與假設。除此之外，我們可使用社
會科學理論來作這些差距的橋樑，把所觀察到的事實，
與社會理論串連，不僅可以充實理論，也可以從理論當
中找到實務經驗中的差距。其它，有關統計資料方面，
因為所分析的資料本身不甚周全，或樣本本身可能已有
誤差時，研究法可利用統計技巧來估計可能的誤差有多
少。不然我們乾脆就直接呈現不完整的資料，並說明它
的缺點，來交代研究本身的不足。

（三）第三階段：確定資料的意義

在建構研究問題或假設時，通常需用某個理論架構或一組
陳述來引導，畢竟用行為主義的觀點來解釋行為與用存在
主義的觀點來解釋行為，一定有不同的論點與看法。因此
一旦確定用什麼理論來進行歷史研究時，該理論架構和
假設一定要清楚，如此對於現象的解釋才能有所根據，
也才能決定我們要使用哪些證據，並確定這些證據的重要
程度。

描述過去的歷史事實時，一定要做整體的解釋，而要瞭解
事實的整體性時，我們必須先瞭解人類行為的命題，從
這些命題中，研究者才可以更加確定資料本身所擁有的
意義，更有系統的解釋人類的行為。當然不同的理論會有
不同的命題，不同的命題對行為的解釋也就有其差異。因
此，研究的命題要清楚，告知讀者研究是在什麼命題下進
行歷史的研究，也因此，對何種現象就有何種的論點與解

釋，這種過程在歷史研究法中頗為重要。

綜合（synthesis）辯證的工夫對不同資料的處埋亦有其功能。對符合命題的資料固然要善加闡述，對於與命題相反的資料亦要加以珍惜，從正、反的資料中予以分析、綜合，正確的資料才能出現。

（四）第四階段：報告的撰寫（writing the report）

歷史研究報告的主要目標是藉著研究方法的描述，來闡述過去的歷史所代表的意義。因此，歷史研究報告的組織必須詳細解釋研究的方法及其使用的過程，當然要對研究問題提出答案。歷史研究報告要簡潔，不用太多術語，因為報告的目的在溝通、講解，而非考倒讀者。緒論是歷史研究報告中很重要的一部分，在緒論中，研究者應該介紹研究問題為何、作者所使用的資料來源有哪些、可信度如何、研究假設和命題又如何等，使讀者對整個研究的來龍去脈有所瞭解。研究報告的正文部分有不同的結構與敘述的方法，然而，大部分歷史研究的報告，經常不是以年代為主，就是以主題為主，端看研究的主題及本質而定。

四、結論

對很多社會工作研究者而言，歷史研究法似乎距離甚遠，與社會工作沒有直屬的關係，所以社工界中並不怎麼注意。然而，「前事不忘，後事之師」這個教訓，大家耳熟能詳，探索歷史可以增進人類的智慧，也可以使人避免重蹈不必要的覆轍。當社會工作專業在國內正在展開之際，當整個專業的發展借重了太多國外的資料之際，研究者在展望未來時，可能要花更多的時間與精力去研究過去。我國社會工作的歷史發展的淵源在哪裡？國外種種福利制度在現代化的歷史發展中，到底有何種使命與意義？過去的經驗如何傳承？國外的經驗如何移植至我

國？回答這些問題時，相信可以使我們更加瞭解歷史研究的本
質及重要性。

第四節　再次分析法

不可諱言的，研究有時眞是大工程，從方案的研擬、經費的申
請、文獻的蒐集、研究問題與研究假設的修正、問卷的擬定，以及資
料的蒐集分析，加上跑電腦和報告的撰寫等，常使研究者嘔心瀝血，
疲憊不堪。其實研究一定要嚴謹，但卻不一定要弄得灰頭土臉才算是
仁盡義至。有時藉著仔細規劃，或藉著現有的資料善加利用時，也能
做出一個很好的研究，再次分析法就是其中一種。當社工實務或行政
的同仁因無時間、人力去蒐集原始的資料，以供決策之參考時，若利
用現有的資料或二手資料，做再次的分析時，稱爲再次分析研究法
（secondary analysis），這種方法若是做得好的話，不僅經濟實惠，而
且準確度上也不亞於花大錢的實驗研究。

一、何謂再次分析法

根據 Hakim（1982）的定義，所謂再次分析是「對某現存已有
的資料作更進一步的分析，以呈現新的結論或解釋的一種研究
方法」。換句話說，再次分析法是一種研究方法，藉由別人所蒐
集的資料，把適合我們研究的原始資料再拿來作分析。資料的
來源可從大型的公立機構如：行政院研考會、主計處、或各級
縣市政府，尤其是社會司、社會處、及台北市、高雄市社會局
等機構的統計資料與文獻等，其它一些公私立的小機構也會有
重要的內容，如生命線及張老師的輔導統計，或一些殘障福利
機構對成員所做的調查等，也都值得我們根據其資料做再次的
分析。

再次分析時，主要是藉由電腦技術的協助，對現存資料進行另

一層次的分析，如對案主的特性、活動，機構之成本、成果、服務輸送及其他方面之種種可能變項（而這些變項卻未在以前的研究被處理過），做較仔細或不同性質與方式的分析。簡言之，用不同於過去報告的方式，對已存在的資料再作分析，以呈現的說明、解釋、結論或新增的知識，即為再次分析法。再次分析法之運用始於 1970 年代末期，由 Smith 及 Glass 開始使用。社工領域中，Joe Fisher 曾於 1980 年代對社工領域的先前研究做再次分析，提出了幾篇對社會工作實務界頗具震撼性的論文，引起了社會工作如何評估的論戰，甚至也牽連了社會工作本質及哲學背景的重要議題，他的發現對社會工作的貢獻不亞於任何其它的研究方法（Hyman, 1972; Kiecolt & Nathan, 1985）。

二、再次分析法應注意的事項

由於再次分析法主要是應用別人先前的資料所做的再分析，難免會有「撿便宜」之嫌，所以在什麼情況下我們才能做再次分析？值得我們注意：

（一）與原來的研究者有不同的重點和不同的研究問題時才可以進行再次研究，否則只是抄襲、利用別人的作品而已，此乃大忌，必須避免。

（二）針對相同的資料作分析時，應該應用不同的方法與技術來分析，否則就變成在查核或重複別人的資料而已。

（三）研究者應集中注意力，去思考有關理論性的目標或原先研究替代性的議題，甚至於蒐集有關新資料，以做較仔細的比較，如此才可能對實務界及理論界有較具體的貢獻。

（四）在進行再次分析之前最好與原作者聯繫，一方面徵詢其同意，也可以因此得到更好的協助，也可能避免未來不必要的誤會與爭執。

三、再次分析研究法的分類

再次分析法若從不同的角度來看，也可以分爲一些不同的類型：

（一）由歸納和演繹過程來看

有的再次分析法較偏向歸納方法，有的則較以演繹的方式來分析。若是利用累積觀察的過程去探討研究的問題時，則可稱爲歸納式的再次分析法。例如研究患精神分裂症的病人的復發率，是不是與他的家庭成員的情緒性反應有關時，研究者便把病患的復發率與其家屬是高度情緒性或低度情緒性（high levels of emotionality or low levels of emotionality），做相關性的研究，因此便觀察了很多個案，歸納出觀察的結果，來確定兩者之間的相關，此爲歸納式的再次分析法。演繹法來做再次分析時，以驗證某個假設能否成立爲主。如研究「大哥哥、大姐姐方案」（請大學生到國中、國小與適應有問題的學生做朋友），若第一次研究的是案主（國中國小適應有問題的學生）對志工（大哥哥、大姊姊）的態度會影響他們彼此關係的長短，而研究者根據這些資料做再次分析的研究時，則可用演繹法，去研究是否相同性別的志工對案主會產生社會心理功能之影響。此研究由上次研究的論點演繹而來，可稱爲演繹式的再次分析。

（二）由研究設計來看

從研究設計來看再次分析法時，有探索性、描述性及解釋性三種：

1. 探索性再次分析研究的範圍較大，有最多的機會去觀察和解釋。例如，可由現存的資料中去檢查不同變項之間的可能關係。這種過程不是去驗證假設，而是從很多的自變項中去決定可能是哪一個自變項與依變項有

關，或哪個自變項對依變項有較大的關聯。例如利用
國際社會工作教育協會（CSWE, Council on Social Work
Education）之資料去分析社工碩士人數減少之原因，
發現情況最糟的學校是有博士班，但師資欠缺，及學校
補助較多的學校，其社工碩士班的學生反而減少，從這
探索性的再次分析中，便得到一個很好的結論，建議學
校降低傳統碩士班的標準、減少資源的浪費，以及提早
做碩士班招募的工作。這種研究並不是真的在驗證某種
假設，只是從再次分析中，看是否能「蒐集」有關的假
設，以便更清楚探索事情的真相而已。

2. 描述性再次分析研究是用來描述同一時間內的單一變
項，或設法把一個變項分成二個變項，但都只限於描述
特性，而不是做「蒐集」假設或「驗證」假設的工作。
例如，CSWE 年刊中所刊載的統計資料，詳細的列出國
際社會工作界上的教育狀況，他們若對這些資料有清楚
的瞭解，則有助於研究者將這些資料做更詳實的說明，
把一些資料串連做更清楚的解釋，這種再次分析則為描
述性再次分析法。

3. 解釋性再次分析研究則以證明假設為重要的任務，可由
既存資料中對假設關係做簡單的分析，也可設法控制了
某些以前的研究所沒有控制的其他干預變項，來看看研
究的假設，及其變項與變項的關係會有什麼樣的變化，
則為解釋性再次分析（亦即把事情的來龍去脈，藉著再
次分析的研究，解釋得比以前更清楚）。例如由 CSWE
資料中，研究者把一些變項做驗證的分析，看看學歷、
職位、責任，或不同的性別等變項會對薪水有何種不同
的影響。如此就可以解釋美國社會工作教育界中，學者
們的薪水是受何種變項所影響。

四、再次分析法的研究內涵

再次分析法的研究內涵如下：

（一）題目的選擇（selection of a topic）

若要用再次分析法作研究，在題目的選擇上就應該具有足夠的企圖心，最好是頗為特別的，或是範圍較寬廣的，否則很難吸引別人的注意。當然研究者也應講明為何必須用再次分析法，否則很難去說服別人。題目一旦選定，就必須馬上考慮到變項的問題，如何操作？如何控制等？這些問題就是未來要遭受批評的來源。

（二）尋找現存可用的資料（search for available data）

利用電腦尋找適當的學術機構或政府單位，一方面資料較完整，另一方面也比較容易在其它的領域上發揮。當然一般人在做再次分析研究時，大體上都已經有了腹案，資料的來源也是十拿九穩時，才會試圖進行再次分析研究。否則，若先確定要做再次分析，然後再去尋找哪邊有可以再次分析的資料時，有本末倒置之嫌。

（三）重新創造資料（re-creation of data）

再次分析不是重複以前的步驟與資料，研究者首先必須應用舊有資料，去創造新資料，也根據所欲採討的主題，從舊資料中特別細心尋找所需要的資料。再來則仔細研究資料，若因細讀、思考，能對某些變項的次數項目產生更深刻的瞭解時，研究的靈感便會如湧泉般出現。選擇一些與研究主題有關的變項，但不能太多，否則會無法處理，因為一旦研究的靈感一來，常有一種企圖，希望研究能回答所有相關的問題，所以就把所有的題目都拿來分析，結果是弄得研究結果繁瑣不堪。

（四）**分析資料與比較結果**（analyzing the data and comparing result）

再次分析是否做得好的主要功力就是它的資料分析。不僅要細心，而且還要有些創造力與組織力，因為當務之急就是要找出答案，讓研究者與讀者都能因為再次分析的新發現而對事實有更進一步的瞭解。

五、再次分析研究法所容易產生的問題

（一）信度問題

信度指測量的一致性。但某些資料與其測量本身就不一定是一致的。例如一個社工機構的督導被要求用一些標準去剔除一些「不適合」的案主，但社工員每次在使用這些新的標準時，反應卻有很大的變化與起伏，每次的使用結果都不一致，可見這個「標準」的信度就有問題。或是機構內的社工同仁在使用這個標準時，看法頗不一致，各有各的看法與認知，如此一來，信度也是不佳。此時我們所謂的信度問題是指：當一個機構在使用再次分析時，以前所謂有信度的資料，在若干年後再度拿來分析時，它的結果與以前的立論截然不同，如此一來便產生該標準信度方面的問題。

（二）效度問題

不一致（缺乏信度）的測量不可能會有效度，因為每次的測量都不一樣，如何能測到所該測的？信度不足，效度當然就出問題。然而，在測量當中，有時即使有信度，也不一定有效度。測量工具的一致性是效度的必要條件，但非充分條件。要使用再次分析之前，要注意過去的哪些資料是我們現在仍然要用的？是否有把握能得到真實的反應的資料？例如，研究金錢使用行為時，二十年前物質缺乏，對金錢使用的看法的問卷，縱使效度再高，如今時代變得

那麼快，普遍使用金錢的態度當然大異於往昔，當初高效
度的問卷，如今來看卻不見得，這是效度方面的問題。

（三）**造成再次分析產生偏差的因素**（sources of error）

為何再次分析會產生誤差，除了以上所說的信度與效度的
問題以外，還有一些因素必須考慮：

1. 以前研究的工作員若對研究不配合，排斥研究，而且也
   隨便記錄的資料，這種資料再分析也沒有用。

2. 不同的資料供應者對事件會有不同的定義與解釋，若是
   原始的調查，我們馬上可以查證，立即予以修正，但是
   再次分析時，先前提供矛盾信息的人，現在大多不知其
   蹤，他們所做不同的解釋或分類，再次分析的研究者會
   永遠找不到頭緒，當然因此會影響再次分析的準確性。

3. 資料供應者個人的喜好，及社會價值觀之影響，會產生
   偏差，這些偏差在再次分析時，絲毫沒有彌補的餘地。

4. 以前的資訊可能是合適的，但在再次分析時，可能定義
   上已有改變，分析起來，與第一次分析的定義可能不一
   致；以前的資訊可能是可信的，但現在對不同事情，可
   能也會有不同的解釋，因而在何謂客觀的解釋時，在拿
   捏上頗不容易。不同機構或不同方案對同一名詞、現
   象，採用不同的操作性定義，這樣就無法做比較，這種
   研究的結果也可能與眞實有很大的出入。例如，一般美
   國學校是大二分系，但是有些學校卻是在大三、大四時
   才分，因此在 CSWE 的統計人數中，就會有出入，在師
   生比率上，有些學校就會有過多或過少的現象。

（四）**遺漏的資料**（missing data）

以前研究所遺漏的資料在再次分析時，一定會有更多的問
題，在第一次研究時，對於遺漏的資料心知肚明，知道為
何會如此，也知道如何去克服，如何去解釋，但在再次分

析時，對於這些遺漏的資料常會束手無策，在處理上一定很心虛，解釋上也很脆弱，不容易克服。

六、結論

「再次分析」是當資源有限、時間有限的情況下，很好用的一種研究方法，尤其當今電腦時代的來臨，在蒐集資料的過程、儲存、補救、分析等都很方便，來日若有社會工作資料銀行的設立，每個研究者願意把當初所蒐集的資料、研究的過程、分析的代碼與分析的過程，都鍵入磁片而存入社工資料銀行供別人使用，也因此可以使用別人辛苦調查得來的資料時，社會工作研究的空間必定更加開闊，再次分析法將成為一種相當重要的研究法。

第五節　內容分析法

為了對某問題做進一步的瞭解，所以針對其溝通或文件的內容，做較詳盡的分析，則為內容分析法（content analysis）。試想，我們若把二、三十年來的某報第一版面的廣告當作研究對象，是否可從廣告的內容、版面的大小、用字遣詞的改變等項目一一來分析，看看是否可以因此看出時代的變化到底有哪些特質？廣告方式的轉變是否意味著傳播文化的改變？訴求對象的變遷是否看出新生代生活格調的轉化？這種從已有的資料與文獻中所做的系統性及科學性分析，其實就是內容分析法。早期的內容分析法，依 Holsti（1969: 3-5）的看法，需要符合四個條件：

一、內容分析法的四大條件

（一）資料的分析必須具充分的客觀性（objective）

在分析的過程中，每一個步驟都應有明確的規則與流程作依據。研究者應對所要研究的內容，設計出客觀的類別

（categories），以便可以把資料「翻」成號碼（coding），所以資料全部集中在一起時，就可以使研究者排除本身的主觀性，而做客觀的解釋。這種過程，必須客觀到若讓另一個研究者，根據同樣的手續來分析資料時，也會與原來的研究者一樣，得到同樣的結論。

（二）必須系統化（systematic）

研究者要把資料歸類為某種類別或賦予號碼時，是納入（inclusion）或排除（exclusion），必須根據所規劃的原則，據之以行，不能臨時起意、擅自更改，完全依照既定的系統與原則行之。有了客觀性與系統性後，也只能說具備了內容分析法的充分條件而已，還不是最標準的內容分析，它還需要第三個條件。

（三）必須通則化或定律化（generality）

內容分析所得到的結論最好與理論相關，或能形成某些通則，使與其它理論有所關聯。內容分析的目標絕對不是只在敘述某種現象而已，而是在分析某種因素與其它因素之間的關聯；這些關聯可能在文件中，可能在人們的敘述中，也可能在某些特定的人物與時段中。

（四）「量化的敘述」（quantitative description）

所謂量化的敘述不是指把所要觀察的資料，藉著次數分配來說明某種特質，而是指用函數分析（contingency analysis）的概念，把某種現象的特質，用數據的方式來說明與另外一個變項之間的相關，或對其它現象所造成的影響。例如 Gilbert A. Williams 以電視廣告為研究的對象，專門計算電視節目人物及其對話中，所涉及的「對暴力的傾向」與「對性的暗示」。首先，他用抽樣的方法，從 *TV Guide* 雜誌中，選了 1980-1985 年間的一些節目，然後他定義何謂「電視中的對話」（verbal referents），及其「暴力傾向」或「性暗示」所指為何，當他把節目樣本一個一個

計算其性與暴力的出現頻率與次數時（當然要歸類節目內容，是否合乎他的操作化定義時，有時必須用到質化研究的方法，以便能準確的把資料歸類），結果發現：性與暴力的確影響了節目的收視率與排行次序。同樣的方法，我們也可以用來分析「最近幾年來流行歌曲的歌詞與青少年的心理適應」，或「與某種行為特質之間的關係」；或從十年來的社會工作學術刊物作品中，來分析臺灣社會工作的發展方向或潮流趨勢；也可以從某個機構的文獻資料中，來分析探索該機構的發展特質……這些都是內容分析法的應用。

二、內容分析法的內涵（Baker, 1994）

（一）選擇適當的主題

該主題必須是可以用內容分析的方法來從事研究者。當然該主題的分析事先也應有研究者本身的邏輯與假設，可讓一般人瞭解，針對這些內容，用內容分析的方法去處理時，一定可以得到適當的資料，其結果與發現，也必將有學術的價值與研究的意義。

（二）從資料中抽樣

當然抽樣的先決條件是要使樣本具有「代表性」（representativeness），否則一切的分析都是空談，所以隨機的原則必須考慮。抽樣的單位也要細加定義，否則會影響內容分析的品質與進展的速度。

（三）從內容當中，去發現資料的意義

內容分析法既然是要從資料中，去探討資料所攜帶的訊息，那訊息的來源總是必須考究，總不能是「片面之詞」，更重要的，內容分析在訂定題目以後，對於所要研究的對象應該業已確定，所以何謂研究中重要的變項研究者也應胸有成竹，意義的確定應該不是難事。

（四）設計出「過錄」（coding）的系統與原則

過錄基本上就是把資料轉化為數字的過程。例如：性別有男有女。研究者可以把男的定義為 "1"；女的定義為 "2"。又如，為了探討國內社會工作者研究的經驗與未來的趨勢時，研究者用內容分析法，蒐集了國內社會工作者十年來的研究報告，逐一分析各個研究的特質時，依類別來分，可以界定兒童研究為 "1"；青少年研究為 "2"；中老年人研究為 "3"⋯⋯。質化研究為 "1"；量化研究為 "2" 等等，這些都是過錄。當然過錄的過程中，有時是以該資料的「次數」（frequency）、「數量」（amount）、「類型」（typology）、「來源」（origin of source）、「密度」（degree of intensity）等為主。若內容分析的主題是電視節目中的暴力渲染，語言暴力是 "1"，肢體打耳光或身體推擠是 "2"，鬥毆是 "3"，刀械攻擊是 "4"⋯⋯。總而言之就是要把所研究的內容系統性的轉換為數字，而這些數字又能適切的呈現內容與意義。

（五）分析這些經過整理（過錄）的資料

資料既然經過整理，就可以藉此計算其次數、類別或其它特質，研究者便可以用表格或圖形的方式，把資料的「意義」表現出來。此時，研究者可以發現，資料過錄以後，在計算時便會顯得較為靈巧。有時，可以把過錄的原則更改，如把原來的過錄做另外的聯結或增減，然後，將其結果分析後再與原來的資料做比較，也會有不同的發現與收獲。

三、內容分析法的效度與信度

內容分析法固然使研究者在耗費不多的狀況下，就可以做出不錯的研究報告，但是內容分析法的信度與效度，研究者不能大意。為了增加內容分析法的效度，研究者必須特別注意，所研

究的內容是否「適合」做內容分析（並不是所有的問題都可以用內容分析的方法去處理的），尤其要問什麼問題，或看內容的哪些項目，都需要妥善考慮，因為問題與項目的設計牽涉到研究的假設與目標。內容或項目一旦確定，就必須好好規劃過錄的系統，分哪些類別？計算什麼特質？……這些都是考慮「效度」時必須去注意的。至於信度方面，若是研究者把過錄的標準與規則訂好，使任何人看到同樣的資料都可以有同樣的歸類時，其研究的信度或可增強；若研究的內容中，有不少模稜兩可的資料，使資料的歸類或分析的方向產生不定感時，其研究的信度必然降低。

四、結論

內容分析法是既節省又容易討好人的研究方法，只要有適當的主題與資料的話。若要採用內容分析法，研究者應當對所要研究的主題有特殊的興趣，加上手邊又有不少的資料可應用，否則其內容就變成生澀不堪。雖然內容分析法都是以簡單的次數分配方法在處理資料，其實背地裡的真髓應是研究者的創造力與組織能力。有了創造力，研究者才能化腐朽為神奇；有了組織能力，內容分析法的真義才能有效的呈現出來。

第六節　非干擾測量

非干擾測量（unobtrusive measures）是指：「在調查訪問的前或後，研究者在不干擾受訪者，也不需受訪者填問卷表的狀況下，藉著對其它事物的觀察或測量，使得到的資料可以佐證或增強調查研究時所得到的結論，此為非干擾測量。」（Webb etc., 1966）

非干擾性測量源自於1966年，Webb, Campbell, Schwartz 及 Sechrest 等社會心理學家的創見，在其共同的著作 *Unobtrusive Measures: Non-reactive Research in the Social Sciences* 一書中，提出了非干擾測量的

概念，可供調查研究時的參考。

　　任何有研究調查經驗的人都知道，訪問受訪者是使研究者頗覺疲累的一件事。研究者要考慮受訪者的時間，必須設法排除與研究者本身時間上的衝突；要考慮受訪者的程度，深怕受訪者無法回答問卷上的問題；要擔心他的心情，就怕他一言不合掉頭就走；還要注意訪問時有否受到其它因素的干擾等等。研究若能不影響別人，又可以得到必須得到的資料，何樂而不爲？是可以有這種「如意算盤」的研究，即爲非干擾性研究。可惜，要特別注意的是，非干擾性測量不能取代訪問調查研究，非干擾測量的結果只是供訪問調查佐證或參考而已。

　　具體而言，非干擾測量有不可否認的優點：(1) 不必干擾受訪者，不必看受訪者臉色；(2) 測量結果沒有人爲的僞裝與不必要的影響；(3) 不會造成實驗研究中的受訪者成熟、歷史或測驗等影響研究內在效度的危機。

　　Webb 等人認爲非干擾測量可分爲三種主要的型態：(1) 物理線索（physical traces）；(2) 檔案與公文（archives）；(3) 觀察（observation）。但是截至目前爲止，非干擾性研究的主要型態是以物理線索的研究爲主。在觀察物理現象時，我們看其腐蝕狀況或其物體上的黏著物，就可以知道該物所受的風化情況或所處的環境；在博物館中觀察一個區域的地氈磨損狀況，就可以知道哪一個區域最受觀眾光顧；觀察風景區垃圾桶內的垃圾數量（仔細分析垃圾桶內的東西當然也可以分析出該區的消費行爲）（Rathje, 1979: 77）；或是看一個區域的窗戶（如澎湖）就可以知道該區受到海風侵襲的嚴重性；城市市中心的空酒瓶就可以估計該市的遊民酗酒狀況；由圖書館內雜誌的受損情形可得知哪些雜誌有較高的「可看性」……。其實，只要研究者心思敏銳（或是幻想力不要太差），稍加觀察生活週遭的種種狀況，多少都可以找到問題的某些答案，這是非干擾性研究所要強調的要點。

　　非干擾性研究固然有其迷人的地方，但是考慮到研究必須具備的

信度或效度時，非干擾性研究法有它無法克服的缺陷與困難。但是研究者必須瞭解，非干擾性研究不是用來替代某種研究方法（嚴格的說，我們不應該把非干擾性研究當作研究方法的一種），若我們承認這種狀況，而把非干擾性研究當作補充性資料來源而非主要性的研究時（supplementary, not a primary source of data），那非干擾性研究對原來研究的幫助甚大，因它可以增加原來研究的信度與效度。從效度來說，研究有內在效度與外在效度，因為非干擾性研究所找到的證據可以使原來的研究更加有內在效度，同時也因相關證物的蒐集，若又能在別的地方找到同樣的證據時，則原來研究的外在效度，當然也因此可以大大的提高。

第七節　結　論

研究本來就是探討真理的過程，顯而易見的，探討真理的方法不會只限於一種，只要研究者願意，只要研究者不失去心靈的好奇，就能多方面去觀察；只要研究者對本身擁有的資料純熟，就能對原有的資料賦予新的意義與活力；只要研究者不排斥過去，也不畏懼於未來，那探討真理的方法應該是相當豐富與多樣的；歷史、文化、書面的資料、環境的種種現象……都可以成為研究者探討真理過程中很大的幫助。

🗝 關鍵名詞

內容分析法（content analysis）：為了對某問題做進一步的瞭解，所以針對其溝通或文件的內容，做較詳盡的分析，則為內容分析法。

文化比較研究（cross-cultural study）：針對某種主題，選兩個或兩個以上的文化或行為特質，作為研究變項，以分析其相關性的研究方法即為文化比較研究。

再次分析法（secondary analysis）：對某現存已有的資料做更進一步的分析，以呈現新的結論或解釋的一種研究方法。

非干擾性測量（unobtrulsive measures）：指在調查訪問的前或後，研究者在不干擾受訪者，也不需受訪者填問卷表的狀況下，藉著對其它事物的觀察或測量，使得到的資料可以佐證或增強調查研究時所得到的結論。

歷史研究法（historical research）：藉著過去所遺留的事物或文獻，以客觀的態度去研究「過去」的過程。

💡 習題

1. 何謂再次分析法？再次分析法容易產生哪些問題？
2. 何謂非干擾性測量法？試述非干擾性測量法的優缺點為何？
3. 試比較調查法、內容分析法、歷史研究法等研究方法的優缺點。比較中應包括各方法的適用範圍、資料特性、目的、研究取向與研究結果等方面。

Chapter 11

事後回溯研究與
方案評估

──────────── 摘　要 ────────────

　　在事情發生後，以調查研究的方式，著手分析原因的研究方法即為事後回溯研究法（post hoc research）；如何進行事後回溯研究，其優缺點為何，均在本章中討論。

　　社會工作研究主要以實務為主，絕大部分的研究都是事後回溯的型態，所以事後回溯的方法，大家不能忽略。本章亦探討了目前社會工作界以及企業界中最被廣為討論的主題——方案評估。社會工作為何需要評估？評估有何好處？評估可以絕對客觀嗎？如何按照事情的本質，選擇最好的方式來評估？評估者應該扮演什麼樣的角色？在本章裡介紹了需求評估、評估性評估、過程評估、成果評估以及成效評估等種類，期使社工實務中也能多多引用評估以提升實務的品質。

　　德懷術研究法專就如何集合專家學者們的意見，藉著匿名的方式，研究小組不斷的問卷設計及專家們詳細的回覆問卷，以求逐漸達到共識，所擬定出來的方針能實質的幫助機構未來的發展。

第一節　事後回溯研究法

一、源起

　　對過去所發生事物的研究，若是以文獻事物為主時，為歷史研究；若在事情發生後，以調查研究的方式，著手分析原因的研究方法則為事後回溯研究（post hoc research）。因為有些過去所發生的問題，或是目前的問題，必須從過去尋求原因，而這種原因的尋求卻不能用實驗的方法馬上找到答案時（如某個區域流行烏腳病），研究者只好分析既有的資料來探討問題發生的可能原因、找尋其答案。事後回溯研究又稱解釋觀察研究（explanatory observational studies）或原因性比較研究（causal comparative research），因為須藉著各種觀察，提出各種解釋（或

是先提出各種解釋，然後從各種觀察找出原因），把種種原因與答案相互比較時，較合理的因素便逐一出現。簡而言之，它是以回溯的方式，探究諸變項（原因）間可能的關係或效應的研究。

二、事後回溯研究的特質

事後回溯研究雖然是用既有資料來研究，它仍然是具有系統性、實證性的探討法，因為它對所發生的事實，提出一套系統去觀察、去解釋，以期找尋可能的客觀答案。事後回溯研究中所要探討的自變項若不是既成之事實，便是根本無法操弄、無法控制自變項。回溯研究中，變項與變項之間的關係經常不能直接測知，必須從自變項與依變項之間的共同變異數來加以推論。嚴格而論，社會工作的許多研究都會在事後回溯的範圍，因為社會工作經常是在某件問題業已產生，為了尋求解決之道，研究者必須探討問題發生的主因，這種過程就是事後回溯的研究。例如，民國七十年前後，青少年吸毒問題頗為嚴重，為了遏止其歪風，便要對吸毒青少年調查研究。研究時，我們必須先有一些論點或假設前提，認為其吸毒的因素是因為青少年不知如何面對壓力與挫折所致，因此研究的自變項就是青少年遇到的挫折或壓力（這個變項是無法在實驗室中重新再演練或設計的），依變項就是青少年的吸毒行為（這個變項是不能要求青少年再重複實施的）。為了探討問題的答案，我們可以問那些吸毒的青少年當初吸毒的原因，特別強調是否當初遭遇了哪些挫折或壓力。我們也可以以一般的青少年為研究對象，一方面詢問其平日所遭遇到的挫折有哪些，一方面再探討平日面對挫折是如何因應（注意，這些青少年的挫折與吸毒青少年的挫折不盡相同；面對挫折的因應也不一定是吸毒行為，但是我們卻努力去尋求這兩個變項中是否有其共同變異數，而使我們能夠據此來解釋就是壓力挫折與吸毒行為之間的關係）。

雖然，有時候事後回溯不是用調查研究的方法，卻如歷史研究法一般，多方面採用當時的文獻與資料，如統計紀錄、大眾傳播以及私人文件等，當然在蒐集這些資料前，研究者在心中業已有其理論假設或問題的探索背景，根據其理論與假設去蒐集其所需要的資料，而不是臨時有什麼資料就根據那些資料來解釋。事後回溯研究與歷史研究之間的不同，是它仍然對過去的某種事件採取假設驗證與訪問調查的研究方法，而不是像歷史研究只根據各類文件去探索其前後因果而已。

三、事後回溯研究之步驟

事後回溯研究與其它調查的研究大同小異，只是有一些步驟較被強調。茲逐步敘述如下：

（一）確認研究問題

就如其它的研究一樣，它必須先確定研究的主題。在其它研究方法中，研究的主題可能是一種假設的狀況，而用實驗或調查的方法將研究的答案找出。事後回溯研究的研究問題則是以業已形成的問題爲主，因此才有其必要以事後回溯的方式探討形成問題的原因。

（二）確立假設

有了研究主題，必須根據理論確立假設，事後回溯在假設與立論方面需要特別的強調。因爲問題既已產生，在推敲是什麼因素造成這類問題時，不同的假設會導致不同的研究方向。在原因不明時，可能的因素林林總總，研究者卻必須在所推測是自變項的項目中去找出與依變項之間的關係，以便證明研究的結果是與假設有關，也因此必須在統計上來證實。要注意的是就算在統計上有了顯著的印證，研究者也應小心，因爲這個推測的自變項雖然業經證明，但仍可能只是研究變項之間的共變數而已（意即還有其它變項與這個自變項一起作用，影響了我們所研究的依

變項，只是這些其它的變項並未或還未包含在我們的研究
間）。

（三）選取比較組

藉著理論或假設的指引，要探討問題當中各種因素之間的
關係時，就算研究變項得以證實，最好仍有一個比較組可
以與實驗組做比較，否則統計上的顯著差異說不定只是偶
然的因素所造成的而已。事後回溯研究與實驗研究一樣會
面臨內在效度的問題，若沒有比較組的對照時，研究結果
堪虞。

（四）控制無關變項

就算有比較組可以對照，造成問題可能原因的探討可能會
受到一些無關變項的影響，因此，如何控制研究進行時的
無關變項，對研究者而言是很大的考驗。一般所採用的方
法有配對法，使實驗組與比較組之間的差異可以確定是由
實驗的項目而來。比較同質組（與實驗組性質相同的小
組），或次級組（藉著原來小組引伸而來的小組），或藉著
共變數分析，來確定造成問題的各個自變項的功能與相互
左右的共變數，也可以排除研究所不需要的雜質。

（五）資料的蒐集與分析

事後回溯研究的資料分析方法與其它研究方法並無太大的
區別，其實分析方法是否妥當取決於是什麼樣性質的資
料，與我們要什麼性質的答案而定。但是一般而言，在事
後回溯分析研究法較常用的分析方法，若是敘述統計的話
則用平均數、標準差、皮爾遜積差相關、列聯相關等；在
推論統計方面，則較常用 t-test、ANOVA、卡方、Mann-
Whitney U test、Wilcoxon signed-rank test 等。

（六）研究發現的詮釋

事後回溯研究若能找出當初造成問題的一些原因，並且加
以證實時，一定令人興奮莫名。但是事後回溯研究是問

題發生以後，探討其問題原因的合理化過程，就算頗具邏輯，也相當的客觀合理，但是研究者仍應抱持著審慎的態度去解釋，使整個事件的說明言之成理，而且不失之吹噓，對所可能未探討的、仍未找出答案的，以及在整個研究過程明顯有瑕疵的，都能有清楚、誠實的交代。因為畢竟是事後回溯的研究，所強調的是如何解釋以前所發生的事，研究時難免都已經有了先入為主的看法，要做到完全客觀的解釋不是那麼容易。

四、事後回溯研究法的優點

事後回溯研究法最大的優點是研究經費節省，問題畢竟已經產生，我們是做「合理的推測」而已，所以所用的方法、過程，所蒐集的資料均在我們的喜好、原始的情況與本來的背景中，不必做太大的付出，不必在範圍的擬定上煞費周章。第二優點是可以看出時間系列上問題的長期發展，最起碼可以比較現今與過去之間的差異，若是在研究設計中妥加規劃，更可以因此看出問題在時間系列之間的改變，因此也是一種頗為有用的研究方法。

事後回溯研究法雖嚴謹度似乎不若實驗研究法，但也有比實驗研究法優越的地方。

（一）變項使用的近便性。尤其當變項無法選擇或操弄時，研究者必須直接研究某一問題的因果關係，但卻不能選擇、控制或操縱所需之變項時，他就可以使用事後回溯研究法。

（二）當所有受控制的變項流於不切實際或高度的人為化，以致妨礙諸變項間的正常交互作用，用實驗研究法也無法找到確實客觀的答案時，事後回溯研究法或許是個彌補的方法。

（三）當實驗控制研究的目標不切實際、成本過高，或基於倫理

道德的考慮，不應該也不能夠使用實驗研究法時，就可使用事後回溯研究法。

（四）事後回溯研究法也可獲得關於某些現象之性質的有用資料，如在什麼條件之下、什麼因素，以什麼順序與模式，跟隨什麼因素發生，雖然這些答案並不是透過嚴格的實驗而來，但是經過細緻的事後回溯研究方法，把過程盡量設法予以控制時，所得的答案，也可以得到很有價值的答案。加上近年來，由於研究技術、統計方法以及部分控制設計的改進，使得這些研究的結果，較具有防衛性。

五、事後回溯研究法的限制

當然事後回溯研究法也有它的限制，第一，擁有資料者不一定合作，資料也不一定就確實，當今所用的工具和以前所用的工具與測量單位不同，當然一定會產生偏差，不符研究的要求。第二，它缺乏對自變項的控制。研究者為獲致良好的結論，必須考慮一切可能影響結果的理由，或解釋其它「似乎合理的對立假設」，但如何證實其中的一種或多種理由較具有影響力，實非易事，而事後回溯研究法在這方面更為有限，因為它對變項根本無控制的能力。第三，事後回溯研究難以確定有關的因素，是否均已包含在進行的研究中，一切都是想當然爾的狀況，無法證明絕對與事實毫無二致，這種結論當然不免偏失，而且任何事情的發生，原因可能不只一個，而是由相當多的因素交互作用而成，且在某種情況下，才會發生該結果，這種交叉作用對事實所造成的影響，事後回溯研究一點辦法也沒有。第四，導致現象的原因不一定必然是多元的，可能在某些情況是由某個原因促成，而在另一個情況，是由另一個原因促成，此「單純」所造成的「複雜性」，也必須考慮。第五，如能發現兩個變項之間的關係，但要決定何者是因，何者是果時，常會有困難，而且，兩個以上有關的因素，未必具有因果關係，它

們可能與另外未被觀察或認定的因素有關。若是事後回溯研究並未把這種可能列入的研究規劃,設法了以控制時,研究的準確性就會受影響。

六、事後回溯研究與實驗研究法的比較

事後回溯研究法有別於實驗研究法,從不同的角度來分析,各有其優缺點,下列的比較表可以看出其端倪:

	事後回溯研究法	實驗研究
自變項	無法操弄自變項	可操弄自變項
分派原則	依變項本身屬性分類由研究人員決定	可隨機分派到不同實驗情境中
推論	找出變項與變項之間的關聯	可作變項間的因果推論

實驗研究法的最大特質就是可以操弄自變項,確定了自變項、依變項,並且可以控制自變項的劑量,使一切的變化都在操控中,因此可以斷定到底自變項是如何的影響依變項。事後回溯法對變項的操作無能為力,因為當初造成問題的主因(自變項)早已消失,無法復返,更談不上操控。實驗研究法是以隨機的方式,分配樣本至不同的實驗情境,好讓樣本可以因不同的刺激,而有不同的反應,因而看出實驗組與控制組之間的差距。事後回溯方法則依研究對象本身的特質,由研究者決定分派的方式,其客觀的程度自不若實驗嚴謹。實驗法的研究結果可以做變項之間的因果推論,誰自、誰依、誰主、誰從,自有定論。事後回溯法頂多只能斷定出變項與變項之間的相關性,至於誰是因、誰是果,則無法斷定,事後回溯研究所涉及的是關聯,而非因果。

第二節　方案評估

一、前言

評估是目前社會工作界以及企業界中最被廣為討論的主題。社會工作為何需要評估？評估有何好處？評估可以絕對客觀嗎？如何按照事情的本質，選擇最好的方式來評估？這些問題都值得研究者注意。

二、評估研究的歷史背景

二十世紀以來，評估已成為一股風氣，普遍都認為，若是要有效的解決問題，社會工作機構需要有系統的評估。1917 年時，就有人提出，應該以實驗的方法來研究問題、解決問題。但是學術界一直到1940 年中期，大部分的「研究」都是在抽象的實驗情境中來進行，鮮少是在實際的機構中實施，這種研究與社會工作的本質有很大的差距，所以這些（實驗）研究的結果顯然缺少客觀性，很難應用在社會工作的實務上。

設法運用研究的方法來解決社會問題，開始在第二次世界大戰後，因為當時社會結構巨變，家庭組合也受到影響，為補救城市的發展，因應因為家庭結構變遷所引起的種種問題，大家逐漸明瞭，以客觀、實務的研究，才是認清問題本質、有效解決問題的最好方法。50 年代開始已有研究者評估心理治療對防止青少年犯罪的成效，60 年代時，美國的期刊、研討會、相關的專業協會等組織，也都在廣泛的以評估研究方法來檢討多年來的作法是否客觀與有效。60 年代的評估研究著重於如何改善人類的成長狀況，尤其是對於早期兒童的教育方式與成效的評估，更認為是當務之急，評估研究於是更加蓬勃發展。當時風氣漸開，社會政策人員、行政人員，以及社會計畫者，開始認知評估研究的用途甚至可以應用到社會政策的發展與

修正（Weiss, 1972; Riecken, 1974）。

70年代開始，方案評估的研究幾乎爆滿，而且普遍都瞭解方案評估對做好政策計畫、發展治療方案等的成敗更是息息相關。當時很多研究經費都用到有關貧窮方面的研究；兒童虐待、藥物濫用的分析與防治；虞犯青少年；以及罪犯的防治方案的成果評估等。80年代後，社會工作相關的機構更是處在一個處處講求責信，時時講求評估的時代。但是也有人認為評估的功能仍然有限，客觀性仍然存疑，技巧也待商榷，所以認為，與其把一大筆經費用在形而上的評估，不如用在目標人口的直接服務上。目前為止，贊成與否兩派的看法仍然有不少的爭議。

幾十年來，評估之所以愈被重視，其實有時代的背景因素。最主要是經濟因素的影響，當經濟不景氣時，所有的經費最好都花在刀口上，每一分錢的使用最好都獲得最大的效益，此時，對於方案的評估就勢在必行，否則很多經費會變成浪費。此外，消費者運動也是促使評估研究日益普遍的原因。消費者（廣義的說，應該是納稅者）認為有權利去瞭解各種服務的來龍去脈，也有權利去分析各種收費是不是合理，評估研究也就愈加重要。而一個專業若能考慮到專業的形象，顧慮到服務的品質，分析其治療的有效性時，方案評估當然會被更加重視，以便獲得社會大眾的信賴與支持。

三、評估的目的

之所以要評估是因為評估可以給研究者許多方便。方案評估後，首先它使執行者可以名正言順的向外界宣布方案的有效性（effectiveness），因為方案是否有效業已經過評估。第二，評估也可以促使同仁們提高工作的效率，當任務進行時，若當事者知道他的工作會被評估時，固然壓力會增加，不過也會因此設法增進本身的工作效率，以免會比別人相形見絀。三，評估也

是展現一個新方案與技術最好的機會。若是一個新案要提出，在眾人可能質疑甚或挑戰的時候，最有力的方法就是提出新方案的成果評估，讓質疑者馬上可以看出新方案與舊方案之間的差異，若評估的過程嚴謹、方法客觀，新的方案很快就可以被眾人接納。

我們也可以從研究的目的來區分研究的類型。從另外的角度來分析，評估研究的目的不外下列五種：（1）基礎性研究（basic research）；（2）應用性研究（applied research）；（3）總結性評估研究（summative evaluation）；（4）形成性評估研究（formative research）；（5）行動研究（action research）。在這五種研究中，孰優孰劣，很難下定論，因為沒有一種研究可以同時達到不同的研究目的、同時滿足不同讀者的需求，只有在目的清楚、讀者明確之後，研究者才能做出具體的研究設計，決定資料蒐集和分析的方法，以達成研究的目的。通常，基礎性研究和應用性研究的「成品」，以在學術刊物上發表者居多，因為他們的讀者也是研究人員，均能以學術上的嚴格標準、研究的效度，以及理論的適用性等標準，來判斷這些研究的好壞。評估研究主要是為了研究的捐助單位所作的報告，將評估的結果作為決策的一些依據，以改進方案或是解決某種特殊的問題，茲詳細說明如下（Patton, 1995）：

（一）基礎性研究的評估

基礎性研究的評估是為了知識而追求知識的研究，旨在理解世界是如何運作的，他們對研究有興趣是因為他們想知道這種現象的實質所在。他們致力於產生新的理論或檢驗現存的理論，對他們而言，理論是學科知識的概括或縮影。質化評估研究對於基礎性研究的貢獻，是通過立基理論（ground theory）（Glaser & Strauss, 1967）來實現的，Glaser 及 Strauss 強調以歸納的方法來產生和證實與經驗世

界有密切相關的理論。例如為了有效研究台灣日益嚴重的外遇問題，研究者研究的目標是要形成造成外遇的基礎理論，看看是否外遇者的人格型態、婚姻模式、問題解決模式有基本上的特質，這些以形成理論為基礎的研究即為基礎性研究。

（二）應用性研究的評估

此型研究目的在於幫助人們瞭解問題的實質，以增進掌握自己所處環境之知識。應用性研究的來源始自人們所遭遇的問題和所關注的事情，應用性研究人員是在尋求基礎性學科的知識在現實生活中的實際應用方法，他們所評估的重點主要放在實務的應用性上。例如，在外遇的形成中很多個案是因為不知如何處理在婚姻中所產生的問題所致，所以研究者就把研究重點放在個案的問題處理能力上，看看經過問題處理訓練方案的個案是否有較高的婚姻穩定度，此即應用性的評估。

（三）總結性評估與形成性評估

總結性評估主要是對方案、政策之有效性或成果做一全面性的評斷，以證明其理念本身是否確實有效，因而可以用來類推到其它狀況的可能性。（例如婚姻問題解決能力方案的實行結果到底如何？是成功或是失敗？在方案進行結束後，總要做一總結，此為總結性評估。）形成性評估則把焦點集中於特定的情境脈絡中，其目的在改進某一特定之方案、政策、人員或成果，它的研究主旨是在「形成」某些方案，其研究對象與目的是在於改進其研究情境之內的效果。（例如經過總結性評估以後，研究者發現婚姻問題解決方案立意甚佳，但效果不良，因為當問題已是冰凍三尺時，再讓案主學習處理問題效果有限，所以研究者認為預防性的問題解決方案要比事後補救的方式為佳，所以研究者把研究重點放在即將結婚的人，幫助他們做好預防

性的婚姻問題解決方案上，此即爲形成性評估。）總結性
評估所追尋的是在某特定範圍或條件狀況下的類推。形成
性評估則無意尋求超越其研究之外的類推，其目的是爲了
特定對象人員，在其特定時間內所進行的特定活動，以尋
求改進其行動效益的途徑。形成性評估主要仰賴於過程研
究、實施評估、個案研究，以及評鑑力評量，所以形成性
評估經常需要質性研究做後盾，甚至於依賴質性研究來達
成目標。

（四）行動研究的評估

行動研究是讓方案或組織中的人員研究自己的問題，並設
法去解決，因此，如何形成某種「行動」的研究目的，很
明確的成爲評估過程中很重要的一部分（Whyte, 1989）。
與形成性評估一樣，行動研究主要是研究特定時間中的特
定方案，其結論一般不超越其特定環境之外。（例如研究
者爲了鼓勵更多的未婚青年參與問題解決方案，就舉辦了
婚姻座談會，邀請結婚多年成功美滿的夫妻，針對這些即
將結婚的人，分享婚姻的經驗，此即行動研究，這類的評
估即爲行動研究評估。）

以上五種研究之間並無絕對明確的界限，但是瞭解不同的目的
會導致不同的省察角度，產生不同的研究設計，並且會左右資
料蒐集的途徑，影響研究的成果，連發表的格式亦有差異。所
以把質性研究應用在評估時，妥協性便隨之產生。無論是深度
的研究問題，或是探討廣度的問題，兩者之間如何權衡就是一
個妥協的問題，這也是 Cuba（1978）所謂的研究評鑑中的「邊
界問題」（boundary problem），所以在研究一開始時，確立研究
重心和安排研究問題的次序，遠比提出研究問題本身要困難得
多，其來有自。

四、方案評估的種類

依評估的性質與對象的不同，方案評估有很多的種類，主要有需求評估、評估性評估、過程評估、成果評估與成本評估等五種，茲分述如下：

（一）需求評估（need assessment）

顧名思義，若研究的目標是以服務的需求量為重點時，此時的研究則為需求評估研究。在需求評估研究中，研究者可以問題的嚴重性為前提，講出某種方案的重要性；也可以案主本身的需求為範圍，藉著案主的需求量，來確定方案的重要性。若以問題的嚴重性為前提時，研究者必須界定問題如何存在於方案中，而且指出問題的嚴重性，告知讀者馬上進行其方案的必要性，以便減少問題受害的範圍，增加受惠的人口。若是以案主的需求為著眼點時，則是分析出案主的需求項目、需求量、需求程度等，最好也藉著統計的分析，精確的指出何種案主需求何種方案，如此一來就可以有一正確的需求評估，在提供服務時，也能使不同需求的案主都得到滿足。

進行需求評估時，也經常會遇到一些問題。第一種常見的問題是評估不準確。評估得太高時，所造成的浪費可想而知；但是萬一評估得太低時又失去需求評估的意義，等於需求評估失敗，需求評估一不準確，服務的有效性一定會大打折扣。根據經驗，需求評估最大的困難是它無法考慮成本效益。若問案主需求什麼，他們當然會有很多需求，問題是這些需求是主事者可能提供的嗎？知道問題的嚴重性，藉之以估計解決該問題所需付出的代價，這種程序非常合理，但是如果問題太嚴重，解決問題的代價也著實太高時，那這種需求評估也經常是畫餅充饑而已。

造成需求評估不很可靠的原因之一，是研究者對問題的發

生率估計過高，問題的嚴重性也比事實誇張，如此需求
評估當然不準。第二種原因是事先的個案紀錄沒做好，
致使在進行研究時，無法有一個較為客觀合理的基本底線
（base line）資料可供參考，所以研究計畫的量度或預測當
然也因此整個都產生偏差。第三個原因是缺乏標準化的換
算或估計原則，致使對案主的估計因而不準。例如要進行
不幸少女（雛妓）的需求評估時，研究者必須估計國內有
多少不幸少女，但是要確定什麼是不幸少女時，研究者可
能要大費周章，因為官方的資料與私人機構的統計差距太
大，甚或可以說是南轅北轍，如此一來，需求評估如何進
行？所以在需求評估研究進行時，可能要有周全的事前準
備，計算需求的「標準」是否業已準備妥當？如何界定案
主？如何計算其需求單位？更重要的，支持研究的單位，
未來根據需求評估所做的方案或治療的預算到底有多少？
若是預算只有一點點，那需求的調查層級就不要太高，否
則這種需求評估根本一點也不實際。預備需求評估的進行
時，事先一定要把與該問題最直接、最熟識的重要人物
（key person）找出來，好好訪問他、請教他，並且請他就
研究者所預想中的問題做估計，坦白說出其意見，是否有
太不切實際的現象產生，以設法使研究的誤差減到最低。

（二）評估性評估（evaluative assessment）

事實上並不是所有的事件都可以做有系統的評估，要做評
估之前最好先進行「評估性的評估」，先界定問題的定義
清不清楚？機構本身的概念合不合理？對問題的認知客不
客觀？所要進行的研究本質能否量化？能否適切的評估？
評估性評估強調在評估進行之前先要評估機構目標是否清
楚、客觀？機構的運作是否不適當的概念化過程等。

很明顯的，若是某些方案的定義無法具體的被操作；或是

方案本身沒有特殊性；研究目標不清楚，也顯現不出來進行評估的必要性；或是處置時間的長短沒有標準化時，研究就不能通過評估性評估的考驗，當然進行評估時一定會遇到問題。

因此，若要進行評估研究時，機構管理者與評估研究者必須要保持密切的聯繫，共同把研究的目標、概念、各種操作化的定義等界定清楚，在方案設計階段，研究者也應該與社工同仁多多溝通討論，看看是否有實務存在，而研究者可能還一無所知的問題，希望實務工作的同仁可以事先告知。機構若要進行評估性評估時，整個服務的流程應該相當清楚的被界定，若流程無法畫出，最少也應有實務的階段或週期可供參考，一旦流程清楚，每個員工知道如何進行服務，研究者也因此更可根據此流程來制訂評量的標準，而後的種種評估工作也才得以進行。

把機構運作的流程界定清楚，固然是做評估性評估的先決條件，另外一個方法則是用目標管理法來處理。所謂目標管理法（managed by objectives, MBO）就是由宗旨（goal）演化為具體可行的目標（objectives），再由目標化為活動（activities），活動執行完畢時，其成果亦可測量（outcome measures），也因此可以斷定該機構是否可以做評估性評估。所以當機構的整體宗旨清楚，該宗旨又能衍化為一些具體可行的目標，再設計為一些活動，最後又可以加以測量目標的達成率有多高時，該機構的方案就可以進行評估性評估。

例如，以青少年觀護所內的青少年為例，該觀護所設置的宗旨就是使偏差行為的青少年，藉著觀護所的種種輔導方案，可以回復正常，因而早日離開觀護所。我們為這個宗旨設計三個目標（objectives）：第一，減少該青少年本身

危機的再出現；第二，提高該青少年的自尊；第三，減少
該青少年的侵略性行爲（aggressive behaviors）。針對第一
個目標，活動的設計可以爲：提供該青少年對問題嚴重性
的認知（如告知其相關的法律常識）；教導問題解決的技
巧；設計戶外的活動使其精力可以發洩等等。針對第二個
提高青少年自尊的目標，其活動可爲：使青少年參與有關
社交技能訓練的團體；設計有意義的休閒活動。針對第三
個目標，其活動可以爲：個別的諮商及約談等。當然在這
些活動進行時，我們一定要安排一些方案督導員及負責的
社會工作員等。最後則是成果測量。針對第一個目標，我
們可以青少年順利結業安返原生家庭的時間長短來決定成
功與否；針對第二個目標則以某專門測量當事者自尊指數
的量表來測量；至於第三個目標，也有以類似 Achenbach
child behavior checklist 來計算其侵略性行爲是在何種程
度。如果一個機構的方案可以用上述之例來演練，顯然
的，它必定通得過評估性評估。

進行評估性評估時的問題固然不少，一些措施則可多少解
決其問題。例如在行政體系中，有人專門設計各個成員的
角色及各個人的工作內容（job description）。審核其機構
政策時，要看其是否有可能獲得資源？有否其它團體的支
持與合作？機構的持續能力又如何等來評估其政策是否妥
善。機構本身的運作狀況則看它的發展潛力、管理能力以
及考核方法的可行程度來評估。不管如何，機構本身應有
研發的人專門研究「未來」的機構發展，也一定有人專門
負責處理「當今」的服務輸送的進行。機構的考核評估者
應與方案執行者不同，以減少彼此之間角色的衝突，畢竟
機構一大，事務愈多，不可能某個人是各方面的專家，分
工合作乃必然趨勢。

（三）過程分析評估（process analysis）

從評估研究的角度來看，過程評估與成果評估一樣重要。進行成果評估時，研究者假設若方案執行前後之間有明顯的差異，這種差異必然是因爲方案所造成的改變所致。但是，除非研究者清楚知道方案是如何在進行？方案的內容與特質又如何？他不能斬釘截鐵的就說前後的差異必然是由該方案所造成的結果。研究者在進行結果（方案的有效性）評估之前，必須對過程（方案的執行過程）評估有所瞭解。

所謂過程評估是「檢查並測量自變項進行的每個步驟與細節，是如何的造成相關因素的變化」。爲了對自變項有效的測量，整個方案的進行過程必須操作化、標準化，對於方案影響所及的種種現象與情況也必須設法予以測量，如此，才可以確定此時所謂的「過程」是什麼？過程的功能又如何？

「定義」不難，「執行」確是不易。眞實的狀況中，要把治療的過程詳細的確定，而且又把治療的功能仔細的評估常要大費周章。因爲治療的「一致性」非常難，針對不同的個體，要使治療標準化根本不切實際，也可能愚不可及，等到治療有了結果，又說該結果是從何種過程而來，也是不太能令人信服，過程評估的難度可想而知。實務經驗中，要做好過程評估時，最好由評估者自己直接觀察，總是比較容易瞭解每個過程進展的結果。評估者也應該在評估的進行中，隨時檢查各樣的報告，以便瞭解方案的施行所產生的種種變化。

評估者若能隨時蒐集當事者本身的工作紀錄，並與整體的測量作比較，過程評估的準確性一定可以提高。瞭解被評估者每天的工作內容，如與案主接觸的次數、地點、活動

的類型、經費、時間等資料，有利於評估時的查證，因為研究者因此可以掌握每個過程的進展，也可以減少評估的盲點。

其實質性研究是探討過程評估很有效的方法。找一些個案（包括得到治療效果的和治療無效的），問他們在治療進行時，他們是如何的感受，是如何的認知，是如何的得到幫助，當然也包括他們本身是如何的抗拒，如何的更正、改變或放棄。當社會工作者瞭解到案主在整個被治療的過程當中的心路歷程或是一舉一動時，社會工作者一定可以得到有關「過程」的種種訊息，這種評估必然有很高的說服性。

(四) 成果分析評估

方案評估中最常見的就是成果評估，事情一做完，到底好還是不好？值得或是不值得？成果有多少？都應該好好檢討，這就是成果評估。從研究法的角度來看，好的成果評估要克服三個問題：

1. 適切的研究設計或研究規劃。既然講成果，就是要看實行方案以後的成果到底有沒有比未實行方案的成果為佳。但是有了成果是否一定由那個方案而來，一定需要非常周全的研究設計才能確定。好的研究設計會讓方案的功能達到最高（實驗變項所造成的變異數愈大愈好）；會控制其它非屬實驗範圍的變項（控制實驗外之變項）；會減少誤差變異數，使研究與調查的誤差減到最低限度。要同時達到這些目標就需規劃良好的方案設計，其中的隨機抽樣原則更是不可忽略。

2. 好的成果分析評估必須具備準確的量表，能把方案前與方案後在各方面的成果都準確的測量出來。

3. 分析研究發現的能力，成果若是豐碩，它的前因後果，

及其以後所可能帶來的影響等都應分析敘述，使受評估者知其所以，也能因為評估對其未來的服務更有助益。

成果評估的研究設計最理想的方式是實驗設計，因為極為嚴謹，但是實驗設計的隨機原則卻會使研究者相當辛苦，主要的原因是受訪者不是物品，把受訪者「隨機」的編往實驗組或控制組，在人情上、倫理上都說不過去，但若不遵守隨機的原則，研究的客觀性值得懷疑，研究者須斟酌實情，仔細判斷，小心為之。所以成果評估在規劃研究設計時應儘量避免有「不治療」的控制組出現，或可減少這種困境。成果評估在設計量表時也要妥善為之，因此有關如何增進量表的有效性的方法必須要好好掌握：

1. 確定所選擇的工具是否與機構特定的目標配合，測量工具的選擇不只考慮準確度，測量工具製作過程的哲學或文化背景亦不可忽略。

2. 當測量工具很弱或適用性不高時，不妨藉著多種不同的資料來源與方法來配合測量。

3. 規劃成果評估時，盡量避免用「再發率」來作為評估的標準，因為若是計算案主的再發率，就必須考慮在那個時期以前測量，更需考慮當事者返家的那段時間有何干擾的因素（非實驗因素）在影響，如此一來，研究將會沒完沒了。

總之，成果評估的可用性、普及性均廣，值得應用。但是成果分析在報告時，必須有系統的整理、有系統的解說，避免一言以蔽之的草率與籠統。成果評估更應說明研究進行的背景與限制，如樣本的大小，在測量時所面臨到的種種困難，加上機構的特質及其在受評估時所可能造成的差異等都應講明，如此才能有科學、客觀、合理、合情的分析。

（五）成效分析（cost-benefit analysis）

看方案是否有其效果是成果評估，但是為了達到方案的效果到底付出了多少代價，就牽涉到成效分析的問題。在研究中，考量一個方案所得到的效益與其為此效益所付出的成本之間的比重是為成效分析。在經濟壓力之下，如何提高效能固然重要，但是考慮所付出的成本更是刻不容緩。一個好的方案不僅能按照計畫，得到所預期的效果，在時間與金錢上的付出也不能超出底線太多。否則就算成果評估良好，成效分析卻太差。

社會工作（或是一般社會科學領域裡）一涉及成效分析時，問題不少。因為社會工作界中很多處置，以及所得到的效益，很多項目是很難予以衡量，到底付出了多少代價，有時也很難計算，例如，一個試圖自殺的個案，經過三個碩士學位的資深社工員，每個禮拜各花四個鐘頭的時間予以輔導，最後卻仍自殺身亡。請問這種個案到底值不值得處理？三個資深社工員如此為個案奔波，是否值得？若整個辦公室八個社會工作員一個月中服務了一百二十件情緒困擾的個案，而只有十個個案的情況有所改善，是否這家輔導中心應該馬上關門大吉？這些問題在在都牽涉到成果評估與成效分析的困難與盲點。

成本效益分析所謂的「貴」或「便宜」、「值得」或「不值得」很難定論，最簡單的方法就是做相對性或比較性的成本效益分析。例如要做甲機構（某地區的生命線協會）的輔導效益分析時，最好先找出一個性質和規模都與此協會相若的另一個生命線作比較，他們彼此之間的地緣、人口、規模都相若，所聘用的社會工作人數也相同，如此我們就可以這兩個生命線協會的該年預算、所輔導的個案數、個案對該協會的滿意程度等來做比較，看看他們所服

務的個案效果是不是與他們所付出的經濟成本成比例。如此作相對性的比較時,就可斷定哪個生命線協會較為精簡、效益較佳,哪個協會在服務的「量」方面可能有不足的現象。

不管相對性的成效分析如何的進行,社會工作者必須瞭解,服務個案的時間成本非常難以計算,是否值得也很難定論。社會工作研究同仁必須更注意,服務方案的間接成本或社會成本也很難計算。就如某個機構的募款活動,花了一些人力募了多少錢固然很容易計算得出來這個活動的成本效益,但是誰又能計算募款以後,公司形象變好或變壞?(變好或變壞又值多少錢?)這次募款成績斐然固然高興,會不會因此產生一種疲乏的作用?會不會讓以後的募款活動愈做範圍愈小?而這些變動就是它的間接成本,至於某種在媒體大為表彰的行為、遊行示威、某個專業人士行為不檢等,會造成專業社會成本的付出,誰能計算出是多少經濟代價?

研究在進行一個機構的效益評估時,就算能找到某個類似的機構做比較性的效益評估,他也應該提防各個機構的單位成本不一,無法在同一的角度來比較。縱使機構的地緣、規模、社工員人數等都相仿,但是可能甲機構的理事長有較豐富的經濟資源,所以成本上他可以不必那麼認真的去考慮(就算表面看起來貴了不少,但是付出的成本卻可以在理事長的另一個事業裡變成收入),請問這種成本我們如何計算?由此我們可以知道效益分析的難處。

效益分析固然有其困難,但也可用一些方法去克服。例如,設法把一些待評估的事項先「標準化」是一途。針對某些案主做成本效益分析時,研究者對相似的案主最好用相同的標準來比較。區域醫院在多少病床數時,應該有

多少醫務社會工作員？每人每週應該處理約多少個案？若
把這些標準用來計算一些醫院時，或許可以找出一個常模
或基數，也可以當成標準化的參考資料。在固定一段時間
內，以預算的角度，來計算每個個案的成本與效益，而不
要瞻前顧後的考慮太多因素，若長期的評估並且每次都予
以修正時，在一段時間以後，也可以找到適用的標準，這
也是效益評估可以參考的方法。

五、評估研究的步驟

評估研究也有其步驟，雖然在分析這些步驟之前，讀者應該瞭
解，有的作者認為評估研究是範圍非常廣闊的研究法，可涵蓋
實驗及準實驗的方法（Babbie, 1992: 348-357）。但在本書中，評
估研究只是眾多研究方法之中的一種而已。其步驟如下：

（一）形成研究的問題（formulating the problem）

研究問題的形成與其它研究方法大同小異。評估性研究則
大體以某案業已進行一段時間，為觀其效果，以便決定日
後是否繼續進行，評估性研究的「問題敘述」便在這個環
境中形成。

（二）測量（measurement）

1. 確定所要測量的結果是什麼（specifying outcomes）

若你要對某醫院的醫療社會工作的服務效果做評估，首
先必須先確定評估如何去測量？要測量什麼？是病人對
醫療的滿意度呢？或是遵守醫囑的程度？是住院天數的
縮短或是醫療成本、費用的降低？一旦測量的重點有所
不同，整個測量的對策也會有所差異。

2. 測量實驗的整個背景（measurement experimental context）

測量不只是測量依變項的變化狀況，更應考慮到實驗的
內在及外在背景，因為這些背景因素也會影響依變項。
例如：評估婚前輔導的效果時，不能光測量受訪者婚後

的適應狀況，然後找一個控制組來比較。可能的話也應考慮到那個時期的整個社會經濟情況，若是景氣不佳，普遍就業情況不良，新婚的人縱使接受過幾個鐘頭的婚前輔導，其效果可能還不足以「對抗」大環境的壓力，這種大格局的考慮，在評估研究中也必須注意。

3. 把干預（處遇）定義清楚（specifying intervention）

評估研究中若是把樣本分成實驗組與控制組兩種，研究者對實驗組施予干預後，將其結果和控制組的結果做比較，這種方式似乎很簡單，其實不然。就算實驗組優於控制組，是什麼因素造成這種差異更需研究者明察。說不定不是干預的效果，而是干預過程中的某種人為因素。若參加婚前輔導的人，在結婚以後兩年期間的夫妻適應顯然優於控制組，研究者想當然爾的就認為一定是干預的結果所造成的影響，可能也太武斷，因為說不定只是施予婚前輔導的那個「人」在輔導期間用了很多宗教上的訓誨與說詞所致，而不是婚前輔導的內容。所以，評估研究中，研究者有義務要把干預過程的內涵、過程詳細解釋，才能做好客觀的評估。

4. 把其它的變項清楚交代（specifying other variables）

在評估研究中，研究者理想上當然要把干預的策略定義清楚，其它可能造成樣本改變的因素，也必須做好分析與說明。這些變項的掌握一方面可由樣本的屬性變項如：性別、年齡、教育程度等來探討。另一個方法就是把不能從主要干預策略得到改變的樣本，好好分析，看看是否有什麼特別的因素造成施行處遇的障礙，從這種過程中也可以找到造成改變的主要因素以外的其它因素。

（三）實驗設計

評估研究也可以界定為實驗研究。但是實驗研究可以分

成很多類型，在本書中，引用了很多 Campbell 及 Stanley（1973）的觀點，把研究設計分為真實實驗設計（true experimental design）、準實驗設計（quasi-experiment）兩大類，各類又可分為一些不同的類別與設計，本單元不再詳述。

(四) 詳細分析為何成功？為何失敗？

評估研究的主要目標固然是對方案的執行做個總結，確定方案是否要繼續或是中止。但是站在學術的觀點，更重要的是要找出為什麼成功以及為什麼失敗的確實原因。測量一個方案成功與否其實還不算難，把為何成功、為何失敗的原因，清楚的列出才是真正的功夫。若再考慮成本效益的因素，對方案評估時，成敗的定義更可能見仁見智，從人性的觀點或是倫理的角度是一種結論，從經濟的角度來看可能就截然不同。但是若能客觀的去分析成敗的因由時，總是對方案未來的發展有幫助。

六、評估者的角色

方案評估者的角色不應當被界定為一個「計算者」，而應該是一個「諮詢者」，計算者無時無刻不拿著算盤，斤斤計較的結算一切支出與收穫，難免他就變成一個只有數字而沒有人性的冷血人物。諮詢者卻是一個懂得機構狀況的行政行家，他也是一個社會工作的專業人士，他知道行政上科層體制的特質、優點與缺點；他也知道社會工作同仁的愛心或無奈；他更能體諒改變一個體制所要付出的種種代價。他也熟悉基層，因為他從基層來；他更知道數字，他對數字敏感，卻更能通曉數字的特質與意義。基本上能對機構或社會工作人員做成效分析的人，應該是個資深的社會工作督導以上的人士，否則他只能拿著數字，講一些與實務毫無關係，一點也不能對機構有幫助的批評而已。

評估者難免會有角色衝突的現象，其原因如下：（1）每個人的觀點與價值系統都會有絕大的差異，沒有一個人在做方案評估時可以很肯定的說，他的看法是現實唯一的解釋。若是評估者沒有這樣的認知與心態，倒霉的一定是受評估者，會有不知所從的困境。因此，方案評估者應該有足夠的溝通技巧，瞭解同事們的看法，也讓別人分享他的所見所聞。評估者在立足點上應當站穩，他知道所為為何，因此他應該有說服別人的能力，他更必須有接納別人看法的雅量；（2）討論機構工作的質與量孰輕孰重時，千萬不要有眾人必須一致的企圖與動機，一牽涉到機構的質量問題，研究者彼此都會有看法不同的現象產生，彼此多瞭解是必要的，改變別人則大可不必；（3）評估一完成，面對受評估者的失望、或對評估結果的不可置信、相當不服氣時，方案評估者則要有相當的雅量去接納，瞭解什麼是必須堅持的，也知道什麼是無奈的；評估者更必須接納自己，否則評估者的角色一定非常的尷尬。

面對評估過程中所經常遇見的種種問題，評估者應當有一些基本的體認：他必須瞭解，評估不是可操生殺大權的利器，評估研究與實務之間很多事物其實是相互影響的。規劃（planning）、管理（management）與評估（evaluation）三者其實是密不可分的，評估者不應當高估自己，在專業之前，不同的步驟與方法各有各的重要性，密不可分，評估者並非高人一等。為了減少評估者與受評估者之間不必要的緊張，機構進行評估研究時，最好能請機構外並且熟悉機構運作的人來擔當較佳；一個瞭解機構的外人（outsider）在執行評估時所將面臨到的抗拒應該較少。成熟的評估者會讓自己在評估過程中盡量扮演學習者（learner）或是老師（teacher）的角色。說是學習者，是因為在評估別人的過程中也可以發現受評者的優點，評估者可以從中學習。說是老師，是因為可能本身的輩份較高（與受評者之間

以前也可能是師生之間的關係），被機構聘請來執行評估，在評估的過程中，他不是扮演裁判者，也不是操生殺大權的執行者，而是一邊評估、一邊教導的老師。裁判者是「把受評者錯的抓出來」，老師則是「把受評者不會的教給他」，在意境及氣氛上兩者差距甚大。若能扮演老師的角色，可讓評估的過程多了幾分溫馨。當然，評估者也應隨時提醒自己，在整個評估過程中，一定要扮演「客觀觀察者」的角色，否則，他就失去了評估者的身分。

評估者和實務工作者之間常常發生關係的衝突，主要源自於彼此的角色欠缺澄清，尤其是評估者本身與機構的負責人或創辦人之間的關係，也應該釐清。例如，評估者是受創辦人之託來進行評估，那評估者是不是也應六親不認的對機構負責人也進行評估？或是他應該與負責人事先就溝通清楚，他只是進行對日後方案推廣有所幫助的輔導與評估而已。這些曖昧的角色若不事先言明，在評估出來以後，一定會使彼此的關係既緊張又難堪，誰也搞不清楚彼此之間應該怎麼相處。此外，評估的結果與發現如何發表也應事先言明。有人認為，有關評估資料方面，資料擁有者（受評者）與評估者之間都有對外公布其評估研究的「發現」（findings）的權利；有的則以為只有機構負責人才是發布結果的唯一人選，評估者受聘於他人，不應該逕自發布研究結果，何況，評估結果會影響很多當事者的生計與升機（升遷之機會），不可不慎。

七、結論

評估經常會影響機構的政策決定、經費配置，以及該機構的專業責任度，評估結果當然對機構的主管也造成威脅。評估由機構的負責人擔當或委託外來者評估（in house evaluator or external evaluator），如學術或研究單位來處理，所造成的影響或困擾都

有所不同。國內中央或省級的社會福利單位對下屬單位經常要做評估，以決定經費的補助或得獎人員的選拔，有時是內審，有時則委託外界學術單位來處理，經常則是以組合式的委員會來擔當，其來有自，因為如此可以免除不必要的人情壓力。但是仍然要考慮到是否能保持絕對客觀？評估者是否對事項相當瞭解？評估者本身與受評估者之間有無一些評估以外的關係存在（如師生關係、親戚關係，或利害關係等），否則評估的信度與效度仍然會受到影響。團體壓力也是影響評估的重大變項，尤其是國內的人文與社會特質，在這方面很難清楚的了斷。若又牽涉升遷或經費的分配時，理性與非理性的抗爭都不少，進行評估時不可不注意。

第三節　德懷術（Delphi panel）研究法

一、前言

Delphi（特爾斐）（或譯「德懷」）是古希臘的某地名，是神明在那地向人曉諭神旨的所在。語意上來說，Delphi 的原意是 Oracular of Delphi，意即深奧難解的；含義不明的；意義模稜兩可的含混不清的話（mysterious or unclear because more than one meaning is possible），panel 則指專家小組。最早使用 Delphi 方法的是在 1950-60 年代，為了彌補量化研究科學性的不足，有一個研究方案（Project RAND），研究成員 Olaf Helmer, Norman Dalkey 與 Nicholas Rescher 試著不斷的修正與重新建構（modification & reformulations），建立了 Imen-Delphi 的研究步驟。

所以所謂的 Delphi panel 很清楚的就是把一群專家小組集合在一起，他們各有不同的意見，他們的語意也常讓一般人無法徹底

瞭解，有時他們彼此之間也各不相讓，他們的時間也常兜不攏（在某些議題中，他們寧願匿名，不願公開表明是他個人的意見），因此如何把各個專家的意見整合在一起，以便有效的解決問題，這就是 Delphi panel 的緣由。

二、Delphi panel 研究法的特質

（一）定義

Delphi panel 研究法是集合專家意見的集體決策技術，針對機構內所面臨到的問題，集合專家的知識和智慧，藉著不斷的意見整合後所設計的問卷調查，使這些專家們可以達到共識的研究方法。這是以集體的方式處理複雜事務，以為評估現狀、策劃未來、提升政策品質、或做業務轉型診斷的研究方法（Linstone & Turoff, 1975；謝臥龍，1997；吳雅玲，2001；游家政，1996）。

（二）特質

Delphi panel 研究法與一般的研究方法或社會調查法大異其趣，它有如下的特質

1. 匿名性

若把專家學者集合一起，有時意見反而不容易整合，因為囿於人情或避免衝突，或出席遲到早退，致使會議無交集、無結果。而 Delphi panel 是用郵寄問卷的方法，專家間對爭議的問題表示意見時，也無具名，如此一來，每個人就可以暢所欲言，不受人情、時間、人數多寡的限制，這是 Delphi panel 研究法的特質之一。

2. 須有適當的問卷設計

為了整合專家小組的意見，工作小組（機構內的承辦同仁）首先就必須先把問題攤開，問專家的意見為何。他們的意見若有不同的地方，工作小組收到回函後，就必須馬上整合再設計第二次的問卷發給各專家，如此不斷

的進行下去，直等到意見全部整合爲止。可見這個研究法若無問題整合及問卷設計的能力的話，很難進行，

3. **意見的表達以書面爲之**

藉著回覆工作小組所設計的問卷，每位專家的個別意見表達都是以書面爲之。針對不同的意見他也用書面表達自己的看法，如此一來，參與的專家都有充裕的時間思考問題，所表達的意見當然也有較佳的品質。

4. **是相互回饋的過程**

從第一次的意見表達開始，專家們的工作就是回覆問卷所列的問題，而這些問題就是工作小組整合各專家們不同意見後所設計出來的，專家們不僅可以表達，還可以不斷的再度思考，也必須面對別的專家所拋出來的問題，如此一來一往，直到意見趨於一致爲止，這種回饋的特質應是 Delphi panel 最大的特色。

5. **是不斷反覆進行的步驟**

工作小組採用多次連續問卷，以逐漸降低彼此意見的差異，直至專家的意見可以被機構採用或是可以有效的解決問題爲止。理論上來說專家群的意見總比個別專家的意見要好；經過挑戰依然能夠屹立的意見總比堅持己見但仍然一意孤行的意見佳；反覆不斷的流程所得到的意見總比一時激情的意見保險。

6. **專家取向**

專家的意見是主髓，所以如何選取不僅有代表性而且具有專業經驗的專家非常重要，最好這些專家還具有在該專業內的不同背景，如此一來，才可以收到開始時的「百花齊放」，最後則是「萬眾一心」的效果。

三、Delphi panel 研究法的步驟

進行 Delphi panel 的步驟如下：

（一）成立工作小組

主辦單位本身必須先成立工作小組，確定研究的目標，還必須詳加規劃專家小組應包括哪些人選，如何與他們聯絡？問卷回來時，工作小組更必須整合意見，設計問卷，藉著問卷設計引導專家表達對機構有實質效果的意見，這是吃重而且不可或缺的工作。

（二）選取參與研究之專家

Delphi panel 的研究經常都需時兩、三個月以上，每次的問卷都必須由這些專家仔細的研究，詳細的回覆後，這個研究法才有用途，所以專家群的選取相當重要。專家們最好能擁有相關領域的實務經驗及知能，一定要有參與的熱誠與興趣，人格上也喜歡與人分享意見，回覆問卷則須有文字溝通或參與別人意見及閱讀數據的能力，否則無法達到研究的效果（謝臥龍，1997；游家政，1994；Volk, 1993；Delbecq, 1975）。

（三）設計問卷、整合問卷

問卷一般是開放性的，使專家能自由發揮隨意表達，第一次的問卷必要時也可以根據文獻的資料來結構問卷，專家回覆後，工作小組則須整合問卷，簡單的統計所得到的各專家的意見，工作小組把意見整合後，讓專家們做第二次或第三次第四次的回覆。為了讓專家們對別人的意見有所回覆，工作小組不妨把專家們不同的意見列出，然後再讓專家們對這些不同意見依其「重要性」來評比或排序，以便使專家們的意見逐步可以達到共識。

（四）量的研究及統計的研判

藉著計算專家們對各種方案、不同意見的統計，如平均數、評價等級的和（等級和愈低，重要性愈高）、各方案的平均等級，或意見的離散程度，專家們可以知道其他專家們的想法，也可以在問卷中表達折衝後的想法。

（五）質性分析

藉開放性的問卷瞭解每位專家對事情的看法（質性研究中已介紹其方法），將所有資料詮釋、分析、歸納與整合。

（六）結果分析

Delphi panel 的研究當然以最後面的結果最具代表性，在最後的問卷中專家們所表達的意見可以說是研究的成果，因為這些意見已經過多次的整合，已融合各專家們彼此的看法與意見，當然最具重要性。

四、優點與限制

從實務的觀點來看，Delphi panel 研究法非常實用，每個參與的專家都能獨立自主的表達個別的意見，研究的過程也是專家們仔細參考別人意見後的理性表達，結果更是每位專家的整合，這是解決機構問題或是擬訂機構未來發展方針很有效的研究方法。這個研究法頗具經濟性，但為確保專家的回答問卷維持相當的品質，最好事先就讓專家知道他們應有的待遇、責任、義務與權利（給付專家的費用千萬不要太寒酸，否則專家們不認為他們有義務要幫你作作業），但反正專家小組人數有限，總比調查上百上千的個案所花的費用要省。

不能否認的，Delphi panel 研究法也有不少限制與缺點，首先，專家的選擇不是那麼簡單，合適的專家本來就不多，考量到他們參與的意願時必然更少，整個過程耗時不短，不是寫了一次開放性的問卷就大功告成，兩、三個月間專家的流失問題也必須考慮。其它如處理分歧意見時，不僅專家本身會有堅持己見的現象產生，連工作小組如何整合問題成為下次的問卷也會有各有各的看法，至於理論基礎及架構上的薄弱，就更需要未來的研究者不斷去鑽研與規劃了。

第四節 行動研究

行動研究（action research）是讓方案或研究團隊的人員在進行方案的過程中，一方面進行方案，一方面又能研究方案過程中所產生的問題，以便能進行研究又能解決問題，行動研究的目的顯然成為方案改變歷程的一部分（Whyte, 1989）。影響所及，研究和行動之間的區別變得相當模糊，研究方法也不那麼系統和正式，但研究與方案的組織成員與問題之間則更為接近（Patton, 1995）。

行動研究的研究設計並不是很正式，資料的蒐集也較為因時因地制宜，研究涉及的人員有時也直接參與資料的蒐集，並進而自行研究之。行動研究的成果常在內部就地利用，以解決方案、組織、或社區內的特定問題。行動研究的範圍也經常只是該組織或社區內的特定問題，而不是一般研究所強調的研究推論性或嚴格的抽樣過程。

簡而言之，行動研究的目的是解決方案、組織或社區中的問題；行動研究的重心是組織與社區的問題；預期結果是立即行動，盡快解決問題；行動研究的類推程度僅是此時此地；行動研究的主要假定是處於該場合的人，能藉由研究自身而解決問題，當研究結果發表時，它的形式是研究參與者之間的人際互動，是非正式的，甚至可以不發表的；行動研究好壞的判斷標準是研究參與者對研究與解決問題歷程的感受真實性與接受性以及研究結果的可行性高低。

四、五十年來，台灣的社區發展加上社區總體營造多少已顯現出社區居民意識的抬頭，一方面對社區本身的問題愈加敏感，一方面對社區生活品質與格調愈加的重視。面對未來，為了提升社區生活品質，也為了維護社區居民自治的原則，行動研究是很貼切、很實際的研究方法。

🔑 關鍵名詞

成效分析（cost-benefit analysis）：在研究中，考量一個方案所得到的效益與其為此效益所付出的成本之間的比重是為成效分析。

事後回溯研究法（post hoc research）：在事情發生後，以調查研究的方式，著手分析原因的研究方法稱之。

評估性評估（evaluative assessment）：評估性評估強調在評估進行之前先要評估機構目標是否清楚、客觀？機構的運作有否不適當的概念化過程等。

過程評估（process analysis）：檢查並測量自變項進行的每個步驟與細節，是如何造成相關因素的變化稱之。

需求評估（need assessment）：研究的目標是以服務的需求量為重點的研究則稱之。

💡 習題

1. 何謂事後回溯研究法？並說明其在研究上的優點為何？

2. 試述事後回溯研究法與實驗研究法的異同為何？

3. 試述方案評估研究的意義及評估的標準為何，並舉例說明何謂客觀性低而主觀性高的評估？

4. 社會工作為什麼要進行評估研究，其優缺點為何？

5. 何謂需求評估？何謂評估性的評估？試舉例說明之。

6. 方案評估的種類為何？試分別簡要說明其意義與適用時機。

7. 若您目前身為實務評估工作者的角色，可能會面臨到哪些難題，該如何克服？

Chapter 12

抽　樣

──────── **摘 要** ────────

　　抽樣是研究法中相當重要的一環，若研究的抽樣工作有了瑕疵，整個研究的價值便大打折扣。因此，在社會科學的研究中，研究者如何進行抽樣是相當重要的。

　　決定抽樣的好壞，最重要的因素就是抽樣是否在隨機的樣本下進行，因此，有關隨機的理論與抽樣分配的原則，十分重要。一般而言，抽樣可以分為隨機抽樣與非隨機抽樣兩種。隨機抽樣又可分為：簡單隨機抽樣、系統隨機抽樣、分層隨機抽樣、集叢隨機抽樣四種。

　　非隨機抽樣又可分為：具備樣本抽樣、配額抽樣、立意抽樣、滾雪球抽樣、便利抽樣五種。問題是在什麼狀況中應該使用何種樣本？又該抽取多少樣本才能使抽樣真正代表母群體？並不是可以簡單回覆的問題，本章則用一些例題及經過簡化的數學運算，使讀者更能清楚瞭解抽樣的操作及其在統計上的意義。

第一節　前　言

　　所謂「抽樣」是指在研究問題確定後，研究者決定要觀察誰、觀察什麼，以及決定由誰來回答問題的過程。具體而言，所謂抽樣：第一，抽樣是從母群體中抽取一部分而已，而不是把母全體中的每一個樣本都拿來調查。母群體可以是人，如調查一群學生、家長或是案主等；樣本也可以是某件事，例如虐待小孩的事件、夫妻吵架的頻率，或是性生活滿足的程度等；樣本也可以以某種組織或機構，如調查某機構的人事狀況、收入與職業之間的相關性的研究，或是個案對其機構的滿意程度等。第二，抽樣必須能代表母群體，否則就不是好的抽樣，所以分析抽樣的樣本以後，若是取樣的結果是真，母群體也一定是真，在抽樣裡的結果一定可以在母全體當中存在。第三，如果取樣是隨機的（而且抽樣的樣本不是寥寥可數），則可以不必擔心樣本當中有太特殊的情況，因為藉著大的樣本的抽樣，我們有充分的理由可

以相信，這些太特殊的樣本是可以彼此互相中和的。

　　抽樣最大的好處是經濟實用。1984年，美國蓋洛普（Gallup）公司於美國總統大選之前所做的調查，只抽選兩千名樣本為調查樣本，就可準確的預測九千萬投票人的投票行為，就是因為蓋洛普的抽樣做得很好，所抽選的樣本相當的具有代表性，整個調查的過程也都非常的嚴謹，使調查有其客觀性與正確性，而其調查經費的節省更不在話下。若非如此，不經抽樣而要調查全美的投票者的話，那就必須花費太多時間及金錢，而且，調查的結果不見得比只調查樣本的結果來得準確（人多事繁，加上曠時廢日，狀況不免百出）。所以，為了一個正確性高、省錢又省力的研究，把抽樣做好便是首要任務。

第二節　抽樣的概念與術語

一、概念與術語

　　一般而言，抽樣有三大關鍵要注意。一是樣本結構的問題，樣本本身有哪些重要的內涵及文化因素？是同質或是異質？如何的散布？這些問題都與樣本的結構有關，抽樣之前，此結構因素必須考量。二是抽樣的過程，如何把樣本中的個體組合起來，使其既有經濟性又有代表性。三是樣本設計的細節，找到客觀、合適、合理的樣本，而且使誤差也能儘量減少。抽樣時不妨先釐清一些重要的概念與術語。

（一）**元素**（element）

　　研究資料蒐集與分析的基本單位，如虞犯少年（以該少年為調查的「單位」）、社團（以該社團為單位，例如調查其組織架構）、學校、種族（以學校或種族為分析的單位）等，不同研究所做抽樣的元素不同。

（二）**母全體**（population）

　　係固定研究單位與元素的集合體，如：以虞犯少年為元素

時，其母全體是國內所有的虞犯少年；若是以臺灣中部地區的學校爲單位時，母全體則爲臺灣中部地區內所有國民中學內的學生。

（三）研究母體（study population）

樣本實際被選取的架構中所有元素的集合體即爲研究母體。例如，研究者若研究虞犯少年，母全體則爲全國所有的虞犯少年（若爲三千名），但抽樣的時候，我們的抽樣設計只擬調查其五分之一，爲六百名，但只有五百二十名完成調查，所以此五百二十名則爲研究母體。

（四）抽樣單位（sampling unit）

不同抽樣階段中的取樣元素，如：在台中市做選舉行爲調查時，開始研究者在八個區中隨機取四區，此時是以區爲抽樣單位。在所抽選的四區中，研究者又在各區中隨機抽取五個里，再從每里中隨機取六鄰，然後在各鄰中抽選十戶爲調查的樣本。在這不同的抽樣過程中，我們有不同的抽樣單位，分別爲區、里、鄰、戶等。

（五）抽樣架構（sampling frame）

根據研究主題與對象的範圍，列出一份包含所有合乎抽樣條件者的名單，再從這全部的名單中，研究者也決定了抽取百分之多少的計畫，此爲抽樣架構。

（六）觀察或資料蒐集單位（observation unit）

根據抽樣的單位與架構，研究者就有觀察的單位（如觀察虞犯少年的行爲或幼童的侵略行爲等），但是資料蒐集時，有的研究可以由別的成員來代表，例如，我們訪問虞犯少年的管理者，或問幼童在學校的老師與在家中的家長，如此一來，觀察單位與資料蒐集單位不同。一般而言，資料蒐集單位與分析的單位通常是相同的，如研究者可能由戶長那兒（蒐集單位）蒐集幼兒的資料當作研究分析的重點，所以此時的蒐集單位就是分析單位。

（七）變項（variable）

依不同數值或類別出現或變動的一種屬性（property），如
性別（類別變動代表不同的性別）、年齡、收入（依數值
的變動代表不同的年齡與收入）。

（八）統計數（statistic）

描述樣本性質的量數則爲統計數，如樣本群的平均教育水
準爲十一年，大約爲高中二年級左右，此十一年則爲有關
樣本的年齡統計數。

（九）抽樣誤差（sampling error）

母數眞值與樣本統計數估計值之間的誤差値爲抽樣誤差。
最好的抽樣當然是百分之一百代表母全體，但是現實狀況
中抽樣的結果經常會與母全體略有出入，此爲抽樣誤差。

（十）信賴水準與信賴區間（confidence levels and confidence intervals）

估計母數時所訂定之誤差判定標準爲信賴水準（alpha
值）。而信賴區間則是母數在某一機率估計範圍內數值分
布的區域。

二、母全體的界定（defining a population）

在取樣之前須對母群體做清楚的界定，才能決定以什麼樣的抽
樣才可代表母全體，而爲了界定母全體，最好的方法是能先確
定定義所要用的指標，如果指標不明確，什麼是母全體也無法
詳細釐定，而母群體不明確時，完美的抽樣便無法進行。若是
貿然進行抽樣，則在推論中會造成「生態性的錯誤」（ecological
fallacy），即把某一單位的分析結果作爲另一單位的結論（硬
把從分析樣本所得到的結論認爲是母全體的特質），準確性當
然令人懷疑。一用到抽樣，最值得注意的就是它的代表性問題
（representativeness）。在研究的過程中，會有一些我們所關心或
感興趣的情形及現象，我們可以稱之爲「變項」（例如研究對

兒童的虐待行為時，父親或母親自己的童年是否也曾遭遇過虐待是個重要的變項）；變項一定有兩個以上的分類（level），如有、無被虐待，被虐待的現象也可以有不同的類別，如身體虐待、性虐待、或疏忽等。如果「取樣」能代表母群體，則樣本在各變項上的變化或分布情形，就可視之為是母群體的情形。事實上要能完全代表母群體是很難的，最重要的方法是在取樣的過程中，能增進隨機的機會，並且把抽樣的架構做得周延、完整，則樣本與母全體之間的差距便會逐漸減少，其代表性也必然愈高。

第三節　如何進行隨機抽樣

一、從一個餅乾的例子談起

假設你在餅乾店工作，店裡賣三種餅乾，有巧克力、花生及椰子，是以重量來計算價錢的。這15個餅乾的重量，如下表所示：

全部十五個餅乾重量表

巧克力		花　生		椰　子	
餅乾號碼	重　量	餅乾號碼	重　量	餅乾號碼	重　量
1	2.5	7	5	12	5.5
2	3	8	2.5	13	4
3	2	9	4	14	6
4	3.5	10	4.5	15	3.5
5	4	11	3		
6	2.5				
合計	17.5		19		19
平均	2.9		3.8		4.75
總重量			55.5		
總平均			3.7		

二、統計的運算

在上表中，我們可以得到一些統計數字：

（一）算數平均數（arithmetic average; mean）

1. 椰子餅乾重量最重，巧克力最輕。

2. 最重的餅乾是6盎司，最輕的是2盎司。

3. 花生餅乾平均重量比其他餅乾更具代表性。因為巧克力的平均重量是2.9，椰子的平均重量是4.75，花生的平均重量為3.8，而全數總平均則為3.7。

（二）變異數（variance）與標準差（standard deviation）

變異數的計算原則是計算每個測量值與平均值之間的差異。在餅乾的例子中，可計算每個餅乾與平均重量的差異，將這些差異值平方並相加，之後除以餅乾數即可。變異數的平方根即為標準差。以上表為例，其變異數的計算如下：

$$[(2.5-3.7)^2+(3-3.7)^2+(2-3.7)^2+(3.5-3.7)^2+(4-3.7)^2$$
$$+(2.5-3.7)^2+(5-3.7)^2+(2.5-3.7)^2+(4-3.7)^2$$
$$+(4.5-3.7)^2+(3-3.7)^2+(5.5-3.7)^2+(4-3.7)^2$$
$$+(6-3.7)^2+(3.5-3.7)^2]/15$$
$$=19.96/15=1.33$$

所以標準差則為 $\sqrt{1.33}=1.15$

（三）餅乾樣本的抽選

若無法把全部15個餅乾都拿來秤，研究者就必須用抽樣的方式來估量全部15個餅乾的重量，假設抽5個餅乾，並由此來決定全體的平均重量。此時，研究者可給每個餅乾一個編號，並在卡片上寫上號碼，攪合這些卡片，然後抽選出5張卡片，此即為樣本。

（四）抽樣誤差（sampling error）

上述抽選出的 3 個樣本其平均重量與 15 個全體的平均重量會有差異，此差異即為「抽樣誤差」。而「非抽樣誤差」則是在非抽樣過程中產生的錯誤，如秤本身有問題稱為非抽樣誤差。抽選的樣本愈大，則抽樣誤差愈小；然而過大樣本的研究反而會產生較多的非抽樣誤差。

（五）從相同母群中抽選重複樣本

我們可從 15 個餅乾中重複抽選出 5 個餅乾，從 15 個餅乾中可以抽選出幾千種 5 個餅乾的組合，而每一種組合皆可計算出一個平均值。假設我們從 15 個餅乾中抽取了 100 種 5 個餅乾的組合，並繪成一圖表，橫軸代表 5 個餅乾的平均重量，縱軸代表相同重量樣本的次數。見下圖：

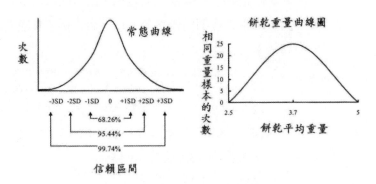

（六）樣本平均數的抽樣分配（the sampling distribution of the sample mean）

上圖是表示從 15 個餅乾中抽選重複樣本平均數的分布，此樣本分布的標準差稱為「標準誤」（standard error）。標準誤是一種用來顯示樣本結果反映真正母全體參數值接近程度的統計測量，標準誤愈小表示樣本的平均數與母群體平均數愈接近。所以計算一個樣本的平均數、變異數或標準差，這些用來敘述樣本分布的稱為「統計量」（statistics）。如果樣本是依機率法則選取的，則樣本的統計量可被用來

估計母全體的「母數」（parameter）。

（七）常態曲線（the normal curve）

當樣本被重複使用或當樣本很大時，樣本平均數的抽樣分配趨近於「常態曲線」。研究者可利用常態曲線以機率理論為基礎去計算樣本統計量與母全體平均數的距離。標準誤受母數變異數及樣本大小所影響，樣本愈大常態曲線愈接近平均數的抽樣分配（此稱為中央極限定理 "central limit teory"）。因為每個樣本平均數的變異數須除以樣本大小，所以樣本數愈大，變異數愈小；在一個抽樣分配中，標準誤隨著樣本增加而減少。

（八）信賴區間（confidence interval）

係指定一個範圍，以便使樣本平均數會有特定百分比的機會落入該區間的一種測量。例如智商測驗中，平均值為100，若標準差為8的話，則一個標準差單位的面積（68.26% 的人）具有 $100 \pm 1SD$ 的分數，亦即分數在 92-108 之間。兩個標準差單位時（95.46% 的人），其智商的分數在 84-116 之間。若採用三個標準差單位時（99.74% 的人）的智商分數一定是在 76-124 之間。95.46%、99.74% 等皆為信賴水準，而此區間稱為「信賴區間」。

第四節　抽　樣

抽樣（sampling）主要可分為隨機抽樣與非隨機抽樣，茲分述如下：

一、隨機抽樣（probability sampling）

決定抽樣的好壞，最重要的因素就是抽樣是否在隨機的樣本下進行，因為抽樣之所以能真正代表母全體，其基本的理論是因為抽樣是透過隨機的原則在進行，所以有關隨機的理論與抽樣

分配的原則，十分重要。因此，當研究者運用亂數表或電腦程式軟體，按一定的機率抽取樣本，使每一樣本有均等的機會被抽中時，即可稱為隨機抽樣。任何抽樣，若其樣本沒有同樣公平的機會被抽中時，便不是隨機抽樣。隨機抽樣又可以分為四種：

(一) 簡單隨機抽樣（simple random sampling）

這是隨機方法中最單純的一個方式，但必須先取得母群體，對母全體相當能掌握時，才能進行。此種方法最常使用的方式是先利用隨機號碼表（random numbers tab）（或稱亂數表）先給母全體名單上的每個人一個號碼，運用固定的號碼表，先隨機抽出某一頁、某一號為起點，開始向右或向下抽取一個號碼（若母群為千個，則以4位為一組；若為萬個，則以5位為一組，直到達到樣本數為止）。此種方法的缺點是當母群體的名單無法獲得時，此法便不可行，因為研究者無法把號碼附在每一個樣本上。

(二) 系統隨機抽樣（systematic random sampling）

又稱間隔隨機取樣（interval random sampling），亦指每隔某些數字（K）的人就取出一個樣本來。如下列公式所示：

$$k = \frac{母群體總數}{取樣數目}$$

除第一個系統採隨機方式抽出之外，以後的就每隔固定間隔再取之，因此並不是每個人都有被抽中的機會，但大致而言，其機會還算公平。利用此方法時要注意的是需避免一個現象，取樣時，單位的次序不能和抽樣間隔一致（例如，母全體的名單是某國中全校各年級、各班三名學生的總和，但是這三名學生則是依成績優等、中等及劣等次序蒐集，如此一來，計算間隔數字時，一定不能是 "3"，否則每隔三名取一名時，所取到的樣本都是清一色全班最優

的，或是中等，或最劣的，無法有一個包含各班、各種成績的學生的客觀樣本。如此的抽樣就會產生系統偏差。

（三）分層隨機抽樣（stratified random sampling）

簡單隨機抽樣較客觀，但是母全體名單的困擾，在研究的實務中卻有時較難被使用，較常見的反而是分層隨機抽樣或是集叢抽樣。分層隨機抽樣的步驟如下：

1. 首先研究者需將不同種類的人界定出來，每一類都必須明確，而且類與類之間必須有顯著的互斥性，因此樣本都只能歸在其中一類。說明：研究者擬進行「不同職業者對給子女零用的態度差異研究」，擬進行分層隨機抽樣；「分層」就是把樣本先分類，如把受訪者的職業歸類為公教類、農業、勞工類、商業類以及其它類等。這五類的定義必須清楚，彼此不能重疊。

2. 經過歸類以後，每一種類中的樣本彼此之間相似性很大，也因之研究者在每一類別中選取較少數的樣本時就足具代表性，取樣之效率就可以增加。說明：類別與類別之間當然差異性很大，但是同類的樣本其相似性就高，在抽樣時，抽樣效率就可提升。

3. 抽取的人數，最好能按人數比例來算。若母全體的人口資料中，這五類人口所占總人口的比例各為 $1:2:1:1.5:2.5$，則分層抽樣的數字最好也是符合這個比例，以便整個樣本的結構與母全體的結構差異不大。但事實上，我們關心的是每一類層不同的情況，而不是總人口的問題，因之取樣中有時可以不照比例。但若使用不同比例的抽樣時，在結論的解釋時必須加以權衡人數的特性。

4. 運用分層抽樣法時必須兼顧以下因素：

    （1）分層的資料必須能獲得，若各類層資料缺乏，何來分層隨機抽樣？

    （2）每一分層中要具有相似性，否則被抽取的資料便不

能代表該類層的樣本。

（3）須減少取樣範圍，及降低蒐集資料的花費，若花費太多，便失去採用分層隨機抽樣的原則。

（4）要調查的情形最好不要超過一個以上的變項，以免造成分類的困難。例如，此分層抽樣是研究不同職業別對給子女零用金的差異性（理論上不同行業的家長對如何給子女零用金的態度上應有其差別），但若研究者還要研究如何與親子溝通時，以父母親的職業別來看差異可能不及以父母親的教育程度來分析，但分層抽樣時早就以職業別來分，如此一來，抽樣的方法與變項之間的關係就已失去了分層抽樣的好處。所以，使用分層抽樣時，要調查的變項最好不要超過一種。

（四）集叢取樣法（cluster random sampling）

當調查一個人數眾多，且各個區域份子都很複雜，為異質性高的母全體時，集叢抽樣是很好的抽樣方法，其步驟如下：

1. 先將母群分類或分層

例如研究者要在台中市進行婚姻滿意度的調查，台中市有八個行政單位，五個較市區，三個較郊區。但基本上，這五區並非截然不同的景觀，而且各區也都各自顯現出複雜的人文景觀，我們可以把每一個區域都當作一個集叢。從抽樣的角度來看，並不需要每個區域都調查，應該從這八區中隨機取三或四區即可。為周全計，研究者擬從五市區中，集叢抽樣選二區，再從三個郊區中集叢抽樣選一區。萬一總數還是太大的話，每一個集叢裡又可以再做集叢抽樣，例如，每一個區內再以里為單元（當然前提也是每個里都是綜合的里，里內的異質性也頗高時才可用集叢抽樣）。

2. **擴大每一集叢的選擇數**

把每一集叢（區）再劃分為幾個里，再做集叢抽樣，如抽出中區的幾個里，這些里應可代替全部的里了。

3. **分成集叢時，最好每個集叢之「內」愈複雜愈好**

與分層抽樣不同，分層抽樣時，每個「層」裡面最好同質性愈高愈好；而集叢抽樣時，最好每個集叢的異質性愈大愈好。因為每個叢異質性愈大時，代表母全體的可能性就愈高。

二、非隨機抽樣法（non-probability sampling）

非隨機抽樣法中，每個人被抽到的機會是不完全平等的，每個樣本不是處在一個絕對一樣的機率中被選為研究樣本。這種抽樣方法適用於獨特性的研究資料中，研究本質所需，非得取到某種樣本不可，因此無法在隨機取樣中獲得。非隨機抽樣有五種類別：

（一）具備樣本取樣（availability sampling）

當研究所需的樣本早就在研究者的手邊時，研究者不必再勞師動眾的進行隨機抽樣的手續，所研究的樣本可稱為具備樣本取樣。具備樣本取樣又可稱做偶然取樣或臨時取樣（accidental sampling），因為其樣本是研究者隨時可得者。具備樣本取樣的指標是很容易說明與描述，係針對某特殊行為的案主群所作的研究，例如在醫院服務的醫務社會工作者，以所服務的科別的個案為樣本作研究，研究者不再大費週章的從全國各地的醫療單位中，從頭再做簡單隨機抽樣，這種樣本可稱為具備樣本取樣。

（二）配額取樣（quota sampling）

配額抽樣是根據某些標準將母體分組，然後用非隨機的方法來抽取樣本，直到額滿為止。例如研究者進行學期制度修正與否的研究，因此對某大學的學生進行調查，以瞭解

他們是否想改變一個學年兩學期的學期制或一個學年三個學期的學季制。研究者不管常時學校各年級學生的數額，直接就決定各年級不分男女，不分系別，不管各年級、各科系人數如何，就決意以禮拜三早上來校上課的學生為主，每年級各訪問一百人，作為研究的樣本，此即為配額取樣。配額取樣的樣本是指依據某些既定的標準或特色來取樣（如以週三早上來上課的各年級學生），其樣本之特色、數目均由研究者主觀來決定，當然容易產生誤差。

（三）立意取樣（purposive sampling）

研究者依據自己的研究目的及對母全體的瞭解來選取樣本。例如「披頭四」（Beatles）歌迷的特徵研究，研究者主觀的確定誰是披頭四歌迷，此稱為判斷性樣本（judged sampling）。如果我們有足夠的知識，要選出具有代表性的人選時，立意取樣經常被使用。例如若以台中市青少年的犯罪狀況來與國際間的少年犯罪做比較時，樣本的選擇便煞費週章，因為研究必須考慮代表性的人選，更必須考慮樣本在不同時間、不同空間所產生的差異，加上不同領域的個案工作員對犯罪青少年的定義的差異所衍生的問題，也都必須克服。如此一來，要克服這些研究的障礙就必須藉立意取樣來選取樣本，以便在解釋上較為客觀合理。而對於易產生的「選擇性判斷」的錯誤，只好藉著多選擇具代表性的人選，以他們彼此之間的差異來抵銷了。

（四）滾雪球方式（snowball sampling）

此方法是運用在對某一特殊人口中，只熟知某一少部分人時，從已知的人數中去蒐集資料，並請他們介紹其週遭朋友或其它可能適合接受訪問的案主。因此，樣本是從少數中累積循環，一直到受試者全部調查完畢，或樣本數已達到研究的要求為止。這一方法在一般研究較不嚴密或粗略的計畫時，可採用以作為補充性的說明資料。

（五）便利抽樣（convenience sampling）

資料的取得是即時可取到的，看到什麼就用什麼，手邊有什麼就使用什麼。這種取樣的方式固然方便，但是客觀性就值得懷疑。在社會工作研究的過程中，非不得已還是儘少採用為宜。

三、樣本大小的問題（sampling size）

若是抽樣的過程為非隨機抽樣時，研究者可以不考慮抽樣大小；但若為隨機抽樣時，則需考慮之。樣本的大小，主要視母群之特性及研究問題的本質而定，若母群的變數愈大、異質性高，則抽樣的數額必須較大一點。反之，若樣本的同質性很高時，在抽樣的數字上可以將就一點。通常有一些公式可計算抽樣之大小：

$$n = \frac{S^2}{(S.E.)^2}$$

（s 為標準差，S. E. 為標準誤）

要計算樣本到底要多少的步驟如下：

1. 先須知道母全體的標準差是多少；（假設我們得知母全體的標準差是1.4）

2. 要決定我們能夠忍受的標準誤可以有多大；（假設我們可容許的標準誤為0.012），則樣本數的計算為：

$$n = \frac{(1.4)^2}{(0.012)^2} = \frac{2.96}{0.00144} = \frac{296000}{144} = 2055$$

經此計算得知，研究所需的樣本數約為2,055人。

這個算法乍看之下清楚明瞭，反正按著公式計算得到的樣本數，誰也沒話講。不過這個算法最大的問題是：誰來決定標準誤的大小？誰又能知道多少標準誤是可以容許的範圍？可能還

得由有經驗的研究者根據研究的特質、樣本的特性來「擬定」標準誤的大小，但擬定來擬定去，說不定到時卻又只根據「經驗」來下單，如此一來，抽樣又失去了客觀性。

除了用標準誤容許度來決定樣本的大小外，還有其它一些方法可供參考：

（一）原則上母全體的同質性高時，樣本數可略低，反之同質性低時，樣本數應調高，這是抽樣的最基本通則。

（二）看研究的主要變項有幾個來決定樣本數，以 1：20 的方式來擬定樣本數。但研究變項有幾個有時也很曖昧，是重要的自變項與依變項才算數，還是連屬性變項（如性別、年齡、教育程度、住宅區域等變項）也算數？

（三）若用迴歸分析來分析資料時，則用迴歸分析中到底有幾個自變項來決定樣本數，以 1：40 的方式來擬定樣本數。若有五個自變項，加上一個依變項的話，那應有的樣本數大約就是 240 了。之所以如此擬定，想必是考量到統計分析時必須有足夠的樣本，否則若樣本數低時，就算得到很大的變異數（variances），你也不能說是樣本之間的差異所致。

總之，研究是否準確，研究結果是否可以推論，取決於抽樣是否正確，樣本數是否合理，固然可以引用公式來計算，但更重要的應該是研究的態度是否嚴謹了。

四、其它問題的考量

（一）推論時不要言過其實

當研究經過抽樣，而就樣本做好分析時，就算有了顯著的研究結論，但是這種結論只能推論到合乎抽樣架構條件的對象上，因為研究的樣本是根據某種架構而來，推論時，也應以同樣架構的現象為宜。實際作研究時，有時會碰到

一些在抽樣架構中被忽略的一群對象，如名字未列於名單上，或如家中未安置電話的家庭等。此時，研究者應視實際狀況，仔細推斷其影響或予以評估其特質或反應，以使結論客觀、合情、合理。

（二）提防抽樣誤差與非抽樣誤差

研究一用到抽樣，除了要注意抽樣所帶來的誤差外，非抽樣誤差（non sampling errors）亦不可疏忽。所謂非抽樣誤差是指在蒐集或處理資料過程中產生的誤差。如反應錯誤、偏見、受訪者對問題不清楚、拒絕參與，或抄寫錯誤等都是，這些錯誤非因抽樣的過程所導致，故稱爲非抽樣誤差。

（三）隨機分派（random assign）

random sampling 和 random assignment 常被混淆。random sampling 是隨機抽樣，指一種抽樣的過程。而隨機分派（random assign）則是指將受訪的個人隨機的安排到一些實驗的情況或團體中。在隨機分派的過程中，每個人都有個號碼，而以隨機的方式被安排在適當位置或組別，以避免調查的偏見。在隨機分派的過程中，對特殊樣本的瞭解相當重要，若所調查的樣本數本來就不多，且這些樣本又具有極爲特殊的變項影響力，研究者就必須研究這些特殊的變項所帶來的「不正常訊息」，而予以修正，否則就會失去隨機的意義，而影響研究的結果。

第五節　結　論

抽樣是研究法中相當重要的一環，若研究的抽樣工作有了瑕疵，整個研究的價值便大打折扣。固然在社會科學的研究中，很多時候要完美的抽樣相當的困難，但是整個抽樣過程的步驟、分析以及檢討，都應在研究中交代，使讀者在研讀報告時，知道如何判斷研究的信度

與效度，也能對研究報告的發現有其立場，抽樣的工作甚至牽涉到研究倫理的問題，研究者不可不慎。

🔑 關鍵名詞

元素（element）：研究資料蒐集與分析的基本單位。

母全體（population）：係固定研究單位與元素的集合體。

抽樣架構（sampling frame）：根據研究主題與對象的範圍，列出一份包含所有合乎抽樣條件者的名單，再從這全部的名單中，研究者也決定了抽取百分之多少的計畫，此為抽樣架構。

抽樣單位（sampling unit）：不同抽樣階段中的抽樣元素。

抽樣誤差（sampling error）：母數真值與樣本統計數估計值之間的誤差值為抽樣誤差。

非隨機抽樣法（non-probability sampling）：非隨機抽樣法中，每個人被抽到的機會是不完全平等的，每個樣本不是處在一個絕對一樣的機率中被選為研究樣本。

信賴水準與信賴區間（confidence levels and confidence intervals）：估計母數時所訂定之誤差判定標準為信賴水準（alpha 值）。而信賴區間則是母數在某一機率估計範圍內數值分布的區域。

研究母體（study population）：樣本實際被選取架構中所有元素的集合體是研究母體。

隨機抽樣（random sampling）：按一定的機率抽取樣本，使每一樣本有均等的機會被抽中時，即可稱為隨機抽樣。

💡 習題

1. 試述立意抽樣之優點及缺點。

2. 在選取隨機樣本時，一般可分爲隨機抽樣及非隨機抽樣兩類，又各有四種不同的取樣方法。請從這兩類中各列舉一種抽樣方法，說明其意義、使用時機、優點及其缺點。

3. 何謂簡單隨機抽樣？如果你要從一個1000人的母體中，選出100人的簡單隨機樣本，你會使用什麼方法？

4. 試述分層隨機抽樣的適用時機，以及應用時的注意事項？

5. 如果由於經費的限制，無法自己進行抽樣調查法來獲得施政所需的資料，你要怎麼辦？

6. 假設你擬從事臺灣地區老人福利需求的調查研究，試回答下列問題：

   ⑴此項調查研究能讓你達到什麼樣的目標？

   ⑵本研究的母體如何建立？

   ⑶你將採用的調查方法爲何？爲什麼？

   ⑷如果你採用抽樣調查方法，你如何抽取樣本（請提出抽樣方法），此種抽樣方法有何優缺點？

   ⑸實地調查中，你將以哪一種調查方法（郵寄問卷法、訪問法、電話訪問法）蒐集資料，此種方法有何優缺點？

   ⑹從事此項研究，你必須考慮到哪些研究倫理的問題？

Chapter **13**

資料分析方法

◎本章作者：鄒平儀

――――――――――――――― **摘 要** ―――――――――――――――

　　資料分析為社會研究歷程中的重要步驟之一。由於為探究社曾現象所蒐集的原始資料，往往蘊含著豐富的涵義，因此，必須對問題本質和資料特徵先行辨識，方能選擇適當、正確的方法來分析、整理、驗證資料，並且有效的解答問題，進而瞭解現象事實。

　　統計學即是將數據資料經由系統性整理與數學演算後，用來解讀社會現象本質與樣貌的學科。應用統計學方法，雖然可以發揮對於過去、目前、未來的實體情境行以描述、驗證以及推估的功能，然而每一種方法也存在著應用上的限制，倘若不當使用了統計方法，將可能誤解數據的意義，甚至扭曲了現象事實。據此，選擇統計分析方法之前，宜先行思考與判斷下列幾項因素：(1) 研究設計的變項屬於何種測量層次；(2) 變項之間是對稱的或者不對稱的關係；(3) 統計量數是否具有消減誤差比例的意義；(4) 研究的性質和目的是什麼。

　　一般而言，社會工作研究中量化資料處理較常使用的統計方法包含下列五種類屬：

1. 次數分配與百分比：用以簡要描述研究對象（樣本）之各個變項特質分布情形。

2. 標準分數之 Z 分數：用以描述個體（或某特定群體）某項行為表現在群體（或所有群體）中所在的相對位置。

3. 各類關聯係數：用以檢視現象事實之間所存在的關係，是否具有統計學上的顯著意義。其依據變項之測量層次、對稱或不對稱關係等特性，而選擇適用的關聯係數。社會工作研究中，較常使用的關聯係數包括：列聯相關係數與卡方檢定、皮爾遜的積差相關係數。

4. 各種平均數差異性檢定：用以檢視與考驗現象事實之間所呈現的差異程度，是否具有統計學上的顯著意義。社會工作研究較常使用的差異性考驗為平均數差異性檢定，如：t 檢定與 F 檢定（變異數分析）。

5. 因果關係之迴歸係數：用以分析現象事實之間的單向線性關係。藉由因果關係的探究，可以建立某一行為、現象的最佳預測模型。社會工作研究較常使用的因果關係分析為：逐步迴歸與階層式複迴歸分析。

有關資料測量、分析過程中，經常討論的實務問題，例如：問卷設計之信度、效度檢測、虛擬變項、誤失值處理、樣本數目估算標準等，亦於本章一併討論。

第一節　前　言

一般而言，實證科學的研究方式可以區分為兩種類型：量化研究（quantitative study）與質性研究（qualitative study）。前者強調以標準而系統化的運作規則，將研究概念、變項轉化成為可以測量、定義、操作的數值，經過計算、比較、驗證的過程，將社會現象的特質予以通盤性描述，亦或者經由變項之間關係的連動規則，來預測、推論社會現象的發展，這也就是通則取向（nomothetic approach）的研究形式。舉例來說：分析近五年來碩博士學歷者可支配所得的變化情形，探討社工人員工作壓力、因應策略與調適狀況之間的關係，以及研究長者健康狀態的影響因素等議題屬之。後者則是將特定主體或對象的敘說、觀察、討論蒐集而來的資料，藉由過錄、分類、命名、賦予概念、解說等抽絲剝繭的分析程序，而達到透析與詮釋行為現象涵義的方法。由於質性研究強調個別化及主觀性，並且反對過度追求邏輯通則，因此被歸屬為獨特取向（idiographic approach）的研究形式。幾個實務應用上的案例像是：剖析受暴婦女的心理復原歷程、探究癌症晚期病友的自我價值定位，以及瞭解酒精成癮者的戒斷困境等議題即屬之。本章介紹的內容架構，主軸乃置於量化研究的資料分析方法。

資料分析為社會研究歷程中的重要步驟之一。其大多應用統計學

原理，將原始資料，如：問卷、量表、測驗的測量結果，或訪談、行為觀察紀錄等予以歸類、簡化，進而描述分析。又或者透過假設檢定及母數估計的運算，使吾人對社會現象事實能有進一步的認識、瞭解與推測。由於社會研究所欲探討的問題及所蒐集的資料，往往包含著各種不同的性質與形式，因此，必須先對問題本質和資料特徵加以辨識，方能選擇適當的統計方法而正確的分析資料，並且有效地剖析、解答問題。

統計學包含測度與量數的概念，通常是藉由資料的蒐集、整理、陳列、運算、分析等過程，簡要地呈現社會實情的樣貌與社會現象的本質。通常，零散的原始資料（primary data）必須透過計算、測量、排列等方式重新彙整，才能使其成為有意義而易於理解的參考數據。所以，資料分析與統計分析（statistical analysis）二詞常被混合使用。不過就名詞的意涵而言，前者較後者廣泛，但若從量化資料（quantitative data）為研究素材的主體而論，則後者較前者通用。

第二節　統計方法在社會研究資料分析中的功能、限制與選判要點

一、功能

統計方法經常被用以闡明自然及社會現象的一般性通則，也是管理、決策者分析狀況與推估情境時所仰賴的重要工具。依據資料分析所能發揮的功能目的，統計學包含三大類屬：

（一）描述

運用計算、測量、劃記、分組、排列次序等方法，將原始資料的屬性特質進行陳述及說明，此即為描述或敘述統計學（descriptive statistics）。

（二）推論

由樣本資料特質推估母體（群）的特徵或分布狀況，則為

推論或推理統計學（inferential statistics）。一般包括以下幾方面的主題：

1. 機率分配

2. 抽樣理論與抽樣方法

3. 推估與檢定

實務上因為對於母體分配所能掌握的條件與程度不同，因此又將推論範疇區分為母數及無母數統計學（parametric and nonparametric statistics）。

（三）實驗

透過嚴謹的情境設計與樣本分派程序，將受試者隨機安排至不同的情境中（自變項）接受處遇，並控制其他條件使每位受試者的屬性是一致的，而後對於某一特定的行為現象（依變項）的變化加以觀察、測量，此種研究方法稱為實驗設計（experimental design）。在實驗過程中，通常分為有處遇介入的「實驗組」與無處遇介入的「控制組」，實驗組的受試者可能接受一種或一種以上的處遇內容，而後再比較實驗組與控制組在標的行為（依變項）的改變程度。由於實驗設計在自變項的操作上可以有不同的形式，例如：重複量數、前後測或共變數分析（analysis of covariance）等，因此涉及較為繁複的概念，故而部分的統計學者將其視為獨立類屬，另闢篇幅詳細討論。

二、限制

統計方法的應用雖可幫助我們解答生活上的問題、瞭解社會現象。然而用之不當，則可能誤解實況，得到了失真的資訊。因此，在使用之時宜留意以下的原則：

（一）原始資料須先經過數值化的轉換過程以及精確的測量程序，才能進一步分析處理。

（二）樣本選取與樣本大小的決定，都必須依照抽樣理論的準則

進行，方能具有代表性。

（三）每一種統計方法均有其適用條件，故須先就資料性質判斷
之後再行選用。

三、選判原則

行為科學研究通常會將社會現象的概念轉化成為可量度的變
項，而後蒐集與變項相關的資料，並使用統計方法測量及驗證
兩兩或多重變項之間的關係，以藉之瞭解行為現象的通則、特
性，進而推估其可能的發展。以下即簡要說明選擇統計方法時
宜先行辨識的事項：

（一）變項的測量層次（level of measurement）

不同測量層次（類別、順序、等距、比率或等比）的變
項，須應用不同的統計測量方法，以適切分析變項特性與
變項之間的關係（請參見第八章第三節「量度的性質」）。

**（二）變項之間的關係是對稱的（symmetrical）或是不對稱的
（asymmetrical）設計**

變項之間如果呈現了自、依變項彼此影響、互為因果的型
態，即屬於對稱關係；反之，倘若自、依變項顯示了前因
後果不可逆的次序型態，則屬於不對稱關係，此意味著依
變項的表現受到了自變項的影響。此兩種變項關係型態須
運用不同的統計測量方法。

**（三）統計量（statistic）是否具有消減誤差比例（proportionate
reduction in error，簡稱 PRE）的意義**

PRE 數值係表示以一個現象（自變項 X）來預測或解釋另
一個現象（依變項 Y）時，所能夠減少的誤差比例（通常
以百分比表示之）。由於探究行為現象關係的目的，就是
希望減少預測或解釋時的錯誤，因此，具有 PRE 意義的統
計測量法，將為研究者優先採用。

$$PRE = \frac{E_1 - E_2}{E_1}$$

E_1：期望誤差（expected errors），為假定不知道 X 的情
況下預測 Y 的情況所產生的誤差值。

E_2：觀察誤差（observed errors），指知道 X 的情況，而
依據 X 的數值來預測 Y 的情況所產生的誤差值。

由公式意涵可知，X 與 Y 變項之間的關係愈強，所能減少
的預測誤差就愈大，因此，此消減誤差值的大小，亦可以
反映出 X、Y 兩個變項之間關係的強弱程度。

（四）研究目的與性質（the aim of social research）

社會研究的目的，大抵上可以為探索性（exploratory）、
描述性（descriptive）、解釋性（explanatory）與解析性
（analytical）等性質。依照各類型的研究重點而言，前兩
者以描述統計學的應用為主，後兩者則屬於母數估計與假
設檢定之推論統計學的範疇。

第三節　資料分析的統計方法

統計方法是資料分析過程中必要的工具，通常處理的是經由調
查或觀察蒐集而來的群體量數資料，其中非數值的部分，亦須經由
量度轉換為可計算與測量的單位。目前社會科學中最常被用來運算
大量數據資料的套裝軟體是 SPSS（Statistical Package for the Social
Science）。相較於 SAS、BMDP 等其他統計應用軟體，SPSS 的設計
原理和操作指令簡單易懂，尤其是中文視窗版開發之後（IBM 已更
新至23.0 版本），操作程序更為使用者導向，惟因其並非本章撰述重
點，因此請讀者依照實際需求，逕自參考相關專書介紹。以下即針對
社會（工作）研究較常處理的資料性質、統計方法，擇要說明與示
範。

一、樣本特性分析（profile）：次數分配與百分比（frequency distribution and percentage）

將零亂分散的原始資料予以分類（組），並累計變項屬性（類別）出現的次數，而後製作次數分配（frequency distribution）及百分比（percentage）圖表，以達簡化資料、利於理解的目的。

（一）適用時機

描述研究對象（樣本）屬性變項（attribute variable）特質時使用之。

（二）公式

1. f（次數）：變項內每一類屬出現的數量

2. p（比例）：$\dfrac{f}{n}$

　　f：變項內各類屬出現的數量

　　n：樣本總數

3. PR（百分率）：將比例的基數變大，通常以100作為倍數

　　$PR = \dfrac{f}{n} \times 100$　　即百分率（%）

（三）範例

調查台灣地區459名各個領域社會工作人員的基本特質，例如：性別（sex）、年齡（age）、婚姻狀態（mar）、宗教信仰（bel）、是否為本科系畢業（swp）等的現況分布情形。

附註：459名為郵寄650份問卷的回收總數，回收率為70.6%

依照資料登錄及電腦統計軟體運算，可得到下表結果：

表13-1　受訪者個人基本資料分析

變　項	類　別	人　數	百分比
性別	男	73	15.9
	女	386	84.1
年齡	20～29歲	224	48.8
	30～39歲	163	35.5
	40歲以上	72	15.7
婚姻狀況	已婚	201	43.8
	未婚	258	56.2
宗教信仰	佛教	129	28.1
	基督教	77	16.8
	天主教或其他	56	12.2
	無	197	42.9
是否爲本科系畢業	是	344	74.9
	否	115	25.1

研究者依據表中陳列數據，簡要描述受訪社會工作人員的基本特質。

附註：有關 SPSS/PC＋各程式指令語法、意義、範例及報表輸出格式
　　　等詳細討論，另有專書詳述，請自行參考：

　　　王保進（2002）。視窗版 SPSS 與行爲科學研究（二版）。台北：心理
　　　　出版社。

　　　王叢桂、羅國英（1992）。社會研究的資料處理。台北：黎明文化事
　　　　業。

　　　李金泉（1992）。SPSS/PC＋實務與應用統計分析。台北：松崗。

　　　邱皓政（2000）。量化研究與統計分析：SPSS 中文視窗版資料分析範
　　　　例解析。台北：五南。

　　　莊文忠譯（2011）。SPSS 在社會科學的應用（二版）。台北：五南。

　　　陳正昌（2004）。行爲及社會科學統計學──統計軟體應用。台北：
　　　　巨流。

二、相對地位比較：Z分數（Z score）

比較不同群體在某一行為表現的差異，或者某特定群體在不同行為表現的優劣狀況（相較於各行為表現的平均狀態），標準分數（standard score）可以協助研究者處理是類問題。

（一）適用時機

1. 欲描述個體（或某群體）行為表現在群體（或全體）中的相對位置，以便瞭解個體（或某群體）的表現優於群體（或全體）表現（處於平均狀態之上，相對表現較好）或劣於整體表現（處於平均狀態之下，相對表現較差）。而這優於或劣於的差距，與平均數的距離有多少個標準差（standard deviation）單位。

2. 比較不同群體（分組）在某一行為上的相對表現（優或劣）情形。

（二）公式

Z分數是標準分數轉換方法中的典型代表，其以平均數及標準差作為設算基準。因此，就行為現象測量資料的比較而言，確實達到了簡明清晰的效果。此一統計方法，在描述與推論統計的研究範疇內均可運用。

$$Z = \frac{X - \overline{X}}{S_x}$$

其中，X ＝某一觀察值

$\overline{X}$ ＝算術平均數（該群體）

S_x ＝標準差（該群體）

（三）範例

研究者調查各領域社會工作人員的離職率、工作滿足感，希望能藉以評估各領域社福機構的組織績效及管理情形。今假設縣市政府、醫療、兒童、青少年、老人、身心障礙及婦女家庭等社福機構，其社工人員離職率與工作滿足感之原始資料經由電腦換算處理後，得到如下之結果：

表13-2　各領域社工人員離職率與工作滿足感之 Z 分數

工作領域	縣市政府	醫療	兒童	青少年	老人	身心障礙	婦女家庭	平均數	標準差
離職率	16.39	7.42	8.13	7.00	12.48	13.05	10.10	10.65	3.22
Z分數	1.78	-1.00	-0.78	-1.13	0.57	0.75	-0.17		
工作滿足感	47.65	56.50	57.27	59.38	52.49	51.73	50.26	53.61	3.89
Z分數	-1.53	0.74	0.94	1.48	-0.29	-0.48	-0.86		

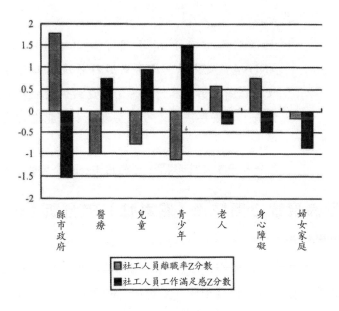

參照上列表、圖資料可以得知下列資訊：

1. 資料顯示，除了婦女家庭類機構之外，其他各領域社工人員的離職率與工作滿足感均呈現反向關係，亦即當社工人員的工作滿足感越高，其離職率便越低，反之亦然。因此，假設吾人已知離職率與工作滿足感之間呈現了顯著關聯的對稱關係，機構管理者欲降低社工人員的離職率，則應從強化員工工作滿足感的措施和策略上精進改善。

2. 服務於縣市政府與青少年工作領域的社工人員其離職率及工作滿足感呈現了兩種極端現象。前者離職率最高，

工作滿足感最低，後者則反之。站在機構管理者的立場，宜就影響工作滿足感和離職率之相關因素，例如：工作負荷量、組織氣候、薪資待遇、陞遷機會、福利保障等情況予以評估，而後再檢視前述兩個領域中的工作對應條件，是否具有明顯差異，如果事實確然，則前者宜對後者的管理模式進行標竿學習。

附註：

1. 上述問題亦可利用單因子變異數分析（one-way ANOVA）之方法，檢定各服務領域社工人員離職率及工作滿足感差異情況，是否達到假設檢定上的顯著意義，其後再決定是否需要進一步探究造成差異的原因。

2. Z 分數分布之條形圖，可利用 Excel 套裝軟體繪製。

三、行為現象之間關係（關聯性）的分析（correlation analysis）

社會研究大多以檢視現象之間的關聯性為主要目的，易言之研究者可藉由某一行為現象（X 變項）的表現，去預測另一個相關行為現象（Y 變項）的狀態或可能的發展，同理，研究者也可以藉著改變一個可操作處理的行為，來影響另一個難以操作處理的關聯行為。例如：以某人的教育程度（自變項）預測其薪資所得（依變項）；以案主的高中成績預測其大學聯考得分，或者以人與人之間的互動頻率，來預估兩者的情感增進程度等。

各類相關係數是用以衡量兩個變項之間關係強度的統計方法，茲將實務上較常使用的變項關聯法列表如下：

表13-3 雙變數之測量層次及其適用的相關係數

Y ＼ X	類別變項	次序變項	等距或比率變項
類別變項	Φ相關 列聯係數（C） Lambda（λ，對稱關係） tau-y（不對稱關係）		
次序變項	theta（θ）	Spearman等級相關（r_s） Kendall和諧係數（計算不同評分者對相同樣本一次或多次評定等級之間一致性的程度） Kendall tau-a, tau-b, tau-c Gamma（對稱關係） d_{yx}（不對稱關係）	
等距或比率變項	點二系列相關（r_{pb}）	eta相關比（η^2）（亦可藉之檢定變項之間，是否存在曲線相關性）	Pearson積差相關（r）

附註：高層次之變項可降低其測量水準（但會損失變項原始資料部分的數學演算性質），而採用較低層次之相關測量法。例如：將年齡（比率或等比變項）簡化為老、中、青三組的次序或類別變項，以符合各種統計方法所要求的條件。

上述所陳列的關係測量方法，又以列聯相關（contingency coefficient）與積差相關（product-moment correlation coefficient）係數最常爲社會（工作）研究者使用，以下即分別說明之。

（一）列聯相關係數與卡方檢定之顯著性考驗

列聯相關係數是一種用來分析兩個互相影響的類別變項關係強度的方法。由於係數本身的高低，並不能代表兩者相依共變的程度是否具有意義（顯著關係），因此，列聯相關係數多半與卡方檢定一併討論。

1. 適用時機

（1）列聯相關係數

①X、Y 兩個變項均屬類別測量尺度。

②X、Y 兩變項均包含兩個以上的類別，例如：性別（男、女）與主管職務（是、否），易言之，至少是2×2 方形列聯表以上的變項關係分析。

（2）卡方考驗

①X、Y 兩變項均屬類別測量尺度，樣本經由隨機方式選取

②依資料特性與不同的分析目的，可以區分爲四種常用類型：

a. 適合度考驗（goodness of fit test）

檢定實際觀察次數（或百分比）與某種理論次數（或百分比）的分配狀況是否相符。反之，適合度考驗同時也是檢視樣本觀察的次數與理論或母群體的次數分布是否具有顯著性差異的分析方法。例如：某所大學的學生性別分布比例是否與全台人口性別比例（1：1）相符。由於此種考驗內容僅涉及一個變項，因此亦可視爲單因子檢定。

b. 獨立性考驗（test of independence）

自某母群體抽取樣本，欲瞭解經由調查而得 X、Y 變項觀察值，其間是否具有關聯性。例如：社會經濟地位（X 變項分為高、中、低三類）與社會聲望（Y 變項亦分為高、中、低三類）之間是彼此獨立的關係（代表不同的社會經濟水平者，他們的社會聲望評價並沒有特別的差異現象），亦或是相互影響的對稱關係（代表不同的社會經濟水平者，他們的社會聲望評價亦不同，而且社會經濟地位越高者，社會聲望的評價也越好；當社會聲望的評價越好時，也會越加地提升了他們的社會經濟地位）。由於獨立性考驗，乃是同時討論樣本群中兩個變項之間的關聯程度，因此屬於雙因子檢定。

c. 百分比同質性考驗（test for homogeneity）

自若干母群體隨機抽取樣本，而後依據各樣本群行為觀察值的百分比分布，來考驗此若干母群體在某行為表現上的分布狀況是否具有同質性。例如：三大宗教信仰團體（天主教、基督教、佛教），對癌症晚期病人執行「安樂死」的態度反應（贊成、不贊成）有無不同。同質性檢定的目的，係為探討不同樣本群組（自變項）的某一行為表現（依變項）有無顯著差異，學理上由研究者所操弄處理的變項，除了被視為自變項，同時也被稱為設計變項，此外依變項又被稱為反應變項，整體來說百分比同質性考驗是一種具有前因後果的不對稱（asymmetrical）關係模型。

d. 改變的顯著性考驗：麥內瑪考驗（McNemar test）

檢定同一組受試者經由設計變項處理前、後兩次在某行為表現（反應變項）的改變程度，是否具有顯著意義。例如：60 名村民觀賞核能建設成果影片前、後，其贊成或反對興建核能發電廠的態度有無明顯變化（改變）。

2. 公式

（1）列聯相關係數

$$C = \sqrt{\frac{X^2}{N + X^2}}$$

如為 2×2 以上之非方形（橫列數與縱行數不同）列聯表，可使用克瑞瑪 V_c 統計數（Cramer's statistic）來表示關聯程度

$$V_c = \sqrt{\frac{\phi^2}{\min(I-1,\ J-1)}}$$

附註：

上式中 $\phi = \sqrt{\frac{X^2}{N}}$；公式的分母則指橫列數（I-1）或縱行數（J-1）中自由度較小者。

（2）卡方考驗

①適合度、獨立性、百分比同質性考驗

$$X^2 = \sum \frac{(f_o - f_e)^2}{f_e}$$

自由度為

• 適合度檢定 df=k-1

• 獨立性檢定 df=（r-1）（c-1）

• 同質性檢定 df=（r-1）（c-1）

其中 f_o = 觀察次數（observed frequency）

f_e = 期望次數（expected frequency）

k = 單因子分數（組）的數目

r = 因子分類，列的數目

c = 因子分類，行的數目

②耶茲校正考驗（Yate's correction for continuity）

在 2×2 的列聯表（contigency table or crosstabulation）中，當期望次數介於 5 和 10 之間（$5 \leq fe \leq 10$），即應使用本方法

$$X^2 = \sum \frac{(|f_o - f_e|) - 0.5)^2}{f_e}$$

③費雪正確機率考驗（Fisher's exact probability test）

在 2×2 的列聯表中，若期望次數小於 5（fe<5）或樣本人數小於 20 時（SPSS 系統內定值），則應使用本方法進行次數資料（觀察值）的獨立性考驗

$$P = \frac{(a+b)!(c+d)!(a+c)!(b+d)!}{N!a!b!c!d!} \qquad \begin{array}{cc|c} a & b & a+b \\ c & d & c+d \\ \hline a+c & b+d & N \end{array}$$

• a、b、c、d 為列聯表中四個細格之觀察值

• N 為樣本數

• P 為該種特定排列組合之機率

④麥內瑪考驗

$$X^2 = \frac{(r-s)^2}{(r+s)} \text{，} df = 1$$

• r 指前測時態度反應為正向（如贊成），而後測時卻改變為負向（如不贊成）之觀察值

•s 指前測時態度反應為負向，而後測時卻改變
為正向之觀察值

3. 範例

（1）列聯相關係數與卡方考驗（百分比同質性考驗）

由於病人的生活自理能力與照顧者的壓力負荷情形
息息相關。因此某醫院社工師想要瞭解病人疾病
性質（癌病、非癌病組）與失能程度（重度、中
度、輕度）之間的關係；換言之，癌症病人組（重
症者），其自我照顧能力，是否與其他非癌病人組
（糖尿病、腦血管病變）有所不同？經研究調查後
原始資料分析結果如下表所示：

表13-4　病人疾病性質與基本生活功能之分析

自變項 依變項 失能程度	病人疾病性質		卡方值 （顯著水準）	列聯係數 V_C
	非癌病人組 N(%)	癌症病人組 N(%)		
重度	45(45.0)	19(21.1)	12.11**(0.002)	0.24
中度	19(19.0)	24(26.7)		
輕度	36(36.0)	47(52.5)		

df=2, **p<0.01

卡方考驗顯示：病人疾病性質與其失能程度之間呈
現顯著關聯性（p<0.01）。非癌病人失能程度屬重度
者幾占半數（45.0%），照顧者身心負荷可想而知。
而癌症病人組失能程度則以輕度居多（52.5%），相
形之下，其存活期間為照顧者所帶來的壓力負荷，
反而比非癌病人的照顧者為輕。

（2）麥內瑪考驗

某社會學家對新北市某地區 60 名村民進行研究，欲瞭解施行認知訓練（影片欣賞、參觀、演講）是否影響其對興建核能發電廠的態度。經過調查，認知訓練前、後，村民的態度反應及麥內瑪考驗結果列表如下：

表 13-5　認知訓練前後，村民的態度反應及麥內瑪考驗結果

	（訓練後）不贊成	贊　成	McNemar test 顯著水準
（訓練前）贊　成	8	17	
不贊成	13	22	0.0176*

df=1, *P<0.05，雙尾檢定

上表資料顯示，認知訓練前、後，村民對於興建核能發電廠的態度，出現了顯著性改變（P<0.05）。從列聯表陳列的數據得知，村民態度由不贊成轉變為贊成者（22 人），相較於從贊成轉變為不贊成者（8 人）的百分比例為多。整體而言，認知訓練使得較多的村民支持興建核能發電廠。易言之，該項認知訓練方案達到了改變態度傾向的預期目標。

（二）積差相關

皮爾遜（Pearson）積差相關係數經常被社會科學研究用來檢驗雙變項之間的關聯性。通常以 r 係數（分布範圍介於 ±1 之間）的大小代表雙變項之間相互影響的程度，其意義包括了完全負相關（-1）、負相關、零相關、正相關及完全正相關（+1）等關係情況。

1. 適用時機

   X、Y 兩變項均為等距或比率測量層次時使用之。

2. 公式

   A. Z 值之積的總和之平均數：

$$r_{xy} = \frac{\sum \frac{x-\bar{x}}{S_x} \cdot \frac{y-\bar{y}}{S_y}}{n} = \frac{\sum Z_x Z_y}{n}$$

   或者

$$r_{xy} = \frac{\sum xy - \frac{\sum x \sum y}{n}}{\sqrt{\sum x^2 - \frac{(\sum x)^2}{n}} \sqrt{\sum y^2 - \frac{(\sum y)^2}{n}}}$$

3. 範例

   某研究者欲瞭解社會工作者個人的生涯規劃程度與專業承諾感之間的關係。459 名受訪社工人員之資料分析結果得知 r=0.4052（P<0.001）。表示社會工作者的生涯規劃程度越高，其專業承諾感亦越高，兩者呈現正向的連動關係，且關聯係數達到統計上的顯著意義。

四、行為現象之間差異關係的假設考驗（hypothesis testing）與平均數差異檢定（difference-of-means test）

社會科學的研究常受限於某些現實條件的考量，譬如：有限的人力、財力、物力、時間等因素，因而無法對所關心的現象事實，進行全面性的普查。因此，必須藉由嚴謹的抽樣方法（請參考本書第 12 章「抽樣」之內容說明），選取母體中部分個體（樣本）進行研究，並依照假設考驗原理，檢定樣本資料所呈現的特質，是否能在某一個誤差容忍水準之下，推衍論點，以協助吾人瞭解整個較為普遍、廣泛而可能存在的現象事實（母體），此即為假設考驗的意涵，前述卡方檢定及積差相關所討論之「顯著性」等問題，亦屬本概念之延伸應用。一般而言，假設考驗分為以下幾個步驟：

（一）建立假設（making assumptions）：**包含虛無假設**（null hypothesis，H_0）**與對立假設**（alternative hypothesis，H_1）

例如：$H_0 : \mu_1 \leq \mu_2$（鄉村居民生育率低於或等於都市居民生育率）

$H_1 : \mu_1 > \mu_2$（鄉村居民生育率高於都市居民生育率）

（本例屬於單尾考驗）

（二）選取適當的抽樣分配（obtaining the sampling distribution）

例如：Z 分配、t 分配、X^2 分配、F 分配等

（三）抉擇顯著水準及臨界區（selecting a significance level and critical region）

較常使用的顯著水準為：

1. $\alpha = 0.05$（以 * P<0.05 表示）

2. $\alpha = 0.01$（以 **P<0.01 表示）

3. $\alpha = 0.001$（以 ***P<0.001 表示）

依照研究目的決定單側（尾）（one-tailed）或雙側（尾）考驗（two-tailed test）。單側考驗是用來處理單一方向方面的問題，換言之當研究假設中含有「大於」、「優於」、「高於」或「小於」、「劣於」、「低於」的用意時，即須將所有的 α（顯著水準）完全集中在常態分配圖的右端（統計係數為正）或左端（統計係數為負）的一個區域進行決策判定。例如：研究假設 $H_1 : \mu_1 > \mu_2$，即表示假定第一樣本群組的平均數減去第二樣本群組的平均數為正，此處是將 α 全部集中在常態分布曲線的右端、正值一邊進行討論（第一樣本群組某行為的平均表現優於第二樣本群組）。雙側考驗則是一種不強調方向性、僅檢定有無差異的研究設計，例如 $H_1 : \mu_1 \neq \mu_2$，即表示研究者所關心的是兩個樣本群組行為觀察值的平均數有無顯著不同，其並不需要區分兩者之高低或優劣，因此所訂定的 α 便須置於常態分布曲線的兩端（$\alpha / 2$）執行決策判定，也就是同時檢測常態

分布曲線左右兩側臨界區域的拒斥標準。

(四) 計算檢定統計量 （computing the test statistic）

根據選用的統計量數方法（如：Z 值、t 值、X_2 值、F 值等）及樣本觀察數據資料，計算其統計數值。

(五) 作決策 （making a decision）

依據原先所訂的顯著水準（α），來判斷是否拒絕（reject or fail to reject）虛無假設（H_0），為假設檢定作出結論。

論文與專題進行研究結果判定時，都需要依照假設檢定步驟進行之。惟因文章篇幅有限，所以研究著作多半將此陳述予以簡化或省略。以下即就實務研究較常使用的差異性考驗 t 檢定與 F 檢定（變異數分析）予以說明。

(一) t 檢定分析 （t-test analysis）

t 檢定是一種相當強韌的（robust）統計考驗方法，一般被應用於兩個小樣本群平均數差異的檢定，包含獨立樣本與相依樣本（重複量數：repeated measures）兩種特性的分析。t 分配的特質與 Z 分配相當類似，它的曲線分布亦呈平均數為 0，左右對稱的形態，惟其峰度較高狹，曲線兩端距底線較遠。由於當樣本數越大時（一般指 N>120），t 分配便越趨近於 Z 分配（請參閱各統計學附錄部分，比較 Z 分配與 t 分配之臨界值標準）。由於社會科學的研究，通常很難完全掌握母體的性質（母體標準差 σ 已知的條件下，可使用 Z 檢定法），因此，此處僅就 t 檢定分析的概念予以說明。

1. 適用時機

（1）基本假設為兩個小樣本群平均數屬常態分配，變項測量層次為等距、比率尺度；

（2）小樣本之平均數差異檢定；單一樣本群時，指 N $\leq$ 30，N=50；兩個樣本群時，指 N1+N2<120；

（3）當母體之標準差（σ）或變異數（σ^2）未知時使用之。

2. 公式

（1）單一樣本時（考驗樣本平均數是否與母群體平均數無異）

$$t = \frac{\bar{x} - \mu}{\frac{\hat{s}}{\sqrt{n}}}$$ ，其中 $\hat{s} = \sqrt{\frac{\sum(x - \bar{x})^2}{n - 1}}$ （母群體標準差的不偏估計值）

df=n-1

（2）兩個獨立樣本時

須先考驗兩個母群體變異數是否相等（$\sigma_1^2 \neq \sigma_2^2$ 或 $\sigma_1^2 = \sigma_2^2$），即檢定 F 值是否達到顯著水準。F 值係以大的樣本變異數（$\hat{S}_L^2$）除以小的樣本變異數（$\hat{S}_S^2$）。

①當 F 檢定達顯著水準時（P<0.05），代表兩個樣本群所來自的母群體變異數不相等（$\sigma_1^2 \neq \sigma_2^2$），宜採用 Cochran 及 Cox（1950）所創之分隔變異數 t 檢定（separate variance t test）。

$$t = \frac{\bar{x}_1 - \bar{x}_2}{\sqrt{\frac{\hat{S}_1^2}{n_1} + \frac{\hat{S}_2^2}{n_2}}}$$ ， $$df = \frac{(\frac{\hat{S}_1^2}{n_1} + \frac{\hat{S}_2^2}{n_2})^2}{\frac{(\frac{\hat{S}_1^2}{n_1})^2}{(n_1 - 1)} + \frac{(\frac{\hat{S}_2^2}{n_2})^2}{(n_2 - 1)}}$$ …四捨五入取整數

②當 F 檢定未達顯著水準時（P>0.05），代表兩個樣本群所來自的母群體變異相等（$\sigma_1^2 = \sigma_2^2$），此時則應採用合併變異數 t 檢定（pooled-variance test）

$$t=\frac{\bar{x}_1-\bar{x}_2}{\sqrt{\frac{S_P^2}{n_1}+\frac{S_P^2}{n_2}}}，其中\hat{S}_P=\frac{(n_1-1)\hat{S}_1^2+(n_2-1)\hat{S}_2^2}{n_1+n_2-2}$$

此為合併變異數，即個別變異數的加權平均，df $= n_1+n_2-2$。

研究者應依據變異數同質性考驗結果，選擇分隔變異數或是合併變異數統計量來研判檢定結果。

③相依樣本重複量數時，對相同受試者於不同時間內（通常是處遇作為之前與之後）接受了兩次的觀察測量，研究者希望瞭解服務方案是否有效改善受試者的特定行為，此時應採用下列之 t 統計檢定

$$t=\frac{\bar{D}-0}{S_{\bar{D}}}=\frac{\bar{D}-0}{\frac{S_D}{\sqrt{N}}}=\frac{(\bar{x}_1-\bar{x}_2)-0}{\sqrt{\frac{\sum D^2-\frac{(\sum D)^2}{N}}{N(N-1)}}}，df = N-1$$

其中 N 為人數，$D = x_1-x_2$，$\bar{D}=\frac{\sum D}{N}=\bar{x}_1-\bar{x}_2$

分母為 $\bar{D}$ 的標準差，即 $\hat{S}_{\bar{D}}$

3. 範例

（1）兩個獨立樣本之 t 檢定

某醫院社會工作部門欲評估出院準備服務「早期干預」輔導方案，對於縮短病人住院天數是否具有效果。研究者以系統性隨機取樣方法，依照科別比例抽樣納入 347 名病人，並將其隨機分派至實驗組（接受社會工作者輔導）及控制組。輔導方案結束後，以 t 檢定法比較兩組病人平均住院天數，檢定結果如下表所示：

表13-6 出院準備服務與病人住院天數之 t 檢定分析

組 別	人數	平均數	標準差	自由度	t值	p值
實驗組	181	-5.88	15.21	329.9	-2.17	0.03*
控制組	166	-2.79	11.20			

*p<0.05

附註：平均數爲負數者，指病人住院日數相較於該疾病標準住院日數之差值的平均數爲負數，亦即病人的平均住院天數比公定標準爲短。

兩組病人平均住院天數經 t 值檢定達到顯著差異（p<0.05；單尾檢定；$\sigma_1^2 \neq \sigma_2^2$），實驗組病人的平均住院天數較控制組短了 3.09 天，表示該項輔導方案具有縮短病人住院天數的效果。

（2）相依樣本（重複量數）之 t 檢定

某青少年輔導機構欲評估其輔導方案對於改善虞犯青少年自我概念的效果，該研究使用人格測驗量表（已建立信、效度）作爲評量自我概念的工具，並於輔導完成前、後分別對 10 名虞犯青少年進行觀察測量。兩次評量分數經由 t 檢定得到下列結果：

表13-7 青少年輔導方案對改善其自我概念之 t 檢定分析

組別	人數	平均數	標準差	自由度	t值	p值
輔導前—輔導後	10	4.70	0.92	9	5.11	0.001***

***p<0.001

表中資料顯示，虞犯青少年於接受輔導前後的自我概念評分具顯著性差異（p<0.001；雙尾檢定）。亦即受試者經由專業輔導之後，其自我概念平均分數顯著提升了 4.70 分。這也表示該項輔導方案具有持續執行與推廣的價值。

（二）變異數分析（analysis of variance，簡稱 ANOVA）

變異數分析爲統計學家費雪（R. A. Fisher）創立，主要功能是檢定多個樣本群所代表的母群體平均數之間（μ_j；j=1，2，3，…k，亦即 k 組母群體的各個平均數）是否具有顯著差異。統計學上一般以變異（離差平方和，SS − sum of squares）表示差異狀況，而變異通常源自於兩方面的原因：一爲已知原因而形成的變異（如處遇方案），另一則爲抽樣誤差及未知原因而形成的變異（或稱爲實驗誤差）。當研究者欲分析兩組以上平均數的差異時，利用 t 檢定之兩兩組合的方式較爲繁複不便，而使用變異數分析法（F 檢定）則可達化繁爲簡之效。亦即先行檢定 F 值是否達到顯著水準（總變異量是否具有顯著意義），如果總變異量具有顯著意義，則進一步再行確認群組差異的來源。亦即應用事後比較（a posteriori comparisons）方法檢視差異發生於哪些樣本群之間。變異數分析的類型頗多，此處以較常使用之單因子變異數分析（one-way analysis of variance）爲說明範例。

1. 適用時機

（1）自變項爲類別或順序尺度，依變項爲等距或比率尺度之平均數差異的顯著性檢定。通常用於檢定自變項類別在三組或三組以上之母群體平均數差異性考驗。

（2）樣本來自之母群體，須符合 ANOVA 基本假設，即各個樣本群之母群體爲：

①常態性（normality）。即呈現常態分配。

②獨立性（independence）及可加性（additivity）。指變異來源甚爲明確，分割後的各組群是彼此獨立或不相重疊的。

③變異數相同（homogeneity of variance）。當樣本資料經過考驗不符合此項假設時，則須應用轉換

方法將其處理爲變異數較爲接近的情況，才能進
一步使用本方法分析資料。

2. 公式

（1）各組人數相同時

① SSt（總變異量）

$$= \sum\sum(X_{ij} - \overline{X}..)^2$$

$$= \sum_j \frac{(\sum_j X_{ij})^2}{n_j} - \frac{(\sum\sum X_{ij})^2}{N}$$

其中 N 爲各組樣本數之加總，即代表總樣本數。

② SS_b（組間變異量）

$$= \sum\sum(\overline{X}._j - \overline{X})^2$$

$$= \sum_j \frac{(\sum_j X_{ij})^2}{n_j} - \frac{(\sum\sum X_{ij})^2}{N}$$

$$= [\frac{(\sum X_{i1})^2}{n_1} + \frac{(\sum X_{i2})^2}{n_2} + \frac{(\sum X_{i3})^3}{n_3} + \cdots + \frac{(\sum X_{ik})^2}{n_k}] - \frac{(\sum\sum X_{ij})^2}{N}$$

此處 $n_1=n_2=n_3=\cdots\cdots=nk$（各組人數相等）。

③ SS_w（組內變異量）$= SS_t - SS_b$ 或

$$= \sum\sum X_{ij}^2 - \sum_j \frac{(\sum_i X_{ij})^2}{n_j}$$

④ MSb（mean square，均方爲組間變異數的不偏
估計值）

$$= \frac{SS_b}{K-1}$$

K 爲自變項所區分之組別數，K-1 爲組間變異的
自由度。

⑤ MSw（組內變異數不偏估計值）

$$= \frac{SS_w}{N-K}$$

N-K 爲組內變異的自由度。

⑥ F（F 值）

$$= \frac{MS_b}{MS_w}$$

查表之臨界值，橫列為分子之自由度（K-1），

縱行為分母之自由度（N-K）

（2）各組人數不等時

計算方式與 A. 完全一致，但須注意 SS_b 中 $n_1 \neq n_2$

$\neq \cdots \cdots \neq n_k$

（3）重複樣本時

相同的樣本接受不同的實驗處理（即社會工作指稱的處遇方法），用以檢定或評量各種實驗干預是否具有顯著效果。此種設計必須將受試者個別差異所造成的誤差，自組內變異數中扣除，再計算所剩餘的殘差誤差（不能確認來源或不能解釋的誤差），而 F 值便是由實驗處理的變異數不偏估計值與殘差變異數不偏估計值的除數所構成：

$$F = \frac{SS_{b.\,treament} \diagup (k-1)}{SS_{residual} \diagup (n-1)(k-1)} = \frac{MS_{b.\,treatment}}{MS_{residual}}$$

由於實務上極少為了評估比較（重複量數）各種處遇方法的輔導成效，而讓同一服務對象接受多種不同處遇方法，因此此一檢定方法較少被研究者採用。

（4）事後比較

當 F 值到達顯著水準，須進一步檢定差異發生於哪些樣本群之間（檢定各組平均數之間的差異）。以下即分別說明較常使用之事後比較法（通常為非正交比較法）：

①薛費法（Scheff'e method，簡稱 S 法）

適用於各組人數不相等、兩兩比較包含兩個以上組別之平均數差異的情形。各組人數相等時亦可使用之。

$$F = \frac{(\overline{X}_i - \overline{X}_j)^2}{MS_w(\frac{1}{n_i} + \frac{1}{n_j})}，df = (K-1)，(N-K)$$

其中 $\overline{X}_i$ 與 $\overline{X}_j$ 為兩兩相互比較之各組別的平均數；

n_i 與 n_j 為兩兩比較的各組樣本數；

K 為組數；

MS_w 為誤差均方和，也就是組內變異數不偏估計值。

計算所得之 F 值須大於查表臨界值，方可裁決組間差異達到統計檢定上的顯著水準。

②杜凱氏法（Tukey's honestly significant difference，簡稱 HSD 法）

適用於各組樣本人數相等、兩兩組別之間平均數差異的比較。

$$q = \frac{\overline{X}_L - \overline{X}_S}{\sqrt{\frac{MS_w}{n}}}，df = K，N-K$$

其中 $\overline{X}_L$ 為所有組別中最大的平均數；

$\overline{X}_S$ 為所有組別中最小的平均數。

或當各組人數不相等時，公式改為：

$$q = \frac{\overline{X}_L - \overline{X}_S}{\sqrt{\frac{MS_w}{2}(\frac{1}{n_L} + \frac{1}{n_s})}}，df = K，(N-K)$$

當 q 值大於 $q1-\alpha,(K,N-K)$ 查表臨界值，則表兩

組平均數的差異達顯著水準。

⑶紐曼－柯爾氏法（Newman-Keuls method，簡稱 N-K 法）

適用於各組樣本人數相等的差距考驗，其最大的特色，乃是依照各組平均數之大小次序使用不同的臨界 q 值，因而敏感度較高，比 HSD 法容易達到差異考驗的顯著水準。

$$q_r = \frac{\overline{X}_L - \overline{X}_s}{\sqrt{\dfrac{MS_w}{n}}}, df = r, N-K$$

r 為兩兩組合比較的兩個平均數在平均數排列次序中相差的等級數（the number of steps）；

計算而得的任何一組平均數差異值（$\overline{X}_L - \overline{X}_s$）必須大於該 $q_{1-\alpha(r, N-K)}\sqrt{\dfrac{MS_w}{n}}$，才表示達到了顯著水準。

3. 範例

某醫院社會工作者欲瞭解慢性病人自我照顧能力是否對其照顧者的身心負荷造成不等程度的壓力。於是研究者對院內 190 名相關病人自我照顧能力進行評估與調查，並藉由壓力量表測量其主要照顧者的壓力知覺程度。研究資料經過單因子變異數分析後得到下表所示結果：

表13-8　病人自我照顧能力及其照顧者壓力之單因子變異數分析

變異來源	離均差平方和	自由度	均方	F值	顯著水準
組間（自我照顧能力）	307.1	2	153.6	3.66	0.028*
組內（照顧者壓力）	7836.5	187	41.9		
全　　體	8143.6	189			

*p<0.05

表13-9　薛費氏法事後比較

自我照顧能力		完全無法自理	部分自理	完全自理
	平均數	39.9	39.4	37.2
完全無法自理	39.9	----	0.355	0.031*
部分自理	39.4		----	0.058
完全自理	37.2			----

*p<0.05

　　單因子變異數分析結果可知，病人的自我照顧能力對其照顧者壓力負荷程度造成顯著影響（p<0.05）。而由薛費氏事後比較則可進一步瞭解，此一差異主要來自「完全無法自理」與「完全自理」兩組病人之間（p<0.05）。前組之照顧壓力（39.9±6.5）顯著高於後組（37.2±6.1）。此研究結果再度印證了邱啓潤（1987）及鍾婆婆（1989）等的研究論點，病人自我照顧能力（對照顧者的依賴程度）是照顧者身心壓力的重要影響因素（陳光耀等，1992: 109）。

五、行為現象之間的影響性分析：逐步迴歸（stepwise regression analysis）與層級式複迴歸分析（hierarchical multiple regression analysis）

　　迴歸與相關分析之間的差別是前者用以分析自、依變項之間的不對稱關係（asymmetrical relationship），而後者則是用以分析自、依變項之間相互影響的對稱關係（symmetrical relationship）。當行為現象透過研究觀察而得知其間的連動關係與影響情況時，便可以藉由瞭解屬性變項、操作自變項而來影響或預測另一個依變項可能的發展，此即迴歸分析法的應用條件與目的。迴歸分析通常以線性模型的迴歸方程式來呈現變項之間關係的意義。而複迴歸（multiple regression）的用途同於上開所述，主要是以一組自變項（X_1，X_2，X_3…）來預測、估計

某個依變項（Y）的統計方法。此方法可以計算出全部自變項對依變項變異量的解釋程度（以 R^2 表示），以及每一自變項在預測依變項時的相對重要性（以 β_k 表示）。以下即針對社會工作實務研究中較常使用的逐步迴歸分析（stepwise regression analysis）與階層式迴歸分析（hierarchical multiple regression analysis）予以說明。

（一）逐步迴歸分析

將自變項逐步（一次一個，或一次數個）代入迴歸方程式中予以分析的一種複迴歸法，其對依變項變異量的解釋力亦隨之被逐一評估。資料處理時，自變項納入分析的順序係依照統計值決定，亦即由各自變項與依變項之間淨相關係數的大小，來決定各自變項被評估的順序。淨相關最高者優先選入分析，其餘則重新計算淨相關係數，再自其中選取係數最高者納入評估。當其中部分相關的 F 值機率大於剔除機率（pout）時，則將該變項去除，而後持續依照上述步驟反覆進行擇入及剔除的過程，直至所有自變項已被納入分析為止。據此，迴歸方程式所呈現的算式，應該是「以最精簡的自變項來解釋依變項的最大變異量」之最佳預測模型。

附註：逐步迴歸選取自變項的方法包括數種：

順向選擇法（forward，亦稱逐步引入法）、反向淘汰法（backward，亦稱逐步剔除法）及逐步迴歸法（stepwise，亦稱有進有出法）。而前開所述選項、除項反覆過程的作法，係指較常被引用的逐步迴歸法。

1. 適用時機

（1）通常使用於探索性研究。目的是從多個自變項中，尋找出重要而具有意義的預測變項，並淘汰其他沒有影響或預測力的變項，而新的研究假設亦能藉此建立。

（2）自、依變項之測量層次均屬等距或比率變項（自變項如係類別或順序變項，均須轉換成虛擬變項後方能加以分析）。

2. 公式

多元迴歸分析計算過程十分複雜，觀察資料通常都需要藉助電腦套裝軟體加以處理。以下僅就臨床應用上較重要的概念、公式說明如次：

（1）多元迴歸方程式撰寫模型

利用「原始分數」計算之方程式為：

$$\hat{Y}_i = b_1 x_1 + b_2 x_2 + \cdots + b_p x_p + a$$

利用「Z 分數」或「相關係數」計算之方程式為：

$$\hat{Z}_Y = \beta_1 Z_{x1} + \beta_2 Z_{x2} + \cdots + \beta_p Z_{xp}$$

由原始分數所撰寫的迴歸方程式，可以利用觀察值來計算並預測依變項Ŷ的情形。基於自變項所採用的衡量單位可能不同，例如以日、月、年計算出的 b（斜率）值並不相同，因此，不能以 b 的大小直接判斷其對依變項變異量的影響與解釋程度。然而，倘若使用經過 Z 分數處理後的標準化迴歸方程式，則可依據轉換後的標準化斜率 β（beta）係數大小，來直接判斷各個自變項對依變項的相對重要性（β_1，$\beta_2 \cdots \beta_p$ 表示自變項對依變項變異量解釋的加權數）。

（2）迴歸係數的考驗

用以檢定效標變項（依變項）Y 與每一個預測變項（自變項）X 之間，是否存在著顯著的直線關係；亦即考驗每一個自變項的個別斜率（迴歸係數）是否具有統計上的顯著意義。

$$t = \frac{b_{Y \cdot X} - 0}{\sqrt{\dfrac{S^2_{Y \cdot X}}{\sum X^2}}}$$

其中 $b_{Y \cdot X} = \dfrac{\sum XY - \dfrac{\sum X \sum Y}{N}}{\sum X^2 - \dfrac{(\sum X)^2}{N}}$

$$S^2_{Y \cdot X} = \frac{\sum (Y - \hat{Z}_Y)^2}{N} = \frac{\left[\sum Y^2 - \dfrac{(\sum Y)^2}{N} \right] - \dfrac{\left[\sum XY - \dfrac{\sum X \sum Y}{N} \right]^2}{\left[\sum X^2 - \dfrac{(\sum X)^2}{N} \right]}}{N}$$

（3）淨相關（partial correlation）與部分相關（part correlation）

淨相關是利用數學方法把與兩個變項有關之其他變項的影響力排除之後，再計算出這兩個變項之間的純相關程度。以三個變項之間的關係為例，如果自第一和第二個變項中，把第三個變項的共同解釋力（影響力）排除後，再檢視第一和第二個變項之間相關（$r_{12.3}$）程度的變化，通常原本的係數值會變小，或者可能轉變成為零相關。淨相關的計算公式為：

$$r_{12 \cdot 3} = \frac{r_{12} - r_{13} r_{23}}{\sqrt{1 - r^2_{13}} \, \sqrt{1 - r^2_{23}}}$$

附註：有關公式中任何兩變項之間的相關係數計算方法，請參閱「積差相關」的說明。

算式所得之自變項與依變項之間淨相關程度最高者，將被優先選入分析，這也代表了此自變項對依變項的解釋、影響力最高。

部分相關則是指第一個變項與排除第三個變項解釋力後的第二個變項之間的相關情形，換言之，第一個變項中仍然含有第三個變項對它的影響成分。例如：自國文成績（X_2）中排除了智力（X_3）的影響

力，但是數學成績（X_1）中，依然包含了智力（X_3）對它的影響作用。因此，在此種情形之下探討數學與國文成績的關聯性，並無法否定數學成績仍然還是會受到智力的影響。其計算公式為：

$$r_{1(2 \cdot 3)} = \frac{r_{12} - r_{13}\, r_{23}}{\sqrt{1 - r_{23}^2}}$$

（4）多元相關係數

$$R_{Y \cdot 1234\cdots p} = \sqrt{\beta_1\, r_{Y1} + \beta_2\, r_{Y2} + \cdots \beta_P\, r_{YP}}$$

$$其中 \beta = b\frac{S_X}{S_Y} = b\frac{\sqrt{\dfrac{\sum(X - \bar{X})^2}{N}}}{\sqrt{\dfrac{\sum(Y - \bar{Y})^2}{N}}}$$

R^2 為「決定係數」，數值大小代表數個預測變項 X 對效標變項 Y 所能解釋、影響的程度（通常以百分比例表示）。事實上，多元迴歸分析中，每增加一個預測變項，都會使得 R^2 增大，因此通常需要將公式予以調整如下：

$$\hat{R}^2 = 1(1 - \hat{R}^2)\,\frac{N - 1}{N - K - 1}$$

（5）總變異 SS_t（total variance）、殘差平方和 SS_{res}（又稱未解釋變異 unexplained variance）、迴歸離差平方和 SS_{reg}（又稱已解釋變異 explained variance）

$$SS_t = SS_{reg} + SS_{res}$$

$$R^2 = \frac{SS_{reg}}{SS_t} = \frac{\left[\sum XY - \dfrac{\sum X \sum Y}{N}\right]^2}{\left[\sum X^2 - \dfrac{(\sum X)^2}{N}\right]\left[\sum Y^2 - \dfrac{(\sum Y)^2}{N}\right]}$$

$$\because SS_{res} = SS_t - SS_{reg} = SS_t - (R^2 SS_t)$$

$$\therefore SS_{res} = (1 - R^2)SS_t$$

（6）檢定所增加的 R^2 顯著性（多元相關係數顯著性考驗）

$$F = \frac{R^2 / P}{(1 - R^2) / (N - P - 1)}$$

其中 P 代表預測變項（自變項）的數目，N 代表總人數，自由度為（P, N-P-1）

3. 範例

某研究者欲探討哪些因素會影響社工人員的生涯抉擇程度。經調查與單因子變異數分析後，將「擇業參考因素、個人處事計畫程度、工作領域、職位」等 13 個預測變項納入多元逐步迴歸檢測，資料處理結果摘要如表 13-10。

從表 13-10 所列資料可以瞭解，社工人員擇業參考因素中以「自我價值」（X_1）具 38.92% 的解釋力最高，亦即此因素對當事者生涯抉擇程度的影響力最大，投入預測變項「管理規劃度」（X_2）後，對社工人員生涯抉擇程度的解釋力增加了 7.21%，而納入第三預測變項「社工人員處事計畫程度」（X_3），又可增加 2.65% 的解釋力，再投入受訪者「職務」（身為機構主管、督導與否 X_{41}）因素，則可增加 1.91% 的解釋力，納進第五預測變項「自我條件」（X_5），再增加了 1.12% 的解釋力，最後，投入「擇業參照因素之外控程度」（X_6），則略增了 0.97% 的解釋力。整體而言，六個預測變項對效標變項的解釋（影響）程度為 52.78%。而依據逐步迴歸分析結果，社工人員生涯抉擇程度（Y）的最佳預測方程式為：

$$Y = 22.17 + 1.33X_1 + 0.92X_2 + 0.33X_3 + 1.47X_{41} + 0.58X_5 - 0.38X_6$$

表13-10 社會工作人員生涯抉擇之逐步迴歸分析表

逐步 自變項	淨迴歸係數	標準誤	標準化淨迴歸係數	淨F值	R square 及總F值	R square 增加量
1.常數	30.6186	1.2855		567.334***	$R^2 = 0.3892$	
自我價值	2.2965	0.1346	0.6238	291.143***	F =291.143***	
（擇業參考因素）						
2.常數	26.8335	1.3020		424.784***	$R^2 = 0.4613$	0.0721
自我價值	1.8847	0.1371	0.5120	189.080***	F =144.464***	
管理規劃度	0.9754	0.1248	0.2910	61.074***		
（擇業參考因素）						
3.常數	20.9261	1.7954		141.462***	$R^2 = 0.4878$	0.0265
自我價值	1.6313	0.1436	0.4431	129.042***	F =144.464***	
管理規劃度	0.9577	0.1219	0.2857	61.740***		
處事計畫程度	0.3604	0.0742	0.1777	23.573***		
4.常數	21.5964	1.7356		154.836***	$R^2 = 0.5069$	0.0191
自我價值	1.5888	0.1414	0.4316	126.216***	F =161.691***	
管理規劃度	0.9236	0.1200	0.2755	59.240***		
處事計畫程度	0.3430	0.0730	0.1691	22.058***		
主管、督導（職稱）	1.6985	0.4051	0.1400	17.581***		
5.常數	19.5362	1.8311		113.828***	$R^2 = 0.5181$	0.0112
自我價值	1.2917	0.1672	0.3509	59.664***	F =97.423***	
管理規劃度	0.8870	0.1193	0.2646	55.290***		
處事計畫程度	0.3269	0.0724	0.1612	20.364***		
主管、督導（職稱）	1.6584	0.4011	0.1367	17.096***		
自我條件	0.5879	0.1811	0.1387	10.540***		
（擇業參考因素）						
6.常數	22.1664	2.0110		121.511***	$R^2 = 0.5278$	0.0097
自我價值	1.3252	0.1661	0.3600	63.656***	F =84.194***	
管理規劃度	0.9209	0.1188	0.2747	60.137***		
處事計畫程度	0.3282	0.0718	0.1618	20.893***		
主管、督導（職稱）	1.4707	0.4023	0.1212	13.365***		
自我條件	0.5764	0.1795	0.1359	10.309**		
外控程度	-0.3798	0.1251	-0.1001	9.215**		
（擇業參考因素）						

*P<0.05 **P<0.01 ***P<0.001

虛擬變項基準組：教育程度（大學畢業）、宗教信仰（天主教及其他）、工作領域（婦女、家庭及其他）、職稱（其他）、聘用情形（其他）

承上所言，當社工人員的生涯發展過程中，凡是重視「自我價值」、工作部門的「管理規劃」明確、「個人處事計畫程度」高、身兼「部門主管或督導職務」、擁有

從事社工的「自我條件」，以及較不重視工作場域之「外控因素」（例如，交通、人際、親友支持與否）等條件者，其選擇投入社會工作行業，而且以此行業作為終生職業的認定程度便愈高。

由於其他併入分析的變項，如：宗教信仰、工作領域、聘僱情形、生涯規劃策略導向、酬賞制度等預測因素，對生涯抉擇（效標變項）總變異量的解釋力未達統計顯著水準，因此可以略過因果關聯的考量。

（二）階層式複迴歸分析

階層式迴歸分析是以理論及實證邏輯原則來決定各個自變項進入迴歸分析模型的先後順序。換言之，研究者主控了各個自變項在不同階段中被納入檢視的順位。此外，階層式迴歸與逐步迴歸的統計學原理及計算公式極為相似。

1. 適用時機

（1）建構理論（依據變項之間的因果邏輯及發生時間的前後順序）。

（2）變項測量性質與逐步迴歸分析相同。

2. 公式

使用之運算元素及方法與逐步迴歸分析相同。

3. 範例

醫院社工人員欲關懷慢性病人照顧者的健康情形，於是對相關對象進行「健康狀況影響因素」問卷調查。研究者依據研究假設將各個預測變項分階段納入討論，因此自變項被歸入分析的先後順序是由研究者所決定和掌控的。表13-11陳列的數據，即是經匯整後的研究發現。由於照顧者本身所擁有的個人特質如年齡、性別、教育程度、婚姻、工作、居住狀況等因素，乃是影響個人健康狀況的先決條件，因此最早（第一階層）被引入分析。表中資料顯示，「照顧者個人特質」對其整體健康

狀況的解釋力達11.6%（可以解釋照顧者健康狀況總變
異量的11.6%）；其次，納入患者病前與照顧者之間的
「情感關係」後所增加解釋力並不明顯；第三階層置入
「病人醫療特質」（罹病系統、就醫保險身分等）加以檢
測，則可增加3.9%的總變異解釋量；第四階層投入「病
人自我照顧能力」，則增加了2.8%的變異解釋量，第五
階層將「照顧者負荷」（有無分擔人手、可以分擔照顧
工作的人手數）併入考量，則又可增加3.7%的預測解
釋力；最後投入中介變項「壓力知覺程度」再予分析，
對「照顧者健康狀況」的變異量解釋力遽增了33.7%。
綜合言之，六個自變項群組對「照顧者健康狀況」產生
了55.8%的解釋力，其中又以最後一階層「壓力知覺程
度」的影響力最高。

表13-11　照顧者健康狀況層級迴歸分析

變項組	迴歸係數	R^2	增加的R^2	P值
照顧者基本特質	0.341	0.116		0.019*
情感關係	0.341	0.116	0.000	0.762
病人醫療特質	0.395	0.156	0.039	0.017*
病人自我照顧能力	0.429	0.184	0.028	0.049*
照顧負荷	0.470	0.221	0.037	0.044*
壓力知覺程度	0.747	0.558	0.337	0.000***

$P < 0.05$　$***P < 0.001$

層級迴歸分析的結果，說明了照顧者自覺的生理、心理
壓力程度以及病人罹病系統（是否罹患癌症），均顯著
影響著照顧者的健康狀況（參見表13-12）。換言之，照
顧者生理、心理壓力愈大，而且照顧的對象是癌友時，
則其健康狀況將愈差。

表 13-12　照顧者健康狀況影響因素之層級迴歸係數分析

層級 變項	1 b	1 Beta	2 b	2 Beta	3 b	3 Beta	4 b	4 Beta	5 b	5 Beta	6 b	6 Beta
居住狀況	2.104	0.072	2.075	0.071	2.316	0.079	1.708	0.058	1.598	0.055	2.536	0.087
婚姻	1.206	0.042	1.234	0.043	0.411	0.014	0.451	0.016	0.695	0.024	-0.337	-0.012
性別	-1.480	-0.056	-1.409	-0.053	-3.447	-0.013	-1.106	-0.042	-1.228	-0.046	-1.012	-0.068
教育程度	-0.853	0.063	-0.886	-0.065	-0.852	-0.063	-1.128	-0.083	-0.690	-0.051	0.040	0.003
工作狀況 （有、無）	2.593	0.120	2.628	0.121	2.893	0.133	2.265	0.104	1.891	0.007	1.625	-0.075
年齡	-0.036	-0.052	-0.038	-0.054	-0.077	-0.111	-0.065	-0.094	-0.075	-0.107	-0.073	-0.104
關係（配偶 非配偶）	-6.312 *	-0.304	-6.195 *	-0.296	-4.816	-0.230	-5.511	-0.263	-4.437	-0.212	-1.206	-0.058
情感關係			-0.501	-0.022	-0.606	-0.028	-0.144	-0.051	-0.771	-0.034	-0.001	-0.000
癌症與否					-2.169	-0.106	-2.949 *	-0.144	-3.829 *	-0.187	-3.217 **	-0.157
身分					4.635 **	0.193	4.358 *	0.181	4.405 *	0.183	2.574	0.107
基本生活功 能							0.072	0.036	-0.019	-0.009	-0.120	-0.060
輔助性生活 功能							0.371	0.154	0.451	0.188	0.236	0.098
資訊支持									0.959	0.039	-1.293	-0.053
有無其他照 顧人手									-4.465 *	-0.148	-1.879	-0.062
照顧人手數									1.296 *	0.191	0.430	0.063
生理壓力											-1.862 **	-0.498
心理壓力											-0.627 *	-0.171
社會壓力											-0.145	-0.033
常數	48.278		48.423		48.854		46.207		45.865		81.284	

*p<0.05　　**p<0.01　　***p<0.001，N=190

承前（P.457），其他被納入分析的預測變項如：照顧者是否與病人同住、照顧者婚姻狀態、兩者病前情感關係等因素，並未對照顧者的健康形成直接而顯著的影響，其可能藉由照顧者的壓力知覺而對健康形成間接影響。據此，照顧者健康狀況的最佳預測模型，可以下列方程式表示之：

照顧者健康狀況 = 81.28 −（1.86× 生理壓力知覺分數）−（0.63× 心理壓力知覺分數）−（3.22× 病人罹患癌病）

第四節　實務研究與資料分析的其他議題討論

電腦軟體的開發，使得較為繁複的統計技術諸如路徑分析（path analysis）、區別函數分析（discriminant function analysis）、複迴歸分析（multiple regression），以及邏輯斯迴歸（logistic regression）等問題，均得以藉助套裝軟體高速運算的功能而獲得解決。以下即針對實務研究處理量化資料較常遇到的幾項問題予以說明。

一、問卷設計的信度與效度分析

社會工作實務研究經常使用自行設計的問卷，作為瞭解行為現象之間關係的媒介。因此針對所設計問卷信度與效度的討論，也就成為介紹研究設計時必須說明的項目。目前經常被實務研究使用的信度、效度分析方法包括了：建構效度（construct validity）——以因素分析（factor analysis）模式解釋之；內部一致性分析（analysis of internal consistency）——以 Cronbach's alpha 係數舉證題目設計的一致性或穩定性。此外為了檢視問卷試測（pilot study）後的適當性，項目分析（item analysis）之問卷題目的關聯性分析（correlation analysis）以及鑑別指數（discrimination index）等，都是研究者較常採用的信度評量工具。

（一）建構效度之因素分析法

1. 概念釋義

透過變項內在成分之間的關聯性分析，將原始變項所組成的內涵予以精簡化，抽選出數個潛在性因子結構（共同性）而予以命名，並由這些因子形成新的線性組合，來代表該變項或概念的意涵。簡言之，因素分析法的功能是協助研究者尋找出最具代表性的可觀察項（變項的核心成分），並以其來表示某個抽象的不可觀察項或概念。

2. 分析步驟

（1）計算相關矩陣

項目之間的相關屬於 Q 式因素分析法。通常因子與項目之間的相關係數最好達到0.30 以上，亦即其因素負荷量（factor loading；代表「項目」與「各項目組合而成的因素」之間關係強度的數值）超過0.30 的標準方予選取。

（2）抽取最初的共同因素

以主成分分析法（principal component analysis）在正交（將各因素之間視爲獨立或不重疊的情況）成分中，抽取最大變異量之因素。亦即以最高相關係數法，求得各共同因素的特徵值或固定值（eigen-value；係指因素矩陣中每列因素負荷量的平方和，代表各因素或觀察值對於各個變項之變異量解釋力的貢獻程度）。一般而言，保留特徵值大於1的共同因素。

（3）進行最後的因素轉軸

當因素之間被視爲彼此獨立的情況時，多採正交（直交）轉軸法（orthogonal rotation），使各因素所能解釋的變異量趨向最大（varimax）。惟社會科學

所觀察的行為現象，多半是相互影響而彼此牽動的狀況，因此，斜交轉軸法（oblique rotation）才是較為適合的選擇。換言之，多數的變項及概念或多或少都蘊含了其他變項、概念的因素成分，例如：社會聲望與社會經濟地位兩個概念都含括了教育程度、職業、收入等組合成分，此時就需要採用斜交轉軸法，將重疊的成分予以歸併處理，才能夠促使觀察項達到最佳的代表性。

（二）Cronbach's alpha 係數信度分析法

1. 概念釋義

適用於態度量表（多半為五點計分方式設計）的分析。一種用以評估量表或問卷的一致性（consistency）或穩定性（stability）的指標。

2. 公式算法

$$\alpha = \left(\frac{K}{K-1}\right)\left(\frac{S_x^2 - \sum S_i^2}{S_x^2}\right)$$

K　：測驗的總題數

其中S_x^2：測驗總分的變異數

　　S_i^2：每個題目分數的變異數

3. 分析步驟

（1）先進行量表題目的篩選，去除與總分之間相關係數較低的題目。

（2）繼續運算總量表與分量表（變項所包含的向度）之間的信度係數。

（三）問卷試測後的關聯性考驗與鑑別指數分析

1. 概念釋義

（1）關聯性分析（correlation analysis）

透過每一題目與總分之間的積差相關係數，來評估受試者態度反應的一致性或穩定性。一般而言，

當相關係數低於0.30，且未達相關性顯著考驗水準
（α=0.05）之題目，將予以刪除。

(2) 鑑別指數（discrimination index）

透過每一題的鑑別力（discriminatory power）分
析，來判斷題目設計是否能夠區辨受試者的態度反
應。計算鑑別力的大小，乃是將所有受試者之問卷
測試的總分，依照高低順序排列，再將27%分數
居前者（或以25%為標準）列為高分組，27%分
數居後者（或以25%為標準）列為低分組，最後
計算高低分組在各個題目平均數的差異值，以其代
表鑑別力；並藉由決斷值（critical ratio）顯著性檢
定決定該題目保留、修訂或刪除。

2. 公式算法

(1) 積差相關係數的顯著性檢定

以往多利用統計學專書的附表直接檢視 r 係數的顯
著性。目前則可由電腦軟體以下列公式設算後加以
判定。

$$t = \frac{r - \rho}{\sqrt{\dfrac{1 - r^2}{N - 2}}}$$

ρ 為母體相關係數，通常設 ρ=0

df（自由度）=N-2

(2) 鑑別力分析

$$DP = \bar{X}_H - \bar{X}_L$$

$\bar{X}_H$：高分組在某題得分之平均數

$\bar{X}_L$：低分組在某題得分之平均數

$$CR = \frac{\overline{X}_H - \overline{X}_L}{\sqrt{\dfrac{S_H^2}{N_H} + \dfrac{S_L^2}{N_L}}}$$

S_H^2：高分組在某題得分之變異數

S_L^2：低分組在某題得分之變異數

N_H：高分組人數

N_L：低分組人數

$df = N_H + N_L - 2$

二、虛擬變項（dummy variable）的處理

（一）概念釋義

此為資料編碼處理的方式，通常是將類別或順序尺度的自變項觀察資料（如性別、宗教信仰、出生序等），轉換成為等距、等比尺度的數值，如此便可投入多元迴歸預測方程式中予以分析討論。

（二）處理方式

將原類別（或順序）變項各個類屬都視為一個變項（虛擬），每一個觀察值對此類屬而言，只有是（以 1 代表）或不是（以 0 代表）的兩種可能性。操作時，k 個類屬的變項只須轉換成（k-1）個虛擬變項，其中被排除在外的類屬，將作為解釋虛擬變項效果的參考基準組。例如受試者婚姻狀況（屬性變項）區分為已婚、未婚、其他三個類屬，故可產生兩個虛擬變項，以下表說明之：

每一虛擬變項的分數			效果說明
虛擬變項名稱			期望值（Y'）
婚姻狀況	D_1	D_2	
已婚	1	0	$a+b_{11}$
未婚	0	1	$a+b_{12}$
其他	0	0	a

迴歸方程式：$Y'=a + b_{11}X_{11} + b_{12}X_{12}$

此為原始方程式：$Y=a + b_1X_1$ 改寫而成，婚姻狀態已由 X_1 改成而 X_{11}（已婚）、X_{12}（未婚）與 X_{13}（其他）三個變項，而其中 $b_{13}X_{13}$ 因視其為基準組，所以等於0，毋須列入方程式。

三、誤失（遺漏）值（missing value）的處理

（一）概念釋義

指受訪者對問卷中的某一或某些題目漏答或拒絕回答，因而造成資料空白的情況。當樣本人數不多而蒐集到的資料又出現許多遺漏的情形，則該項研究成果與結論將會受到嚴重的質疑。

（二）處理方式

（1）通常是以空白或以某些不可能出現在題項中的數值作為替代，並予以編碼，如以0或9代表。

（2）以該變項或該題的平均值（mean）替代（惟依據趨中原理，如果同一研究頻繁使用均數替代法，則相關係數可能會有被低估的風險）。

分析此類資料大致上亦包括兩種作法。其一是將誤失值不列入運算，但此種作法必須先就該項題目的重要性予以評估，此外尚須考量問卷中是否有其他的題目足以替代。另一則被視為較為妥當的處理方式，作法上是先將該項題目或變項的回答者與未回答者分為兩個組別，而後再比較這兩組受試者在其他題目或變項上的態度反應是否也有差別。如此分析有助於研究者再行檢視問卷設計的題目陳義與用詞是否周全明確。

四、研究樣本數的取決標準

估算樣本數目是研究計畫階段就必須決定的問題。適當的樣本數，不但可以獲得有價值的研究成果，而且能夠撙節成本。取決樣本數目通常會受到下列因素的影響：（1）研究者的時間、人力與財力狀況；（2）研究性質（量化或質性研究）與目標（預定達到的研究目的）；（3）研究群體的同質性程度。

以下幾項樣本數目取決的標準，提供研究者參考。

（一）信賴區間作為取決標準

以樣本平均數來估計母體平均數的信賴區間水準估算研究所須抽取的樣本數目。亦即研究者已經決定了樣本與母體平均數的誤差值（e）及顯著水準（α）。計算公式包含兩種情況：

1. 已知母體標準差 σ

$$N = \left[\frac{Z_{(1-\alpha/2)}\sigma}{e} \right]^2$$

（Z 分數依據顯著水準判定，屬雙尾檢定）

因為 $\bar{X} - Z(\frac{\sigma}{\sqrt{N}}) \leq \mu \leq \bar{X} + Z(\frac{\sigma}{\sqrt{N}})$

而 $|\mu - \bar{X}| = e$（誤差值）

所以 $e = |\mu - \bar{X}| = Z(\frac{\sigma}{\sqrt{n}})$ 兩邊平方後

得 $N = (\frac{Z\sigma}{e})^2$

2. 未知母體標準差 σ

$$N = \left[\frac{t_{(1-\alpha/2, N-1)}\hat{S}}{e} \right]^2$$

$\hat{S} = \sqrt{\frac{\sum(X - \bar{X})^2}{N-1}}$，此為母體標準差的不偏估計值

t 分數之 df = N-1，依顯著水準判定，屬雙尾檢定

因為 $\overline{X} - t(\frac{\hat{S}}{\sqrt{N}}) \leq \mu \leq \overline{X} + t(\frac{S}{\sqrt{N}})$

同理得 $N = (\frac{t\hat{S}}{e})^2$

此種取決標準的估算通常會面臨兩項難題，其一是如何訂定合理的誤差值；其次是研究包含多個變項時，須先判定何者為關鍵變項，而後再依據關鍵變項的情況決定誤差容忍度。

3. 母體為二項分配的狀況

$N = \frac{Z^2_{(1-\alpha/2)}}{4e^2}$

因為 $\hat{P} - Z\sqrt{\frac{P(1-P)}{N}} \leq P \leq \hat{P} + Z\sqrt{\frac{P(1-P)}{N}}$
其中 $\hat{P} = \frac{f}{N}$（樣本百分率），而 $E(\hat{P}) = P$（母體百分率）
而 $|\hat{P} - P| = e = Z\sqrt{\frac{P(1-P)}{N}}$

其中，P 未知，常以極大值 $\frac{1}{2}$ 估計之，使 P（1-P）的乘積為最大（得到 N 值的最高臨界值，upper bound），故將 $P(1-P) = \frac{1}{4}$，代入算式中，得 $N = \frac{Z^2_{(1-\alpha/2)}}{4e^2}$

（二）抽樣理論作為取決標準

探討變項關係的研究至少要有 30 名樣本，而比較性研究與實驗性研究每組至少要有 15 名樣本。調查性研究每組至少要有 100 名、次要組別則至少要有 20-30 名樣本（歐滄和、李茂能，1992: 234）。

（三）統計方法作為取決標準

1. 多元複迴歸分析

統計學家 Tabachnick 及 Fidell（1983）建議，多元複迴歸分析的樣本數目最好是所有分析變項數目的 20 倍以

上，最少則不要低於變項數目的 4 至 5 倍（王叢桂、羅國英，1992: 59）。

2. 因素分析

當受試者同質性高且研究變項數目較少時，樣本數達 100 至 200 人已足夠。此外 Comery（1973）的建議標準則是：

　50 人－很差
　100 人－差
　200 人－尚可
　300 人－良好
　500 人－很好
　1000 人－極佳（李金泉，1993: 3-507）

🗝 關鍵名詞

t 檢定（t-test）：用以考驗兩個小樣本（$N \leqq 30$；$N=50$）之平均數是否具有顯著差異的統計考驗方法。

Z 分數（Z score）：利用直線轉換的原理，將原始分數與其平均數之差作為分子，以其標準差作為分母所形成的一種沒有單位的相對地位量數。

已解釋變異量（explain variance）：指一個效標變項的總變異量中，能由一個或一組預測變項加以解釋的百分比例。

不對稱關係（asymmetrical relationship）：自、依變項之間呈現因果關聯性。即自變項會影響依變項而依變項不會影響自變項的關聯模式。易言之，兩者呈現因果關係。

內部一致性分析（analysis of internal consistency）：用於表示試題或問卷題目鑑別度的分析方法。目的乃為檢查個別試題（題目）與整體測

驗（問卷）之間的設計內涵是否穩定一致。其計算方法包含兩種情形

1. 鑑別指數（discrimination index）：比較高分組和低分組在個別試題（題目）上答對人數百分比或選項得分的平均數，是否具有清楚的區別性。亦即將全部試測樣本依總分高低排列，取最高及最低的27%作為高、低分組，再以 $D=P_H-P_L$ 求其鑑別指數 D。

2. 關聯性分析（correlation analysis）：求個別試題（題目）與測驗（問卷）總分之間的關聯性，亦即以在該題上的對錯為二分變項，測驗總分為連續變項，求二系列相關（γ_{bis}）或點值二系列相關（γ_{pb}）。

此外，依據 Likert scale 原理所設計的態度量表，雖屬順序尺度的測量，但在資料統整技術上，多半將其視為分數（連續變項）加以處理，故宜以 Pearson's 積差相關係數（r）方法進行分析。

卡方考驗（chi square test）：一種無母數統計顯著性檢定法。通常用於處理類別及順序尺度的資料。

未解釋變異量（unexplained variance）：指效標變項（依變項）的總變異量（變化程度）中，不能由研究設計的預測變項（自變項）所解釋的變異量百分比例。

母數或參數（parameter）：代表母體性質的量數。

母數與無母數統計學（parametric and nonparametric statistics）：應用於假設檢定的推論統計方法。前者對於母體資料訂有基本假設，包括：資料具等距尺度以上的測量層次、樣本來自常態分配的母體，以及母體的變異數相等等條件。主要的母數統計方法有：Z 考驗、t 考驗、變異數分析、積差相關及多元迴歸分析等。後者對於母體資料分配，沒有要求特殊的條件，此類統計方法並不涉及母體母數（如 μ 或 σ 的推估），因此統計檢定力比母數統計方法薄弱。常使用的無母數統計方法有：X^2 的適合度考驗、連檢定、中數考驗及符號檢定等。

共變數分析（analysis of covariance）：利用控制方式（例如：將實驗的各組平均數予以調整）將可能影響實驗正確性的誤差加以排除的統

計方法。

因素分析（factor analysis）：協助研究者尋找出最具代表性的可觀察項（變項的核心成分），並以其來表示某個抽象的不可觀察項或概念的統計方法。

列聯相關係數（contingency coefficient）：一種用於測量兩個類別變項相關程度的統計方法。

事後比較（a posteriori comparisons）：觀察兩組以上受試者的實驗（處遇）效果時，先以變異數分析組群平均數差異，當變異數分析的 F 值達到顯著水準後，再進一步考驗 $\frac{k(k-1)}{2}$ 組別中哪幾對的平均數差異具有顯著性，此種檢定方法即為事後比較。

重複量數（repeated measures）：對於相同的研究對象在不同時間內予以測量，或者對相同研究對象施予不同的實驗處理（例如：不同的輔導方案）再行測量，以比較其中差異變化的情形。

效標變項（criterion）：在迴歸分析中，係指被一個（簡單迴歸）或多個（複迴歸）預測變項所解釋或預估的變項，在一般實驗研究設計裡，此即為受到自變項（因）影響的依變項（果）。例如：以學歷來預測收入狀況，「學歷」為預測變項，而「收入」則是效標變項。

消減誤差比例（proportionate reduction in error, PRE）：指以 X 值（自雙項）來預測 Y 值（依變項）所減少的誤差程度與不知道 X 值來預測 Y 值所產生全部誤差程度的百分比值。所消減的誤差比例愈高，表示 X 與 Y 變項之間的相關程度愈強。

推論統計學（inferential statistics）：以樣本資料來推估母體特徵與性質的統計方法。根據機率理論包括兩項主題：母體的母數估計及假設檢定。

統計分析（statistical analysis）：應用統計學之描述或推論統計方法，將原始資料所呈現的龐雜數據予以簡化、歸整或推估計算的過程。

統計量：任何由樣本觀察值（數據）構成的函數，稱之。例如：算術

平均數$\bar{X}$是描述觀察值的集中趨勢，標準差 S 則是描述觀察值的分散或差異趨勢。

逐步迴歸（stepwise regression analysis）：屬於多變項分析的統計方法。將自變項逐步（一次一個，或一次一群）代入迴歸方式中，依序分析各個自變項對依變項變異的解釋力或影響程度。資料處理時，自變項納入分析的順序是依照自、依變項之間淨相關係數大小來決定，係數愈高，愈早被選入分析。

區別分析（discriminant analysis）：以多個等距或等比變項來區辨兩個或兩個以上組別的異同性質。其區別係數已經過標準化轉換，因此可以直接代表預測變項對效標變項（區別函數）的解釋力或影響程度。

連續變項（continuous variable）：變數的單位可以不斷細分的情形屬之。例如身高、體重、年齡、時間、音量、速度，通常等距或比率（等比）尺度所測得的變項屬於連續變項。

通則取向（nomothetic approach）：將研究概念、變項轉化成為可以測量、定義、操作的數值，經由系統化與標準化方法蒐集資料，通常需要運用、分析大量樣本，以藉之建立社會現象或事件之間的一般性通則或法則。

單尾（側）或雙尾（側）考驗（one-tailed test or two-tailed test）：進行假設考驗時，凡檢定單一方向性的問題，例如：「大於」、「高於」、「優於」等情形，謂之單尾考驗。當檢定的重點置於兩母體平均數有無差異，或是兩變項之間是否具有關聯性時，例如：「等於」、「不等於」、「相關」、「不相關」則為雙尾考驗。後者因較難達到顯著水準（須除以2），因此比較不容易拒絕虛無假設，而其觸犯型一誤差（拒絕虛無假設所犯的錯誤）的機率也相對較小。

描述統計學（descriptive statistics）：以劃記、歸類、計算等方法，將大群數量資料加以整理、歸整、摘要，以瞭解資料的型態、特質及其內部關係的統計學類。

虛無假設（null hypothesis）：陳述變項間的關係狀態與研究者心中所欲支持的論點剛好相反的假說。當實證資料否證了它的真實性時，則表示間接證實了研究者的論點可能為真。

虛擬變項（dummy variable）：將類別變項中的每一類別指派為 0 或 1（否或是），目的是讓類別尺度的資料亦能進行迴歸分析的一種資料轉換處理方法。

量化資料（quantitative data）：社會現象以數量（值）呈現其特質者。

測量層次（level of measurement）：變項的數值或屬性，具有不同的運算性質。分析資料必須依據變項屬性而選擇適當的方法。一般量表或變項設計的測量尺度，運算性質由低至高共分為四個層次：類別、順序、等距與等比（比率）尺度。

階層式複迴歸分析（hierarchical multiple regression analysis）：統計學原理同於逐步迴歸分析，惟其自變項納入複迴歸模型分析的順序，係由理論上因果關係的先後邏輯來決定。

項目分析（item analysis）：檢驗量表或問卷編製的題目，在難易度、鑑別力的明晰適切性。

間斷變項（discrete variable）：變數的單位不可再予細分，一定為整數的情形屬之。例如：人數、類別數、件數，通常類別或順序尺度所測得的變項屬於間斷變項。

解析性研究（analytical research）：以探討變項間關係的因果順序與因果模型為目的的研究類型。

路徑分析（path analysis）：運用一系列多元迴歸分析及解釋各變項間（通常具有時間邏輯順序）線性關係的方法。研究者須依據理論及經驗決定相關變項的結構模式。通常因果關係建立的次序為單向模型：某些變項可能引發其他變項的變化，但其後發生之變項絕不可能有反饋影響的情形。

預測變項（predicator variable）：藉著迴歸方程式預測某一效標變項

的數值時，被研究者所操作的變項（例如：服務方案、家庭支持程度），即是預測變項。例如：$Y=b_1X_1 + b_2X_2 + a$，此方程式中，Y 為效標變項（例如：社會適應狀況），而 X_1 與 X_2 則是預測變項。另外，在因果關係模型中，它通常是受到研究者所操作的自變項（因），而被用來分析自變項（因）對依變項（果）的影響程度。

對立假設（alternative hypothesis）：研究者所支持之變項間關係狀態的陳述假說。通常以兩個變項之間具有關聯性或兩個母體平均數之間具有差異性的論點呈現。

對稱關係（symmetrical relationship）：自變項與依變項之間的關聯性，並不區分或不確定彼此影響的方向或順序。易言之，兩者呈現共變關係。

標準分數（standard score）：說明個人在某變項（行為表現）上相對位置的數量表示法。它是以標準差為基準，說明個人分數距離群體或全體平均數有多少個標準差距單位。通常此分數均設定在常態分配的條件下，Z 分數即是最典型的標準分數。

標準差（standard deviation）：代表樣本之間離散或分散情形的量數或指標。

積差相關（product-moment correlation coefficient）：應用 X、Y 變項的共變量與兩變項標準差乘積的比值，來代表兩個等距或等比尺度變項之間關聯程度的統計數。

獨特取向（idiographic approach）：對特定主體或對象的敘說、觀察、討論所獲得的原始資料，經由過錄、分類、賦予概念的分析過程，而達到透析與詮釋行為現象涵義的方法。此一研究形式不追求也不強調社會現象或事件經由化約概化後的通則性。

屬性變項（attribute variable）：實驗研究中研究者不能操作而只能描述的變項，例如：性別、居住地區、宗教信仰、教育程度、出生序等。屬於類別尺度的測量層次，通常被視為自變項處理。

變異數分析（analysis of variance, ANOVA）：用以檢定兩個以上樣本群或母群體平均數差異的統計方法。

邏輯斯迴歸（logistic regression）：用以分析、解釋一個以上之等距、等比尺度的自（預測）變項與類別尺度的依（效標）變項之間關係的統計方法。邏輯斯迴歸的基本假設與線性迴歸類似，主要差別在於依變項屬於二元化資料，例如成功或失敗、有效或無效、低收入家庭或非低收入家庭。

💡 習題

1. 試說明量化資料分析所應用之統計方法的選判原則包括哪些？

2. 試說明各種雙變項關聯係數分析的適用條件。

3. 試舉例說明各種卡方考驗的類型。

4. 當雙變項均屬等距或等比測量尺度，且彼此之間呈現對稱關係；而研究者欲分析變項之間的關聯性時，較常使用的統計方法為何？試舉例說明之。

5. 試舉例說明假設考驗的五個步驟。

6. 試分析 t 檢定之功能、適用時機，並舉例說明其各種檢定的類型。

7. 試說明單因子變異數分析的適用時機、各種檢定類型，以及較常使用之事後比較方法的適用條件。

8. 當研究者欲分析行為現象之間的因果關係模型，亦或建構行為現象的最佳預測模型時，試問較常使用的統計方法為何？又各種方法的適用時機有何差異？

9. 試以任何一篇研究調查報告為例，討論其如何檢測問卷的信度與效度，並請提供您的相關建議。

10. 何謂虛擬變項？試舉一例說明虛擬變項的處理方式。

11. 試說明如何處理研究資料中的誤失（遺漏）值。

12. 試問研究樣本大小的決定，包括哪幾方面的參照準則？

Chapter **14**

論文寫作

──────────── **摘 要** ────────────

　　研究的進行畢竟是繁重的工作，從研究的構思，到資料的閱讀；從方法的擬定，到問卷的設計，以及資料的蒐集與分析等內容，每一個步驟都有基本的要求，甚至於都有一定的格式。在每個階段，研究者必須是鉅細靡遺、深思熟慮的去進行，由不得研究者有絲毫的鬆懈與怠慢。所以如何完成一份研究論文的寫作，有關撰寫的一些原則、論文內容應包含哪些項目、方法論、資料的蒐集與分析、最後的結論與建議等的寫作，與其它注意事項等等，都將在本章做介紹，提供給讀者參考。

第一節 前 言

　　研究的進行畢竟是繁重的工作，從研究的構思，到資料的閱讀；從方法的擬定，到問卷的設計；從資料的蒐集到統計的分析，鉅細靡遺的，深思熟慮的，由不得研究者有絲毫的鬆懈與怠慢。然而，一般人把研究做到資料分析時，大概都是「氣勢將盡」，或是為了能在規定的時間內繳卷，致使面對最重要的論文寫作時，卻力不從心，使整個論文的呈現，千瘡百孔，慘不忍睹，相當可惜。

　　研究論文的寫作並不是小學生第一次的作文，每每要絞盡腦汁才能寸步維艱、字字血淚的完成。研究論文其實很簡單，因為它有一定的格式，一定的步驟，只要依其格式，按步就班的，把研究的內容與過程平實的呈現出來，就可以是合格的研究寫作。當然，研究報告不是一般的抒情文章，可以任作者想到哪裡就寫到哪裡，一個好的研究報告應該合乎某些標準，如：文字與資料的陳述應該清楚、精確、簡明；文章的主題必須前後連貫、有方向可尋；分析與結論應該客觀嚴謹；文法與題裁也應合乎一般的格式（Beach & Alvager, 1992: 201-204），茲簡單說明如下。

第二節 研究論文的次序與格式

一、研究論文的次序

研究論文的章節次序，依學術慣例，事實上是固定的。其次序如下：

第一章：緒言（introduction）
第二章：方法論（methodology）
第三章：發現（finding）
第四章：討論、建議、與結論（conclusion）

在這種格式中，第一章的「緒言」事實上包括了「問題敘述」與「文獻探討」，第二章的方法論中則介紹了研究架構、抽樣、問卷設計、資料的蒐集與分析過程等。第三章的分析與發現則包含了樣本介紹（profile）與各類的資料分析，最後才是討論、建議、與結論。國內目前各校的習慣大同小異，與學術慣例中的四章寫法不完全一致，卻相距不遠，其格式大概如下：

第一章：問題敘述（problem statement）（有的研究以研究宗旨或研究目標開始）
第二章：文獻探討（literature review），文獻後則交待名詞界定與解釋（有的研究把名詞界定放在方法論內說明）
第三章：方法論
第四章：分析與發現（包括樣本介紹、資料分析等）
第五章：結論（包括研究應用 implication；討論 discussion；建議 suggestion；研究限制 limitation 等四節）

閱覽各式的論文報告時，一定會發現論文固然有一定的格式，但是因為學科的不同，在格式上仍會存在著一些差異，自然科學的論文格式與社會科學的論文，自有所不同，我們先分析一般科學方面的論文格式：

二、一般的科學論文綱要

一般科學論文格式綱要

Preliminary Materials（前置資料）
    1.Title page　封面
    2.Preface and Acknowledgements　誌謝詞
    3.Table of contents　内容目錄
    4.List of tables　表格目錄
    5.List of figures　圖形目錄

Body of the Paper（論文主體）
    Chapter 1. Introduction（序言，導論）
        a. General statement of the problem（問題敘述）
        b. Statement of the hypotheses（假設）
        c. Definition of terms（名詞界定）
    Chapter 2. Review of Literature（文獻探討）
        a. Review of previous research（先前研究）
        b. Pertinent opinion（特殊意見）
        c. Summery of state of the arts（摘要）
    Chapter 3. Method（方法論）
        a. Description of subjects/samples（樣本敘述）
        b. Description of measures employed（測量方法說明）
        c. Research design and procedures（研究設計與步驟）
    Chapter 4. Findings（發現）
        a. Analytic techniques（分析的技術與方法）
        b. Description of findings per hypothesis（有關研究假設
          的發現）
        c. Other findings（其它發現）
    Chapter 5. Summary and Conclusions（摘要與結論）
        a. Summary of hypotheses, method, and findings
          （假設摘要；方法論摘要；發現摘要）
        b. Conclusions（結論）
        c. Implications（應用）

Reference Materials（參考資料）
    1. Bibliography（書目）
    2. Index（索引）

三、社會科學論文綱要

以上所呈現的是一般學術界常用的格式，社會工作的論文格式也是大同小異，但若要詳細說明的話，請見下表：

社會科學論文格式綱要

論文前置資料（preliminary materials）
  1. 封面（cover）
  2. 誌謝詞（acknowledgement）
  3. 論文章節目錄表（table of content）
  4. 表格目錄表（list of tables）
  5. 圖形目錄表（list of figures）

論文本文（body of research）
 第一章：前言（introduction）
  1. 問題敘述（problem statement）
  2. 研究宗旨或研究目標（goal of research）
 第二章：文獻探討（literature review）
  1. 理論背景（theoretical background）
  2. 先前研究（previous study）
  3. 相關變項的研究結果（variables of research）
 第三章：方法論（methodology）
  1. 研究的重點簡述（introduction of methodology）
  2. 研究架構圖（frame of research）
  3. 研究設計簡介（research design）
  4. 研究假設說明（hypotheses）
  5. 重要變項的操作性定義（operational definition）
  6. 量表製作過程說明（measurement）
  7. 抽樣過程說明（sampling process）
  8. 資料蒐集過程及資料分析策略（data collection and analysis statement）
 第四章：分析與發現（analysis and findings）
  1. 樣本簡介（profiles）
  2. 分析與發現（analysis and findings）
 第五章：結論與建議（conclusion）
  1. 結論（conclusion）
  2. 應用與建議（implication and suggestion）
  3. 研究限制（research limitation）

附錄（appendix）：
  1. 書目（bibliography）
  2. 問卷表（questionnaire）
  3. 其它相關附件（research documents）

第三節 論文「方法論」的寫作

問題敘述與文獻探討的寫作都已在本書前幾章中介紹,本處不再重提。方法論的寫作則是展現研究實力的重要單元,研究者不可忽略。方法論的說明可以使讀者很快的瞭解研究的主題與重點,也可以洞察執行的過程是否正確無誤。方法論亦可以讓讀者知曉研究者是否有研究的創造性、突破性、與實用性。內行的研究人員,亦可以從研究者的方法論中知曉研究者是否具備研究的能力,洞察他的研究態度與學術良心,絲毫大意不得。方法論主要有下列重點:

一、重述研究的重點

第二章的文獻雖已把研究的概念作了介紹,但是進入研究法這個段落時,不能毫無交待的寫下去,多少總要把研究的主要概念,研究的方向作個摘要式的說明,使讀者的腦海有更清楚的背景。例如:

> 「父母親的婚姻滿足程度如何影響了子女的婚姻品質,是本研究的主要重點。本研究一方面必須測量父母親婚姻的滿足程度,另一方面必須探討子女的婚姻品質。當然,婚姻品質的項目很多,本研究必須詳加規劃,影響婚姻品質的因素也不只是父母親的婚姻滿足度而已,一些可能的因素,如:子女的屬性變項如職業,教育程度,收入,人格成熟度,婚姻壓力指數等都會影響本身的婚姻品質,本研究均將設法探討。此外,也藉著嚴格的隨機抽樣與足夠的樣本數,來使一些外加的變項得以被控制,或使其彼此綜合……」

當這些重點簡單的說明以後,研究者再著手把研究方法的重點一一陳述,讀者就不會覺得太突兀。

二、研究架構圖

事實上研究論文中是否需要畫出研究架構圖並沒有定論，隨指導教授的偏好而定。然而，不可否認的，架構圖能使閱讀者在很短時間內對整個研究有通盤的瞭解卻是不爭的事實。如下列圖例：

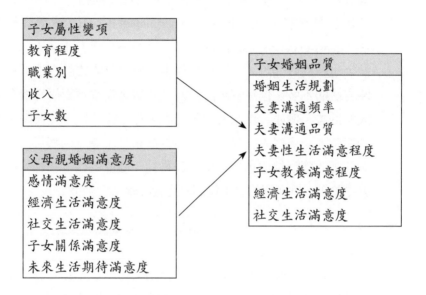

在架構圖中，最重要的單元是自變項、依變項、基本屬性與其它相關的變項等。圖中，方格與方格之間的箭頭如何畫是很大的學問，很多人以為箭頭代表兩個變項之間的因果關係，由一方指向另一方，代表著第一變項是因，第二變項是果。若是線條的雙方都有箭頭，表示這兩個變項是彼此影響，他們彼此有關，只是不知道誰是因，誰是果而已。然而在社會科學的研究中，因果關係的變項事實上不多，兩個變項的因果關係，其實都是只是「關聯」而已，而不是因果。所以在架構圖中所繪製的箭頭，不妨把它當做研究者在統計應用時的使用次序。是正在計算自變項如何影響依變項，這兩個變項雖可能是因果關係，但更可能只是彼此關聯而已。

三、研究設計的介紹

研究設計有廣義與狹義之分。廣義的研究設計在研究方法論的單元中時，是宣告該研究使用何種方法來進行研究，是觀察研究或是調查研究；是歷史探討法或是文獻探討法；是評估研究或是再次研究等。任何研究都有必要在研究法這個單元中跟讀者介紹所使用的研究法。狹義的研究設計則指，一個研究若使用眞實實驗方法（the true experimental design）或準實驗方法（quasi-experimental design）時，這兩種類別有很多不同的設計，也稱爲研究設計。社會科學中，使用眞實實驗方法或準實驗方法的不多，但是實驗設計的原則與重點卻可對研究者有莫大的助益。例如，卓春英的研究中，探討醫務社工在醫院中的功能時，認爲病人在住院時若經過醫務社工處置的病患，其在醫院裡的適應情況會比未經過醫務社工處置的佳。在她的研究方法論中，就簡單的畫出這個研究設計圖：

$$R \quad X \quad O1$$
$$R \qquad O2$$

R 代表經驗隨機抽樣，X 是實驗組的病患，O1 則指在進醫院就醫時曾接受社會工作的處遇後的觀察值（即實驗的效果），O2 則指第二組控制組，並沒有經過處遇後的觀察值（控制組的結果）。嚴格說來，上述的圖示是眞實實驗中的研究設計之一，卓春英的研究雖非實驗研究，但把這個圖示畫出後，明眼人馬上就可以知道她的研究的大概狀況，未嘗不是好方法。

四、研究假設的說明

研究的目標就是要證明假設是否成立，縱使在問題敘述或是文獻探討中，或多或少都談過了研究的概要，也提過了研究的假設與方向，但是在研究方法論中，必須要把研究的假設「正式」寫出來。而交待這些假設時，研究者經常會面臨主要假設與次

要假設的問題。若研究假設中主要假設是：

> 父母的婚姻品質會影響子女的婚姻滿意度，父母的婚姻品質
> 愈高，其子女的婚姻滿意度也必愈高。

乍看之下，這個假設既清楚又簡單，但是實際進行時，馬上要
考慮到什麼是父母親的婚姻品質？什麼又是子女的婚姻滿意
度？若婚姻品質的操作定義是：（1）父母親之間的婚姻滿意度；
（2）經濟情況滿意度；（3）社交、子女、以及對未來生活的滿
意度。子女的婚姻滿意度若再分為：（1）生活滿意度；（2）溝
通品質滿意度；（3）家庭生活內涵滿意度……等四、五項時，
顯然，分析時，一個一個變項交叉分析，一定是熱鬧非凡，若
再碰上某些變項有顯著相關，某些變項卻又無顯著相關時，那
該假設到底是成立還是不成立？此時研究者可能就要大傷腦
筋。所以為了讓研究的概念更清楚，在假設的陳述時，一般都
會在主要假設下再把次要假設也一個一個寫出來，以便在做完
分析時，馬上就可以知道該次要假設是成立或是不成立，而一
些次要假設的成立與否都一目瞭然時，主要假設到底要如何說
明，研究者也會因著這些次要假設的狀況都已明白，在說明上
就不會產生太大的問題。

五、研究變項的操作性定義

假設既已交待清楚，假設中所牽涉到的概念或變項就必須一一
說明，把概念或變項到底是什麼意思講得具體、清楚，此即為
該概念或變項的操作性定義。

例如，「溝通品質」的操作性定義，可能是要受訪者接受「溝通
量表」的檢定所得的實際分數，「父母親的婚姻品質」可能是研
究者一個一個項目的訪問與調查，也可能純粹是某個現成量表
的使用而已。總而言之，把一個研究的概念與變項變成可以測

量、可以觀察、甚至可以用某些數字來說明時，就是操作化。許多研究的變項名稱可能大同小異，但是研究者必須敘述出自己的操作性定義與別的研究之間的差異所在，否則難免會造成對事實認知的偏差。在許多教育學或心理學的研究論文當中，操作性定義經常會以某種量表所測量的分數來呈現，也是一途。

六、量表的製作過程

量表是量化研究中最重要的工具，如何「算」出實驗組與控制組之間有差別？必須靠量表來測量。如何證明方案確實有效？而且已經達到預期的效果？也須靠量表來測量。沒有量表，量化研究便無伸展的餘地。如果量表是那麼的重要，研究者就必須事先「證明」他的研究所使用的量的可信度與有效度，也因此，整個量表的製作過程就必須先做交待。

如何陳述有關量表製作的內容呢？一般而言，應先做研究者量表的題目的來龍去脈。研究的理論基礎是什麼？這些理論如何衍化為一些命題或概念？這些概念又轉變為哪些自變項與依變項？每個變項又形成哪些量表的題目？各有幾題？如果把這些由理論而題目的過程都交待清楚時，整個研究的內容效度、建構效度的解釋就不會太吃力。

量表的試測過程也必須做詳細的說明。試測之前一共有幾個題目？研究者試測時用了幾個樣本？什麼樣的樣本？試測樣本資料蒐集後，用了哪種方法去計算題目的辨別力（DP 值）與 CR 值？Cronbach α 值又如何？根據這些值數，題目是如何的取捨？捨了幾題？修正了幾題？如何的修正？

若是研究者對因素分析與迴歸分析的使用非常純熟，他也可以藉之算出每個題目或每個單元的題目的信度與結構效度，也可以使用「轉軸」的方式，重新組合每個單元的題目，若八個題

目就可以說明一個概念的百分之九十五,那研究者大可不必用廿五題來測量受訪者。題目的重新組合,有時候也可以協助研究者對變項的重新命名,有時也因為這樣使整個研究進入一個研究者本來所未預想的境界。

量表說明的重點是把量表的信度與效度清楚的報告。從量表的製作過程、試測的過程與結果,把所可能牽涉的種種信度與效度一一澄清,設法使量表「無可指責」是量表製作的最高藝術。

七、抽樣

樣本的內容與抽樣的過程當然也要作說明。此時所要說明的是抽樣的架構與抽樣的規劃及其樣本數的決定。整個研究如何的決定樣本的來源?調查哪些單位?訪問了哪些樣本?樣本數如何的決定?如何從不同的單位中蒐集到這些樣本?抽樣的過程是簡單隨機抽樣,或是分層抽樣?集叢抽樣?或是哪些方法的混合?有效樣本多少?無效樣本的交待等等,都應該在這個單元中一一說明。

很多質性研究者在解釋樣本來源時,不免以為反正是質性研究所以過於簡略的講述樣本來源,這是錯誤的。質性研究雖沒有經過抽樣的手續,但更會因研究對象與研究目標的不同,而必須在選取樣本的妥當性及必要性做詳細的解釋,是以資訊的豐富性而訪問,或是純粹的機構內的現成個案而已?是以同樣問題的個案為主還是故意要找極端偏差的個案?整個個案的組合又如何?在總數不多的個案中,必要時還得分門別類的說明個案的來源。

八、資料蒐集與資料分析

資料是用何種方法蒐集取決於是用何種研究的方法。質性研究與量化研究本是截然不同,量化研究中也有很多研究的方法。

不管是何種方法，應該說明是否有訪員調查？多少訪員？如何訓練？是否郵寄問卷？共寄了幾份問卷？如何催收？每次共得到多少樣本？是否使用電話訪問？如何抽樣？如何電話詢問？資料蒐集一共花了多少時日？當研究者把資料的蒐集過程做清楚的解釋時，可以減少別人的疑慮。

資料的分析方法或策略也必須交待。大略的說明只交待用了哪些統計方法？用了哪些電腦軟體？詳細的說明則包括哪些變項用了哪些統計方法，把整個研究所要分析的變項，及其所需採用的統計方法都做詳細的交待，使讀者一目瞭然。一些結構完整的研究，在尚未蒐集資料時，就已經知道到時會有多少表格，他也清楚表格陳列的次序又如何。資料蒐集結束，交給分析公司去分析時，也使分析人員清清楚楚的按照指示去寫程式、用電腦。

第四節　論文第四章──「分析與發現」的寫作

一、樣本簡介

論文最重要的主題是分析與發現，如何呈現所分析的資料，把研究的發現敘述得清楚卻是很大的學問，因為牽涉到資料的種類、分析的方法、呈現的方式以及是否要做附加的解釋等問題。有時各個學科也有不同的習慣，不一而是。有的學科傾向以分析時的統計方法為呈現的主軸，有的學科則以假設的呈現次序來介紹分析的資料。社會工作領域中，按習慣，大都以主題的呈現為主，所以會以假設是否得到驗證為主，以致在次序上也經常以主題或假設為經緯。但是在分析所有的資料之前，應該先把樣本的狀況先作交待，此即所謂的樣本簡介（profile）。

要驗證所研究的變項是否與其它變項有關聯時，總應把樣本是什麼先介紹。熟識了樣本的特質，才能瞭解爲何一些變項之間有其特別的關係。所以，在進行資料的統計分析之前，應用次數分配表，做好樣本簡介。經常的習慣是把樣本的基本資料列在一總表格中，如以下表格所示：

變項	樣本數	百分比	變項	樣本數	百分
	260	100%		260	100%
性　別			結婚經驗		
男	128	49.2%	第一次	181	69.6%
女	132	50.8%	第二次	20	7.7%
			分與離	59	22.7%
教　育			子女數		
小　學	42	16.2%	0人	20	7.7%
國　中	58	22.3%	1人	94	36.2%
高　中	77	29.6%	2人	105	40.4%
大　專	43	16.5%	3人以上	41	15.8%
研究所	40	15.4%			
地　區			收　入		
北　區	87	33.5%	3萬以下	22	8.5%
中　區	71	27.3%	3-6萬	100	38.5%
南　區	63	24.2%	7-10萬	103	39.6%
東　區	39	15.0%	10-15萬	16	6.2%
			15萬以上	19	7.3%
年　紀					
20以下	24	9.2%			
21-30	47	18.1%			
31-40	71	27.3%			
41-50	52	20.0%			
51-60	40	15.4%			
61以上	26	10.0%			

從以上的樣本簡介中，讀者可以瞭解該研究的樣本概要，有關樣本的性別比例、教育程度狀況、住宅地區、收入、子女數，以及年齡等資料等，都在這一表格中一目瞭然。然而，在列出

表格以後，應該有一些文字的敘述，在文字敘述中，重點是「告知」樣本的大要，並非「分析」樣本，人可不必做太多引申性的解釋。有些研究者難免會在樣本簡介中，大力著墨於從次數分配表中所得到的「發現」，其實，直接了當的介紹樣本即可。當然在表格中，一切的資料一定要精準、細密，表格的呈現愈美觀愈好，表格千萬不要隔頁陳列，最好在一頁中就能「刊載」完畢，文字說明部分不在一頁之內完成時，讀者閱讀上或可接受，但是若表格卻也分頁時，對照上會產生困擾，應設法避免。另外一個經常被疏忽的問題是，表格與說明之間不要「距離」太遠。若是樣本簡介的單元是在第34頁，那表格就不應放在論文後面（如325頁）集中刊出，以免讀者一邊看論文，一邊還得「找」表格；一手「拿」筆，一手還得「按」住資料，讀起來不免狼狽。

質性研究的樣本簡介方式與量化研究不同。由於質性研究的樣本不多，有關個別差異所引申的內涵也是重要的研究內容，所以質性研究的樣本介紹應該慎重其事。它的樣本介紹不是介紹樣本整體的性別、教育程度、年齡、地區等屬性資料的分布情形，重點應該是介紹所研究的個體狀況，每一個樣本的基本背景，除了屬性資料以外，每個樣本的生活狀況、資歷、成長特殊經驗，有別於別人之處，在量化研究的「干擾」因素，在質性研究中卻可能成為寶貝。如果在資料分析之前，每個樣本能有二、三百字的簡介，對資料分析的說服力必可提高不少。至於這些個案的簡介是否一定要放在正文，是有不同的意見，有人認為放在研究論文之後的附錄，其實未嘗不可。有的質性研究則寧願把樣本簡介放在資料分析的前頭部分，讀起來較順暢，問題是會因篇幅太多，造成編排上的不均衡，孰優孰劣，視狀況而定。

二、分析與發現（findings）

把資料經過統計的分析，有些資料呈現顯著的差異，符合了研究假設的期待，這就是所謂研究的發現，值得慶幸。把這些發現詳加敘述是研究最有成就的時刻，但是如何呈現，也應小心翼翼。

從次序上來看，把發現呈現出來依假設的陳述次序，比依統計分析方法的次序要合理，在閱讀上也會較順暢，畢竟我們不是在告知讀者統計的方法如何應用，而是陳述研究的發現。

統計的分析，難免會使用很多表格。表格的陳列應以標準方式為之，社會科學的研究報告中，尤其是 APA 的格式裡，表格均以橫線為主，鮮少有直線者，想必是因為考慮到電腦的使用方便所致。表格盡量不要跨頁，每表格陳列後都應有文字的解釋，說明表格之所以在統計上顯著的意義，總該使讀者瞭解表格的內容。不同的統計方法，表格的陳列亦有不同，茲把一般最常見的統計表格簡介如下，以供讀者們參考：

表 14-1　平均數、標準差、樣本數在兩組比較時的呈現方式
　　　　（年紀不同在受測時感受難度程度的差異）

難度	年輕組			老年組		
	M	SD	n	M	SD	n
低難度	0.05	0.08	12	0.14	0.15	18
中難度	0.05	0.07	15	0.17	0.15	12
高難度	0.11	0.10	16	0.26	0.21	14

（M= 平均數；SD= 標準差；n= 樣本數）

表 14-2　相關係數的呈現方式

（不同年齡組的生涯規劃程度與適應層次間的相關分析）

Subscale	1	2	3	4
學生組（n=200）				
1.Tranquillity	——	0.93	-0.09	0.73
2.Goodwill		——	-0.34	0.62
3.Happiness			——	0.14
4.Elation				——
成人組（n=189）				
1.Tranquillity	——	0.42	-0.07	0.52
2.Goodwill		——	-0.43	0.62
3.Happiness			——	0.47
4.Elation				——

（1, 2, 3, 4= 不同的生涯規劃程度，1最低，4最高；適應層次則分爲平靜、安好、幸福等；不同年齡層則只分爲學生組與成人組兩組）。

表 14-3　單因子變異數分析表的呈現方式

（古典制約的變異數分析表）

Source	df	F Finger CR	Irrelevant CR
Between subjects（組間）			
焦慮（A）	2	0.76	0.26
震驚（S）	1	0.01	0.81
A*S	2	0.18	0.50
S within-group error	30	（16.48）	（15.73）
Within subjects（組內）			
Blocks（B）	4	3.27**	4.66**
B*A	8	0.93	0.45
B*S	4	2.64*	3.50**
B*A*S	8	0.58	0.21
B*S within-group error	120	（1.31）	（2.46）

說明：（ ）指平均數平方誤差；CR 指制約反應；B 指依變項。

　　　　$*P<0.5; **P<0.1$

表14-4 樣本迴歸表呈現方式
影響女兒對奉養父母信念的迴歸分析表（用逐步迴歸的方式）

Variable	B	SE B	β
Step 1			
女兒教育程度	-5.89	1.93	-0.41*
母親年齡	0.67	0.31	0.21*
Step 2			
女兒教育程度	-3.19	1.81	-0.22
母親年齡	0.31	0.28	0.14
對年老者的態度	1.06	0.28	0.54*
關懷與感受	1.53	0.60	0.31*
Dogmatism	-0.03	0.10	-0.04

$R^2=0.26$ for Step 1; $R^2=0.25$ for Step 2

*$p<0.5$

表14-5 線條圖形表

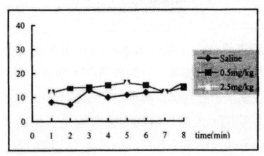

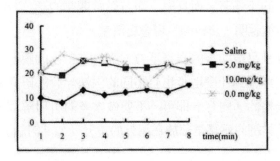

表14-6 路徑模式的圖形呈現（path model）

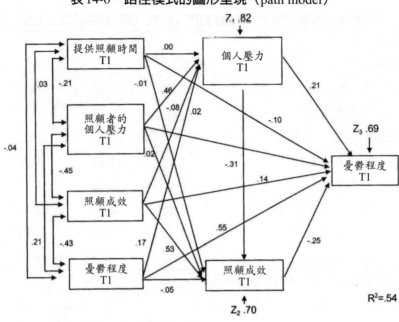

說明：路徑分析模式：分析照顧時間的長短、主要照顧者的壓力，及
　　　主要照顧者的照顧成效對受照顧者的憂鬱所產生的影響程度。

　　在不少調查研究中，藉著電腦所計算出來的表格常常不在其
數，有的在統計上顯著，有的表格卻不顯著，在統計上顯著的
表格應該呈現，並且加以解釋自不在話下，如何處理不顯著的
表格卻是學問，大體以研究的性質或是表格的多寡而定。當
然，不顯著的表格用不著費心解釋變項之間的關係，但是若有
系統上的不顯著，而且與主題有微妙關聯的話，若能以綜合的
表格稍加說明，資料的呈現會更清楚。

　　在統計上呈現顯著的表格下方，應有文字上的說明，但文字說
明應該詳細到什麼地步也有不同的說法，有的研究者認為只要
說明表格的「內容」即可，不要做太多的引申解釋，而把所有
的較為詳細的解釋全部放在另外的單元（如「討論」的單元）。

有的研究者則認爲表格下方用文字解釋了統計上的意義以後，若能再加以意義上的說明則更是一氣呵成，能使讀者對表格能有更深一層的瞭解，在閱讀時也會較爲自然順暢。

第五節　論文第五章──「結論」的寫作

事實上在每個章節後面都應該有「結論」。小章節有小結論，大章節有大結論。隨著結論的層次不同，抽象的層次也有不同，結論絕對不是把前面所言再重複說明一次而已。結論告一段落時，研究者不妨把論點拉回研究方法論裡所談及的假設，把結論引伸到研究的假設是否已得到證明或排斥，如此一來，整個研究便可以層次分明，而愈到後面時，整個研究的結果如何便可呼之欲出了。

各章節雖然都有結論，在論文的第五章仍然是以「結論」爲主軸。在這一章中，大體可包括：結論（conclusion）、應用與建議（implication & suggestion）、研究限制（limitation）等部分，茲分別說明如下：

一、結論

此時的結論是總結性的結論，有別於各章節的小結論。當然有些研究者會趁機把各章節的結論再稍微濃縮一下，在此單元中再作一次介紹。其實，在結論這章的內容其抽象層次應較前面章節的內容爲高，前面的章節以某個變項、或某一假設的相關資料作爲結論的焦點，但是結論若在本章出現的話，則應是綜合性的結論，所考慮的應該是通盤的變項，與整體性（set）的假設，反正愈到後面，抽象層次必然愈高，所考慮的主題更是愈廣。

二、應用與建議

從社會工作的角度來看，社會工作研究有別於其它學科的研

究，最大的不同是「研究應用」的極度強調。社會工作既然是個專業，它與日常生活息息相關，「實用性」最高。因此，研究是從專業來，研究也應該回到專業去，研究的種種成果與發現，理所當然必須對專業服務的水準有所提升，否則就不是社會工作研究。

在建議的單元中，研究者常遇到的問題是把建議當「作文」來寫。一些平日的想法，彷彿抓到千載難逢的發洩機會一樣，拼命作文章。其實科學的精神是「有幾分的證據才說幾分的話」，研究要有多少「建議」取決於在研究有多少「發現」，因此在建議時，每一個建議不妨都先說出是根據研究中的哪一個發現，再從這些研究發現逐一的「作文章」，如此一來，整個研究的嚴謹性必可提高。

社會工作專業的特性是有很強烈的實務本質。社工的碩博士論文若只在學理上鑽研，而疏忽了應該對社工實務有所挹注的話，就會與社會學或心理學的論文一樣，不能展現社工研究的特色。所以社工研究在「建議」的寫作應該相當的強化，而且必須與實務掛上勾方可。建議社工研究者應該把研究的每一個發現都設法引申到具體的實務上。所以建議的每一點或每一段應該是由「根據研究的 xxx 發現，建議在 yyy 的實務場合中應該做 zzz 的配合或改變」為基本的模式，當社工的研究能如此的強調在實務的應用時，相信對國內的社工實務會有很大的助益。

三、研究限制

把整個研究中所沒有辦法克服的問題與缺點一一交代，是研究者的義務。研究的進行，只有研究者本身最知道其個中三昧，整個研究的弱點也只有研究者本身最為清楚，為免使後來的研究者重蹈覆轍，在研究限制的單元中，應該好好表白。除了一

般研究過程常見的困擾與缺點以外，研究的哲學困境、研究應
用時的難題與缺陷也不妨一併說明，也根據這些限制與說明，
對未來的研究者作建議。

第六節　書目與附錄

把研究做到資料分析，可以說是「大功告成」，寫完了結論、建
議與研究限制以後，更可以說是「功德圓滿」，一般研究者到這個階
段也經常以為是收拾資料，準備上餐廳好好慶祝一下，無心再做太多
的修補與增訂。其實，論文的最後階段是最重要的時刻，尤其是有關
書目與附錄的交代，萬萬不可忽略。有經驗的論文讀者在看一篇論文
之前，習慣性的一定會先翻閱該論文的書目，藉著書目可以知道該論
文究竟引用了哪些資料？有沒有承接了該主題的重要作者（或大師）
的內容？該資料是否夠新（合乎潮流）？該資料有否偏向於某些方向
而忽略了其它重要的單元？在未讀論文內容之前，若先把書目過目，
大體上就可以知道論文的內涵。若以嚴格的眼光來看書目的格式是否
合乎「規格」時，更可以從這些細節知道研究者處理資料的態度。社
會工作者平日忙於服務別人，認真做好實務的工作，從事研究時，雖
然也在前面的階段拼了老命，下了相當大的功夫，然而卻在書目部分
潦草作業，因而壞了整個論文的嚴謹度，相當可惜。

有關書目的規格，社會科學界的研究者們經常以美國心理師學會
（APA）所頒布的規格為主，本書在第四章文獻探討中，把 APA 有關
書目與註解的格式詳細作了介紹，讀者可以參考。

中文書目與英文書目在中文的論文中經常都是分開陳列。許多研
究者喜歡在各個書目之前還加上阿拉伯數字來區分，事實上大可不
必，因為英文的資料已經按字母排列，中文的書目也以姓氏筆畫的多
寡來排列，所以大可不必加上數字號碼來區分（書目前加上數字時，
反而把 APA 的原有格式弄亂了）。書目分中英文來排列業已足夠，有

的研究者還喜歡再分成官書類、書本類與期刊類等，以為分得愈精細愈好，事實卻不盡然，因為讀者在閱讀論文時，從註解所得到的資訊只有作者的姓、年代與頁數，並不知道是期刊或是書本、是官書或是雜誌，翻到書目要找尋出處時，卻還要花很多的精神在不同的類別中尋找，可見該分類只是畫蛇添足，徒增困擾。

在英文書目中，很多研究者無法判定原作者的姓（last name or surname）與名（first name）的問題。書目中作者是以姓來呈現，名字則縮寫即可。然而一般在讀論文時，作者的姓名經常以名在前姓在後的方式呈現，作者在寫書目時不可不慎。在一般的狀況下，作者的名字呈現是以姓開始時，應馬上會加上逗點「，」，所以若看到姓名中有逗點時，前面那個單字應該是作者的姓，這是簡單的判斷方式。

更需注意的是在論文中引用了哪些資料，在書目（參考資料）的單元中也只能列出這些資料。有些人以為書目列愈多愈好，所以不管三七二十一拼命把所有的相關書本或期刊的資料都列進去，好讓別人誤以為你真的看了所有的文獻，這並不是誠實的研究者應該有的作法。有經驗的論文評論者在看研究論文時，當他看到一個被引用的作者時，會抽樣式的馬上翻到參考資料部分，去查查這個人有沒有被列入書目（用這個方法可以探知寫作的人研究態度是否嚴謹）；另外一個方式是看到後面書目的作者名字，然後回頭去看你在論文的哪個部分用了這個作者的文獻，若論文的寫作能通過這些考驗，評論者對研究者會有較佳的「印象」，當然其它分析的細節或角度可能就會比較通融也說不定。

附錄（appendix）的用意是把不能放在本文卻又必須向讀者交代的資料放在論文的後面，供讀者參考。一般是該論文的問卷、進行研究時的重要書信、調查時的訪問人員名單，或是有關的量表等等，質性研究的樣本簡介也經常放在附錄裡。

第七節　其　它

　　論文的呈現還需考慮到封面、摘要、誌謝詞、論文目錄、表格目錄，以及圖表目錄等。

　　封面的格式教育部已有定規，舉凡學校名稱、論文名稱、指導教授、學生姓名、以及日期等均需依其規定書寫，各應在該頁的何種位置，也應考究，畢竟大家都遵守其規範時，每個人的資料整理與置放等才不致零亂。

　　摘要依西文的規定都不能超過300字，必須在單頁內完成，原因是為了微縮影製作時的格式能夠統一。中文的論文很多摘要都是七八百字，橫跨兩頁，裝訂時固然不會有所困擾，但是未來在整理為微縮影片，或是要出版論文的摘要全書時，一定會碰到困難，研究者不妨從現在就開始防範。

　　誌謝詞固然可以讓研究者各抒所感，但是篇幅仍應考慮，避免拉雜，否則違背了誌謝的真意。論文一旦完成，要感謝的人當然很多，但若都要納入誌謝詞時，不免繁瑣，而且誌謝的性質反而分散不顯著，相反的，有時只列出真正重要非誌謝不可的，或是簡單的感言，反而較為親切實在。

　　論文印刷若是講究一點，很容易討好讀者。視窗及 Word 的軟體應用，使一般的研究者有能力依自己的能力安排論文印刷時的「布局」與「格調」，從字型的選擇、表格的編排、空間的使用，以及圖形的創作，若在印刷時亦能細加規劃，則論文出爐時，撇開內容不說，一定會使論文讓人愛不釋手。其實印刷時最重要的不是外表的美觀而已，而是是否經過嚴格的校正，不讓任何因為疏忽所造成的錯誤出現在論文中，是研究者在論文出版時應有的自我要求。與讀者們共勉之。

> 💡 **習題**

1. 研究報告的撰寫在結構方面應注意哪些事情？

2. 請選擇一個你有興趣的社會問題，並用社會工作研究法的角度，以量化的方法來探討。

   ⑴請寫出與此問題有關的研究問題。

   ⑵請依此研究題目寫出主要假設。

   ⑶請指出此假設的自變項、依變項及中介變項。

   ⑷請寫出你的研究設計，並用例子指出該研究設計可能面臨的缺點。

   ⑸請寫出你的研究計畫，並指出它的可行性。

參考書目

中文部分

王保進（2002）。視窗版 SPSS 與行為科學（二版）。台北：心理。

王雅玄（1998）。德懷術（Delphi）在課程評鑑上之應用。教育資料與研究，25，43-46。

王叢桂、羅國英（1992）。社會研究的資料處理。台北：黎明。

白秀雄（1992）。社會工作。台北：三民。

朱經明（1990）。教育統計學。台北：五南。

李沛良（1994）。社會研究的統計分析。台北：巨流。

李金泉（1992）。SPSS/PC+ 實務與應用統計分析。台北：松崗。

李茂能、歐滄和（1992）。社會科學研究法辭典。高雄：高雄復文。

林清山（1992）。心理與教育統計學。台北：東華。

卓春英（1986）。病患治療過程中非醫療問題之探討——以省立台南醫院住院病患及家屬為例。東海大學社工研究所碩士論文。台中市：東海大學。

邱皓政（2000）。量化研究與統計分析：SPSS 中文視窗版資料分析範倒解析。台北：五南。

吳秀照（1986）。台灣省各縣市社政單位組織特性與社政人員組織融入之研究。東海大學社工研究所碩士論文。台中市：東海大學。

吳雅玲（2001）。德懷術及其課程研究上的應用。教育研究，9，297-306。

莊文忠譯（2011）。SPSS 在社會科學的應用（二版）。台北：五南。

陳向明（2002）。社會科學質的研究。台北：五南。

陳光輝、李開敏、鄒平儀（1992）。老年癡症及其他慢性病患主要照顧者壓力與健康之研究——以台北榮總為例。台北：榮民總醫院社會工作組，未出版。

陳膽祥（1989）。S-P 表分析（Student-Problem Chart Analysis）對教學行

為改進效用的德懷術（Delphi）調查與分析之研究。國立台灣教育
學院輔導學報，12，1-84。

游家政（1996）。德懷術及其在課程研究上的應用。花蓮師院學報，6，
1-24。

楊志良（1992）。生物統計學新論。台北：巨流。

謝臥龍（1997）。優良國中教師特質之德懷術分析。教育研究資訊，5
（3），14-28。

顏月珠（1994）。統計學。台北：三民。

羅積玉（1994）。多元統計分析：方法與應用。台北：科技圖書。

英文部分

Allen-Meares, P. & Lane, B. A. (1987). Grounding Social Work Practice in
Theory: Ecosystems. *Social Casework*, 68, 515-522.

American Psychological Association. (1983). *Publication Manual of the
American Psychological Association* (3rd edition). Washington, D.C.

American Psychological Association. (1987). *Casebook on Ethical
Principles of psychologists.* Washington, D.C.

Asher, H.B. (1976). *Causal Modeling.* Beverly Hills, Calif.: Sage.

Assael, H., & Keon, J. (1982). Non-sampling vs. Sampling Errors in Survey
Research. *Journal of Marketing*, 46, 114-123.

Babbie, E. (1986). *Observing Ourselves: Essays in Social Research.*
Belmont, A: Wadsworth.

Babbie, E. (1990). *Survey Research Method.* Belmont, CA: Wadsworth.

Babbie, E. & Rubin, A. (1992). *Research Methods for Social Work* (2th ed.).
Pacific Grove, California.

Babbie, E. R. (1973). *Survey Research Methods.* Belmont, Calif.:
Wadsworth.

Baird, D.C. (1988). *Experimentation: An Introduction to Measurement
Theory and Experiment Design* (2nd ed.). Englewood Cliffs, NJ:

Prentice-Hall.

Baker, T.L. (1994). *Doing Social Research*. McGraw-Hill.

Baltes, P. B., Cornelius, S. W., & Nesselroade, J. R. (1979). Cohort Effects in Developmental Psychology. In J. R. Nesselroade & P.B. Baltes(Eds.), *Longitudinal Research in the Study of Behavior and Development*. New York: Academic Press.

Bandler, R. & John G. (1975). *Patterns of the Hypnotic Techniques*. Milton H. Erikson, M. D.,Vol. 1 Cupertino, CA: Meta.

Baumrind, D. (1985). Research Using Intentional Deception: Ethical Issues Revisited. *American Psychologist*, 40, 165-174.

Beach, D. P. & Alvager, K. E. (1992). *Handbook for Science and Technical Research*. Engelwood Cliffs, NJ: Prentice-Hall.

Beck. E. M. & Tolnay, S. E. (1990). The Killing Field of the Deep South: The Marker for Cotton and the Lynching of Blacks. 1882-1930. *American Sociological Review*, 55, 526-539.

Becker, H. S. (1958). Problems of Inference and Proof in Participant Observation. *American Sociological Review*, 23, 652-660.

Berelson, B. (1954). "Content Analysis" in Gardner Lindzey (ed.), *Handbook of Social Psychology,* Wesley, Cambridge, Mass.

Bergin, A. E. & Lambbert, M. J. (1978). The Evaluation of Therapeutic Outcomes. In S. L. Garfield and A. E. Bergin (Eds.), *Handbook of Psycho therapy and Behavior Change: An Empirical Analysis* (pp. 239-252). New York: John Wiley.

Berry, W. D. (1984). *Non-recurvisive Causal Models*. Beverly Hills, Calif.: Sage.

Berry, W. D., & Feldman, S. (1985). *Multiple Regression In Practice*. Beverly Hills, Calif.: Sage.

Bertera, E. M., & Bertera, R. L. (1981). The Cost-Effectiveness of Telephone vs. Clinic Counseling for Hypertensive Patients: A Pilot Study. *American*

Journal of Public Health, 71, 626-629.

Bettlehelm, B. (March 1, 1982). Roflections: Freud and Soul *New Yorker*, 52.

Beveridge, W. I. B. (1950). *The Art of Scientific Investigation*. New York: Vintage Books.

Beveridge, W. I. B. (1957). *The Art of Scientific Investigation Revised*. New York: W. W. Norton.

Beveridge, W. I. B. (1980). *Seeds of Discovery*. New York: W. W. Norton.

Blalock H. M. (1972). *Social Statistics*. McGraw-Hill Book Company.

Bloombaum, M. (1983). The Hawthorne Experiments: A Critique and Reanalysis of the First Statistical Interpretation by Franke and Kaul. *Sociological Perspectives*, 26, 71-88.

Bonjean, C. M., Hill, R. J., & Mclemore, S. D. (1967). *Sociological Measurement: An Inventory of Scales And Indices*. San Francisco: Chandler.

Borgatta, E. F., & Bohrnstedt, G. W. (1980). Level of Measurement: Once Over Again. *Sociological Methods and Research,* 9, 147-160.

Borman, K. M. & Judith, P. G. (1986). Ethnographic and Qualitative Research Design and Why It Doesn't Work. *American Behavioral Scientist,* 30(1), 42-57.

Box, G. E. P., & Jenkins, G. M. (1976). *Time Series Analysis: Forecasting and Control*. San Francisco: Holden-Ray.

Bradburn, N. M. & Sudman, S. (1988). *Polls and Surveys: Understanding What They Tell Us*. San Francisco: Jossey-Bass.

Brandt, R. (1972).*Studying Behavior in Natural Settings*. New York: Holt, Rinehart & Winston.

Brinkerhoff, R.O. & Dressler, D.E. (1990). *Productivity Measurement.* (生產力之衡量。王昭正譯於2001)。台北：弘智。

Browne, A. (1987). *When Battered Women Kill*. New York: Free Press.

Brownlee, K. A. (1975). A Note on the Effects of Non-response on surveys. *Journal of the American Statistical Association*, 52(227), 29-32.

Bruyn, S. (1963). The Methodology of Participant Observation. *Human Organization*, 21, 224-35.

Bruyn, S. (1966). *The Human Perspective in Sociology: The Methodology of Participant Observation.* Englewood Cliffs, NJ: Prentice-Hall.

Campbell, D. & Stanley, J. (1963). *Experimental and Quasi-Experimental Designs for Research.* Chicago: Rand McNally.

Campbell, D. T. (1975). Reforms as Experiments. In E. L. Struening and M. Guttentag (Eds.), *Handbook of Evaluation Research.* Vol. 1. Beverly Hills, Calif.: Sage.

Campbell, D. T., & Erlebacher, A. (1970). How Regression Artifacts in Quasi-experimental Evaluations Can Mistakenly Make Compensatory Education Look Harmful. In J. Hellmuth (Ed.), *Disadvantaged Child*, Vol. 3: Compensatory Education: A National Debate. New York: Bruner/Mazel.

Campbell, D. T., & Stanley, J. C. (1963). *Experimental and Quasi-experimental Designs for Research Skokie,* I11.: Rand McNally.

Ceci, S. J., Peters, D., & Plotkin, J. (1985). Human Subjects Review, Personal Values, and the Regulation of Social Science Research. *American Psychologist,*40, 994-1002.

Chavetz, J. (1978). A *Primer on the Construction and Testing of Theories in Sociology.* Itasca, IL: Peacock.

Cohen, L., & Manion, L. (1985). *Research Methods in Education.* London: Croom Helm.

Committee for the Protection of Human Participants in Research. (1982). *Ethical Principles in the Conduct of Research with Human Participants.* Washington, D.C.: American Psychological Association.

Conner, R. F. (1977). Selecting a Control Group: Analysis of the Randomization Process In Twelve Social Reform Programs, *Evaluation Quarterly*, 1, 195-244.

Cook, T. D. & Campbell, D. T. (1979). *Quasi-experimentation: Design and Analysis Issues for Field Settings. Skokie*, I11.: Rand McNally.

Cook, T. D., Dintzer, L., & Mark, M. M. (1980). The Causal Analysis of Concomitant Time-series. *Applied Social Psychology Annual*, 1, 93-135.

Cooper, H. M. (1989). *Integrating Research.* (研究文獻之回顧與整合。高美英譯於1999)。台北：弘智。

Cozby, P. C. (1984). *Using Computers in the Behavioral Sciences.* Palo Alto, Calif.: Mayfield.

Crabtree B. & Miller, W. L. (1999). *Doing Qualitative Research.* (質性方法與研究。黃惠雯、童琬芬、梁文蓁、林兆衛等譯於2002)。台北：韋伯。

Craig, P. (1978). *The Heart of a Teacher: A Heuristic Study of the Inner World of Teaching.* Ann Arbor, MI: University Microfilms International.

Cronbach, L. J., & Meehl, P. E. (1955). Construct Validity in Psychological Tests. *Psychological Bulletin*, 52, 281-302.

Curry, T. J. & Alfred, C. C. (1977) *Introducing Visual Sociology.* Dubuque, Iowa: Kendall/Hunt.

Dabbs, J. M., Jr. (1982). Making Things Visible. In J. Van Maanen, J. M. Dabbs, Jr., & R. R. Faulkner(Eds.), *Varieties of Qualitative Research* (pp.97-123).Beverly Hills, CA: Sage.

Das, M. & Giri, N. (1986). *Design and Analysis of Experiments.* 2nd ed., New York: John Wiley & Sons.

David P. B. & Torsten K. E. A. (1992). *Handbook for Scientific and Technical Research.* Englewood Cliffs, NJ: Prentice-Hall.

DeMaria, W. (1981). Empiricism: An Improvised Philosophy for Social Work

Research. *Australian Social Work,* 34, 3-8.

Delbecq, A.L., Van de Ven, A.H., & Gustagson, D.H. (1975). *Group techniques for program planning: A guide to nominal group and Delphi process.* Glenview, IL: Scott, Foresman and Co.

Denzin, N. K. (1978). *The Research Act: A Theoretical Introduction to Sociological Methods.* New York: McGraw-Hill.

Denzin, N. K. (1978). *The Logic of Naturalistic Inquiry in Sociological Methods.* New York: McGraw-Hill.

Denzin, N.K. (1989). *Interpretive Interactionism.* (解釋性互動論。張君玫譯於 1999)。台北：弘智。

De Vaus, D. (2001). *Research Design in Social Research.* London: Sage.

De Vellis, R.F. (1991). *Scale Development.* (量表的發展：理論與應用。吳齊殷 譯於1999)。台北：弘智。

Dillman, D. A. (1978). *Mail and Telephone Surveys: The Total Design Method.* New York: John Wiley & Sons.

Donald, M. N. (1960). Implications of Non-response for the Interpretation of Mail, *Quarterly,* 24(1), 99-114.

Dubin, R. (1978). *Theory Building.* New York: Free Press.

Dunkelberg, W. C., & Day, G. S. (1973). Non-response Bias and Callbacks in Sample Surveys. *Journal of Marketing Research,* 10, 160-168.

D'Youville College. *Measures: Non-reactive Research in Social Science.* Chicago: Rand McNally.

Emerson, R. M. (ed.). (1983). *Contemporary Field Research.* Boston: Little Brown.

Epstein, I. (1985). Quantitative and Qualitative Methods. In R. Grinnell, Jr.(Ed), *Social Work Research* (pp.263-274). Itasca, IL: F. E. Peacock Publishers.

Feick, L. F. (1989). Latent Class Analysis of Survey Questions that Inc'

Don't Know Responses. *Public Opinion Quarterly*, 53, 525-47.

Fetterman, D. M. (1988). Approaches to Evaluating Education. *Educational Researcher*, 17(8), 17-23.

Fetterman, D. M. (1988). *Qualitative Approaches to Evaluation in Education: The Silent Scientific Revolution.* New York: Praeger.

Fetterman, D. M. (1989). *Ethnography: Step by Step.* Newbury Park, CA: Sage.

Fienberg, S. (1977). *The Analysis of Cross-classified Categorical Data.* Cambridge, Mass.: MIT Press.

Finsterbusch, K., & Motz, A. B. (1980). *Social Research for Policy Decisions.* Belmont, Calif.: Wadsworth.

Fiske, D. W. (1987). Construct Invalidity Comes From Method Effects. *Educational and Psychological Measurement,* 47, 285-307.

Franke, R. H., & Kaul, J. D. (1978). The Hawthorne Experiments: First Statistical Interpretation. *American Sociological Review*, 43, 623-643.

Frankfort-Nachmias C. & Nachmias, D. (1996). *Research Methods in the Social Sciences.* (*社會科學研究方法*。潘明宏、陳志瑋合譯)。台北:韋伯。

Freeman, D. (1983). *Margaret Mead and Samoa: The Making and Unmaking of an Anthropological Myth.* Cambridge, MASS.: Harvard University Press.

Geismar L. L. & Wood, K. M. (1982). Evaluating Practice: Science as Faith. *Social Casework*, 63, 266-272.

Glock, c. (ed.) *Survey Research in the Social Science* New York: Russell Sage Foundation.

Golden, M. P. (ed.). (1976). *The Research Experience.* Itasca, IL: Peacock

Goldman R. N., & Weinberg, J. S. (1985). *Statistics: An Introduction.* Englewood Cliffs, N. J.: Prentice-Hall.

Goldstein, H. (1981). *Social Learning and Change: A Cognitive Approach to*

Human Service. S. C., Columbia: University of South Carolina Press.

Goldstein, M. & Goldstein, I. F. (1979). *How We Know.* New York: Plenum Press.

Gooding, D., Pinch, T. & Schaffer, S. (eds.). (1989). *The Use of Experiment.* Cambridge University Press.

Grady K.E. & Wallston, B.S. (1988). *Research in Health Care Settings.* （醫療保健研究法。賴文福譯於2000）。台北：弘智。

Green, B. F., & Hall, J. A. (1984). Quantitative Methods for Literature Reviews. *Annual Review of Psychology,* 35, 37-53.

Guba, E. G.. & Yvonna, S. L. (1981). *Effective Evaluation: Improving the Usefulness of Evaluation Results Through Responsive and Naturalistic Approaches.* San Francisco: Jossey-Bass.

Guba, E. G. & Yvonna, S. L. (1988). Do Inquiry Paradigms Imply Inquiry Methodologies? Pp.89-115 in *Qualitative Approaches to Evaluation in Education: The Silent Scientific Revolution,* edited by D. Fetterman. New York: Praeger.

Guba, E. G. (1978). *Toward a Methodology of Naturalistic Inquiry in Education Evaluation.* CSE Monograph Series in Evaluation no. 8. Los Angeles: University of California, Los Angeles, Center for the Study of Evaluation.

Guenzel, P. J., Berckmans, T. R., & Cannell, C. F. (1983). *General Interviewing Techniques: A Self-instructional Workbook for Telephone and Personal Interviewer Training.* Ann Arbor, Mich.: Institute for Social Research.

Hakim, C. (1982). *Secondary Analysis in Social Research.* Allen and Unwin, London.

Hawkins. C. & Sorgi, M. (eds.). (1985). *Research.* New York: Springer-Verlag.

Haworth, G. O. (1984). Social Work Research, Practice, and Paradigms. *Social Service Review*, 58, 343-357.

Hedrick, T.E., Bichman, L. & Rog, D.J. (1993). *Applied Research Design-A Practical Guide*. New Park, California: Sage.

Heineman, M. B. (1981). The Obsolete Scientific Imperative in Social Work Research. *Social Service Review*, 55, 371-397.

Heise, D. R. (1975). *Causal Analysis*. New York: John Wiley.

Hirschi, T. & Selvin, H. (1973). *Principles of Survey Analysis*. New York: Free Press.

Hirsh, S. K. & Jean, M. K. (1987). *Introduction to Type in Organizational Settings*. Palo Alto, CA: Consulting Psychologists.

Holsti, O. R. (1969). *Content Analysis for the Social and Humanities Reading*. Mass.: Addison-Wesley.

Homans, G. C. (1971). Reply to Blain. *Sociological Inquiry*, 41, 23.

Hoover, K. & Donovan, T. (1995). *The Elements of Social Scientific Thinking.(社會科學方法論的思維*。張家麟譯於 2000)。台北:韋伯。

Hunt, M. (1985). *Profiles of Social Research: The Scientific Study of Human Interactions*. New York: Basic Books.

Hyman, H. (1972). *Secondary Analysis of Sample Surveys*. New York: John Wiley & Sons.

Jones, S. R. G. (1990). Worker Independence and Output: The Hawthone Studies Revaluated. *American Sociological Review*, 55, 176-190.

Jorgensen, D.L. (1989). *Participant Observation. (參與觀察法*。王昭正與朱瑞淵合譯於 1999)。台北:弘智。

Kazi, M.A.F. & Wilson, J. (1996) Applying Single-Case Evaluation in Social Work. *British Journal of Social Work*, 26, 699-717.

Kiecolt, E. J. & Nathan, L. E. (1985). *Secondary Analysis of Survey Data*. Beverly Hills, CA: Sage Publications.

Kim, J., & Mueller, L. W. (1978). *Introduction to Factor Analysis*. Beverly Hills, Calif.: Sage.

Kimmel, A. (1988). *Ethnics and Values in Applied Social Research*. New Bury Park, CA: Sage.

Kimmel, A.J. (1988). *The Ethics and Values in Applied Social Research*. (*應用性社會研究的倫理與價值*。章英華譯於 1999)。台北:弘智。

Kish, L. (1965). *Survey Sampling*. New York: John Wiley & Sons.

Kraemer, H. C., & Thiemann, S. (1987). *How Many Subjects? Statistical Power Analysis in Research*. Beverly Hills, Calif.: Sage.

Krenz, C. & Gilbert S. (1986). What Quantitative Research Is and Why It Doesn't Work. *American Behavioral Scientist*, 30(1), 58-69.

Kroeger, O. & Janet M. T. (1988). *Type Talk*. New York: Delacorte.

Kuhn, T. S. (1970). *The Structure of Scientific Revolutions*. Chicago.: University of Chicago Press.

Kumar R. *Research Methodology-A step-by-step guide for beginners.*(*研究方法——步驟化學習指南*。潘中道、黃瑋瑩、胡龍騰合譯)。台北:學富。

Layder D. (1998). *Sociological Practice: Linking Theory and Social Research.*(*社會科學研究的理論與方法*。簡守邦譯)。台北:韋伯。

Lazarsfeld, P. & Rosenberg, M. (eds.) (1955). *The Language of Social Research*. New York: Free Press of Glencoe.

Lazarsfeld, P. (1959). Problem in Methodology. In Robert K. Merton(ed.). *Sociology Today*. New York: Basic Books.

Leedy, P. D. (1989). *Practical Research: Planning and Design*. New York: Macmillan.

Lennox, C.E. (1987). *Guidelines for high school suicide prevention program: A Delphi study*. UML Dissertation Services, East Texas State University.

Leviton, L. C., & Hughes, E. F. X. (1981). Research on the Utilization of Evaluations: A Review and Synthesis. *Evaluation Review,* 5, 525-548.

Lincoln, Y. S. & Egon, G. G. (1985). *Naturalist Inquiry*. Newbury Park, CA: Sage.

Linnan. (1976). *Foundations of Social Research*. McGraw-Hill Book Company.

Locander, W., Sudman, S., & Bradburn, N. (1971). *Analyzing Social Settings: A Guide to Qualitative Observation and Analysis*. Belmont, Calf: Wadsworth.

Locander, W., Sudman, S., & Bradburn, N. (1976). An Investigation of Interview Method, Threat and Response Distribution. *Journal of the American Statistical Association*, 71, 269-275.

Lofland, J. & Lofland, L. H. (1984). *Analyzing Social Settings*. Belmont, CA: Wadsworth.

Lofland, J. (1971). *Analyzing Social Setting: A Guide to Qualitative Observation and Analysis*. Belmont, CA: Wadsworth.

Lofland, J. (1984). *Analyzing Social Setting*. Belmont, CA: Wadsworth.

Lowrance, W. W. (1982). *Modern Science and Human Values*. New York: Oxford University Press.

MacRae, D. J. (1976). *The Social Function of Science*. New Haven, CT: Yale University Press.

Magidson, J. (1977). Toward a Causal Model Approach for Adjusting for Preexisting Differences in the Nonequivalent Control Group Situation: A General Alternative to ANCOVA. *Evaluation Quarterly*, 1, 399-420.

Maluccio, A. N. (1979). *Learning From Clients*. New York: Free Press.

Mangione, T.W. (1995). *Mail Survey. (郵寄問卷調查*。王昭正、朱瑞淵譯於 1999)。台北:弘智。

Martin, D. W. (1985). *Doing Psychology Experiments*. Monterey, CA: Brooks/Cole.

Mathews, R., Matthews, J. K. & Speltz, K. (1989). *Female Sexual Offenders an Exploratory Study*. Orwell, VT: Safer Society Press.

Maxwell J.A. (1994). *Qualitative Research Design: An Interactive Approach.* (質化研究設計——一種互動取向的方法。高熏芳、林盈助、王向葵等譯 於2001)。台北:心理。

Maxwell, S. E. & Delaney, H. D. (1985). Measurement and Statistics: An Examination of Construct Validity. *Psychological Bulletin*, 97, 85-93.

McCall, G. & Simmons, J. L. (eds.). (1969). *Issues in Participant Observation: A Text and Reader.* Reading MA: Addison-Wesley.

Mcdill, E. L., Mcdill, M. S., & Sprehe, J. T. (1972). Evaluation in Practice: Compensatory Education. In P. H. Rossi and W. Williams(Eds.), *Evaluating Social Programs: Theory, Practice, and Politics.* New York: Seminar Press.

Meidinger, E., & Schnaiberg, A. (1980). Social Impact Assessment as Evaluation Research: Claimants and Claims. *Evaluation Review*, 4, 507-535.

Meltzer, B. N., Petras, J. W., & Reynolds, L. T. (1975). *Symbolic Interactionism: Genesis, Varieties, and Criticism.* London: Routledge & Kegan Paul.

Miller, D. (1983). *Handbook of Research Design and Social Measurement.* New York: Longman.

Mitchell, S. K. (1979). Inter-observer Agreement, Reliability, and Generalizability of Data Collected in Observational Studies. *Psychological Bulletin*, 86, 376-390.

Moustakas, C. (1981). *Rhythms, Rituals and Relationships.* Detroit: Center for Humanistic Studies.

Moustakes, C. (1988).*Phenomenology, Science and Psychotherapy Sydney*, Nova Scotia, Canada: University College of Cape Breton, Family Life Institute.

Applications. Newbury Park, CA: Sage.

Myers, Isabel Briggs & Peter Meyers. (1980).*Gifts Differing.* Palo Alto, CA: Consulting Psychologists.

Neuman, W.L. (2000) *Social Research Methods: Qualitative and Quantitative Approaches.* Boston: Allyn and Bacon.

Neuman, W.L. (1997). *Social Research Methods: Qualitative and Quantitative Approaches. (社會研究方法——質化與量化取向。*朱柔若譯於2000) 台北:揚智。

Oppenhein, A. N. (1966). *Questionnaire Design and Attitude Measurement.* New York: Basic Books.

Orne, M. T. (1969). Demand Characteristics and the Concept of Quasi-controls. In R. Rosenthal and R. L. Rosnow (Eds.), *Artifact in Behavioral Research* (pp.143-179). New York: Academic Press.

Palit, C., & Sharp, H. (1983). Microcomputer Assisted Telephone Interviewing. *Sociological Methods and Research,* 12, 169-189.

Parlett, M. and David H. (1976). Evaluation as Illumination: A New Approac to the Study of Innovatory Programs. In *Evaluation Studies Review Annual.* 1, edited by G. V. Glass. Beverly Hills, CA: Sage.

Patterson, M. L. (1976). An Arousal Model of Interpersonal Intimacy. *Psychological Review,* 85, 235-245.

Patton, M. Q. (1980). *Qualitative Evaluation Methods.* Beverly Hills, Calif: Sage.

Patton, M. Q. (1995). *Qualitative Evaluation and Research Methods.(質的評鑑與研究。*吳芝儀、李奉儒譯)。台北:桂冠。

Polanyi, M. 〔1967〕(1983). *The Tacit Dimension.* Magnolia, MA: Peter Smith.(Reprinted)

Posavac, E. J. (Ed.), & Carey, R. G. (1985). *Program Evaluation: Methods and Case Studies.* Englewood Cliffs, N. J.: Prentice-Hall.

Ramos, R. (1981). Participant Observation. In R. M. Grinnell, Jr.(Ed.), *Social Work Research and Evaluation* (pp.348-360). Itasca, IL: Peacock.

Rathje, W. L. (1979). "Trace Measures," in Lee Sechrest (ed.), *Unobtrusive Measurement Today*, Jossey-Bass, San Francisco.

Ray, W. & Ravizza, R. (1985). *Methods Toward a Science of Behavior and Experience.* Belmont, CA: Wadsworth.

Reed, J. G., & Baxter, P.M. (1983). *Library Use: A Handbook for Psychology.* Washington, D. C.: American Psychological Association.

Reichardt, C. S., & Cook, T. D. (1985). *Qualitative and Quantitative Methods in Evaluation Research* (Vol. 1, pp.1-49). Beverly Hills, CA: Sage.

Reynolds, P. D. (1982). *Ethics and Social Science Research.* Englewood Cliffs, N. J.: Prentice-Hall.

Riecken, H. W. & Boruch, R. F. (eds.). (1974). *Social Experimentation: A Method of Planning and Evaluating Social Intervention.* New York: Academic Press.

Rosenberg, M. J. (1969). The Conditions and Consequence of Evaluation Research. In R. Rosenthal and R. L. Rosnow (Eds), *Artifact in Behavioral Research* (pp.279-349). New York: Academic Press.

Rosenberg, M. (1968). (*調查分析的邏輯*。徐正光、黃順二合譯)。台北:國立編譯館。

Rosenthal, R. (1991). *Meta-Analytical Procedures for Social Research.* (*社會研究的後設分析程序*。齊力譯於 1999)。台北:弘智。

Rosenthal, R. & Rubin, D. B. (1982). A Simple, General Purpose Display of Magnitude of Experimental Effect. *Journal of Educational Psychology,* 74, 166-169.

Rosenthal, R. (1976). *Experimenter Effects in Behavioral Research.* New York: Irvington.

Rosenthal, R. (1978). Combining Results of Independent Studies. *Psychological Bulletin*, 85, 185-193.

Rossi, P. H. (1978). Issues in the Evaluation of Human Service Delivery. *Evaluation Quarterly*, 2, 573-599.

Rossi, P. H., Wright, J. D., & Wright, S. R. (1978). The Theory and Practice of Applied Social Research. *Evaluation Quarterly*, 2. 171-191.

Rossi, P., Wright, J. & Anderson, A. (eds.)(1983). *Handbook of Survey Research*. New York: Academic Press.

Royse, D. (1995). *Research Methods in Social Work*. Chicago: Nelson-Hall

Ruckdeschel, R. A. (1985). Qualitative Research as a Perspective. *Social Work Research and Abstracts*, 21, 17-21.

Russell, B. (1948). *Human Knowledge: Its Scope and Limits*. New York: Simon & Schuster.

Rychlak, J. (1977). *Psychology of Rigorous Humanism*. New York: John Wiley & Sons.

Rychlak, J. (1979). *Discovering Free Will and Personal Responsibility*. New York: Oxford University Press.

Sanders, J. R., & Keithspiegel, P. (1980). Formal and Informal Adjudication of Ethics Complaints About Psychologists. *American Psychologist*, 35, 1096-1105.

Scarr, S., & Weinberg, R. A. (1976). IQ Test Performance of Black Children Adopted by Whole Families. *American Psychologist*, 31, 726-739.

Schaie, K. W. (1965). A General Model for the Study of Developmental Problems. *Psychological Bulletin*, 64, 92-107.

Scheaffer, R., Mendenhall, W. & Ott, L. (1986). *Elementary Survey Sampling* (3rd ed.). Duxbury Press.

Scherer, K., & Ekman, P. (Eds.). (1982). *Handbook of Methods in Nonverba Behavior Research*. Cambridge, Eng.: Cambridge University Press.

Schroeder, L. D., Sjoquist, D. L., & Stephan. P. E. (1986). *Understanding Regression Analysis: An Introductory Guide.* Beverly Hills. Calif.: Sage.

Schwartz, H., & Jacobs, J. (1979). *Qualitative Sociology: A Method to the Madness.* New York: Free Press.

Scriven, M. (1972). *Objectivity and Subjectivity in Educational Research In Philosophical Redirection of Educational Research: The Seventy-First Yearbook of the National Society for the Study of Education,* Edited by L. G. Thomas. Chicago: University of Chicago Press.

Selltiz, C., Wrightman, L. S., & Cook, S. W. (1976). *Research Methods in Social Relations.* New York: Holt, Rinehart & Winston.

Sieber, J. E., & Stanley, B. (1988). Ethical and Professional Dimensions of Socially Sensitive Research. *American Psychologist,* 43, 49-55.

Silverman, I. (1977). *The Human Subject in the Psychological Laboratory.* Elmsford, N. Y.: Pergamon.

Smith, T. W. (1990). The First Straw? A Study of the Origins of Election Polls. *Public Opinion Quarterly,* 54, 1-36.

Stake, R. E. (1981). Case Study Methodology: An Epistemological Advocacy. Pp:31-40 in *Case Study Methodology in Education Evaluation,* edited by W. W. Welch. Minneapolis: University of Minnesota, Research and Evaluation Center.

Stevens, S. S. (1951). Mathematics, Measurement and Psychophysics, S. Stevens (ed.) *Handbook of Experimental Psychology.* Wiley, New York.

Steward, D.W. (1993). *Secondary Research. (次級資料研究法*。董旭英與黃儀娟合譯於 2000)。台北:弘智。

Stock, M. (1985). *A Practical Guide to Graduate Research.* New York: McGraw-Hill.

Strauss A. & Corbin, J. (1990) *Basics of Qualitative Research: Grounded Theory Procedures and Techniques. (質性研究概論*。徐宗國譯)。台北:

巨流。

Sudman, S. (1976). *Applied Sampling.* New York: Academic Press.

Sudman, S. (1983). Survey Research and Technological Change. *Sociological Methods and Research,* 12, 217-230.

Taylor, J. B. (1977). Toward Alternative Forms of Social Work Research: The Case for Naturalistic Methods. *Journal of Social Welfare,* 4, 119-126.

Thompson, M. S. (1980). *Benefit-Cost Analysis for Program Evaluation.* Beverly Hills, Calif.: Sage.

Thompson, W. C., & Fortess, E. E. (1980). Cost-effectiveness Analysis in Health Program Evaluation. *Evaluation Review,* 4, 549-568.

Tripodi, T., & Epstein, I. (1978). Incorporating Knowledge of Research Methodology into Social Work Practice. *Journal of Social Research,* 2, 11-23.

Turner, J. (1974). *The Structure of Sociological Theory.* Homewood. IL: Dorsey.

Turner, J. H. (ed.)(1989). *Theory Building in Sociology: Assessing Theoretical Accumulation.* Newbury Park, CA: Sage.

Tutty, L., Rothery, M.A. & Grinnell, R. (1996). *Qualitative Research for Social Workers - Phase, Step and Tasks.* MA: Allyn & Bacon.

Uhl, N.P. (1990). Evaluation model and approaches-Delphi technique, In Walberg, H.J. & Haertal, G.D., *The international encyclopedia of educational evaluation.* Oxford: Pergamon.

Van Maanen, J., Dabbs, J. M., Jr., & Faulkner, R. R. (Eds.). (1982). *Varieties of Qualitative Research,* Beverly Hills, CA: Sage.

Volk, K. (1993). Curriculum development using the Delphi technique. *The Technology Teacher,* January, 35-36.

Wallance, W. (1971). *The Logic of Science in Sociology.* Chicago: Aldine-Atherton.

Watts, T. D. (1981). Ethno-methodology. In R. M. Grinnell Jr. (Ed.), *Social Work Research and Evaluation* (pp.361-372). Itasca, IL: Peacock.

Watts, T. D. (1985). Ethno-methodology. In R. M. Grinnell Jr. (Ed.), *Social Work Research and Evaluation* (2nd ed. ，pp.357-369). Itasca, IL: Peacock.

Webb, E., Campbell, S., Schwartz，R., & Sechrest, L. (1966). *Unobtrusive measures: Non-reactive Research in Social Science*. Chicago: Rand McNally.

Webb, T. M. (1996) . *The perception of African American community leaders regarding curriculum planning for minority students: A Delphi study*. UMI Dissertation Services, D'Youville College. Measures: Non-reactive Research in Social Science. Chicago: Rand McNally.

Weinbach , R. W. , & Grinnell , R. M. , Jr. (1987). *Statistics for Social Workers*. White Plains , NY: Longman.

Weiss, C. (1972). *Evaluation Research*. Englewood Cliffs, NJ: Prentice-Hall.

Westinghouse Learning Corporation & Ohio State University. (1969). *The Impact of Head Start: An Evaluation of Effects of Head Start on Children's Cognitive and Affected Development*. Vols. 1 and II. (Order No. PB 184329). Springfield, Va.: Clearinghouse for Federal Scientific and Technical Information, U. S. Department of Commerce.

Williams, B. (1978). *A Sampler on Sampling*. New York: John Wiley.

Williams, G. A. (1989). Enticing Viewers: Sex and Violence in TV Guide Program Advertisements. *Journalism Quarterly*, 66 , 970-973.

Wilson , E . B. J. (1952). *An Introduction to Scientific Research*. New York: McGraw-Hill.

Yamaguchi K. (1991). *Event History Analysis*. （事件史分析。杜素豪與黃俊龍合譯於 2001）。台北：弘智。

Yegidis B. L. & Weinbach, R. W. (1996). *Research Methods for Social Workers*. Boston: Allyn and Bacon.

Yin, R.K. (1994) . *Case Study Research*. （個案研究。尚榮安譯於2001）。台
北：弘智。

Zaltman, G. (1979). Knowledge Utilization as Planned Social Change.
Knowledge: Creation , Diffusion , Utilization, 1, 82-105.

名詞索引